《續修四庫全書》編纂委員會
復旦大學圖書館古籍部 編

續修四庫全書

總目録 索引

上海古籍出版社

圖書在版編目(CIP)數據

續修四庫全書總目錄·索引/《續修四庫全書》編纂委員會，復旦大學圖書館古籍部編.—上海：上海古籍出版社，2003.5（2019.7 重印）
ISBN 978-7-5325-3401-2

Ⅰ.續…　Ⅱ.①續…②復…　Ⅲ.①四庫全書—圖書目錄②四庫全書—書目索引
Ⅳ.Z8

中國版本圖書館 CIP 數據核字(2003)第 011707 號

ISBN 978-7-5325-3401-2

續修四庫全書總目錄·索引

《續修四庫全書》編纂委員會
復旦大學圖書館古籍部　編

上海世紀出版股份有限公司
上海古籍出版社　出版

（上海瑞金二路 272 號　郵政編碼 200020）
（1）網址：www.guji.com.cn
（2）E-mail：guji1@guji.com.cn
（3）易文網網址：www.ewen.co

上海世紀出版股份有限公司發行中心發行經銷
上海世紀嘉晉數字信息技術有限公司印刷
開本 787×1092　1/16　印張 27.75　插頁 4
2003 年 5 月第 1 版　2019 年 7 月第 3 次印刷
ISBN 978-7-5325-3401-2
K·470　精裝定價：198.00元
如有質量問題，請與承印廠聯繫

續修四庫全書

總目録

續修四庫全書總目録

經部（一——二六〇）

易類

第一册

馬王堆帛書周易經傳釋文　廖名春釋文

周易鄭注十二卷　〔宋〕王應麟輯　〔清〕丁杰後定　〔清〕張惠言訂正

叙録一卷　〔清〕臧庸輯

敦煌周易殘卷　〔魏〕王弼注

關氏易傳一卷　題〔後魏〕關朗撰　〔唐〕趙蕤注

周易經典釋文殘卷　〔唐〕陸德明撰

周易正義十四卷　〔唐〕孔穎達撰

周易注疏十三卷　〔魏〕王弼　〔晉〕韓康伯注　〔唐〕孔穎達疏

易經解不分卷　〔宋〕朱長文撰

周易新講義十卷　〔宋〕龔原撰

第二册

晦庵先生校正周易繫辭精義二卷　〔宋〕吕祖謙編

古易音訓二卷　〔宋〕吕祖謙撰　〔清〕宋咸熙輯

泰軒易傳六卷　〔宋〕李中正撰

易經訓解四卷　〔宋〕熊禾訓解

勿軒易學啓蒙圖傳通義七卷　〔宋〕熊禾述

周易通義八卷發例二卷識蒙一卷或問三卷　〔元〕黄超然撰

第三册

太易鉤玄三卷　〔元〕鮑恂撰

周易訂疑十五卷首一卷　題〔元〕董養性撰

第四册

周易經疑三卷　〔元〕涂溍生撰

周易四卷　〔元〕董中行注

周易旁註二卷卦傳十卷前圖二卷　〔明〕朱升撰

第五册

易經旁訓三卷　〔明〕李恕撰

八卦餘生十八卷　〔明〕鄧夢文撰

周易通略一卷　〔明〕黄俊撰

易學象數舉隅二卷　〔明〕汪敬撰

易經圖釋十二卷　〔明〕劉定之撰

玩易意見二卷　〔明〕王恕撰

周易贊義十七卷　存七卷　卷一至卷七　〔明〕馬理撰

涇野先生周易説翼三卷 〔明〕呂柟撰

第六册

周易議卦二卷 〔明〕王崇慶撰
蓮谷先生讀易索隱六卷 〔明〕洪鼐撰
學易記五卷 〔明〕金賁亨撰
易學四同八卷 〔明〕季本撰
易學四同別録四卷 〔明〕季本撰
讀易記三卷 〔明〕王漸逵撰

第七册

周易義叢十六卷首一卷 〔明〕葉良佩輯
周易不我解六卷 存一卷 卷一 〔明〕徐體乾撰
胡子易演十八卷 存八卷 卷九至卷十六 〔明〕胡經撰

第八册

讀易纂五卷首一卷 〔明〕張元蒙撰
易經正義六卷 〔明〕鄢懋卿撰
周易傳義補疑十二卷 〔明〕姜寶撰
易象彙解二卷 〔明〕陳士元撰

第九册

今文周易演義十二卷首一卷 〔明〕徐師曾撰
周易象義六卷讀易雜記四卷 〔明〕章潢撰
九正易因不分卷 〔明〕李贄撰

第一〇册

易原八卷 〔明〕陳錫撰
易學十二卷 〔明〕沈一貫撰
易意參疑首編二卷外編十卷 〔明〕孫從龍撰
生生篇七卷 〔明〕蘇濬撰

第一一册

易筌六卷附論一卷 〔明〕焦竑撰
易象管窺十五卷 〔明〕黄正憲撰
新刻易測十卷 〔明〕曾朝節撰
周易正解二十卷讀易一卷 〔明〕郝敬撰

第一二册

石鏡山房周易説統十二卷 〔明〕張振淵撰
周易古本全書彙編十七卷 〔明〕李本固撰
周易象通八卷 〔明〕朱謀㙔撰

第一三册

周易可説七卷 〔明〕曹學佺撰
周易揆十二卷 〔明〕錢士升撰
周易古文鈔四卷 〔明〕劉宗周撰

第一四册

周易宗義十二卷 〔明〕程汝繼輯
周易疏義四卷 〔明〕程汝繼撰

第一五册

易經增註十卷易考一卷 〔明〕張鏡心撰

周易時論合編二十三卷 〔明〕方孔炤撰
易説一卷 〔明〕王　育撰
周易禪解十卷 〔明〕釋智旭撰

第一六册

周易爻物當名二卷 〔明〕黎遂球撰
九公山房易問二卷 〔明〕郝　錦撰
説易十二卷 〔明〕喬中和撰
易經解醒四卷 〔明〕洪守美　鄭林祥輯著

第一七册

大易則通十五卷閏一卷 〔清〕胡世安撰
易圖親見一卷 〔清〕來集之撰
卦義一得二卷 〔清〕來集之撰
讀易隅通二卷 〔清〕來集之撰
周易本義爻徵二卷 〔清〕吴曰慎撰
周易説略八卷 〔清〕張爾岐撰

第一八册

周易大象解一卷 〔清〕王夫之撰
周易内傳六卷内傳發例一卷周易外傳七卷 〔清〕王夫之撰
易内傳十二卷易傳外篇一卷 〔清〕金士升撰
易觸七卷 〔清〕賀貽孫撰

第一九册

周易疏略四卷 〔清〕張　沐撰
陸堂易學十卷首一卷 〔清〕陸奎勳撰
周易本義拾遺六卷周易序例一卷周易拾遺一卷 〔清〕李文炤撰
周易本義註六卷 〔清〕胡　方撰
易經徵實解一卷 〔清〕胡翔瀛撰
易圖解一卷 〔清〕德　沛撰

第二〇册

讀易便解二卷 〔清〕盧見曾撰
讀易管見一卷 〔清〕程廷祚撰
易通十四卷 〔清〕程廷祚撰

第二一册

易經如話十二卷首一卷 〔清〕汪　紱撰
易互六卷 〔清〕楊陸榮撰
周易本義辨證六卷 〔清〕惠　棟撰
易學圖説會通八卷續聞一卷 〔清〕楊方達撰
周易解九卷 〔清〕牛運震撰

第二二册

觀象居易傳箋十二卷 〔清〕汪師韓撰
周易詳説十八卷 〔清〕劉紹攽撰
畏齋周易客難一卷 〔清〕龔元玠撰
古易匯詮四卷 〔清〕劉文龍撰
彖傳論二卷 〔清〕莊存與撰

象象論一卷 〔清〕莊存與撰
繫辭傳論二卷 〔清〕莊存與撰

第二三册

八卦觀象解二篇卦氣解一篇 〔清〕莊存與撰
周易象考一卷周易辭考一卷周易占考一卷 〔清〕茹敦和撰
周易證籤四卷 〔清〕茹敦和撰
周易二閭記三卷 〔清〕茹敦和撰
重訂周易小義二卷 〔清〕茹敦和撰 〔清〕李慈銘訂
易經揆一十四卷易學啓蒙補二卷 〔清〕梁錫璵撰

第二四册

易守三十二卷易卦總論一卷 〔清〕葉佩蓀撰
學易慎餘録四卷 〔清〕葉佩蓀撰 錢大昕批、王鳴盛批並跋
周易篇第三卷首一卷 〔清〕李榮陛撰
易考二卷易續考二卷 〔清〕李榮陛撰
子夏易傳釋存二卷 〔清〕吴騫撰
退思易話八卷 〔清〕王玉樹撰
周易卦象彙參二卷 〔清〕譚秀撰
易卦圖説一卷 〔清〕崔述撰

第二五册

周易略解八卷 〔清〕馮經撰
孫氏周易集解十卷 〔清〕孫星衍撰
周易引經通釋十卷 〔清〕李鈞簡撰

第二六册

周易恒解五卷首一卷 〔清〕劉沅撰
周易述補五卷 〔清〕李林松撰
易圖存是二卷 〔清〕辛紹業撰
易説十二卷便録一卷 〔清〕郝懿行撰
周易虞氏義九卷 〔清〕張惠言撰
周易虞氏消息二卷 〔清〕張惠言撰
虞氏易言二卷 〔清〕張惠言撰
虞氏易言補一卷 〔清〕劉逢禄撰
虞氏易禮二卷 〔清〕張惠言撰
虞氏易事二卷 〔清〕張惠言撰
虞氏易候一卷 〔清〕張惠言撰
周易鄭荀義三卷 〔清〕張惠言撰
易圖條辨一卷 〔清〕張惠言撰

第二七册

周易述補四卷 〔清〕江藩撰
易章句十二卷 〔清〕焦循撰
易通釋二十卷 〔清〕焦循撰
易圖略八卷 〔清〕焦循撰
周易補疏二卷 〔清〕焦循撰
易話二卷 〔清〕焦循撰

易廣記三卷 〔清〕焦　循撰
李氏易解賸義三卷 〔清〕李富孫輯
易經異文釋六卷 〔清〕李富孫撰

第二八册

學易五種十四卷 〔清〕王　甗撰
周易半古本義
周易象纂
周易圖賸
周易辯占
周易校字
卦本圖考一卷 〔清〕胡秉虔撰
干常侍易注疏證一卷集證一卷 〔清〕方成珪撰
虞氏易消息圖說一卷 〔清〕胡祥麟撰
周易虞氏略例一卷 〔清〕李　鋭撰
周易擇言六卷 〔清〕鮑作雨撰
周易考異二卷 〔清〕宋翔鳳撰
周易通解三卷釋義一卷 〔清〕卞　斌撰
易例輯略一卷 〔清〕龐大堃撰

第二九册

六十四卦經解八卷 〔清〕朱駿聲撰
易學管窺十五卷易文言傳一卷 〔清〕俞　檀撰
易用五卷 〔清〕毛一豐輯

第三〇册

方氏易學五書五卷 〔清〕方　申撰
諸家易象別録
虞氏易象彙編
周易卦象集證
周易互體詳述
周易卦變舉要
周易集解纂疏十卷 〔清〕李道平撰
易釋四卷 〔清〕黄式三撰
易古訓一卷 〔清〕劉寶楠撰
周易姚氏學十六卷 〔清〕姚配中撰
周易通論月令二卷 〔清〕姚配中撰

第三一册

姚氏易學闡元一卷 〔清〕姚配中撰
周易漢學通義八卷略例一卷 〔清〕黄　瓚撰
周易述翼五卷 〔清〕黄應麒撰
周易諸卦合象考一卷 〔清〕任雲倬撰
周易互體卦變考一卷 〔清〕任雲倬撰
周易述傳二卷續録一卷 〔清〕丁　晏撰
周易解故一卷 〔清〕丁　晏撰
易經象類一卷 〔清〕丁　晏撰

第三二册

周易推六卷 〔清〕狄子奇撰
周易屬辭十二卷通例五卷通説二卷 〔清〕蕭光遠撰
卦氣表一卷卦氣證一卷 〔清〕蔣湘南撰
周易虞氏義箋九卷 〔清〕曾釗撰

第三三册

周易考異不分卷 〔清〕徐堂撰
鄭氏爻辰補六卷 〔清〕戴棠撰
易象通義六卷 〔清〕秦篤輝撰
易經本意四卷首一卷末一卷 〔清〕何志高撰

第三四册

周易倚數録二卷附圖一卷 〔清〕楊履泰撰
陳氏易説四卷附録二卷 〔清〕陳壽熊撰
讀易漢學私記一卷 〔清〕陳壽熊撰
周易釋爻例一卷 〔清〕成蓉鏡撰
周易舊疏考正一卷 〔清〕劉毓崧撰
易貫五卷 〔清〕俞樾撰
艮宧易説一卷 〔清〕俞樾撰
周易互體徵一卷 〔清〕俞樾撰
卦氣直日考一卷 〔清〕俞樾撰
周易爻辰申鄭義 〔清〕何秋濤撰
還硯齋周易述四卷 〔清〕趙新撰
還硯齋易漢學擬旨一卷 〔清〕趙新輯
周易本義辨證補訂四卷 〔清〕紀磊輯
周易消息十五卷 〔清〕紀磊撰

第三五册

虞氏逸象考正一卷續纂一卷 〔清〕紀磊撰
九家逸象辨證一卷 〔清〕紀磊撰
虞氏易義補注一卷附録一卷 〔清〕紀磊撰
漢儒傳易源流一卷 〔清〕紀磊撰
易象集解十卷 〔清〕黄守平輯
需時眇言十卷 〔清〕沈善登撰
周易注疏賸本一卷 〔清〕黄以周撰
周易故訓訂一卷 〔清〕黄以周撰

第三六册

十翼後録二十四卷〔上〕卷一至卷十 〔清〕黄以周撰

第三七册

十翼後録二十四卷〔下〕卷十一至卷二十四 〔清〕黄以周撰

第三八册

李氏易傳校一卷 〔清〕陸心源輯
周易通義十六卷 〔清〕莊忠棫撰
周易經典證略十卷末一卷 〔清〕何其傑撰
易學節解五卷 〔清〕丁澤安撰
知非齋易注三卷首一卷末一卷 〔清〕陳懋侯撰
知非齋易釋三卷 〔清〕陳懋侯撰

易説二卷 〔清〕吴汝綸撰
鄭易小學一卷鄭易馬氏學一卷鄭易京氏學一卷 〔清〕陶方琦撰
周易易解十卷周易示兒録三卷周易説餘一卷 〔清〕沈紹勳撰

第三九册

周易注二卷 〔清〕李士鉁撰
易漢學考二卷 〔清〕吴翊寅撰
易漢學師承表一卷 〔清〕吴翊寅撰
周易消息升降爻例一卷 〔清〕吴翊寅撰
周易集義八卷 〔清〕强汝諤撰
周易漢讀考三卷 〔清〕郭　階撰
周易述聞一卷 〔清〕林慶炳撰
周易補註四十一卷周易例表十卷 〔清〕段復昌撰
易漢學舉要一卷訂誤一卷 〔清〕張　鼎撰

第四〇册

周易説十一卷 王闓運撰
周易釋貞二卷 王樹枏撰
費氏古易訂文十二卷 王樹枏撰
易經古本一卷 廖　平撰
重定周易費氏學八卷首一卷叙録一卷 馬其昶撰
河圖洛書原舛編一卷 〔清〕毛奇齡撰
易緯略義三卷 〔清〕張惠言撰
易緯通義八卷 〔清〕莊忠棫撰
周易繁露五卷 〔清〕莊忠棫撰
古三墳書三卷

書類

第四一册

古文尚書十三卷 題〔漢〕孔安國傳
經典釋文尚書（殘卷） 〔唐〕陸德明撰
尚書正義二十卷 〔唐〕孔穎達等撰

第四二册

書集傳十二卷或問二卷 〔宋〕陳大猷撰
書古文訓十六卷 〔宋〕薛季宣撰
書疑九卷 〔宋〕王　柏撰
書經注十二卷 〔元〕金履祥撰

第四三册

尚書音釋一卷 〔元〕鄒季友撰
涇野先生尚書説要五卷 〔明〕吕　柟撰
尚書譜五卷 〔明〕梅　鷟撰
尚書辨解十卷讀書一卷 〔明〕郝　敬撰
書經要義六卷 〔清〕王建常撰
尚書引義六卷 〔清〕王夫之撰
尚書蔡傳正訛六卷 〔清〕左　眉撰
書經參義六卷 〔清〕姜兆錫撰
尚書小疏一卷 〔清〕沈　彤撰

第四四册

晚書訂疑三卷 〔清〕程廷祚撰
古文尚書考二卷 〔清〕惠　棟撰
尚書注疏考證一卷 〔清〕齊召南撰
畏齋書經客難三卷首一卷 〔清〕龔元玠撰
尚書考辨四卷 〔清〕宋　鑒撰
尚書既見不分卷 〔清〕莊存與撰
尚書釋天六卷 〔清〕盛百二撰
尚書集注音疏十二卷卷末一卷外編一卷 〔清〕江　聲撰

第四五册

尚書後案三十卷尚書後辨附一卷 〔清〕王鳴盛撰
尚書義考二卷 〔清〕戴　震撰
尚書協異二卷 〔清〕戴祖啓撰
尚書質疑二卷 〔清〕趙　佑撰
古文尚書冤詞補正一卷 〔清〕周　春撰
尚書考六卷 〔清〕李榮陛撰

第四六册

古文尚書撰異三十二卷 〔清〕段玉裁撰
古文尚書辨僞二卷 〔清〕崔　述撰
古文尚書條辨五卷 〔清〕梁上國撰
尚書今古文考證七卷 〔清〕莊述祖撰
尚書今古文注疏三十卷 〔清〕孫星衍撰

第四七册

同文尚書不分卷 〔清〕牟　庭撰

第四八册

尚書補疏二卷 〔清〕焦　循撰
尚書序録一卷 〔清〕胡秉虔撰
尚書隸古定釋文八卷 〔清〕李遇孫撰
尚書證義二十八卷 〔清〕周用錫撰
尚書今古文集解三十卷 〔清〕劉逢禄撰
書序述聞一卷 〔清〕劉逢禄撰
尚書略説二卷 〔清〕宋翔鳳撰
尚書譜一卷 〔清〕宋翔鳳撰
尚書集解三十卷 〔清〕卞　斌撰
書古微十二卷首一卷 〔清〕魏　源撰
尚書啓幪五卷 〔清〕黄式三撰
尚書餘論一卷 〔清〕丁　晏撰

第四九册

今文尚書經説考三十二卷首一卷叙録一卷 〔清〕陳喬樅撰

第五〇册

尚書傳授同異考一卷 〔清〕邵懿辰撰
書傳補商十七卷 〔清〕戴鈞衡撰
尚書曆譜一卷 〔清〕成蓉鏡撰
尚書舊疏考正一卷 〔清〕劉毓崧撰

虞書命羲和章解一卷 〔清〕曾 釗撰
達齋書説一卷 〔清〕俞 樾撰
龍岡山人古文尚書四種 〔清〕洪良品撰
古文尚書辨惑十八卷
古文尚書釋難二卷
古文尚書析疑一卷
古文尚書商是一卷
尚書講義一卷 〔清〕黄以周撰
尚書故三卷 〔清〕吴汝綸撰

第五一册

尚書微一卷 〔清〕劉光蕡撰
尚書駢枝一卷 〔清〕孫詒讓撰
尚書古文疏證辨正一卷 〔清〕皮錫瑞撰
今文尚書考證三十卷 〔清〕皮錫瑞撰
尚書箋三十卷 王闓運撰
尚書孔傳參正三十六卷 王先謙撰

第五二册

尚書集注述疏三十五卷 附讀書堂答問一卷 〔清〕簡朝亮撰

第五三册

尚書商誼三卷 王樹枏撰
尚書誼詁八卷 馬其昶撰 陳漢章補注
尚書誼略二十八卷叙録一卷 姚永樸撰
古文尚書鄭氏注箋釋四十卷（卷一至卷九） 曹元弼撰

第五四册

古文尚書鄭氏注箋釋四十卷（卷十至卷四十） 曹元弼撰
禹貢圖説一卷 〔明〕鄭 曉撰
禹貢要註一卷 〔明〕鄭 曉撰
禹貢滙疏十二卷圖經二卷神禹别録一卷 〔明〕茅瑞徵撰

第五五册

禹貢古今合注五卷圖一卷 〔明〕夏允彝撰
禹貢三江考三卷 〔清〕程瑤田撰
禹貢鄭注釋二卷 〔清〕焦 循撰
禹貢説二卷 〔清〕魏 源撰
禹貢集釋三卷附禹貢蔡傳正誤一卷禹貢錐指正誤一卷 〔清〕丁 晏撰
禹貢九州今地考二卷 〔清〕曾 廉撰
禹貢班義述三卷附一卷 〔清〕成蓉鏡撰
禹貢説一卷 〔清〕倪文蔚撰
禹貢鄭氏略例一卷 〔清〕何秋濤撰
禹貢易知編十二卷 〔清〕李慎儒撰
禹貢本義一卷 楊守敬撰
尚書逸湯誓考六卷書後一卷 〔清〕徐時棟撰
定正洪範集説一卷首一卷 〔元〕胡一中撰

召誥日名考一卷　〔清〕李　鋭撰

尚書大傳疏證七卷　〔清〕皮錫瑞撰

尚書大傳補注七卷　王闓運撰

尚書中候疏證一卷　〔清〕皮錫瑞撰

詩類

第五六册

毛詩（敦煌殘卷）

毛詩音（敦煌殘卷）　〔晉〕徐　邈撰

詩集傳二十卷　〔宋〕蘇　轍撰

放齋詩説四卷首一卷　〔宋〕曹粹中撰　張壽鏞輯

詩辨妄一卷附録四種　〔宋〕鄭　樵著　顧頡剛輯點

詩序辨説一卷　〔宋〕朱　熹撰

詩解鈔一卷　〔宋〕唐仲友撰

毛詩要義二十卷譜序要義一卷　〔宋〕魏了翁撰

第五七册

詩説十二卷總説一卷　〔宋〕劉　克撰

詩疑二卷　〔宋〕王　柏撰

詩傳注疏三卷　〔宋〕謝枋得撰　〔清〕吴長元重輯

詩集傳附録纂疏二十卷詩傳綱領附録纂疏一卷詩序附録纂疏一卷　〔元〕胡一桂撰

直音傍訓毛詩句解二十卷　〔元〕李公凱撰

詩集傳名物鈔音釋纂輯二十卷　〔元〕羅　復撰

第五八册

新編詩義集説四卷　〔明〕孫　鼎撰

讀風臆補十五卷　〔明〕戴君恩原本　〔清〕陳繼揆補輯

毛詩原解三十六卷　〔明〕郝　敬撰

毛詩序説八卷　〔明〕郝　敬撰

第五九册

詩經類考三十卷　〔明〕沈萬鈳撰

第六〇册

詩經剖疑二十四卷　〔明〕曹學佺撰

詩經説約二十八卷　〔明〕顧夢麟撰

第六一册

詩通四卷　〔明〕陸化熙撰

詩經偶箋十三卷　〔明〕萬時華撰

詩廣傳五卷　詩譯一卷　〔清〕王夫之撰

白鷺洲主客説詩一卷　〔清〕毛奇齡撰

毛詩日箋六卷　〔清〕秦松齡撰

詩觸六卷　〔清〕賀貽孫撰

第六二册

詩經通論十八卷首一卷　〔清〕姚際恒撰

陸堂詩學十二卷讀詩總論一卷　〔清〕陸奎勳撰

朱子詩義補正八卷　〔清〕方　苞撰　〔清〕單作哲編次

風雅遺音二卷 〔清〕史 榮撰
毛詩名物圖説九卷 〔清〕徐 鼎撰

第六三册

詩益二十卷 〔清〕劉始興撰
毛鄭異同考十卷 〔清〕程晉芳撰
毛鄭詩考正四卷 〔清〕戴 震撰
詩學女爲二十六卷 〔清〕汪梧鳳撰

第六四册

草木疏校正二卷 〔清〕趙 佑撰
詩譜補亡後訂一卷拾遺一卷 〔清〕吴 騫撰
毛詩故訓傳定本三十卷 〔清〕段玉裁撰
詩經小學四卷 〔清〕段玉裁撰
讀風偶識四卷 〔清〕崔 述撰
毛詩證讀五卷讀詩或問一卷 〔清〕戚學標撰
毛詩説六卷詩藴二卷 〔清〕莊有可撰
詩疑筆記七卷後説一卷 〔清〕夏味堂撰

第六五册

毛詩天文考一卷 〔清〕洪亮吉撰
毛詩物名考七卷 〔清〕牟應震撰
詩問六卷 〔清〕牟應震撰
詩問七卷 〔清〕郝懿行撰
毛詩補疏五卷 〔清〕焦 循撰
陸氏草木鳥獸蟲魚疏疏二卷 〔清〕焦 循撰
毛詩草木鳥獸蟲魚釋十二卷（卷一至卷五） 〔清〕焦 循撰

第六六册

毛詩草木鳥獸蟲魚釋十二卷（卷六至卷十二） 〔清〕焦 循撰
詩氏族考六卷 〔清〕李超孫撰
詩小序翼二十七卷首一卷 〔清〕張 澍撰

第六七册

毛詩後箋三十卷 〔清〕胡承珙撰

第六八册

毛詩紬義二十四卷 〔清〕李黼平撰
毛詩通考三十卷 〔清〕林伯桐撰
毛詩傳箋通釋三十二卷 〔清〕馬瑞辰撰

第六九册

毛詩吟訂十卷 〔清〕苗 夔撰
毛詩禮徵十卷 〔清〕包世榮撰
毛詩重言三卷 〔清〕王 筠撰
毛詩雙聲疊韻説一卷 〔清〕王 筠撰
詩經廣詁三十卷 〔清〕徐 璈撰

第七〇册

詩毛氏傳疏三十卷 〔清〕陳 奐撰
釋毛詩音四卷 〔清〕陳 奐撰

毛詩説一卷 〔清〕陳奐撰
毛詩傳義類一卷 〔清〕陳奐撰
鄭氏箋考徵一卷 〔清〕陳奐撰
詩誦五卷 〔清〕陳僅撰
讀詩劄記八卷詩章句考一卷詩樂存亡譜一卷詩經集傳
校勘記一卷 〔清〕夏炘撰

第七一册

學詩毛鄭異同籤二十三卷 〔清〕張汝霖撰
詩緒餘録八卷 〔清〕黄位清撰
毛鄭詩釋四卷 〔清〕丁晏撰
鄭氏詩譜考正一卷 〔清〕丁晏撰
毛詩草木鳥獸蟲魚疏二卷 〔清〕丁晏校正
詩説考略十二卷 〔清〕成僎撰

第七二册

學詩詳説三十卷學詩正詁五卷 〔清〕顧廣譽撰
讀詩考字二卷補編一卷 〔清〕程大鏞撰
詩地理徵七卷 〔清〕朱右曾撰
毛詩鄭箋改字説四卷 〔清〕陳喬樅撰
毛詩多識十二卷 〔清〕多隆阿撰

第七三册

詩經原始十八卷首二卷 〔清〕方玉潤撰
詩本誼一卷 〔清〕龔橙撰
毛詩傳箋異義解十六卷 〔清〕沈鎬撰
説詩章義三卷 〔清〕方宗誠撰
詩毛鄭異同辨二卷 〔清〕曾釗撰
達齋詩説一卷 〔清〕俞樾撰
毛詩釋地六卷 〔清〕桂文燦撰

第七四册

詩管見七卷首一卷 〔清〕尹繼美撰
詩地理考略二卷圖一卷 〔清〕尹繼美撰
詩毛氏學三十卷 馬其昶撰
毛詩異文箋十卷 〔清〕陳玉樹撰

第七五册

齊詩翼氏學四卷 〔清〕迮鶴壽撰
齊詩翼氏學疏證二卷叙録一卷 〔清〕陳喬樅撰
韓詩内傳徵四卷補遺一卷疑義一卷叙録二卷 〔清〕宋綿初撰
詩經異文釋十六卷 〔清〕李富孫撰
詩考異字箋餘十四卷 〔清〕周邵蓮撰
詩異文録三卷 〔清〕黄位清撰
詩經四家異文考五卷 〔清〕陳喬樅撰

第七六册

三家詩補遺三卷 〔清〕阮元撰
三家詩遺説考 〔清〕陳壽祺撰 〔清〕陳喬樅述 魯詩遺説考六

卷叙録一卷　齊詩遺説考四卷叙録一卷　韓詩遺説考五卷叙録一卷附録一卷補遺一卷
三家詩遺説八卷補一卷　〔清〕馮登府撰

第七七册

詩古微上編六卷首一卷中編十卷下編三卷　〔清〕魏　源撰
詩三家義集疏二十八卷首一卷　〔清〕王先謙撰
詩緯集證四卷附録一卷　〔清〕陳喬樅撰

禮類

第七八册

宋黄宣獻公周禮説五卷首一卷末一卷　〔宋〕黄　度撰　〔清〕陳金鑑輯
周禮因論一卷　〔明〕唐　樞撰
周禮完解十二卷　〔明〕郝　敬撰
周禮問二卷　〔清〕毛奇齡撰
周官辨非一卷　〔清〕萬斯大撰
周禮輯義十二卷　〔清〕姜兆錫撰

第七九册

周官析疑三十六卷考工記析疑四卷　〔清〕方　苞撰
周官辨一卷　〔清〕方　苞撰
周禮質疑五卷　〔清〕劉青芝撰
周禮古義一卷　〔清〕惠　棟撰
畏齋周禮客難八卷　〔清〕龔元玠撰
石谿讀周官六卷　〔清〕官獻瑶撰

第八〇册

周禮撮要三卷　〔清〕潘　相撰
周官記五卷　〔清〕莊存與撰
周官説二卷補三卷　〔清〕莊存與撰
周禮軍賦説四卷　〔清〕王鳴盛撰
溝洫疆理小記一卷　〔清〕程瑶田撰
周禮摘箋五卷　〔清〕李調元撰
周禮漢讀考六卷　〔清〕段玉裁撰
周官肊測六卷叙録一卷　〔清〕孔廣林撰
周官心解二十八卷　〔清〕蔣載康撰

第八一册

周禮畿内授田考實一卷　〔清〕胡匡衷撰
周禮序官考一卷　〔清〕陳大庚撰
周官指掌五卷　〔清〕莊有可撰
周禮學二卷　〔清〕王聘珍撰
周禮故書考一卷　〔清〕程際盛撰
周官故書考四卷　〔清〕徐養原撰
周禮故書疏證六卷　〔清〕宋世犖撰
周禮學一卷　〔清〕沈夢蘭撰
周官恒解六卷　〔清〕劉　沅輯註

周禮補注六卷 〔清〕吕飛鵬撰
周禮釋注二卷 〔清〕丁晏撰
周禮注疏小箋五卷 〔清〕曾釗撰
周禮札記一卷 〔清〕潘任撰

第八二册

周禮正義八十六卷(卷一至卷二十六) 〔清〕孫詒讓撰

第八三册

周禮正義八十六卷(卷二十七至卷五十六) 〔清〕孫詒讓撰

第八四册

周禮正義八十六卷(卷五十七至卷八十六) 〔清〕孫詒讓撰

第八五册

九旗古義述一卷 〔清〕孫詒讓撰
讀周禮日記一卷 〔清〕于鬯撰
冬官旁求二卷 〔清〕辛紹業撰
考工記圖二卷 〔清〕戴震撰
考工創物小記八卷 〔清〕程瑤田撰
考工記考辨八卷 〔清〕王宗涑撰
考工記考一卷圖一卷 〔清〕吕調陽撰
磬折古義一卷 〔清〕程瑤田撰
車制考一卷 〔清〕錢坫撰
考工記車制圖解二卷 〔清〕阮元撰
考工記鳥獸蟲魚釋一卷 〔清〕陳宗起撰
輪輿私箋二卷圖一卷 〔清〕鄭珍撰
鳧氏爲鍾圖説一卷 〔清〕鄭珍撰
儀禮(武威漢簡殘編)附釋文九篇
儀禮節解十七卷讀儀禮一卷 〔明〕郝敬撰

第八六册

儀禮通論十七卷(卷一至卷十三) 〔清〕姚際恒撰

第八七册

儀禮通論十七卷(卷十四至卷十七) 〔清〕姚際恒撰
儀禮經傳内編二十三卷外編五卷首一卷 〔清〕姜兆錫註疏參議

第八八册

儀禮糾解十七卷 〔清〕王士讓撰
儀禮釋例一卷 〔清〕江永撰
儀禮管見三卷附録一卷 〔清〕褚寅亮撰
儀禮注疏詳校十七卷 〔清〕盧文弨撰

第八九册

儀禮彙説十七卷 〔清〕焦以恕撰
儀禮古今考二卷 〔清〕李調元撰
儀禮肊測十七卷叙録一卷 〔清〕孔廣林撰
儀禮釋官九卷首一卷 〔清〕胡匡衷撰
儀禮經注疏正譌十七卷 〔清〕金日追撰
儀禮學一卷 〔清〕王聘珍撰

儀禮蠡測十七卷 〔清〕韋協夢撰

第九〇册

禮經釋例十三卷 〔清〕凌廷堪撰
儀禮古今文異同五卷 〔清〕徐養原撰
儀禮精義不分卷補編一卷 〔清〕黄　淦撰
讀儀禮記二卷 〔清〕張惠言撰
儀禮圖六卷（卷一至卷三） 〔清〕張惠言撰

第九一册

儀禮圖六卷（卷四至卷六） 〔清〕張惠言撰
儀禮古今文疏證二卷 〔清〕宋世犖撰
儀禮恒解十六卷 〔清〕劉　沅撰
儀禮古今文疏義十七卷 〔清〕胡承珙撰
儀禮正義四十卷（卷一至卷三） 〔清〕胡培翬撰 〔清〕楊大堉補

第九二册

儀禮正義四十卷（卷四至卷四十） 〔清〕胡培翬撰 〔清〕楊大堉補

第九三册

儀禮經注一隅二卷 〔清〕朱駿聲撰
學禮管釋十八卷 〔清〕夏　炘撰
儀禮釋注二卷 〔清〕丁　晏撰
儀禮私箋八卷 〔清〕鄭　珍撰
讀儀禮日記一卷 〔清〕于　鬯撰
禮經凡例一卷附容經學凡例一卷 廖　平撰
壽櫟廬儀禮奭固十七卷 吴之英撰
壽櫟廬儀禮奭固禮器圖十七卷首一卷末三卷 吴之英撰

第九四册

壽櫟廬儀禮奭固禮事圖十七卷 吴之英撰
禮經校釋二十二卷 曹元弼撰
禮經學七卷 曹元弼撰

第九五册

昏禮辨正一卷 〔清〕毛奇齡撰
喪禮吾説篇十卷 〔清〕毛奇齡撰
五服圖解一卷 〔元〕龔端禮撰
喪服表一卷殤服表一卷 〔清〕孔繼汾撰
儀禮喪服文足徵記十卷 〔清〕程瑶田撰
五服異同彙考三卷 〔清〕崔　述撰
喪服會通説四卷 〔清〕吴嘉賓撰
五服釋例二十卷 〔清〕夏　燮撰
喪服經傳補疏二卷 〔清〕葉大莊撰

第九六册

喪服鄭氏學十六卷 張錫恭撰
禮記要義三十三卷（存卷三至卷三十三） 〔宋〕魏了翁撰

第九七册

讀禮日知二卷 〔明〕金　淛撰

禮記通解二十二卷讀禮記一卷 〔明〕郝 敬撰
禮記思五卷 〔明〕趙 佚撰

第九八册

禮記章句四十九卷 〔清〕王夫之撰
禮記偶箋三卷 〔清〕萬斯大撰
禮記章義十卷 〔清〕姜兆錫撰

第九九册

禮記章句十卷 〔清〕任啓運撰
禮記疑義七十二卷（存卷十三至卷三十七 卷十三至卷二十） 〔清〕吴廷華撰

第一〇〇册

禮記疑義七十二卷（存卷十三至卷三十七 卷二十一至卷三十七） 〔清〕吴廷華撰

第一〇一册

禮記章句十卷 〔清〕汪 紱撰
續禮記集説一百卷（卷一至卷五十） 〔清〕杭世駿撰

第一〇二册

續禮記集説一百卷（卷五十一至卷一百） 〔清〕杭世駿撰

第一〇三册

禮記釐編十卷附録一卷 〔清〕潘 相撰
禮記附記十卷 〔清〕翁方綱撰
禮記補注四卷 〔清〕李調元撰
禮記集解六十一卷（卷一至卷二十一） 〔清〕孫希旦撰

第一〇四册

禮記集解六十一卷（卷二十二至卷六十一） 〔清〕孫希旦撰
禮記箋四十九卷 〔清〕郝懿行撰

第一〇五册

禮記補疏三卷 〔清〕焦 循撰
禮記恒解四十九卷 〔清〕劉 沅輯註
禮記訓纂四十九卷 〔清〕朱 彬撰

第一〇六册

禮記釋注四卷 〔清〕丁 晏撰
禮記鄭讀考六卷 〔清〕陳壽祺撰 〔清〕陳喬樅述
禮記質疑四十九卷 〔清〕郭嵩燾撰
禮記鄭讀考一卷 〔清〕俞 樾撰
讀小戴日記一卷 〔清〕于 鬯撰
禮記識二卷 廖 平撰

第一〇七册

檀弓辨誣三卷 〔清〕夏 炘撰
王制箋一卷 〔清〕皮錫瑞撰
内則章句一卷 〔清〕顧陳垿撰
學記箋證四卷 王樹枏撰
坊記新解不分卷 廖 平撰
深衣解一卷 〔清〕戴 震撰
深衣釋例三卷 〔清〕任大椿撰

大戴禮注補十三卷附録一卷 〔清〕汪　照撰
大戴禮記正誤一卷 〔清〕汪　中撰
大戴禮記解詁十三卷 〔清〕王聘珍撰
大戴禮記補注十三卷序録一卷 〔清〕孔廣森撰
大戴禮記斠補三卷 〔清〕孫詒讓撰

第一〇八册

校正孔氏大戴禮記補注十三卷 王樹枏撰
曾子問講録四卷 〔清〕毛奇齡撰
孔子三朝記七卷 〔清〕洪頤煊撰
夏小正詁一卷 〔清〕諸　錦撰
夏小正考注一卷 〔清〕畢　沅撰
夏小正補注四卷 〔清〕任兆麟撰
夏小正疏義四卷釋音一卷異字記一卷　附天象圖 〔清〕洪震煊撰
夏小正釋義不分卷 〔清〕宋書升撰
涇野先生禮問二卷 〔明〕呂　柟撰
四禮翼八卷 〔明〕呂　坤撰
宗法論一卷 〔清〕萬斯大撰
郊社考辨一卷 〔清〕李　塨撰
學禮闕疑八卷 〔清〕劉青蓮撰 〔清〕劉青芝訂
禘説二卷 〔清〕惠　棟撰
明堂大道録八卷 〔清〕惠　棟撰
宗法小記一卷 〔清〕程瑤田撰
釋服二卷 〔清〕宋綿初撰

第一〇九册

禮箋三卷 〔清〕金　榜撰
弁服釋例八卷表一卷 〔清〕任大椿撰
經傳禘祀通考一卷 〔清〕崔　述撰
冕服考四卷 〔清〕焦廷琥撰
三禮陳數求義三十卷 〔清〕林喬蔭撰

第一一〇册

三禮義證十二卷 〔清〕武　億撰
禮學卮言六卷 〔清〕孔廣森撰
明堂考三卷 〔清〕孫星衍撰
禮經宮室答問二卷 〔清〕洪頤煊撰
求古録禮説十六卷補遺一卷 〔清〕金　鶚撰　校勘記三卷 〔清〕王士駿撰
禮説四卷 〔清〕淩　曙撰
燕寢考三卷首一卷 〔清〕胡培翬撰
禘祫問答一卷 〔清〕胡培翬撰
親屬記二卷（存一卷） 〔清〕鄭　珍撰　陳　榘補
佚禮扶微二卷附録一卷 〔清〕丁　晏撰

第一一一册

禮書通故五十卷校文一卷（卷一至卷二十八） 〔清〕黃以

周撰

第一一二册

禮書通故五十卷校文一卷（卷二十九至卷五十）〔清〕黄以周撰

禮説六卷〔清〕黄以周撰

魯禮禘祫義疏證一卷〔清〕皮錫瑞撰

樂類

第一一三册

樂書要録十卷（存卷五至卷七）題〔唐〕武　曌撰

律吕新書箋義二卷八音考略一卷〔宋〕蔡元定撰〔清〕羅登選箋義

大樂律吕元聲六卷大樂律吕考注四卷〔明〕李文利撰〔明〕李元校補

雅樂發微八卷〔明〕張　敔撰

樂律纂要一卷〔明〕季　本撰

樂典三十六卷〔明〕黄　佐撰

樂經元義八卷〔明〕劉　濂撰

第一一四册

李氏樂書六種〔明〕李文察撰

四聖圖解二卷

樂記補説二卷

律吕新書補註一卷

興樂要論三卷

古樂筌蹄九卷

皇明青宮樂調三卷

律吕正論四卷律吕質疑辨惑一卷〔明〕朱載堉撰

太律十二卷外篇三卷〔明〕葛中選撰

大成樂律全書一卷〔清〕孔貞瑄撰

律吕新義四卷附録一卷〔清〕江　永撰

樂經或問三卷〔清〕汪　紱撰

第一一五册

樂經律吕通解五卷〔清〕汪　紱撰

樂器三事能言一卷〔清〕程瑤田撰

律吕古誼六卷〔清〕錢　塘撰

燕樂考原六卷〔清〕凌廷堪撰

晉泰始笛律匡謬一卷〔清〕凌廷堪撰

樂律心得二卷〔清〕安清翹撰

管色考一卷〔清〕徐養原撰

荀勖笛律圖注一卷〔清〕徐養原撰

律吕臆説一卷〔清〕徐養原撰

古今樂律工尺圖〔清〕陳懋齡撰

律話三卷〔清〕戴長庚撰

律吕賸言三卷〔清〕蔣文勳撰

第一一六册

古今聲律定宮八卷 〔清〕葛　銘撰

庚癸原音四種 〔清〕繆　闐撰

律呂通今圖説一卷

律易一卷

音調定程一卷

弦徽宣秘一卷

音分古義二卷附一卷 〔清〕戴　煦撰

聲律通考十卷 〔清〕陳　澧撰

樂記異文考一卷 〔清〕俞　樾撰

律呂元音一卷附録一卷 〔清〕畢華珍撰

樂律明真解義一卷 〔清〕載　武撰

樂律明真明算一卷 〔清〕載　武撰

樂律明真立表一卷 〔清〕載　武撰

樂律擬答一卷 〔清〕載　武撰

春秋類

第一一七册

春秋傳服氏注十二卷 〔漢〕服　虔撰 〔清〕袁　鈞輯

春秋左傳正義三十六卷（卷一至卷二十四） 〔唐〕孔穎達等撰

第一一八册

春秋左傳正義三十六卷（卷二十五至卷三十六） 〔唐〕孔穎達等撰

左氏摘奇十二卷 〔宋〕胡元質撰

音注全文春秋括例始末左傳句讀直解七十卷 〔宋〕林堯叟注

第一一九册

春秋左傳類解二十卷 〔明〕劉　績撰

左氏春秋鐫二卷 〔明〕陸　粲撰

春秋左傳註解辯誤二卷補遺一卷 〔明〕傅　遜撰

春秋左傳典略十二卷 〔明〕陳許廷撰

第一二〇册

左氏春秋集説十卷 〔清〕朱鶴齡輯　春秋凡例二卷 〔明〕王　樵輯 〔清〕朱鶴齡參

左傳經世鈔二十三卷 〔清〕魏　禧撰 〔清〕彭家屏參訂

第一二一册

左氏條貫十八卷 〔清〕曹　基編

春秋左傳姓名同異考四卷 〔清〕高士奇撰

春秋左傳杜注三十卷首一卷 〔清〕姚培謙撰

第一二二册

春秋内傳古注輯存三卷 〔清〕嚴　蔚輯

讀左補義五十卷首二卷 〔清〕姜炳璋撰

第一二三册

春秋左傳會要四卷 〔清〕李調元撰
左傳官名考二卷 〔清〕李調元撰
左傳通釋十二卷（存卷一至卷四　卷十一） 〔清〕李　惇撰
春秋左氏古經十二卷附一卷 〔清〕段玉裁撰
左通補釋三十二卷 〔清〕梁履繩撰

第一二四册

春秋左傳詁二十卷 〔清〕洪亮吉撰
春秋世族輯略二卷春秋列國輯略一卷 〔清〕王文源撰
春秋左傳補疏五卷 〔清〕焦　循撰
春秋左傳釋人十二卷附録一卷 〔清〕范照藜撰
春秋左傳補注三卷 〔清〕馬宗璉撰

第一二五册

春秋左氏傳補注十二卷 〔清〕沈欽韓撰
春秋左氏傳地名補注十二卷 〔清〕沈欽韓撰
左氏春秋考證二卷 〔清〕劉逢禄撰
左傳釋地三卷 〔清〕范士齡撰
左傳杜注辨證六卷 〔清〕張聰咸撰
春秋左氏傳賈服注輯述二十卷 〔清〕李貽德撰
左氏古義六卷 〔清〕臧壽恭撰
春秋左傳識小録二卷 〔清〕朱駿聲撰

第一二六册

春秋左氏傳舊注疏證不分卷（隱公元年至僖公二十二年） 〔清〕劉文淇　劉毓崧　劉壽曾撰

第一二七册

春秋左氏傳舊注疏證不分卷（僖公二十三年至宣公十八年） 〔清〕劉文淇　劉毓崧　劉壽曾撰

第一二八册

春秋傳禮徵十卷 〔清〕朱大韶撰
左傳杜解集正八卷 〔清〕丁　晏撰
左傳札記七卷 〔清〕錢　綺撰
春秋異地同名考一卷 〔清〕丁壽徵撰
春秋名字解詁補義一卷 〔清〕俞　樾撰
春秋左傳杜注校勘記一卷 〔清〕黎庶昌撰
駁春秋名字解詁一卷 〔清〕胡元玉撰
春秋左傳杜氏集解辨正二卷 廖　平撰
春秋左傳讀叙録一卷鎦子政左氏説一卷 章炳麟撰
公羊墨史二卷 〔清〕周拱辰撰

第一二九册

公羊春秋經傳通義十一卷叙一卷 〔清〕孔廣森撰
公羊經傳異文集解二卷（存卷上） 〔清〕吴壽暘撰
春秋公羊禮疏十一卷 〔清〕凌　曙撰
春秋公羊問答二卷 〔清〕凌　曙撰
春秋公羊經何氏釋例十卷後録六卷 〔清〕劉逢禄撰
公羊逸禮考徵一卷 〔清〕陳　奂撰

春秋決事比一卷 〔清〕龔自珍撰

春秋公羊注疏質疑二卷 〔清〕何若瑶撰

第一三〇册

公羊義疏七十六卷 〔清〕陳　立撰

第一三一册

春秋公羊傳曆譜十一卷 〔清〕包慎言撰

春秋公羊傳箋十一卷 王闓運撰

何氏公羊解詁三十論三卷附一卷 廖　平撰

春秋復始三十八卷 崔　適撰

第一三二册

穀梁廢疾申何二卷 〔清〕劉逢禄撰

穀梁大義述三十卷 〔清〕柳興恩撰

穀梁禮證二卷 〔清〕侯　康撰

春秋穀梁經傳補注二十四卷首一卷末一卷 〔清〕鍾文烝撰

第一三三册

穀梁申義一卷 王闓運撰

重訂穀梁春秋經傳古義疏十一卷釋范一卷起起穀梁廢疾一卷 廖　平撰 廖宗澤補疏

春秋集傳二十六卷（存卷一至卷十七　卷二十一　卷二十二） 〔宋〕張　洽撰

涇野先生春秋説志五卷 〔明〕呂　柟撰

第一三四册

春秋私考三十六卷首一卷 〔明〕季　本撰

春秋三傳通經合纂十二卷 〔明〕周　統撰 〔清〕周夢齡　周毓齡增輯

第一三五册

春秋四傳私考二卷 〔明〕徐　浦撰

春秋翼附二十卷 〔明〕黄正憲撰

春秋疑問十二卷 〔明〕姚舜牧撰

第一三六册

春秋直解十五卷讀春秋一卷 〔明〕郝　敬撰

春秋歸義十二卷 〔明〕賀仲軾撰 〔清〕范　驤删訂

春秋三發三卷 〔明〕馮士驊輯

第一三七册

春秋傳注三十六卷提綱一卷（卷一至卷十七） 〔清〕嚴啓隆撰

第一三八册

春秋傳注三十六卷提綱一卷（卷十八至卷三十六） 〔清〕嚴啓隆撰

第一三九册

春秋家説三卷 〔清〕王夫之撰

春秋條貫篇十一卷 〔清〕毛奇齡撰

學春秋隨筆十卷 〔清〕萬斯大撰

春秋三傳異同考一卷 〔清〕吴陳琰撰
春秋通論十五卷（存卷一至卷十 卷十四 卷十五）論旨一卷春秋無例詳考一卷 〔清〕姚際恒撰
春秋傳注四卷 〔清〕李 塨撰
春秋義存録十二卷首一卷 〔清〕陸奎勳撰

第一四〇册

春秋直解十二卷 〔清〕方 苞撰
春秋集傳十六卷首一卷末一卷 〔清〕汪 紱撰
春秋取義測十二卷 〔清〕法坤宏撰
春秋傳十二卷 〔清〕牛運震撰

第一四一册

春秋正辭十一卷春秋舉例一卷春秋要指一卷 〔清〕莊存與撰
讀春秋管見十四卷 〔清〕羅 典撰
讀春秋存稿四卷 〔清〕趙 佑撰

第一四二册

春秋經傳集解考正三十卷（卷一至卷十五） 〔清〕陳樹華撰

第一四三册

春秋經傳集解考正三十卷（卷十六至卷三十） 〔清〕陳樹華撰

第一四四册

春秋三傳比二卷 〔清〕李調元撰
春秋小學八卷 〔清〕莊有可撰
春秋慎行義二卷春秋刑法義一卷春秋使師義一卷 〔清〕莊有可撰
春秋列國官名異同考一卷 〔清〕汪 中撰
春秋日食質疑一卷 〔清〕吴守一撰
春秋説略十二卷春秋比二卷 〔清〕郝懿行撰
春秋三傳異文釋十二卷 〔清〕李富孫撰
春秋異文箋十二卷附録一卷 〔清〕趙 坦撰

第一四五册

春秋屬辭辨例編六十卷首二卷（卷一至卷三十） 〔清〕張應昌撰

第一四六册

春秋屬辭辨例編六十卷首二卷（卷三十一至卷六十） 〔清〕張應昌撰

第一四七册

推春秋日食法一卷卷末一卷 〔清〕施彦士撰
春秋朔閏表發覆四卷首一卷 〔清〕施彦士撰
春秋經傳比事二十二卷 〔清〕林春溥撰
春秋朔閏異同二卷（卷上） 〔清〕羅士琳撰

第一四八册

春秋朔閏異同二卷（卷下） 〔清〕羅士琳撰
春秋三家異文覈一卷 〔清〕朱駿聲撰

春秋平議一卷　〔清〕朱駿聲撰
春秋亂賊考一卷　〔清〕朱駿聲撰
春秋釋四卷　〔清〕黃式三撰
增訂春秋世族源流圖考六卷　〔清〕常茂徠撰
春秋女譜一卷　〔清〕常茂徠撰
學春秋理辯一卷　〔清〕凌　堃撰
春秋古經説二卷　〔清〕侯　康撰
春秋日南至譜一卷　〔清〕成蓉鏡撰
春秋世族譜拾遺一卷　〔清〕成蓉鏡撰
春秋經傳日月考一卷　〔清〕鄒伯奇撰
達齋春秋論一卷　〔清〕俞　樾撰
春秋朔閏至日考三卷　〔清〕王　韜撰
春秋日食辨正一卷　〔清〕王　韜撰
春秋朔至表一卷　〔清〕王　韜撰
師伏堂春秋講義二卷　〔清〕皮錫瑞撰
春秋圖表二卷　廖　平撰
春秋日食集證十卷　〔清〕馮　澂撰

第一四九册

春秋世系表不分卷　〔清〕周耀藻撰

第一五〇册

春秋繁露注十七卷題跋附録一卷（存卷一至卷十三　卷十五至卷十七）　〔清〕凌　曙撰

春秋繁露義證十七卷首一卷考證一卷　蘇　輿撰

孝經類

第一五一册

古文孝經（敦煌殘卷）　〔漢〕孔安國注
孝經一卷　〔漢〕鄭　玄注　〔清〕陳　鱣輯
孝經總類十二卷　〔明〕朱　鴻編
孝經本義一卷　〔明〕胡時化撰
孝經贊義一卷　〔明〕黃道周撰
孝經大全二十八卷首一卷或問三卷　〔明〕呂維祺撰　孝經翼一卷　〔明〕呂維祜撰

第一五二册

孝經内外傳五卷孝經正文一卷　〔清〕李之素輯
孝經詳説六卷　〔清〕冉覲祖撰
孝經集解十八卷　〔清〕趙起蛟撰
孝經精義一卷後録一卷或問一卷原孝一卷餘論一卷　〔清〕張　叙撰
孝經義疏補九卷首一卷　〔清〕阮　福撰
孝經述注一卷　〔清〕丁　晏輯
孝經集證十卷　〔清〕桂文燦撰
孝經學七卷　曹元弼撰

四書類

第一五三册

讀論語叢説三卷 〔元〕許　謙撰
論語詳解二十卷讀論語一卷 〔明〕郝　敬撰
論語説四卷 〔清〕程廷祚撰
皇氏論語義疏參訂十卷附録一卷 〔清〕吴　騫撰

第一五四册

論語古注集箋十卷論語考一卷附一卷 〔清〕潘維城撰
論語後録五卷 〔清〕錢　坫撰
論語駢枝一卷 〔清〕劉台拱撰
論語古訓十卷附一卷 〔清〕陳　鱣撰

第一五五册

讀論質疑一卷 〔清〕石韞玉撰
論語魯讀考一卷 〔清〕徐養原撰
論語通釋一卷 〔清〕焦　循撰
論語旁證二十卷 〔清〕梁章鉅撰
論語説義十卷 〔清〕宋翔鳳撰
論語偶記一卷 〔清〕方觀旭撰
論語異文考證十卷 〔清〕馮登府撰
論語後案二十卷 〔清〕黄式三撰

第一五六册

論語正義二十四卷 〔清〕劉寶楠撰 〔清〕劉恭冕補
論語孔注證僞二卷 〔清〕丁　晏撰
論語經正録二十卷 〔清〕王肇晉撰

第一五七册

朱子論語集注訓詁考二卷 〔清〕潘衍桐撰
戴氏注論語二十卷 〔清〕戴　望撰
論語稽二十卷 〔清〕宦懋庸撰
天文本單經論語校勘記一卷 葉德輝撰
鄉黨圖考補證六卷 〔清〕王漸鴻撰 校鄉黨圖考補證札記一卷 〔清〕張庭詩撰
孟子要略五卷首一卷 〔宋〕朱　熹撰 〔清〕劉傳瑩輯 〔清〕曾國藩按
標孟七卷 〔清〕汪有光撰

第一五八册

孟子札記二卷 〔清〕范爾梅撰
孟子字義疏證三卷 〔清〕戴　震撰
孟子四考四卷 〔清〕周廣業撰
逸孟子一卷 〔清〕李調元輯
孟子篇叙七卷年表一卷 〔清〕姜兆錫撰
孟子文説七卷 〔清〕康　濬撰
孟子正義三十卷 〔清〕焦　循撰

第一五九册

孟子趙注補正六卷 〔清〕宋翔鳳撰
孟子趙注考證一卷 〔清〕桂文燦撰
大學古本傍釋一卷大學古本問一卷 〔明〕王守仁撰
大學辨一卷 〔清〕陳確撰
大學知本圖說一卷 〔清〕毛奇齡撰
大學疏略一卷 〔清〕張沐撰
大學辨業四卷 〔清〕李塨撰
大學困學録一卷 〔清〕王澍撰
大學說一卷 〔清〕惠士奇撰
大學偶言一卷 〔清〕張文檒撰
大學古義說二卷 〔清〕宋翔鳳撰
大學章句質疑一卷 〔清〕郭嵩燾撰
大學古義一卷 〔清〕劉光蕡撰
讀中庸叢說二卷 〔元〕許謙撰
中庸說要一卷 〔明〕宋大勺撰
中庸疏略一卷 〔清〕張沐撰
中庸傳注一卷 中庸傳注問一卷 〔清〕李塨撰
恕谷中庸講語一卷 〔清〕李塨撰
中庸困學録一卷 〔清〕王澍撰
易大義一卷 〔清〕惠棟撰
中庸札記一卷 〔清〕范爾梅撰
中庸補注一卷 〔清〕戴震撰
中庸章句質疑二卷 〔清〕郭嵩燾撰
四書箋義纂要十二卷補遺一卷續遺一卷 〔宋〕趙悳撰
四書待問二十二卷 〔元〕蕭鎰撰

第一六〇册

四書輯釋四十三卷 〔元〕倪士毅輯釋 程復心章圖 王元善通考
四書近語六卷 〔明〕孫應鰲撰

第一六一册

四書評十九卷 〔明〕李贄撰

第一六二册

焦氏四書講録十四卷 〔明〕焦竑撰
大學意一卷中庸意二卷大學說一卷中庸說一卷語孟說略二卷 〔明〕顧憲成撰
四書說約三十三卷 〔明〕鹿善繼撰

第一六三册

四書湖南講十一卷 〔明〕葛寅亮撰
重訂四書說叢十七卷 〔明〕沈守正撰

第一六四册

四書約說六卷題說二卷 〔明〕孫肇興撰
四書箋解十一卷 〔清〕王夫之撰
讀四書大全說十卷 〔清〕王夫之撰
四書稗疏二卷附考異一卷 〔清〕王夫之撰

第一六五册

四書改錯二十二卷 〔清〕毛奇齡撰

四書反身録六卷續録二卷 〔清〕李顒撰

吕晚村先生四書講義四十三卷 〔清〕吕留良撰

第一六六册

顔習齋先生四書正誤六卷（存卷一至卷四 卷六） 〔清〕顔元撰

四書按稿三十卷 〔清〕江永撰

四書古人典林十二卷 〔清〕江永撰

四書温故録十一卷 〔清〕趙佑撰

第一六七册

四書考異七十二卷 〔清〕翟灝撰

四書典故辨正二十卷附録一卷 〔清〕周柄中撰

四書典故辨正續五卷 〔清〕周柄中撰

第一六八册

四書經注集證十九卷 〔清〕吴昌宗撰

四書偶談内編二卷外編一卷續編内編二卷外編一卷 〔清〕戚學標撰

第一六九册

四書續談内編二卷補一卷外編二卷補一卷 〔清〕戚學標撰

四書疏記四卷 〔清〕陳鱣撰

四書典故考辨一卷 〔清〕戴清撰

駁四書改錯二十一卷 〔清〕戴大昌撰

補餘堂四書問答二十四卷附録一卷 〔清〕戴大昌撰

四書典故覈八卷 〔清〕凌曙輯

第一七〇册

四書釋地補一卷續補一卷又續補一卷三續補一卷 〔清〕樊廷枚撰

四書解瑣言四卷補編一卷 〔清〕方祖範撰

四書地理考十五卷 〔清〕王瑬撰

四書釋地辨證二卷 〔清〕宋翔鳳撰

四書緯四卷 〔清〕常增撰

四書説苑十一卷首一卷補遺一卷續遺一卷 〔清〕孫應科輯

四書辨疑辨一卷 〔清〕俞樾撰

群經總義類

第一七一册

五經異義疏證三卷 〔清〕陳壽祺撰

駁五經異義疏證十卷 〔清〕皮錫瑞撰

六藝論疏證一卷 〔清〕皮錫瑞撰

鄭志疏證八卷鄭記考證一卷答臨孝存周禮難一卷 〔清〕皮錫瑞撰

九經疑難十卷（存卷一至卷四） 〔宋〕張文伯撰

疑辨録三卷 〔明〕周洪謨撰

石渠意見四卷補缺一卷 〔明〕王恕撰

五經疑義二卷 〔明〕嚴天麟撰
談經九卷 〔明〕郝　敬撰

第一七二册

敬修堂講録不分卷 〔清〕查繼佐撰
經義雜記三十卷 〔清〕臧　琳撰　敍録一卷 〔清〕臧鏞堂编
經玩二十卷 〔清〕沈　淑撰
經考五卷 〔清〕戴　震撰
惜抱軒九經説十七卷 〔清〕姚　鼐撰

第一七三册

群經識小八卷 〔清〕李　惇撰
經讀考異八卷句讀叙述二卷 〔清〕武　億撰
群經義證八卷 〔清〕武　億撰
五經小學述二卷 〔清〕莊述祖撰
經傳小記三卷 〔清〕劉台拱撰
經學危言六卷 〔清〕孔廣森撰
頑石廬經説十卷 〔清〕徐養原撰
周人經説四卷 〔清〕王紹蘭撰
王氏經説六卷 〔清〕王紹蘭撰
隸經文四卷續隸經文一卷 〔清〕江　藩撰
群經宫室圖二卷 〔清〕焦　循撰

第一七四册

詩書古訓六卷 〔清〕阮　元輯
經義述聞三十二卷（卷一至卷十七） 〔清〕王引之撰

第一七五册

經義述聞三十二卷（卷十八至卷三十二） 〔清〕王引之撰
左海經辨二卷 〔清〕陳壽祺撰
娱親雅言六卷 〔清〕嚴元照撰

第一七六册

愓齋經説四卷 〔清〕孫經世撰
介庵經説十卷介庵經説補二卷 〔清〕雷學淇撰
實事求是齋經義二卷 〔清〕朱大韶撰
讀書偶識十卷附一卷 〔清〕鄒漢勛撰
巢經巢集經説一卷 〔清〕鄭　珍撰
句溪雜著六卷 〔清〕陳　立撰

第一七七册

通介堂經説三十七卷 〔清〕徐　灝撰
通義堂集二卷 〔清〕劉毓崧撰
茶香室經説十六卷 〔清〕俞　樾撰

第一七八册

群經平議三十五卷 〔清〕俞　樾撰
群經説四卷 〔清〕黄以周撰

第一七九册

經學博采録十二卷 〔清〕桂文燦撰
經述四卷 〔清〕林頤山撰

國朝漢學師承記八卷附録一卷 〔清〕江　藩撰
兩漢五經博士考三卷 〔清〕張金吾撰
經學歷史一卷 〔清〕皮錫瑞撰
今古學考二卷 廖　平撰
新學僞經考十四卷 康有爲撰

第一八〇册

經學通論五卷 〔清〕皮錫瑞撰
經典釋文考證三十卷 〔清〕盧文弨撰
十三經注疏校勘記二百四十五卷（周易注疏校勘記卷一至毛詩注疏校勘記卷五） 〔清〕阮　元撰

第一八一册

十三經注疏校勘記二百四十五卷（毛詩注疏校勘記卷六至禮記注疏校勘記卷十） 〔清〕阮　元撰

第一八二册

十三經注疏校勘記二百四十五卷（禮記注疏校勘記卷十一至春秋左傳注疏校勘記卷三十五） 〔清〕阮　元撰

第一八三册

十三經注疏校勘記二百四十五卷（春秋左傳注疏校勘記卷三十六至孟子音義校勘記卷下） 〔清〕阮　元撰
十三經注疏校勘記識語四卷 〔清〕汪文臺撰
歷代石經略二卷 〔清〕桂　馥撰

第一八四册

石經補考十二卷 〔清〕馮登府撰
石經殘字考一卷 〔清〕翁方綱撰
漢魏石經考三卷 〔清〕劉傳瑩撰
唐石經考異十三卷 〔清〕錢大昕撰
唐開成石經考二卷 〔清〕吴　騫撰
唐石經校文十卷 〔清〕嚴可均撰
蜀石經殘字三種四卷
毛詩傳箋殘字二卷 〔漢〕毛　萇　鄭　玄撰
周禮夏官殘字校記一卷 〔清〕趙　坦撰
蜀石經左傳殘字一卷 〔晉〕杜　預撰
北宋汴學二體石經記一卷 〔清〕丁　晏撰
緯攟十四卷 〔清〕喬松年撰
緯學原流興廢考三卷 〔清〕蔣清翊撰

小學類

第一八五册

爾雅三卷 〔晉〕郭　璞注　爾雅音釋三卷 〔唐〕陸德明撰
爾雅疏十卷 〔宋〕邢　昺等撰
爾雅新義二十卷 〔宋〕陸　佃撰　叙録一卷 〔清〕宋大樽撰
爾雅注疏參議六卷 〔清〕姜兆錫撰
爾雅補注四卷 〔清〕周　春撰
爾雅補郭二卷 〔清〕翟　灝撰

爾雅校議二卷　〔清〕劉玉麐撰

第一八六册

爾雅注疏箋補三卷　〔清〕任基振撰

爾雅郭註補正九卷　〔清〕戴鎣撰

第一八七册

爾雅古義二卷　〔清〕錢坫撰

爾雅釋地四篇注一卷　〔清〕錢坫撰

爾雅正義二十卷　〔清〕邵晉涵撰

爾雅注疏本正誤五卷　〔清〕張宗泰撰

爾雅郭注義疏二十卷　〔清〕郝懿行撰

第一八八册

爾雅郝注刊誤一卷　〔清〕王念孫撰

爾雅小箋三卷　〔清〕江藩撰

爾雅一切註音十卷　〔清〕嚴可均撰

爾雅匡名二十卷　〔清〕嚴元照撰

爾雅古義二卷　〔清〕胡承珙撰

尔疋舊注攷證二卷　〔清〕李曾白撰　〔清〕李滋然補攷

爾雅古注斠三卷　〔清〕葉蕙心撰

爾雅經注集證三卷　〔清〕龍啓瑞撰

爾雅正郭三卷　〔清〕潘衍桐撰

爾雅釋例五卷　〔清〕陳玉澍撰

讀爾雅日記一卷補記一卷　〔清〕董瑞椿撰

第一八九册

爾雅稗疏四卷　〔清〕繆楷撰

爾雅郭注佚存補訂二十卷　王樹枏撰

雅學攷一卷　〔清〕胡元玉撰

小爾雅廣注四卷　〔清〕莫栻撰

小爾雅疏八卷　〔清〕王煦撰

小爾雅義證十三卷補遺一卷　〔清〕胡承珙撰

小爾雅訓纂六卷　〔清〕宋翔鳳撰

小爾雅約注一卷　〔清〕朱駿聲撰

小爾雅疏證五卷　〔清〕葛其仁撰

釋名疏證八卷續釋名一卷釋名補遺一卷　〔清〕畢沅撰

第一九〇册

釋名疏證補八卷續釋名一卷釋名補遺一卷釋名疏證補附一卷　王先謙撰

廣釋名二卷　〔清〕張金吾撰

廣雅疏義二十卷　〔清〕錢大昭撰

第一九一册

廣雅疏證十卷博雅音十卷　〔清〕王念孫　〔清〕王引之撰

廣雅疏證補正一卷　〔清〕王念孫　〔清〕王引之撰

續廣雅二卷　〔清〕劉燦撰

釋蟲小記一卷　〔清〕程瑤田撰

釋草小記二卷　〔清〕程瑤田撰

果贏轉語記一卷 〔清〕程瑤田撰
奇字名十二卷 〔清〕李調元撰
釋大八卷 〔清〕王念孫撰

第一九二册

拾雅二十卷 〔清〕夏味堂撰
比雅十九卷 〔清〕洪亮吉撰
駢字分箋二卷 〔清〕程際盛撰
證俗文十九卷 〔清〕郝懿行撰
駢雅訓纂十六卷首一卷 〔明〕朱謀㙔撰 〔清〕魏茂林訓纂

第一九三册

支雅二卷 〔清〕劉　燦撰
釋穀四卷 〔清〕劉寶楠撰
小學駢支八卷 〔清〕田寶臣撰
疊雅十三卷 〔清〕史夢蘭撰
別雅訂五卷 〔清〕許　瀚撰
方言據二卷續録一卷 〔明〕岳元聲撰
方言疏證十三卷 〔清〕戴　震撰
續方言二卷 〔清〕戴　震撰
輶軒使者絶代語釋別國方言疏證補一卷 〔清〕王念孫撰
輶軒使者絶代語釋別國方言箋疏十三卷 〔清〕錢　繹撰

第一九四册

續方言補正二卷 〔清〕程際盛撰
續方言疏證二卷 〔清〕沈　齡撰
廣續方言四卷拾遺一卷 〔清〕程先甲撰
續方言又補二卷 徐乃昌撰
越語肯綮録一卷 〔清〕毛奇齡撰
直語補證一卷日貫齋塗説一卷筆史一卷 〔清〕梁同書撰
恒言録六卷 〔清〕錢大昕撰
通俗編三十八卷 〔清〕翟　灝撰

第一九五册

吳下方言考十二卷 〔清〕胡文英撰
方音一卷 〔清〕戚學標撰
邇言六卷 〔清〕錢大昭撰
新方言十一卷 章炳麟撰
重訂冠解助語辭二卷 〔元〕盧以緯撰 〔日本〕毛利貞齋編輯
助字辨略五卷 〔清〕劉　淇撰
虛字説一卷 〔清〕袁仁林撰
經傳釋詞十卷 〔清〕王引之撰

第一九六册

文通十卷 〔清〕馬建忠撰
一切經音義一百卷（卷一至卷三十一） 〔唐〕釋慧琳撰

第一九七册

一切經音義一百卷（卷三十二至卷一百） 〔唐〕釋慧琳撰
續一切經音義十卷 〔遼〕釋希麟撰

第一九八册

一切經音義二十五卷 〔唐〕釋玄應撰

經籍籑詁一百零六卷（卷一至卷十六） 〔清〕阮　元撰

第一九九册

經籍籑詁一百零六卷（卷十六下至卷六十七） 〔清〕阮　元撰

第二〇〇册

經籍籑詁一百零六卷（卷六十七下至卷一百零六） 〔清〕阮　元撰

經籍籑詁補遺一百零六卷（卷一至卷二十二） 〔清〕阮　元撰

第二〇一册

經籍籑詁補遺一百零六卷（卷二十二下至卷一百零六） 〔清〕阮　元撰

小學鉤沈十九卷 〔清〕任大椿輯

小學鉤沈續編八卷 〔清〕顧震福輯

第二〇二册

六書統溯原十三卷 〔元〕楊　桓撰

説文解字補義十二卷 〔元〕包希魯撰

六書精蘊六卷 〔明〕魏　校撰　音釋舉要一卷 〔明〕徐　官撰

第二〇三册

六書正義十二卷 〔明〕吴元滿撰

六書長箋七卷 〔明〕趙宧光撰

惠氏讀説文記十五卷 〔清〕惠　棟撰 〔清〕江　聲參補

説文引經考二卷補遺一卷 〔清〕吴玉搢撰

六書説一卷 〔清〕江　聲撰

第二〇四册

説文解字理董十五卷（存卷七至卷十五） 〔清〕吴穎芳撰

説文理董後編六卷 〔清〕吴穎芳撰

説文荅問疏證六卷 〔清〕錢大昕撰 〔清〕薛傳均疏證

轉注古義考一卷 〔清〕曹仁虎撰

汲古閣説文訂一卷 〔清〕段玉裁撰

説文解字注三十卷（卷一上至卷三下） 〔清〕段玉裁撰

第二〇五册

説文解字注三十卷（卷四上至卷六下） 〔清〕段玉裁撰

第二〇六册

説文解字注三十卷（卷七上至卷九下） 〔清〕段玉裁撰

第二〇七册

説文解字注三十卷（卷十上至卷十二下） 〔清〕段玉裁撰

第二〇八册

説文解字注三十卷（卷十三上至卷十五下） 〔清〕段玉裁撰

第二〇九册

説文解字義證五十卷（卷一至卷二十一） 〔清〕桂　馥撰

第二一〇册

說文解字義證五十卷（卷二十二至卷五十）〔清〕桂　馥撰

第二一一冊

說文解字群經正字二十八卷〔清〕邵　瑛撰
說文鑑箋十四卷〔清〕潘奕雋撰
說文解字斠詮十四卷〔清〕錢　坫撰

第二一二冊

說文解字校勘記一卷〔清〕王念孫撰
說文引經考二十卷〔清〕程際盛撰
說文古語考二卷〔清〕程際盛撰
說文五翼八卷〔清〕王　煦撰
說文解字校録十五卷〔清〕鈕樹玉撰

第二一三冊

段氏說文注訂八卷〔清〕鈕樹玉撰
說文新附考六卷續考一卷〔清〕鈕樹玉撰
說文段注訂補十四卷〔清〕王紹蘭撰
說文訂訂一卷〔清〕嚴可均撰
說文校議三十卷〔清〕嚴可均　〔清〕姚文田撰

第二一四冊

說文校議議三十卷〔清〕嚴章福撰
說文校定本二卷〔清〕朱士端撰
說文解字注匡謬十五卷〔清〕徐承慶撰
說文假借義證二十八卷首一卷（卷一至卷十三）〔清〕朱　珔撰

第二一五冊

說文假借義證二十八卷首一卷（卷十四至卷二十八）〔清〕朱　珔撰
說文辨疑一卷〔清〕顧廣圻撰
說文繫傳校録三十卷〔清〕王　筠撰
說文釋例二十卷（卷一至卷六）〔清〕王　筠撰

第二一六冊

說文釋例二十卷（卷七至卷二十）〔清〕王　筠撰
說文解字句讀三十卷句讀補正三十卷（卷一至卷五）〔清〕王　筠撰

第二一七冊

說文解字句讀三十卷句讀補正三十卷（卷六至卷十四）〔清〕王　筠撰

第二一八冊

說文解字句讀三十卷句讀補正三十卷（卷十五至卷二十三）〔清〕王　筠撰

第二一九冊

說文解字句讀三十卷句讀補正三十卷（卷二十四至卷三十　補正三十卷）〔清〕王　筠撰

第二二〇冊

文字蒙求四卷〔清〕王　筠撰

說文引經異字三卷　〔清〕吳雲蒸撰
說文通訓定聲十八卷分部柬韻一卷說雅一卷古今韻準一卷補遺一卷（卷一至卷十一）　〔清〕朱駿聲撰

第二二一册
說文通訓定聲十八卷分部柬韻一卷說雅一卷古今韻準一卷補遺一卷（卷十二至補遺）　〔清〕朱駿聲撰
廣潛研堂說文答問疏證八卷　〔清〕承培元撰

第二二二册
說文引經證例二十四卷　〔清〕承培元撰
說文古本考十四卷　〔清〕沈濤撰
說文經典異字釋一卷　〔清〕高翔麟撰
說文字通十四卷　〔清〕高翔麟撰

第二二三册
席氏讀說文記十五卷　〔清〕席世昌撰
說文引經考異十六卷　〔清〕柳榮宗撰
說文新附考六卷　〔清〕鄭珍撰
說文逸字二卷　〔清〕鄭珍撰　附録一卷　〔清〕鄭知同撰
說文解字段注考正十五卷（卷一上至卷六上）　〔清〕馮桂芬撰

第二二四册
說文解字段注考正十五卷（卷六下至卷十三上）　〔清〕馮桂芬撰

第二二五册
說文解字段注考正十五卷（卷十三下至卷十五下）　〔清〕馮桂芬撰
說文解字注箋十四卷（卷一至卷六下）　〔清〕徐灝撰　說文檢字三卷說文重文檢字一卷說文疑難檢字一卷今文檢字一卷　徐樾編

第二二六册
說文解字注箋十四卷　〔清〕徐灝撰　說文檢字三卷說文重文檢字一卷說文疑難檢字一卷今文檢字一卷　徐樾編（卷七上至卷十三上）

第二二七册
說文解字注箋十四卷　〔清〕徐灝撰　說文檢字三卷說文重文檢字一卷說文疑難檢字一卷今文檢字一卷　徐樾編（卷十三下至今文檢字一卷）
唐寫本說文解字木部箋異一卷　〔清〕莫友芝撰
說文引經例辨三卷　〔清〕雷浚撰
說文外編十五卷補遺一卷　〔清〕雷浚撰
說文經字考一卷　〔清〕陳壽祺撰　第一樓叢書坿考一卷　〔清〕俞樾撰
說文引經考證七卷說文引經互異說一卷　〔清〕陳瑑撰
說文佚字考四卷　〔清〕張鳴珂撰
說文淺說一卷　〔清〕鄭知同撰

說文發疑六卷 〔清〕張行孚撰

第二二二八册

說文經斠十三卷補遺一卷 〔清〕楊廷瑞撰

說文正俗一卷 〔清〕楊廷瑞撰

說文經字正誼四卷 〔清〕郭慶藩撰

六書舊義一卷 廖 平撰

說文二徐箋異二十八卷 田吳炤撰

玉篇（殘卷） 〔梁〕顧野王撰

第二二二九册

新修絫音引證群籍玉篇三十卷 〔金〕邢 準撰

成化丁亥重刊改併五音類聚四聲篇海十五卷 〔金〕韓孝彦 韓道昭撰 〔明〕釋文儒 思遠文通 删補

番漢合時掌中珠不分卷 〔西夏〕骨 勒撰

篇海類編二十卷 題〔明〕宋 濂撰 〔明〕屠 隆訂正 附録一卷 〔明〕張嘉和輯 （卷一至卷五）

第二二三〇册

篇海類編二十卷 題〔明〕宋 濂撰 〔明〕屠 隆訂正 附録一卷 〔明〕張嘉和輯 （卷六至卷二十）

華夷譯語不分卷附高昌館來文一卷譯文備覽一卷 〔明〕火原潔撰

第二二三一册

重訂直音篇七卷 〔明〕章 黼撰 〔明〕吳道長重訂

新校經史海篇直音十卷

第二二三二册

重刊詳校篇海五卷 〔明〕李 登撰

字彙十二卷首一卷末一卷附韻法直圖一卷韻法橫圖一卷（子集至卯集） 〔明〕梅膺祚撰

第二二三三册

字彙十二卷首一卷末一卷附韻法直圖一卷韻法橫圖一卷（辰集至亥集） 〔明〕梅膺祚撰

字彙補十二卷 〔清〕吳任臣撰

第二二三四册

正字通十二卷附字彙舊本首卷一卷 〔明〕張自烈撰 〔清〕廖文英續 （卷一至卷五）

第二二三五册

正字通十二卷附字彙舊本首卷一卷 〔明〕張自烈撰 〔清〕廖文英續 （卷六至舊本首卷）

第二二三六册

字林考逸八卷附録一卷 〔清〕任大椿撰 補本一卷 〔清〕陶方琦補 補附録一卷 〔清〕諸可寶補附

古今文字通釋十四卷 〔清〕呂世宜撰

俗書證誤一卷 〔隋〕顏愍楚撰

正名要録附字樣（敦煌殘卷） 〔唐〕郎知本撰

字寶（敦煌殘卷） 〔唐〕鄭 氏撰

俗務要名林（敦煌殘卷）
集篆古文韻海五卷 〔宋〕杜從古撰
隸韻十卷碑目一卷 〔宋〕劉　球撰　隸韻考證二卷碑目
考證一卷 〔清〕翁方綱考證

第二三三七册

增廣鐘鼎篆韻七卷 〔元〕楊　鉤撰
續古篆韻六卷 〔元〕吾　衍撰
續復古編四卷 〔元〕曹　本撰

第二三三八册

古俗字略五卷漢碑用字一卷俗用雜字一卷 〔明〕陳士元撰
問奇集二卷 〔明〕張　位撰
字學指南十卷 〔明〕朱光家撰
隸書正譌二卷 〔明〕吴元滿撰
廣金石韻府五卷字略一卷 〔明〕朱　雲原輯 〔清〕林尚葵廣輯
李　根校正

第二三三九册

榕村字畫辨訛一卷 〔清〕李光地撰
辨字通考四卷首一卷 〔清〕王在鎬撰
經典文字辨正不分卷 〔清〕錢大昕撰
說文解字舊音一卷經典文字辨證書五卷音同義異辨一
卷 〔清〕畢　沅撰
四庫全書辨正通俗文字不分卷 〔清〕陸費墀撰 〔清〕王朝梧
增補
隸八分辨一卷 〔清〕方　輔撰
金石文字辨異十二卷（卷一至卷三） 〔清〕邢　澍撰

第二三四〇册

金石文字辨異十二卷（卷四至卷十二） 〔清〕邢　澍撰
漢隸異同十二卷 〔清〕甘揚聲撰
正字略定本一卷 〔清〕王　筠撰
字辨證篆十七卷 〔清〕易本烺撰
汗簡箋正七卷目録一卷 〔清〕鄭　珍撰

第二三四一册

通俗字林辨證五卷 〔清〕唐　壎撰
隸通二卷 〔清〕錢慶曾撰
楷法溯源十四卷古碑目録一卷集帖目録一卷 〔清〕潘　存
原輯 〔清〕楊守敬編
隸篇十五卷隸篇續十五卷隸篇再續十五卷（隸篇卷一至
卷十一） 〔清〕翟云升撰

第二三四二册

隸篇十五卷隸篇續十五卷隸篇再續十五卷（隸篇卷十二
至再續卷十五） 〔清〕翟云升撰
隸樣八卷 〔清〕翟云升撰
六朝別字記不分卷 〔清〕趙之謙撰
六書類纂八卷讀篆臆存雜說一卷字學尋源三卷 〔清〕吴錦

章撰

第二四三册

漢隷辨體四卷 〔清〕尹彭壽撰
彙鈔三館字例六卷
碑別字五卷 〔清〕羅振鋆撰
説文古籀疏證六卷 〔清〕莊述祖撰
説文古籀補十四卷補遺一卷附録一卷 〔清〕吴大澂撰
古籀餘論三卷 〔清〕孫詒讓撰
古籀拾遺三卷坿宋政和禮器文字攷一卷 〔清〕孫詒讓撰
急就章考異一卷 〔清〕孫星衍撰
倉頡篇三卷輯本一卷 〔清〕孫星衍輯 續本一卷 〔清〕任大椿續輯 補本二卷 〔清〕陶方琦補輯

第二四四册

柴氏古韻通八卷附正音切韻復古編一卷 〔清〕柴紹炳撰
毛詩古音參義五卷首一卷 〔清〕潘相撰
聲韻攷四卷聲類表九卷首一卷 〔清〕戴震撰
六書音均表五卷 〔清〕段玉裁撰

第二四五册

韻徵十六卷 〔清〕安吉撰
漢學諧聲二十四卷説文補考一卷説文又考一卷 〔清〕戚學標撰
詩音表一卷 〔清〕錢坫撰
古韻譜二卷 〔清〕王念孫撰
漢魏音四卷 〔清〕洪亮吉撰

第二四六册

音切譜二十卷 〔清〕李元撰
詩聲類十二卷詩聲分例一卷 〔清〕孔廣森撰
説文聲系十四卷 〔清〕姚文田撰
古音諧八卷首一卷 〔清〕姚文田撰

第二四七册

説文聲類二卷 〔清〕嚴可均撰
毛詩古韻雜論一卷 〔清〕牟應震撰
毛詩古韻五卷 〔清〕牟應震撰
毛詩奇句韻攷四卷 〔清〕牟應震撰
韻譜一卷 〔清〕牟應震撰
諧聲補逸十四卷 〔清〕宋保撰
説文解字音均表二卷 〔清〕江沅撰
形聲類篇二卷餘論一卷 〔清〕丁履恒撰 校勘一卷 〔清〕龐大堃撰
古韻發明不分卷 〔清〕張畊撰
諧聲譜五十卷附録二卷 〔清〕張惠言撰 〔清〕張成孫編 校記一卷 戴姜福撰

第二四八册

江氏音學十書十二卷 〔清〕江有誥撰

詩經韵讀四卷
羣經韵讀一卷
楚辭韵讀一卷
宋賦韵讀一卷
先秦韵讀一卷
諧聲表一卷
入聲表一卷
等韵叢説一卷
唐韵四聲正一卷
詩古韻表廿二部集説二卷 〔清〕夏　炘輯
五韵論二卷 〔清〕鄒漢勛撰
説文諧聲孳生述不分卷 〔清〕陳　立撰
説文聲統十七卷標目二卷 〔清〕陳　澧撰
古音類表九卷 〔清〕傅壽彤撰
古韵通説二十卷 〔清〕龍啓瑞撰

第二四九册

述均十卷 〔清〕夏　燮撰
聲譜二卷 〔清〕時庸勱撰
聲説二卷 〔清〕時庸勱撰
詩古音繹一卷 〔清〕胡錫燕撰
古音輯略二卷古音備考一卷 〔清〕龐大堃撰
唐寫本切韻（殘卷） 〔隋〕陸法言撰
唐寫本唐韻（殘卷） 〔唐〕孫　愐撰
刊謬補缺切韻 〔唐〕王仁昫撰

第二五〇册

刊謬補缺切韻五卷 〔唐〕王仁昫撰 〔唐〕長孫訥言注
刊謬補缺切韻五卷 〔唐〕王仁昫撰
新刊韻略五卷 〔金〕王文鬱撰
書學正韻三十六卷（卷一至卷十五） 〔元〕揚　桓撰

第二五一册

書學正韻三十六卷（卷十六至卷三十六） 〔元〕揚　桓撰
交泰韻不分卷 〔明〕呂　坤撰
書文音義便考私編五卷難字直音一卷 〔明〕李　登撰

第二五二册

音韻日月燈六十四卷 〔明〕呂維祺撰 〔明〕呂維祜詮
韻母五卷
同文鐸三十卷首四卷
韻鑰二十五卷

第二五三册

詩詞通韻五卷首一卷反切定譜一卷 〔清〕樸隱子撰
音學辨微一卷 〔清〕江　永撰
四聲切韻表一卷凡例一卷 〔清〕江　永撰
集韻考正十卷 〔清〕方成珪撰
切韻考六卷切韻考外篇三卷 〔清〕陳　澧撰

切韵表五卷 〔清〕成蓉鏡撰
四聲韻譜九卷首一卷 〔清〕梁僧寶撰
切韻求蒙一卷 〔清〕梁僧寶撰

第二五四册

圓音正考一卷 〔清〕存之堂輯
集韻編雅十卷 〔清〕董文渙撰
唐律通韻舉例二卷 〔清〕程道存撰
韻鏡一卷 佚　名撰
皇極聲音文字通三十二卷（存卷一至卷三十） 〔明〕趙撝謙撰
音聲紀元六卷 〔明〕吴繼仕撰

第二五五册

聲韻襍箸一卷文韻攷衷六聲會編十二卷 〔明〕桑紹良撰
五先堂字學元元十卷 〔明〕袁子讓撰
韻表三十表聲表三十表 〔明〕葉秉敬撰

第二五六册

元韻譜五十四卷 〔明〕喬中和撰

第二五七册

韻通一卷 〔清〕蕭雲從撰
大藏字母九音等韻十二卷 〔清〕釋阿摩利諦譯
諧聲韻學十六卷（存卷一至卷二　卷四至卷九　卷十一至卷十四　卷十六） 〔清〕釋阿摩利諦撰
善樂堂音韻清濁鑑三卷 〔清〕王祚禎撰
拙菴韻悟一卷 〔清〕趙紹箕撰
馬氏等音一卷 〔清〕馬自援撰

第二五八册

類音八卷 〔清〕潘　耒撰
等切元聲十卷 〔清〕熊士伯撰
詩韻析五卷首一卷末一卷校勘記一卷 〔清〕汪　烜撰
五聲反切正均不分卷 〔清〕吴　烺撰
等韻精要一卷 〔清〕賈存仁撰
切韻攷四卷 〔清〕李　鄴撰
四聲均和表五卷　示兒切語一卷 〔清〕洪　榜撰
音泭一卷 〔清〕徐　鑑撰
正音切韻指掌一卷 〔清〕莎彝尊撰
音韻逢源四卷 〔清〕裕　恩撰
韻籟四卷 〔清〕華長忠撰
等韻學不分卷 〔清〕許　惠撰

第二五九册

蒙古字韻二卷 〔元〕朱宗文撰
韻畧易通二卷 〔明〕蘭廷秀撰
併音連聲字學集要四卷 〔明〕陶承學 〔明〕毛　曾輯
音韻正訛四卷 〔明〕孫　耀撰
西儒耳目資不分卷 〔法〕金尼閣撰

第二六〇册

五方元音二卷 〔清〕樊騰鳳撰

新鐫彙音妙悟全集不分卷　〔清〕黄　謙輯

彙集雅俗通十五音八卷　〔清〕謝秀嵐撰

李氏音鑑六卷　〔清〕李汝珍撰

同音字辨四卷　〔清〕劉維坊撰

史部（二六一——九三〇）

正史類

第二六一册

史記一百三十卷（卷一至卷五十七）　〔漢〕司馬遷撰　〔南朝宋〕裴　駰集解　〔唐〕司馬貞索隱　〔唐〕張守節正義

第二六二册

史記一百三十卷（卷五十八至卷一百三十）　〔漢〕司馬遷撰　〔南朝宋〕裴　駰集解　〔唐〕司馬貞索隱　〔唐〕張守節正義

第二六三册

史記志疑三十六卷（卷一至卷十三）　〔清〕梁玉繩撰

史記志疑三十六卷（卷十四至卷三十六）　〔清〕梁玉繩撰

史記考證七卷　〔清〕杭世駿撰

第二六四册

史記疏證六十卷　佚　名撰

史記探源八卷　崔　適撰

第二六五册

漢書考正不分卷後漢書考正不分卷　佚　名撰

漢書疏證二十七卷　佚　名撰

第二六六册

漢書疏證三十六卷（卷一至卷二十八）　〔清〕沈欽韓撰

第二六七册

漢書疏證三十六卷（卷二十九至卷三十六）　〔清〕沈欽韓撰

漢書辨疑二十二卷　〔清〕錢大昭撰

漢書注校補五十六卷　〔清〕周壽昌撰

第二六八册

漢書補注一百卷首一卷（卷首至卷二十七）　王先謙撰

第二六九册

漢書補注一百卷首一卷（卷二十八至卷六十四）　王先謙撰

第二七〇册

漢書補注一百卷首一卷（卷六十五至卷一百）　王先謙撰

漢書西域傳補注二卷　〔清〕徐　松撰

後漢書補注二十四卷　〔清〕惠　棟撰

第二七一册

後漢書疏證三十卷　〔清〕沈欽韓撰

第二七二册

後漢書辨疑十一卷　〔清〕錢大昭撰

續漢書辨疑九卷　〔清〕錢大昭撰

後漢書注補正八卷　〔清〕周壽昌撰

後漢書集解九十卷首一卷續漢志集解三十卷(後漢書集解卷首至卷四十九) 王先謙撰 黄山等校補

第二七三册

後漢書集解九十卷首一卷續漢志集解三十卷(後漢書集解卷五十至續漢志集解卷三十) 王先謙撰 黄山等校補

第二七四册

三國志注補六十五卷補遺一卷 (清)趙一清撰 陶元珍補遺
三國志辨疑三卷 (清)錢大昭撰
三國志考證八卷 (清)潘眉撰
三國志旁證三十卷 (清)梁章鉅撰
晋書校勘記五卷 (清)周家禄撰

第二七五册

晋書斠注一百三十卷(卷一至卷三十一) 吴士鑑 劉承幹注

第二七六册

晋書斠注一百三十卷(卷三十二至卷八十) 吴士鑑 劉承幹注

第二七七册

晋書斠注一百三十卷(卷八十一至卷一百三十) 吴士鑑 劉承幹注
晋書地理志新補正五卷 (清)畢沅撰

第二七八册

南北史合注一百九十一卷(卷一至卷四十二) (清)李清撰

第二七九册

南北史合注一百九十一卷(卷四十三至卷八十六) (清)李清撰

第二八〇册

南北史合注一百九十一卷(卷八十七至卷一百十七) (清)李清撰

第二八一册

南北史合注一百九十一卷(卷一百十八至卷一百五十五) (清)李清撰

第二八二册

南北史合注一百九十一卷(卷一百五十六至卷一百九十一) (清)李清撰

第二八三册

南北史表七卷 (清)周嘉猷撰
隋書地理志考證九卷補遺一卷 楊守敬撰
舊唐書校勘記六十六卷(卷一至卷二十) (清)羅士琳 (清)劉文淇 (清)劉毓崧 (清)陳立撰

第二八四册

舊唐書校勘記六十六卷(卷二十一至卷六十六) (清)羅士琳 (清)劉文淇 (清)劉毓崧 (清)陳立撰

第二八五册

舊唐書逸文十二卷 〔清〕岑建功輯

唐書合鈔二百六十卷首一卷 〔清〕沈炳震撰 唐書宰相世系表訂譌十二卷 〔清〕沈炳震撰 唐書合鈔補正六卷 〔清〕丁子復撰 （唐書合鈔卷一至卷三十八）

第二八六册

唐書合鈔二百六十卷首一卷 〔清〕沈炳震撰 唐書宰相世系表訂譌十二卷 〔清〕沈炳震撰 唐書合鈔補正六卷 〔清〕丁子復撰 （唐書合鈔卷三十九至卷九十九）

第二八七册

唐書合鈔二百六十卷首一卷 〔清〕沈炳震撰 唐書宰相世系表訂譌十二卷 〔清〕沈炳震撰 唐書合鈔補正六卷 〔清〕丁子復撰 （唐書合鈔卷一百至卷一百七十二）

第二八八册

唐書合鈔二百六十卷首一卷 〔清〕沈炳震撰 唐書宰相世系表訂譌十二卷 〔清〕沈炳震撰 唐書合鈔補正六卷 〔清〕丁子復撰 （唐書合鈔卷一百七十三至卷二百三十九）

第二八九册

唐書合鈔二百六十卷首一卷 〔清〕沈炳震撰 唐書宰相世系表訂譌十二卷 〔清〕沈炳震撰 唐書合鈔補正六卷 〔清〕丁子復撰 （唐書合鈔卷二百四十至唐書合鈔補正卷六）

第二九〇册

舊五代史考異五卷 〔清〕邵晉涵撰

五代史記注七十四卷（卷一至卷二十一） 〔清〕彭元瑞 〔清〕劉鳳誥注

第二九一册

五代史記注七十四卷（卷二十二至卷六十三上） 〔清〕彭元瑞 〔清〕劉鳳誥注

第二九二册

五代史記注七十四卷（卷六十三下至卷七十四） 〔清〕彭元瑞 〔清〕劉鳳誥注

五代史記纂誤補四卷附録一卷 〔清〕吴蘭庭撰

五代史記纂誤補續一卷 〔清〕周壽昌撰

五代史記纂誤續補六卷 〔清〕吴光耀撰

遼史拾遺補五卷 〔清〕楊復吉撰

第二九三册

金史詳校十卷首一卷末一卷 〔清〕施國祁撰

元史氏族表三卷 〔清〕錢大昕撰

元史本證五十卷 〔清〕汪輝祖撰 〔清〕汪繼培補

元史譯文證補三十卷（存卷一至卷六 卷九至卷十二 卷十四至卷十五 卷十八 卷二十二至卷二十四 卷二十六至卷二十七 卷二十九至卷三十） 〔清〕洪鈞撰

第二九四册

元史地名考不分卷　〔清〕李文田撰

明史考證攟逸四十二卷附録一卷　〔清〕王頌蔚撰　補遺一卷　王季烈撰

歷代地理志韻編今釋二十卷　皇朝輿地韻編二卷　〔清〕李兆洛撰

第二九五册

清史稿五百三十六卷（卷一至卷六十）　趙爾巽等撰

第二九六册

清史稿五百三十六卷（卷六十一至卷一百四十七）　趙爾巽等撰

第二九七册

清史稿五百三十六卷（卷一百四十八至卷二百零五）　趙爾巽等撰

第二九八册

清史稿五百三十六卷（卷二百零六至卷二百八十五）　趙爾巽等撰

第二九九册

清史稿五百三十六卷（卷二百八十六至卷四百四十九）　趙爾巽等撰

第三〇〇册

清史稿五百三十六卷（卷四百五十至卷五百三十四）　趙爾巽等撰

別史類

第三〇一册

帝王世紀十卷附録一卷補遺一卷　〔晉〕皇甫謐撰　〔清〕宋翔鳳集校

帝王世紀續補一卷　帝王世紀考異一卷　〔清〕錢保塘輯并撰

世本五卷　〔漢〕宋衷注　〔清〕張澍輯并補注

周書集訓校釋十卷逸文一卷　〔清〕朱右曾撰

周書斠補四卷　〔清〕孫詒讓撰

王會篇箋釋三卷　〔清〕何秋濤撰

藏書六十卷（世紀卷一至名臣傳卷十）　〔明〕李　贄撰

第三〇二册

藏書六十卷（名臣傳卷十一至外臣傳卷六十）　〔明〕李　贄撰

第三〇三册

續藏書二十七卷　〔明〕李　贄撰

第三〇四册

西魏書二十四卷　〔清〕謝啓昆撰

弘簡録二百五十四卷（卷一至卷三十九）　〔明〕邵經邦撰

第三〇五册

弘簡録二百五十四卷（卷四十至卷九十九）　〔明〕邵經邦撰

第三〇六册
弘簡録二百五十四卷（卷一百至卷一百六十）〔明〕邵經邦撰
第三〇七册
弘簡録二百五十四卷（卷一百六十一至卷二百二十四）〔明〕邵經邦撰
第三〇八册
弘簡録二百五十四卷（卷二百二十五至卷二百五十四）〔明〕邵經邦撰
宋史新編二百卷（卷一至卷二十八）〔明〕柯維騏撰
第三〇九册
宋史新編二百卷（卷二十九至卷九十八）〔明〕柯維騏撰
第三一〇册
宋史新編二百卷（卷九十九至卷一百七十四）〔明〕柯維騏撰
第三一一册
宋史新編二百卷（卷一百七十五至卷二百）〔明〕柯維騏撰
宋史翼四十卷〔清〕陸心源輯
第三一二册
元朝秘史十卷續集二卷
元祕史注十五卷〔清〕李文田注
元祕史李注補正十五卷〔清〕高寶銓撰
元祕史注補正續編一卷〔清〕高寶銓撰
第三一三册
元祕史山川地名考十二卷〔清〕施世杰撰
續弘簡録元史類編四十二卷〔清〕邵遠平撰
第三一四册
元史新編九十五卷（卷一至卷五十七）〔清〕魏　源撰
第三一五册
元史新編九十五卷（卷五十八至卷九十五）〔清〕魏　源撰
皇明書四十五卷（卷一至卷十）〔明〕鄧元錫撰
第三一六册
皇明書四十五卷（卷十一至卷四十五）〔明〕鄧元錫撰
皇明史竊一百五卷（存卷一至卷七　卷十一至卷十三　卷十五至卷一百五）（卷一至卷十二）〔明〕尹守衡撰
第三一七册
皇明史竊一百五卷（存卷一至卷七　卷十一至卷十三　卷十五至卷一百五）（卷十三至卷一百五）〔明〕尹守衡撰
第三一八册
石匱書（存二百八卷）（高帝本紀至李善長列傳）〔清〕張　岱撰
第三一九册
石匱書（存二百八卷）（馮國用馮勝傳友德列傳至周顧袁二夏列傳）〔清〕張　岱撰

第三二〇册

石匱書（存二百八卷）（逆黨列傳至朝貢諸夷考）〔清〕張　岱撰

石匱書後集六十三卷（存卷一至卷十一　卷十三至卷二十五　卷二十八　卷二十九　卷三十二至卷四十二　卷四十五至卷五十三　卷五十六至卷六十三）〔清〕張　岱撰

第三二一册

罪惟録九十卷（帝紀卷一至志卷三十一）〔清〕查繼佐撰

第三二二册

罪惟録九十卷（志卷三十二至列傳卷十二）〔清〕查繼佐撰

第三二三册

罪惟録九十卷（列傳卷十三至列傳卷三十六）〔清〕查繼佐撰

明史鈔略不分卷〔清〕莊廷鑨撰

第三二四册

明史四百十六卷目録三卷（卷一至卷四十九）〔清〕萬斯同撰

第三二五册

明史四百十六卷目録三卷（卷五十至卷一百四）〔清〕萬斯同撰

第三二六册

明史四百十六卷目録三卷（卷一百五至卷一百三十九）〔清〕萬斯同撰

第三二七册

明史四百十六卷目録三卷（卷一百四十至卷二百十五）〔清〕萬斯同撰

第三二八册

明史四百十六卷目録三卷（卷二百十六至卷二百七十六）〔清〕萬斯同撰

第三二九册

明史四百十六卷目録三卷（卷二百七十七至卷三百三十）〔清〕萬斯同撰

第三三〇册

明史四百十六卷目録三卷（卷三百三十一至卷三百七十八）〔清〕萬斯同撰

第三三一册

明史四百十六卷目録三卷（卷三百七十九至卷四百十六）〔清〕萬斯同撰

第三三二册

東南紀事十二卷〔清〕邵廷采撰

西南紀事十二卷〔清〕邵廷采撰

南疆逸史五十六卷〔清〕温睿臨撰　跋一卷〔清〕楊鳳苞撰

小腆紀傳六十五卷〔清〕徐　鼒撰　補遺六卷〔清〕徐承禮撰（卷一至卷三十四）

第三三三册

小典紀傳六十五卷　〔清〕徐　鼒撰　補遺六卷　〔清〕徐承禮撰（卷三十五至卷六十五）

九國志十二卷　〔宋〕路　振撰　拾遺一卷　〔清〕錢熙祚輯

南唐書注十八卷附録一卷　〔清〕周在浚撰

唐餘紀傳十八卷　〔明〕陳　霆撰

第三三四册

南漢書十八卷考異十八卷　南漢叢録二卷　南漢文字略四卷　〔清〕梁廷枏撰

南漢紀五卷　〔清〕吴蘭修撰

西夏書事四十二卷　〔清〕吴廣成撰

西夏書（存列傳一至四　載記一　三至五　地理考一卷　官氏考一卷）　〔清〕周　春撰

編年類

第三三五册

竹書紀年集證五十卷集説一卷叙略一卷　〔清〕陳逢衡撰

第三三六册

汲冢紀年存真二卷周年表一卷　〔清〕朱右曾撰

通紀二十卷（存卷四至卷十五）　〔唐〕馬　總撰　〔宋〕孫光憲續

編年通載十卷（存卷一至卷四）　〔宋〕章　衡撰

古史紀年十四卷　〔清〕林春溥撰

古史考年異同表二卷後説一卷　〔清〕林春溥撰

資治通鑑補二百九十四卷（卷一至卷十一）　〔明〕嚴　衍撰

第三三七册

資治通鑑補二百九十四卷（卷十二至卷六十七）　〔明〕嚴　衍撰

第三三八册

資治通鑑補二百九十四卷（卷六十八至卷一百二十三）　〔明〕嚴　衍撰

第三三九册

資治通鑑補二百九十四卷（卷一百二十四至卷一百八十四）　〔明〕嚴　衍撰

第三四〇册

資治通鑑補二百九十四卷（卷一百八十五至卷二百三十七）　〔明〕嚴　衍撰

第三四一册

資治通鑑補二百九十四卷（卷二百三十八至卷二百九十四）　〔明〕嚴　衍撰

第三四二册

通鑑注辯正二卷　〔清〕錢大昕撰

通鑑注商十八卷　〔清〕趙紹祖撰

胡刻通鑑正文校宋記三十卷附録三卷　章　鈺撰

資治通鑑地理今釋十六卷　〔清〕吴熙載撰

讀通鑑綱目條記二十卷首一卷 〔清〕李述來撰

第三四三册

續資治通鑑二百二十卷（卷一至卷六十） 〔清〕畢 沅撰

第三四四册

續資治通鑑二百二十卷（卷六十一至卷一百十一） 〔清〕畢 沅撰

第三四五册

續資治通鑑二百二十卷（卷一百十二至卷一百六十三） 〔清〕畢 沅撰

第三四六册

續資治通鑑二百二十卷（卷一百六十四至卷二百二十） 〔清〕畢 沅撰

第三四七册

周季編略九卷 〔清〕黄式三撰

戰國紀年六卷地輿一卷年表一卷 〔清〕林春溥撰

皇宋十朝綱要二十五卷 〔宋〕李 埴撰

第三四八册

太宗皇帝實録八十卷（存卷二十六至卷三十五 卷四十一至卷四十五 卷七十六至卷八十） 〔宋〕錢若水等撰

增入名儒講義皇宋中興兩朝聖政六十四卷分類事目一卷（存卷一至卷二十九 卷四十六至卷六十四） 〔宋〕留正等撰

第三四九册

續資治通鑑長編拾補六十卷 〔清〕秦緗業 〔清〕黄以周等輯

第三五〇册

蒙古通鑑長編八卷附編一卷 王先謙撰

明氏實録一卷 〔明〕楊學可撰 〔清〕徐 松校補

第三五一册

昭代典則二十八卷 〔明〕黄光昇撰

第三五二册

憲章録四十七卷 〔明〕薛應旂撰

兩朝憲章録二十卷 〔明〕吴瑞登撰

第三五三册

憲章外史續編十四卷 〔明〕許重熙撰

皇明大政紀二十五卷（卷一至卷十一） 〔明〕雷 禮 〔明〕范守己 〔明〕譚希思輯

第三五四册

皇明大政紀二十五卷（卷十二至卷二十五） 〔明〕雷 禮 〔明〕范守己 〔明〕譚希思輯

第三五五册

皇明從信録四十卷 〔明〕陳 建撰 〔明〕沈國元訂補

第三五六册

兩朝從信録三十五卷 〔明〕沈國元撰

第三五七册

皇明通紀法傳全録二十八卷 〔明〕陳　建撰 〔明〕高汝栻訂
〔明〕吴　楨增删 皇明法傳録嘉隆紀六卷 皇明續紀
三朝法傳全録十六卷 〔明〕高汝栻輯

第三五八册

國榷不分卷 〔清〕談　遷撰

第三五九册

國榷不分卷 〔清〕談　遷撰

第三六〇册

國榷不分卷 〔清〕談　遷撰

第三六一册

國榷不分卷 〔清〕談　遷撰

第三六二册

國榷不分卷 〔清〕談　遷撰

第三六三册

國榷不分卷 〔清〕談　遷撰

第三六四册

明通鑑九十卷首一卷目録二十卷前編四卷附編六卷（卷一至卷十八） 〔清〕夏　燮撰

第三六五册

明通鑑九十卷首一卷目録二十卷前編四卷附編六卷（卷十九至卷六十一） 〔清〕夏　燮撰

第三六六册

明通鑑九十卷首一卷目録二十卷前編四卷附編六卷（卷六十二至卷九十） 〔清〕夏　燮撰

第三六七册

山書十八卷 〔清〕孫承澤撰
弘光實録鈔四卷附弘光大臣月表一卷 〔清〕黄宗羲撰
小腆紀年附考二十卷（卷一至卷十） 〔清〕徐　鼒撰

第三六八册

小腆紀年附考二十卷（卷十一至卷二十） 〔清〕徐　鼒撰
大清太祖承天廣運聖德神功肇紀立極仁孝武皇帝實録四卷
東華録三十二卷 〔清〕蔣良騏撰

第三六九册

東華録一百九十四卷東華續録二百三十卷（天命一至康熙十九） 王先謙撰

第三七〇册

東華録一百九十四卷東華續録二百三十卷（康熙二十至康熙一百十） 王先謙撰

第三七一册

東華録一百九十四卷東華續録二百三十卷（雍正一至乾隆七） 王先謙撰

第三七二册

東華録一百九十四卷東華續録二百三十卷（乾隆八至乾

隆四十九） 王先謙撰

第三七三册

東華録一百九十四卷東華續録二百三十卷（乾隆五十至乾隆一百三） 王先謙撰

第三七四册

東華録一百九十四卷東華續録二百三十卷（乾隆一百四至嘉慶二十四） 王先謙撰

第三七五册

東華録一百九十四卷東華續録二百三十卷（嘉慶二十五至道光六十） 王先謙撰

第三七六册

東華續録一百卷（咸豐一至咸豐三十二） 王先謙撰

第三七七册

東華續録一百卷（咸豐三十三至咸豐七十） 王先謙撰

第三七八册

東華續録一百卷（咸豐七十一至咸豐一百） 王先謙撰

第三七九册

東華續録一百卷（同治一至同治二十） 王先謙撰

第三八〇册

東華續録一百卷（同治二十一至同治四十三） 王先謙撰

第三八一册

東華續録一百卷（同治四十四至同治七十一） 王先謙撰

第三八二册

東華續録一百卷（同治七十二至同治一百） 王先謙撰

第三八三册

東華續録二百二十卷（光緒一至光緒七十） 〔清〕朱壽朋撰

第三八四册

東華續録二百二十卷（光緒七十一至光緒一百四十） 〔清〕朱壽朋撰

第三八五册

東華續録二百二十卷（光緒一百四十一至光緒二百二十） 〔清〕朱壽朋撰

紀事本末類

第三八六册

皇宋通鑑長編紀事本末一百五十卷（存卷一至卷五 卷八至卷一百十三 卷一百二十至卷一百五十）（卷一至卷七十七） 〔宋〕楊仲良撰

第三八七册

皇宋通鑑長編紀事本末一百五十卷（存卷一至卷五 卷八至卷一百十三 卷一百二十至卷一百五十）（卷七十八至卷一百五十） 〔宋〕楊仲良撰

西夏紀事本末三十六卷首二卷 〔清〕張 鑑撰

西遼立國本末攷一卷西遼疆域攷一卷西遼都城考一卷 丁 謙撰

第三八八册

遼史紀事本末四十卷首一卷末一卷 〔清〕李有棠撰

金史紀事本末五十二卷首一卷末一卷（卷一至卷四十二） 〔清〕李有棠撰

第三八九册

金史紀事本末五十二卷首一卷末一卷（卷四十三至卷末） 〔清〕李有棠撰

元史紀事本末二十七卷 〔明〕陳邦瞻撰 〔明〕臧懋循補 〔明〕張溥論正

鴻猷録十六卷 〔明〕高岱撰

昭代武功編十卷 〔明〕范景文撰

第三九〇册

明史紀事本末補遺六卷 〔清〕谷應泰撰

虞淵沉不分卷 〔清〕吴偉業撰

續編綏寇紀略五卷 〔清〕葉夢珠輯

清史紀事本末八十卷 黄鴻壽撰

國朝大事記十二卷 〔清〕金象豫撰

平定羅刹方略四卷 〔清〕佚名撰

臺灣鄭氏始末六卷 〔清〕沈雲撰 〔清〕沈垚注

靖海志四卷 〔清〕彭孫貽撰 〔清〕李延昰補

靖海紀事二卷 〔清〕施琅撰

第三九一册

欽定剿平三省邪匪方畧正編三百五十二卷續編三十六卷附編十二卷首九卷表文一卷（卷首至正編卷二十八） 〔清〕慶桂等撰

第三九二册

欽定剿平三省邪匪方畧正編三百五十二卷續編三十六卷附編十二卷首九卷表文一卷（正編卷二十九至卷六十五） 〔清〕慶桂等撰

第三九三册

欽定剿平三省邪匪方畧正編三百五十二卷續編三十六卷附編十二卷首九卷表文一卷（正編卷六十六至卷一百零五） 〔清〕慶桂等撰

第三九四册

欽定剿平三省邪匪方畧正編三百五十二卷續編三十六卷附編十二卷首九卷表文一卷（正編卷一百零六至卷一百四十六） 〔清〕慶桂等撰

第三九五册

欽定剿平三省邪匪方畧正編三百五十二卷續編三十六卷附編十二卷首九卷表文一卷（正編卷一百四十七至卷一百八十五） 〔清〕慶桂等撰

第三九六册

欽定剿平三省邪匪方畧正編三百五十二卷續編三十六卷附編十二卷首九卷表文一卷（正編卷一百八十六至

卷二百二十九）〔清〕慶　桂等撰

第三九七册

欽定剿平三省邪匪方畧正編三百五十二卷續編三十六卷附編十二卷首九卷表文一卷（正編卷二百三十至卷二百七十四）〔清〕慶　桂等撰

第三九八册

欽定剿平三省邪匪方畧正編三百五十二卷續編三十六卷附編十二卷首九卷表文一卷（正編卷二百七十五至卷三百十九）〔清〕慶　桂等撰

第三九九册

欽定剿平三省邪匪方畧正編三百五十二卷續編三十六卷附編十二卷首九卷表文一卷（正編卷三百二十至續編卷十）〔清〕慶　桂等撰

第四〇〇册

欽定剿平三省邪匪方畧正編三百五十二卷續編三十六卷附編十二卷首九卷表文一卷（續編卷十一至附編卷十二）〔清〕慶　桂等撰

第四〇一册

欽定平定教匪紀略四十二卷首一卷（卷一至卷三十五）〔清〕托　津等撰

第四〇二册

欽定平定教匪紀略四十二卷首一卷（卷三十六至卷四十二）〔清〕托　津等撰

聖武記十四卷〔清〕魏　源撰

中西紀事二十四卷首一卷〔清〕夏　燮（江上蹇叟）撰

第四〇三册

欽定勦平粵匪方略四百二十卷首一卷表文一卷（卷一至卷三十四）〔清〕奕　訢等撰

第四〇四册

欽定勦平粵匪方略四百二十卷首一卷表文一卷（卷三十五至卷七十八）〔清〕奕　訢等撰

第四〇五册

欽定勦平粵匪方略四百二十卷首一卷表文一卷（卷七十九至卷一百二十一）〔清〕奕　訢等撰

第四〇六册

欽定勦平粵匪方略四百二十卷首一卷表文一卷（卷一百二十二至卷一百六十四）〔清〕奕　訢等撰

第四〇七册

欽定勦平粵匪方略四百二十卷首一卷表文一卷（卷一百六十五至卷二百零二）〔清〕奕　訢等撰

第四〇八册

欽定勦平粵匪方略四百二十卷首一卷表文一卷（卷二百零三至卷二百四十五）〔清〕奕　訢等撰

第四〇九册

欽定勦平粵匪方略四百二十卷首一卷表文一卷（卷二百四十六至卷二百九十）〔清〕奕訢等撰

第四一〇册

欽定勦平粵匪方略四百二十卷首一卷表文一卷（卷二百九十一至卷三百三十三）〔清〕奕訢等撰

第四一一册

欽定勦平粵匪方略四百二十卷首一卷表文一卷（卷三百三十四至卷三百七十七）〔清〕奕訢等撰

第四一二册

欽定勦平粵匪方略四百二十卷首一卷表文一卷（卷三百七十八至卷四百二十）〔清〕奕訢等撰

第四一三册

平定粵匪紀略十八卷附記四卷 〔清〕杜文瀾撰

淮軍平捻記十二卷 〔清〕周世澄撰

湘軍志十六卷 王闓運撰

湘軍記二十卷 〔清〕王定安撰

第四一四册

籌辦夷務始末二百六十卷（道光八十卷咸豐八十卷同治一百卷）（道光卷一至卷三十五）〔清〕文慶 〔清〕賈楨 〔清〕寶鋆等纂輯

第四一五册

籌辦夷務始末二百六十卷（道光八十卷咸豐八十卷同治一百卷）（道光卷三十六至卷六十七）〔清〕文慶 〔清〕賈楨 〔清〕寶鋆等纂輯

第四一六册

籌辦夷務始末二百六十卷（道光八十卷咸豐八十卷同治一百卷）（道光卷六十八至卷八十 咸豐卷一至卷二十一）〔清〕文慶 〔清〕賈楨 〔清〕寶鋆等纂輯

第四一七册

籌辦夷務始末二百六十卷（道光八十卷咸豐八十卷同治一百卷）（咸豐卷二十二至卷五十五）〔清〕文慶 〔清〕賈楨 〔清〕寶鋆等纂輯

第四一八册

籌辦夷務始末二百六十卷（道光八十卷咸豐八十卷同治一百卷）（咸豐卷五十六至卷八十 同治卷一至卷八）〔清〕文慶 〔清〕賈楨 〔清〕寶鋆等纂輯

第四一九册

籌辦夷務始末二百六十卷（道光八十卷咸豐八十卷同治一百卷）（同治卷九至卷三十九）〔清〕文慶 〔清〕賈楨 〔清〕寶鋆等纂輯

第四二〇册

籌辦夷務始末二百六十卷（道光八十卷咸豐八十卷同治一百卷）（同治卷四十至卷七十）〔清〕文慶 〔清〕賈楨 〔清〕寶鋆等纂輯

第四二二一册

籌辦夷務始末二百六十卷（道光八十卷咸豐八十卷同治一百卷）（同治卷七十一至一百） 〔清〕文慶 〔清〕賈楨 〔清〕寶鋆等纂輯

雜史類

第四二二二册

國語正義二十一卷 〔清〕董增齡撰

國語翼解六卷 〔清〕陳瑑撰

國策編年一卷 〔清〕顧觀光撰

戰國策補釋六卷 金正煒撰

國策地名考二十卷首一卷（卷首至卷五） 〔清〕程恩澤撰 〔清〕狄子奇箋

第四二二三册

國策地名考二十卷首一卷（卷六至卷二十） 〔清〕程恩澤撰 〔清〕狄子奇箋

奉天録四卷 〔唐〕趙元一撰

宋西事案二卷 〔明〕祁承㸁撰

青溪寇軌一卷 〔宋〕方勺撰

避戎夜話一卷 〔宋〕石茂良撰

靖康紀聞一卷拾遺一卷 〔宋〕丁特起撰

北狩行録一卷 〔宋〕蔡鞗撰

靖炎兩朝見聞録二卷 〔宋〕陳東撰

建炎筆録三卷 〔宋〕趙鼎撰

辯誣筆録一卷 〔宋〕趙鼎撰

煬王江上録一卷

采石瓜洲斃亮記一卷附録一卷 〔宋〕蹇駒撰

開禧德安守城録一卷 〔宋〕王致遠撰

使金録一卷 〔宋〕程卓撰

辛巳泣蘄録一卷 〔宋〕趙與褒撰

焚椒録一卷 〔遼〕王鼎撰

蒙韃備録校注一卷 〔宋〕孟珙撰 〔清〕曹元忠校注

黑韃事略一卷 〔宋〕彭大雅撰 〔宋〕徐霆疏證

校正元聖武親征録一卷 〔清〕何秋濤校正 王國維校注

庚申外史二卷 〔明〕權衡撰

第四二二四册

北巡私記一卷 〔元〕劉佶撰

皇明政要二十卷 〔明〕婁性撰

吾學編六十九卷（卷一至卷五十四） 〔明〕鄭曉撰

第四二二五册

吾學編六十九卷（卷五十五至卷六十九） 〔明〕鄭曉撰

吾學編餘不分卷 〔明〕鄭曉撰

今言四卷 〔明〕鄭曉撰

名山藏一百零九卷（卷一至卷十七） 〔明〕何喬遠撰

第四二六册

名山藏一百零九卷（卷十八至卷六十三）〔明〕何喬遠撰

第四二七册

名山藏一百零九卷（卷六十四至卷一百零九）〔明〕何喬遠撰

第四二八册

皇明典故紀聞十八卷 〔明〕余繼登輯

皇明馭倭録九卷附畧二卷寄語畧一卷 〔明〕王士騏撰

皇明史概一百二十一卷（皇明大政記三十六卷 皇明大訓記十六卷 皇明大事記五十卷 皇明開國臣傳十三卷 皇明遜國臣傳五卷首一卷）（皇明大政記卷一至卷十）〔明〕朱國禎輯

第四二九册

皇明史概一百二十一卷（皇明大政記三十六卷 皇明大訓記十六卷 皇明大事記五十卷 皇明開國臣傳十三卷 皇明遜國臣傳五卷首一卷）（皇明大政記卷十一至皇明大訓記卷十四）〔明〕朱國禎輯

第四三〇册

皇明史概一百二十一卷（皇明大政記三十六卷 皇明大訓記十六卷 皇明大事記五十卷 皇明開國臣傳十三卷 皇明遜國臣傳五卷首一卷）（皇明大訓記卷十五至皇明大事記卷三十四）〔明〕朱國禎輯

第四三一册

皇明史概一百二十一卷（皇明大政記三十六卷 皇明大訓記十六卷 皇明大事記五十卷 皇明開國臣傳十三卷 皇明遜國臣傳五卷首一卷）（皇明大事記卷三十五至皇明遜國臣傳卷五）〔明〕朱國禎輯

第四三二册

國史唯疑十二卷 〔明〕黄景昉撰

後鑒録七卷 〔清〕毛奇齡撰

聖典二十四卷 〔明〕朱睦㮮輯

平漢録一卷 〔明〕童承叙撰

皇明平吴録 〔明〕吴寬撰

平蜀記一卷 〔明〕佚名撰

平夏録一卷 〔明〕黄標撰

姜氏秘史一卷 〔明〕姜清撰

革除遺事六卷 〔明〕黄佐撰

第四三三册

建文書法儗前編一卷正編二卷附編二卷 〔明〕朱鷺撰

金文靖公北征録二卷 〔明〕金幼孜撰

北征記一卷 〔明〕楊榮撰

正統臨戎録一卷 〔明〕楊銘撰

北征事蹟一卷 〔明〕袁彬撰

虚庵李公奉使録一卷附録一卷 〔明〕李實撰

復辟録一卷　(明)楊　瑄撰
天順日録一卷　(明)李　賢撰
西征石城記一卷　(明)馬文昇撰
撫安東夷記一卷　(明)馬文昇撰
興復哈密記一卷　(明)馬文昇撰
平番始末一卷　(明)許　進撰
治世餘聞録八卷　(明)陳洪謨撰
繼世紀聞六卷　(明)陳洪謨撰
燕對録一卷　(明)李東陽撰
安楚録十卷　(明)秦　金撰
平濠記一卷　(明)錢德洪撰
聖駕南巡日録一卷大駕北還録一卷　(明)陸　深撰
世廟識餘録二十六卷　(明)徐學謨撰
嘉靖大政類編不分卷　(明)黄鳳翔撰

第四三四册

嘉靖倭亂備抄不分卷
召對録一卷　(明)申時行撰
兩朝平攘録五卷　(明)諸葛元聲撰
平播全書十五卷(卷一至卷十)　(明)李化龍撰

第四三五册

平播全書十五卷(卷十一至卷十五)　(明)李化龍撰
萬曆辛亥京察記事始末八卷　(明)周念祖輯

第四三六册

萬曆三大征考三卷東夷考畧一卷東事答問一卷　(明)茅瑞徵撰
萬曆武功録十四卷　(明)瞿九思撰

第四三七册

三朝遼事實録十七卷總畧一卷　(明)王在晉撰
酌中志二十四卷　(明)劉若愚撰
先撥志始二卷　(清)文　秉撰

第四三八册

三朝野紀七卷　(清)李遜之撰
甲乙記政録一卷續丙記政録一卷續丁記政録一卷新政一卷　(明)徐肇台撰
東林事畧三卷　(明)吴應箕撰
啟禎兩朝剥復録十卷　(明)吴應箕撰
復社紀畧四卷　(清)陸世儀撰
聖朝新政要略十卷訪單一卷附録一卷　題外史氏輯

第四三九册

烈皇小識四卷　(清)文　秉撰
頌天臚筆二十四卷　(明)金日升輯
明季北略二十四卷　(清)計六奇撰

第四四〇册

甲申傳信録十卷　(明)錢　䎘撰

幸存録三卷 〔明〕夏允彝撰　續幸存録二卷 〔明〕夏完淳撰

三垣筆記三卷補遺三卷附識三卷附識補遺一卷 〔清〕李清撰

第四四一册

明季甲乙兩年彙畧三卷 〔清〕許重熙撰

懷陵流寇始終録十八卷附録二卷（卷一至卷十四） 〔清〕戴笠 〔清〕吴殳撰

第四四二册

懷陵流寇始終録十八卷附録二卷（卷十五至附録卷二） 〔清〕戴笠 〔清〕吴殳撰

流寇志十四卷 〔清〕彭孫貽撰

蜀碧四卷 〔清〕彭遵泗撰

談往録三卷 〔清〕題花村看行侍者撰

行朝録十二卷 〔清〕黄宗羲撰

明季遺聞四卷 〔清〕鄒漪撰

第四四三册

明季南略十八卷 〔清〕計六奇撰

聖安記事二卷 〔清〕顧炎武撰

甲乙事案二卷 〔清〕文秉撰

南渡録五卷 〔清〕李清撰

第四四四册

思文大紀八卷 〔明〕陳燕翼撰

天南逸史四卷 〔明〕瞿共美撰

所知録六卷 〔清〕錢澄之撰

永曆實録二十六卷 〔清〕王夫之撰

皇明末造録二卷 〔清〕金鐘撰

行在陽秋二卷 〔明〕劉湘客撰

海東逸史十八卷 題翁洲老民撰

魯之春秋二十四卷 〔清〕李聿求撰　校勘記一卷 朱希祖 徐益之撰

延平王户官楊英從征實録 〔明〕楊英撰

第四四五册

閩海紀畧二卷

海上見聞録定本二卷 〔清〕阮旻錫撰

盾墨四卷 〔清〕湯彝撰

夷氛聞記五卷 〔清〕梁廷枏撰

夷艘入寇記二卷 〔清〕佚名撰

防海紀略二卷 〔清〕王之春撰

鴉片事畧二卷 〔清〕李圭撰

太平天日一卷 〔太平天國〕洪仁玕撰

李秀成自述原稿一卷 〔太平天國〕李秀成撰

賊情彙纂 〔清〕張德堅等輯

第四四六册

粵匪紀略不分卷 〔清〕蕭盛遠撰

武昌紀事二卷附録一卷 〔清〕陳徽言撰
金陵癸甲紀事略一卷 〔清〕謝介鶴撰
蘇臺麋鹿記二卷 〔清〕潘鍾瑞撰
東方兵事紀略五卷 〔清〕姚錫光撰
戊戌政變記九卷 梁啓超撰
戊戌履霜録四卷 胡思敬撰
崇陵傳信録一卷 惲毓鼎撰
拳匪聞見録一卷 〔清〕管鶴撰
庚子國變紀一卷 李希聖撰
庚子海外紀事四卷 吕海寰撰
西巡大事記十一卷首一卷 〔清〕王彦威撰

史評類

第四四七册

史通評釋二十卷 〔明〕郭孔延撰
史通訓故二十卷 〔明〕王惟儉撰
史通訓故補二十卷 〔清〕黄叔琳撰

第四四八册

史通削繁四卷 〔清〕紀昀撰
文史通義九卷 〔清〕章學誠撰
宋忠肅陳了齋四明尊堯集十一卷 〔宋〕陳瓘撰
致堂讀史管見三十卷（卷一至卷十四） 〔宋〕胡寅撰

第四四九册

致堂讀史管見三十卷（卷十五至卷三十） 〔宋〕胡寅撰
史鉞二十卷 〔明〕晏璧撰
讀史商語四卷 〔明〕王志堅撰
讀通鑑論三十卷末一卷（卷一至卷十三） 〔清〕王夫之撰

第四五〇册

讀通鑑論三十卷末一卷（卷十四至卷末） 〔清〕王夫之撰
宋論十五卷 〔清〕王夫之撰
茗香堂史論四卷 〔清〕彭孫貽撰
閲史郄視四卷續一卷 〔清〕李塨撰
明史十二論一卷 〔清〕段玉裁撰

第四五一册

讀史糾謬十五卷 〔清〕牛運震撰
史林測義三十八卷 〔清〕計大受撰
味雋齋史義二卷 〔清〕周濟撰
讀宋鑑論三卷 〔清〕方宗誠撰
志遠齋史話六卷 〔清〕楊以貞撰
諸史瑣言十六卷 沈家本撰

第四五二册

國史考異六卷 〔清〕潘檉章撰
讀史札記一卷坿論學芻説十則一卷 〔清〕盧文弨撰
十七史商榷一百卷（卷一至卷七十九） 〔清〕王鳴盛撰

第四五三册

十七史商榷一百卷（卷八十至卷一百）　〔清〕王鳴盛撰

廿二史劄記三十六卷補遺一卷　〔清〕趙　翼撰

第四五四册

廿二史考異一百卷　〔清〕錢大昕撰

三史拾遺五卷　〔清〕錢大昕撰

第四五五册

諸史拾遺五卷　〔清〕錢大昕撰

讀史舉正八卷　〔清〕張　熷撰

諸史考異十八卷　〔清〕洪頤煊撰

考信録三十六卷　〔清〕崔　述撰

詔令奏議類

第四五六册

宋朝大詔令集二百四十卷（存卷一至卷七十　卷九十四至卷一百五　卷一百十六至卷一百六十六　卷一百七十八至卷二百四十）　〔宋〕佚　名編

第四五七册

新編詔誥章表機要四卷　〔金〕郭明如編

皇明詔令二十一卷

皇明詔制十卷（卷一）　〔明〕孔貞運輯

第四五八册

皇明詔制十卷（卷二至卷十）　〔明〕孔貞運輯

大清詔令八卷

天命詔旨書一卷

頒行詔書一卷

太平詔書一卷

第四五九册

荆川先生右編四十卷（卷一至卷二四）　〔明〕唐順之編纂　劉曰寧補遺

第四六〇册

荆川先生右編四十卷（卷二十五至卷四十）　〔明〕唐順之編纂　劉曰寧補遺

右編補十卷（卷一至卷二）　〔明〕姚文蔚編

第四六一册

右編補十卷（卷三至卷十）　〔明〕姚文蔚編

古奏議不分卷　〔明〕黄汝亨輯

歷代名臣奏疏六卷　〔明〕王錫爵輯

歷朝茶馬奏議不分卷　〔清〕廖攀龍等撰

第四六二册

秦漢書疏十八卷　〔明〕吴國倫校

兩漢書疏十六卷　〔明〕周　瓘輯

第四六三册

皇明疏議輯略三十七卷（卷一至卷十九）　〔明〕張　瀚輯

皇明疏議輯略三十七卷（卷二十至卷三十七）〔明〕張瀚輯
皇明疏鈔七十卷（卷一至卷二十七）〔明〕孫旬輯

第四六四册

皇明疏鈔七十卷（卷二十八至卷七十）〔明〕孫旬輯

第四六五册

皇明兩朝疏抄二十卷 〔明〕賈三近輯

第四六六册

皇明嘉隆疏抄二十二卷 嘉隆新例附萬曆六卷（皇明嘉隆疏抄卷一至卷十七）〔明〕張鹵輯

第四六七册

皇明嘉隆疏抄二十二卷 嘉隆新例附萬曆六卷（皇明嘉隆疏抄卷十八至嘉隆新例附萬曆卷六）〔明〕張鹵輯
皇明留臺奏議二十卷 〔明〕朱吾弼 〔明〕李雲鵠等輯

第四六八册

萬曆疏鈔五十卷（卷一至卷十九）〔明〕吴亮輯

第四六九册

萬曆疏鈔五十卷（卷二十至卷五十）〔明〕吴亮輯

第四七〇册

神廟留中奏疏彙要四十卷（吏部八卷 户部八卷 禮部四卷 兵部十二卷 刑部四卷 工部四卷）（吏部卷一至兵部卷八）〔明〕董其昌輯

第四七一册

神廟留中奏疏彙要四十卷（吏部八卷 户部八卷 禮部四卷 兵部十二卷 刑部四卷 工部四卷）（兵部卷九至工部卷四）〔明〕董其昌輯
國朝奏疏四十八卷（卷一至卷十五）〔清〕朱橒輯

第四七二册

國朝奏疏四十八卷（卷十六至卷四十八）〔清〕朱橒輯

第四七三册

皇清奏議六十八卷續編四卷

第四七四册

註陸宣公奏議十五卷 〔唐〕陸贄撰 〔宋〕郎曄注
石林奏議十五卷 〔宋〕葉夢得撰
宋丞相李忠定公奏議六十九卷附録九卷（卷一至卷六十九）〔宋〕李綱撰

第四七五册

宋丞相李忠定公奏議六十九卷附録九卷（附録卷一至卷九）〔宋〕李綱撰
宋特進左丞相許國公奏議四卷 〔宋〕吴潛撰
太平金鏡策八卷（存卷三至卷六）〔元〕趙天麟撰
葉文莊公奏議四十卷 〔明〕葉盛撰
晉溪本兵敷奏十四卷（卷一至卷七）〔明〕王瓊撰

第四七六册

晉溪本兵敷奏十四卷（卷八至卷十四）〔明〕王瓊撰
密勿稿三卷 〔明〕毛紀撰
南宫奏議三十卷 〔明〕嚴嵩撰

鄭端簡公奏議十四卷（卷一至卷九）　〔明〕鄭　曉撰

第四七七册

鄭端簡公奏議十四卷（卷十至卷十四）　〔明〕鄭　曉撰
楊襄毅公本兵疏議二十四卷　〔明〕楊　博撰

第四七八册

臺省疏稿八卷　〔明〕張　瀚撰
冲庵顧先生撫遼奏議二十卷　〔明〕顧養謙撰
小司馬奏草六卷　〔明〕項篤壽撰

第四七九册

内閣奏題稿十卷首一卷　〔明〕趙志皋撰
敬事草十九卷（卷一至卷十六）　〔明〕沈一貫撰

第四八〇册

敬事草十九卷（卷十七至卷十九）　〔明〕沈一貫撰
司農奏議十四卷　〔明〕趙世卿撰
海防奏疏二卷撫畿奏疏十卷計部奏疏四卷　〔明〕汪應蛟撰

第四八一册

鄒忠介公奏疏五卷　〔明〕鄒元標撰
周中丞疏稿十六卷救荒事宜一卷勸施迂談一卷　〔明〕周孔教撰
綸扉奏草三十卷（卷一至卷十三）　〔明〕葉向高撰

第四八二册

綸扉奏草三十卷（卷十四至卷三十）　〔明〕葉向高撰
續綸扉奏草十四卷　〔明〕葉向高撰
楊全甫諫草四卷　〔明〕楊天民撰

第四八三册

度支奏議一百十九卷（堂稿二十卷　新餉司三十六卷　邊餉司十一卷　山東司七卷　浙江司一卷　湖廣司二卷　四川司五卷　江西司一卷　廣東司一卷　廣西司四卷　雲南司十七卷　貴州司二卷　福建司四卷　山西司二卷　河南司一卷　册庫一卷　陝西司四卷）（堂稿卷一至卷十五）　〔明〕畢自嚴撰

第四八四册

度支奏議一百十九卷（堂稿二十卷　新餉司三十六卷　邊餉司十一卷　山東司七卷　浙江司一卷　湖廣司二卷　四川司五卷　江西司一卷　廣東司一卷　廣西司四卷　雲南司十七卷　貴州司二卷　福建司四卷　山西司二卷　河南司一卷　册庫一卷　陝西司四卷）（堂稿卷十六至新餉司卷十）　〔明〕畢自嚴撰

第四八五册

度支奏議一百十九卷（堂稿二十卷　新餉司三十六卷　邊餉司十一卷　山東司七卷　浙江司一卷　湖廣司二卷　四川司五卷　江西司一卷　廣東司一卷　廣西司四卷　雲南司十七卷　貴州司二卷　福建司四卷　山西司二卷　河南司一卷　册庫一卷　陝西司

四卷）（新餉司卷十一至卷二十三） 〔明〕畢自嚴撰

第四八六册

度支奏議一百十九卷（堂稿二十卷　新餉司三十六卷　邊餉司十一卷　山東司七卷　浙江司一卷　湖廣司二卷　四川司五卷　江西司一卷　廣東司一卷　廣西司四卷　雲南司十七卷　貴州司二卷　福建司四卷　山西司二卷　河南司一卷　册庫一卷　陝西司四卷）（新餉司卷二十四至卷三十六） 〔明〕畢自嚴撰

第四八七册

度支奏議一百十九卷（堂稿二十卷　新餉司三十六卷　邊餉司十一卷　山東司七卷　浙江司一卷　湖廣司二卷　四川司五卷　江西司一卷　廣東司一卷　廣西司四卷　雲南司十七卷　貴州司二卷　福建司四卷　山西司二卷　河南司一卷　册庫一卷　陝西司四卷）（邊餉司卷一至山東司卷四） 〔明〕畢自嚴撰

第四八八册

度支奏議一百十九卷（堂稿二十卷　新餉司三十六卷　邊餉司十一卷　山東司七卷　浙江司一卷　湖廣司二卷　四川司五卷　江西司一卷　廣東司一卷　廣西司四卷　雲南司十七卷　貴州司二卷　福建司四卷　山西司二卷　河南司一卷　册庫一卷　陝西司四卷）（山東司卷五至廣西司卷三） 〔明〕畢自嚴撰

第四八九册

度支奏議一百十九卷（堂稿二十卷　新餉司三十六卷　邊餉司十一卷　山東司七卷　浙江司一卷　湖廣司二卷　四川司五卷　江西司一卷　廣東司一卷　廣西司四卷　雲南司十七卷　貴州司二卷　福建司四卷　山西司二卷　河南司一卷　册庫一卷　陝西司四卷）（廣西司卷四至雲南司卷十四） 〔明〕畢自嚴撰

第四九〇册

度支奏議一百十九卷（堂稿二十卷　新餉司三十六卷　邊餉司十一卷　山東司七卷　浙江司一卷　湖廣司二卷　四川司五卷　江西司一卷　廣東司一卷　廣西司四卷　雲南司十七卷　貴州司二卷　福建司四卷　山西司二卷　河南司一卷　册庫一卷　陝西司四卷）（雲南司卷十五至陝西司卷四） 〔明〕畢自嚴撰

第四九一册

少師朱襄毅公督蜀疏草十二卷 〔明〕朱燮元撰

按遼疏稿六卷 〔明〕熊廷弼撰

第四九二册

周忠毅公奏議四卷 〔明〕周宗建撰　附一卷 〔明〕周廷祚編撰

宜焚全稿十八卷 〔明〕祁彪佳撰

第四九三册

奏牘八卷 〔明〕凌義渠撰

李文襄公奏議二卷李文襄公奏疏十卷年譜一卷首一卷 李文襄公別録六卷 〔清〕李之芳撰 〔清〕李鍾麟編次
河防疏略二十卷 〔清〕朱之錫撰

第四九四册

防河奏議十卷 〔清〕嵇曾筠撰
鄂爾泰奏稿不分卷 〔清〕鄂爾泰撰
諸城劉氏三世奏稿 〔清〕劉統勳 〔清〕劉　墉 〔清〕劉鐶之撰
福康安奏疏 〔清〕福康安撰

第四九五册

那文毅公奏議八十卷（卷一至卷二十六） 〔清〕那彦成撰

第四九六册

那文毅公奏議八十卷（卷二十七至卷五十四） 〔清〕那彦成撰

第四九七册

那文毅公奏議八十卷（卷五十五至卷八十） 〔清〕那彦成撰

第四九八册

韓大中丞奏議十二卷 〔清〕韓文綺撰
陶雲汀先生奏疏五十二卷（卷一至卷十六） 〔清〕陶　澍撰

第四九九册

陶雲汀先生奏疏五十二卷（卷十七至卷五十二） 〔清〕陶澍撰

第五〇〇册

林文忠公政書三集三十七卷蒐遺一卷 〔清〕林則徐撰
王侍郎奏議十一卷 〔清〕王茂蔭撰
曾文正公奏稿三十六卷（卷一至卷八） 〔清〕曾國藩撰

第五〇一册

曾文正公奏稿三十六卷（卷九至卷三十六） 〔清〕曾國藩撰

第五〇二册

左恪靖侯奏稿初編三十八卷 左恪靖侯奏稿續編七十六卷 左恪靖侯奏稿三編六卷（初編卷一至卷三十七） 〔清〕左宗棠撰

第五〇三册

左恪靖侯奏稿初編三十八卷 左恪靖侯奏稿續編七十六卷 左恪靖侯奏稿三編六卷（初編卷三十八至續編卷三十八） 〔清〕左宗棠撰

第五〇四册

左恪靖侯奏稿初編三十八卷 左恪靖侯奏稿續編七十六卷 左恪靖侯奏稿三編六卷（續編卷三十九至三編卷六） 〔清〕左宗棠撰

第五〇五册

胡林翼奏議五十一卷 〔清〕胡林翼撰
李文忠公奏稿八十卷（卷一至卷五） 〔清〕李鴻章撰 〔清〕吳汝綸編

第五〇六册

李文忠公奏稿八十卷（卷六至卷二十五） 〔清〕李鴻章撰

〔清〕吴汝綸編

第五〇七册

李文忠公奏稿八十卷（卷二十六至卷五十三） 〔清〕李鴻章撰 〔清〕吴汝綸編

第五〇八册

李文忠公奏稿八十卷（卷五十四至卷八十） 〔清〕李鴻章撰 〔清〕吴汝綸編

第五〇九册

僧王奏稿一卷 〔清〕僧格林沁撰

丁文誠公奏稿二十六卷首一卷 〔清〕丁寶楨撰

第五一〇册

曾惠敏公奏疏六卷 〔清〕曾紀澤撰

張文襄公奏議七十二卷 張文襄公電奏十三卷（張文襄公奏議卷一至卷四十三） 〔清〕張之洞撰

第五一一册

張文襄公奏議七十二卷 張文襄公電奏十三卷（張文襄公奏議卷四十四至張文襄公電奏卷十三） 〔清〕張之洞撰

戊戌奏稿不分卷 康有爲撰 麥仲華輯

傳記類

第五一二册

闕里文獻考一百卷首一卷末一卷 〔清〕孔繼汾撰

聖門人物志十二卷 〔明〕郭子章撰

諸儒學案不分卷 〔明〕劉元卿輯

第五一三册

聖學宗傳十八卷 〔明〕周汝登撰

學統五十三卷（卷一至卷四十下） 〔清〕熊賜履撰

第五一四册

學統五十三卷（卷四十一至卷五十三） 〔清〕熊賜履撰

理學宗傳二十六卷 〔清〕孫奇逢撰

第五一五册

鄭學録四卷 〔清〕鄭　珍撰

北學編四卷 〔清〕魏一鰲輯 〔清〕尹會一等續訂

洛學編四卷 〔清〕湯　斌撰

關學編六卷 〔明〕馮從吾撰 〔清〕王心敬等增補

台學源流七卷 〔明〕金賁亨撰

道南源委録十二卷 〔明〕朱　衡撰

廉吏傳十四卷廉吏傳蠹附一卷 〔明〕黄汝亨輯

列女傳補注八卷 〔清〕王照圓撰 校正一卷 〔清〕臧　庸 〔清〕王念孫撰 叙録一卷 〔漢〕劉　向撰

第五一六册

續高士傳五卷 〔清〕高　兆撰

疇人傳五十二卷 〔清〕阮　元撰 〔清〕羅士琳續補

疇人傳三編七卷 〔清〕諸可寶撰

疇人傳四編十一卷附一卷 〔清〕黄鍾駿撰

第五一七册

歷代内侍考十四卷 〔明〕毛一公撰
疑年録四卷 〔清〕錢大昕撰 續疑年録四卷 〔清〕吴 修撰
補疑年録四卷 〔清〕錢 椒撰
三續疑年録十卷 〔清〕陸心源撰
元祐黨籍碑考一卷 僞學逆黨籍一卷 〔明〕海 瑞撰
元祐黨人傳十卷 〔清〕陸心源撰
道命録十卷 〔宋〕李心傳輯 〔元〕程榮秀删補
考亭淵源録二十四卷 〔明〕宋端儀撰 〔明〕薛應旂重輯

第五一八册

宋元學案一百卷首一卷（卷一至卷五十） 〔清〕黄宗羲輯 〔清〕全祖望訂補 〔清〕馮雲濠 〔清〕王梓材校正

第五一九册

宋元學案一百卷首一卷（卷五十一至卷一百） 〔清〕黄宗羲輯 〔清〕全祖望訂補 〔清〕馮雲濠 〔清〕王梓材校正

第五二〇册

元季伏莽志十卷 〔清〕周 昂撰
皇明名臣言行録前集十二卷後集十二卷續集八卷 〔明〕徐 咸輯

第五二一册

明名臣言行録九十五卷（卷一至卷三十三） 〔清〕徐開任輯
明名臣言行録九十五卷（卷三十四至卷九十五） 〔清〕徐開任輯

第五二二册

國朝列卿紀一百六十五卷（卷一至卷四十七） 〔明〕雷 禮輯

第五二三册

國朝列卿紀一百六十五卷（卷四十八至卷一百十三） 〔明〕雷 禮輯

第五二四册

國朝列卿紀一百六十五卷（卷一百十四至卷一百六十五） 〔明〕雷 禮輯
皇明輔世編六卷 〔明〕唐鶴徵撰

第五二五册

焦太史編輯國朝獻徵録一百二十卷（卷一至卷十八） 〔明〕焦 竑輯

第五二六册

焦太史編輯國朝獻徵録一百二十卷（卷十九至卷三十六） 〔明〕焦 竑輯

第五二七册

焦太史編輯國朝獻徵録一百二十卷（卷三十七至卷五十二） 〔明〕焦 竑輯

第五二八册

焦太史編輯國朝獻徵録一百二十卷（卷五十四至卷七十）〔明〕焦　竑輯

第五二九册

焦太史編輯國朝獻徵録一百二十卷（卷七十一至卷八十七）〔明〕焦　竑輯

第五三〇册

焦太史編輯國朝獻徵録一百二十卷（卷八十八至卷一百一）〔明〕焦　竑輯

第五三一册

焦太史編輯國朝獻徵録一百二十卷（卷一百二至卷一百二十）〔明〕焦　竑輯

第五三二册

熙朝名臣實録二十七卷〔明〕焦　竑撰

皇明詞林人物考十二卷末一卷〔明〕王兆雲撰

第五三三册

本朝分省人物考一百十五卷（卷一至卷三十六）〔明〕過庭訓撰

第五三四册

本朝分省人物考一百十五卷（卷三十七至卷六十三）〔明〕過庭訓撰

第五三五册

本朝分省人物考一百十五卷（卷六十四至卷一百）〔明〕過庭訓撰

第五三六册

本朝分省人物考一百十五卷（卷一百一至卷一百十五）〔明〕過庭訓撰

雒閩源流録十九卷〔清〕張　夏撰

第五三七册

忠節録六卷首一卷〔明〕張朝瑞撰

夥壞封疆録一卷〔明〕魏應嘉撰

崇禎五十宰相傳六卷年表一卷〔清〕曹　溶撰

己未詞科録十二卷首一卷〔清〕秦　瀛撰

欽定續纂外藩蒙古回部王公表十二卷　欽定續纂外藩蒙古回部王公傳十二卷

儒林傳稿四卷〔清〕阮　元撰

第五三八册

國朝先正事略六十卷（卷一至卷三十三）〔清〕李元度輯

第五三九册

國朝先正事略六十卷（卷三十四至卷六十）〔清〕李元度輯

國朝先正事略補編二卷〔清〕李元度輯

學案小識十四卷首一卷末一卷〔清〕唐　鑑撰

第五四〇册

文獻徵存録十卷〔清〕錢　林撰

船山師友記十七卷首一卷〔清〕羅正鈞撰

柏堂師友言行記四卷 〔清〕方宗誠撰
三輔決録二卷 〔漢〕趙岐撰 〔晉〕摯虞注 〔清〕張澍輯
畿輔人物志二十卷 〔清〕孫承澤撰

第五四一册

潤州先賢録六卷 〔明〕姚堂 〔明〕劉文徵輯
毘陵人品記十卷 〔明〕毛憲撰 〔明〕吴亮增補
吴中人物志十三卷 〔明〕張昶等撰
姑蘇名賢小紀二卷 〔明〕文震孟撰
松陵文獻十五卷 〔清〕潘檉章撰
崑山人物傳十卷附一卷 〔明〕張大復撰

第五四二册

兩浙名賢録五十四卷外録八卷（卷一至卷二十四） 〔明〕徐象梅撰

第五四三册

兩浙名賢録五十四卷外録八卷（卷二十五至卷四十九） 〔明〕徐象梅撰

第五四四册

兩浙名賢録五十四卷外録八卷（卷五十至外録卷八） 〔明〕徐象梅撰
嘉禾徵獻録五十卷外紀八卷 〔清〕盛楓撰

第五四五册

台學統一百卷（卷一至卷四十九） 〔清〕王棻撰

第五四六册

台學統一百卷（卷五十至卷一百） 〔清〕王棻撰

第五四七册

金華徵獻略二十卷 〔清〕王崇炳撰
東嘉録二十卷 〔明〕王朝佐編
東越文苑六卷 〔明〕陳鳴鶴撰 〔明〕趙世顯訂正 〔清〕郭柏蔚增訂
桐城耆舊傳十二卷 馬其昶撰
榕陰新檢十六卷 〔明〕徐𤊹撰

第五四八册

莆陽文獻十三卷列傳七十五卷 〔明〕鄭岳輯
襄陽耆舊記三卷 〔晉〕習鑿齒撰 〔清〕任兆麟訂
楚寶四十五卷總論一卷（卷一至卷十七） 〔明〕周聖楷撰

第五四九册

楚寶四十五卷總論一卷（卷十八至卷四十五） 〔明〕周聖楷撰
廣州人物傳二十四卷 〔明〕黄佐撰
北海三考六卷 〔清〕胡元儀撰

第五五〇册

安禄山事迹三卷 〔唐〕姚汝能撰 校記一卷 繆荃孫撰
文正王公遺事一卷 〔宋〕王素撰
忠獻韓魏王家傳十卷別録三卷 〔宋〕王巖叟撰 遺事一卷 〔宋〕强至撰

濂溪志九卷（存卷二至卷九） 〔明〕李 楨撰
豐清敏公遺事一卷 〔宋〕李 朴撰 附録一卷 〔清〕豐 慶輯
劉豫事迹一卷 〔清〕曹 溶輯
忠文王紀事實録五卷 〔宋〕謝起巖撰
朱子實紀十二卷 〔明〕戴 銑輯
宋丞相崔清獻公全録十卷 〔宋〕崔與之撰 〔明〕崔子璲輯
〔明〕崔 曉增輯
陸右丞蹈海録一卷 〔明〕丁元吉輯
運使復齋郭公言行録一卷 〔元〕徐 東撰 編類運使復
齋郭公敏行録一卷 〔元〕鄧文原選

第五五一册

薛文清公行實録五卷 〔明〕王 鴻輯
商文毅公遺行集一卷 〔明〕商汝頤撰
王文成傳本二卷 〔清〕毛奇齡撰
求闕齋弟子記三十二卷 〔清〕王定安撰

第五五二册

玉池老人自叙一卷首一卷 〔清〕郭嵩燾撰
韓文類譜七卷 〔宋〕魏仲舉輯
范文正公年譜一卷 〔宋〕樓 鑰撰
司馬太師温國文正公年譜八卷後一卷遺事一卷 〔清〕顧棟
高撰
王荆公年譜考略二十五卷首三卷雜録二卷附録一卷
〔清〕蔡上翔撰
廣元遺山年譜二卷 〔清〕李光廷撰
倪高士年譜二卷 〔清〕沈世良輯

第五五三册

明李文正公年譜七卷 〔清〕法式善輯
弇州山人年譜一卷 〔清〕錢大昕撰
戚少保年譜耆編十二卷首一卷 〔明〕戚祚國等撰
顧端文公年譜二卷首一卷末一卷 〔明〕顧與沐記略 〔清〕顧
樞編 〔清〕顧貞觀訂補
黄子年譜一卷 〔清〕洪 思撰
忠節吴次尾先生年譜一卷附録樓山遺事一卷 〔清〕夏 燮
撰
查東山先生年譜一卷附一卷 〔清〕沈 起撰 〔清〕張 濤
〔清〕查 穀注
顧亭林先生年譜一卷 〔清〕張 穆撰
黄梨洲先生年譜三卷 〔清〕黄炳垕撰
船山公年譜二卷 〔清〕王之春撰

第五五四册

李文襄公年譜一卷 〔清〕程光禋撰
陸稼書先生年譜定本二卷附録一卷 〔清〕吴光酉撰
漁洋山人自撰年譜註補二卷 〔清〕惠 棟撰
漫堂年譜四卷 〔清〕宋 犖撰

顔習齋先生年譜二卷 〔清〕李 塨撰
閻潛丘先生年譜一卷 〔清〕張 穆撰
張清恪公年譜二卷 〔清〕張師栻 〔清〕張師載撰
李恕谷先生年譜五卷 〔清〕馮 辰撰
襄勤伯鄂文端公年譜一卷 〔清〕鄂容安等撰
阿文成公年譜三十四卷（卷一至卷十一） 〔清〕那彦成撰

第五五五册

阿文成公年譜三十四卷（卷十二至卷三十四） 〔清〕那彦成撰
病榻夢痕録二卷夢痕録餘一卷 〔清〕汪輝祖撰

第五五六册

德壯果公年譜三十二卷 〔清〕花沙納撰

第五五七册

長文襄公自定年譜四卷 〔清〕長 齡撰
忠武公年譜一卷 〔清〕楊國禎撰
黄蕘圃先生年譜二卷 〔清〕江 標撰
雷塘庵主弟子記八卷 〔清〕張 鑑等撰
文忠公年譜草稿一卷 〔清〕林聰彝撰
定盦先生年譜一卷 〔清〕吴昌綬撰
曾文正公年譜十二卷 〔清〕黎庶昌等撰
左文襄公年譜十卷 〔清〕羅正鈞撰

第五五八册

岑襄勤公年譜十卷 〔清〕趙 藩撰
徐愚齋自叙年譜 〔清〕徐 潤撰
康南海自編年譜不分卷 康有爲撰
御試備官日記一卷 〔宋〕趙 抃撰
雲山日記二卷 〔元〕郭 畀撰
味水軒日記八卷 〔明〕李日華撰
孫徵君日譜録存三十六卷（卷一至卷十五） 〔清〕孫奇逢撰

第五五九册

孫徵君日譜録存三十六卷（卷十六至卷三十六） 〔清〕孫奇逢撰
三魚堂日記十卷 〔清〕陸隴其撰
採硫日記三卷 〔清〕郁永河撰
迎鑾日記三卷 〔清〕宋 犖撰
西藏日記不分卷 〔清〕允 禮撰
詞垣日記一卷 〔清〕帥方蔚撰
轉漕日記四卷 〔清〕李 鈞撰
求闕齋日記類鈔二卷 〔清〕曾國藩撰 〔清〕王啓原輯

第五六〇册

能静居日記不分卷 〔清〕趙烈文撰

第五六一册

能静居日記不分卷 〔清〕趙烈文撰

第五六二册

能静居日記不分卷 〔清〕趙烈文撰
第五六三册
能静居日記不分卷 〔清〕趙烈文撰
第五六四册
能静居日記不分卷 〔清〕趙烈文撰
第五六五册
翁文恭公日記不分卷 〔清〕翁同龢撰
第五六六册
翁文恭公日記不分卷 〔清〕翁同龢撰
第五六七册
翁文恭公日記不分卷 〔清〕翁同龢撰
第五六八册
翁文恭公日記不分卷 〔清〕翁同龢撰
第五六九册
翁文恭公日記不分卷 〔清〕翁同龢撰
第五七〇册
翁文恭公日記不分卷 〔清〕翁同龢撰
第五七一册
翁文恭公日記不分卷 〔清〕翁同龢撰
第五七二册
翁文恭公日記不分卷 〔清〕翁同龢撰
第五七三册
翁文恭公日記不分卷 〔清〕翁同龢撰
第五七四册
翁文恭公日記不分卷 〔清〕翁同龢撰
第五七五册
翁文恭公日記不分卷 〔清〕翁同龢撰
第五七六册
蘅華館日記不分卷 〔清〕王韜撰
三述奇八卷 〔清〕張德彝撰
緣督廬日記抄十六卷 葉昌熾撰
第五七七册
使西紀程二卷 〔清〕郭嵩燾撰
曾惠敏公使西日記二卷 〔清〕曾紀澤撰
請纓日記十卷 〔清〕唐景崧撰
三洲日記八卷 〔清〕張蔭桓撰
第五七八册
出使美日秘國日記十六卷 〔清〕崔國因撰
出使英法義比四國日記六卷 〔清〕薛福成撰
出使日記續刻十卷（卷一至卷三） 〔清〕薛福成撰
第五七九册
出使日記續刻十卷（卷四至卷十） 〔清〕薛福成撰
忘山廬日記不分卷（癸巳至戊戌） 孫寶瑄撰
第五八〇册
忘山廬日記不分卷（辛丑至癸卯上） 孫寶瑄撰
第五八一册

忘山廬日記不分卷（癸卯下至丁未下）　孫寶瑄撰

第五八二册

忘山廬日記不分卷（戊申上、下）　孫寶瑄撰

蟫香館使黔日記九卷（卷一至卷四）　〔清〕嚴　修撰

第五八三册

蟫香館使黔日記九卷（卷五至卷九）　〔清〕嚴　修撰

辛丑日記不分卷　〔清〕華學瀾撰

英軺日記十二卷　〔清〕載　振撰

地理類

第五八四册

輿地紀勝二百卷（存卷一至卷十二　卷十七至卷四十九　卷五十五至卷一百三十五　卷一百四十五至卷一百六十七　卷一百七十四至卷一百九十一）（卷一至卷九十五）　〔宋〕王象之撰

第五八五册

輿地紀勝二百卷（存卷一至卷十二　卷十七至卷四十九　卷五十五至卷一百三十五　卷一百四十五至卷一百六十七　卷一百七十四至卷一百九十一）（卷九十六至卷一百九十一）　〔宋〕王象之撰

歷代地理指掌圖一卷　〔宋〕税安禮撰

太平寰宇記補闕六卷　〔宋〕樂　史撰

大明清類天文分野之書二十四卷（卷一至卷三）　題〔明〕劉基等撰

第五八六册

大明清類天文分野之書二十四卷（卷四至卷二十四）　題〔明〕劉　基等撰

寰宇通衢不分卷　〔明〕佚　名撰

廣輿圖　〔元〕朱思本撰　〔明〕羅洪先　〔明〕胡　松增補

肇域志□□卷（存江南十一卷　浙江二卷　山東八卷　山西五卷　河南四卷　湖廣三卷　陝西十卷　雲南二卷　貴州一卷　廣東二卷　福建二卷）（江南一至江南二）　〔清〕顧炎武撰

第五八七册

肇域志□□卷（存江南十一卷　浙江二卷　山東八卷　山西五卷　河南四卷　湖廣三卷　陝西十卷　雲南二卷　貴州一卷　廣東二卷　福建二卷）（江南三至江南八）　〔清〕顧炎武撰

第五八八册

肇域志□□卷（存江南十一卷　浙江二卷　山東八卷　山西五卷　河南四卷　湖廣三卷　陝西十卷　雲南二卷　貴州一卷　廣東二卷　福建二卷）（江南九至浙江二）　〔清〕顧炎武撰

第五八九册

肇域志□□卷（存江南十一卷　浙江二卷　山東八卷　山西五卷　河南四卷　湖廣三卷　陝西十卷　雲南

二卷　貴州一卷　廣東二卷　福建二卷）（山東一至山東六）〔清〕顧炎武撰

第五九〇册

肇域志□□卷（存江南十一卷　浙江二卷　山東八卷　山西五卷　河南四卷　湖廣三卷　陝西十卷　雲南二卷　貴州一卷　廣東二卷　福建二卷）（山東七至山西四）〔清〕顧炎武撰

第五九一册

肇域志□□卷（存江南十一卷　浙江二卷　山東八卷　山西五卷　河南四卷　湖廣三卷　陝西十卷　雲南二卷　貴州一卷　廣東二卷　福建二卷）（山西五至河南四）〔清〕顧炎武撰

第五九二册

肇域志□□卷（存江南十一卷　浙江二卷　山東八卷　山西五卷　河南四卷　湖廣三卷　陝西十卷　雲南二卷　貴州一卷　廣東二卷　福建二卷）（湖廣一至陝西三）〔清〕顧炎武撰

第五九三册

肇域志□□卷（存江南十一卷　浙江二卷　山東八卷　山西五卷　河南四卷　湖廣三卷　陝西十卷　雲南二卷　貴州一卷　廣東二卷　福建二卷）（陝西四至陝西八）〔清〕顧炎武撰

第五九四册

肇域志□□卷（存江南十一卷　浙江二卷　山東八卷　山西五卷　河南四卷　湖廣三卷　陝西十卷　雲南二卷　貴州一卷　廣東二卷　福建二卷）（陝西九至廣東一）〔清〕顧炎武撰

第五九五册

肇域志□□卷（存江南十一卷　浙江二卷　山東八卷　山西五卷　河南四卷　湖廣三卷　陝西十卷　雲南二卷　貴州一卷　廣東二卷　福建二卷）（廣東二至福建二）〔清〕顧炎武撰

天下郡國利病書不分卷　〔清〕顧炎武撰

第五九六册

天下郡國利病書不分卷　〔清〕顧炎武撰

第五九七册

天下郡國利病書不分卷　〔清〕顧炎武撰

第五九八册

讀史方輿紀要一百三十卷（卷一至卷七）〔清〕顧祖禹撰

第五九九册

讀史方輿紀要一百三十卷（卷八至卷十五）〔清〕顧祖禹撰

第六〇〇册

讀史方輿紀要一百三十卷（卷十六至卷二十一）〔清〕顧祖禹撰

第六〇一册

讀史方輿紀要一百三十卷（卷二十二至卷二十九）〔清〕顧祖禹撰

第六〇二册

讀史方輿紀要一百三十卷（卷三十至卷三十八）〔清〕顧祖禹撰

第六〇三册

讀史方輿紀要一百三十卷（卷三十九至卷四十六）〔清〕顧祖禹撰

第六〇四册

讀史方輿紀要一百三十卷（卷四十七至卷五十二）〔清〕顧祖禹撰

第六〇五册

讀史方輿紀要一百三十卷（卷五十三至卷六十）〔清〕顧祖禹撰

第六〇六册

讀史方輿紀要一百三十卷（卷六十一至卷六十九）〔清〕顧祖禹撰

第六〇七册

讀史方輿紀要一百三十卷（卷七十至卷七十八）〔清〕顧祖禹撰

第六〇八册

讀史方輿紀要一百三十卷（卷七十九至卷八十七）〔清〕顧祖禹撰

第六〇九册

讀史方輿紀要一百三十卷（卷八十八至卷九十六）〔清〕顧祖禹撰

第六一〇册

讀史方輿紀要一百三十卷（卷九十七至卷一百六）〔清〕顧祖禹撰

第六一一册

讀史方輿紀要一百三十卷（卷一百七至卷一百十七）〔清〕顧祖禹撰

第六一二册

讀史方輿紀要一百三十卷（卷一百十八至卷一百三十）〔清〕顧祖禹撰

第六一三册

大清一統志五百六十卷（卷一至卷五十八）〔清〕穆彰阿〔清〕潘錫恩等纂修

第六一四册

大清一統志五百六十卷（卷五十九至卷一百八）〔清〕穆彰阿〔清〕潘錫恩等纂修

第六一五册

大清一統志五百六十卷（卷一百九至卷一百五十）〔清〕穆彰阿〔清〕潘錫恩等纂修

第六一六册

大清一統志五百六十卷（卷一百五十一至卷一百九十）　〔清〕穆彰阿　〔清〕潘錫恩等纂修

第六一七册

大清一統志五百六十卷（卷一百九十一至卷二百三十八）　〔清〕穆彰阿　〔清〕潘錫恩等纂修

第六一八册

大清一統志五百六十卷（卷二百三十九至卷二百八十八）　〔清〕穆彰阿　〔清〕潘錫恩等纂修

第六一九册

大清一統志五百六十卷（卷二百八十九至卷三百三十三）　〔清〕穆彰阿　〔清〕潘錫恩等纂修

第六二〇册

大清一統志五百六十卷（卷三百三十四至卷三百七十八）　〔清〕穆彰阿　〔清〕潘錫恩等纂修

第六二一册

大清一統志五百六十卷（卷三百七十九至卷四百二十三）　〔清〕穆彰阿　〔清〕潘錫恩等纂修

第六二二册

大清一統志五百六十卷（卷四百二十四至卷四百五十六）　〔清〕穆彰阿　〔清〕潘錫恩等纂修

第六二三册

大清一統志五百六十卷（卷四百五十七至卷五百一）　〔清〕穆彰阿　〔清〕潘錫恩等纂修

第六二四册

大清一統志五百六十卷（卷五百二至卷五百六十）　〔清〕穆彰阿　〔清〕潘錫恩等纂修

第六二五册

乾隆府廳州縣圖志五十卷（卷一至卷十五）　〔清〕洪亮吉撰

第六二六册

乾隆府廳州縣圖志五十卷（卷十六至卷三十二）　〔清〕洪亮吉撰

第六二七册

乾隆府廳州縣圖志五十卷（卷三十三至卷五十）　〔清〕洪亮吉撰

第六二八册

（光緒）畿輔通志三百卷首一卷（卷一至卷二十四）　〔清〕李鴻章等修　〔清〕黄彭年等纂

第六二九册

（光緒）畿輔通志三百卷首一卷（卷二十五至卷四十五）　〔清〕李鴻章等修　〔清〕黄彭年等纂

第六三〇册

（光緒）畿輔通志三百卷首一卷（卷四十六至卷五十二）　〔清〕李鴻章等修　〔清〕黄彭年等纂

第六三一册

〔光緒〕畿輔通志三百卷首一卷（卷五十三至卷七十四）〔清〕李鴻章等修　〔清〕黄彭年等纂

第六三二册

〔光緒〕畿輔通志三百卷首一卷（卷七十五至卷九十五）〔清〕李鴻章等修　〔清〕黄彭年等纂

第六三三册

〔光緒〕畿輔通志三百卷首一卷（卷九十六至卷一百十六）〔清〕李鴻章等修　〔清〕黄彭年等纂

第六三四册

〔光緒〕畿輔通志三百卷首一卷（卷一百十七至卷一百三十八）〔清〕李鴻章等修　〔清〕黄彭年等纂

第六三五册

〔光緒〕畿輔通志三百卷首一卷（卷一百三十九至卷一百六十四）〔清〕李鴻章等修　〔清〕黄彭年等纂

第六三六册

〔光緒〕畿輔通志三百卷首一卷（卷一百六十五至卷一百八十八）〔清〕李鴻章等修　〔清〕黄彭年等纂

第六三七册

〔光緒〕畿輔通志三百卷首一卷（卷一百八十九至卷二百十六）〔清〕李鴻章等修　〔清〕黄彭年等纂

第六三八册

〔光緒〕畿輔通志三百卷首一卷（卷二百十七至卷二百四十二）〔清〕李鴻章等修　〔清〕黄彭年等纂

第六三九册

〔光緒〕畿輔通志三百卷首一卷（卷二百四十三至卷二百六十九）〔清〕李鴻章等修　〔清〕黄彭年等纂

第六四〇册

〔光緒〕畿輔通志三百卷首一卷（卷二百七十至卷三百）〔清〕李鴻章等修　〔清〕黄彭年等纂

第六四一册

〔光緒〕山西通志一百八十四卷首一卷（卷一至卷三十）〔清〕曾國荃　〔清〕張　煦等修　〔清〕王　軒　〔清〕楊　篤等纂

第六四二册

〔光緒〕山西通志一百八十四卷首一卷（卷三十一至卷六十五）〔清〕曾國荃　〔清〕張　煦等修　〔清〕王　軒　〔清〕楊　篤等纂

第六四三册

〔光緒〕山西通志一百八十四卷首一卷（卷六十六至卷九十七）〔清〕曾國荃　〔清〕張　煦等修　〔清〕王　軒　〔清〕楊　篤等纂

第六四四册

〔光緒〕山西通志一百八十四卷首一卷（卷九十八至卷一百三十一）〔清〕曾國荃　〔清〕張　煦等修　〔清〕王　軒　〔清〕楊　篤等纂

第六四五册

〔光緒〕山西通志一百八十四卷首一卷（卷一百三十二至卷一百六十六）〔清〕曾國荃　〔清〕張　煦等修　〔清〕王　軒

〔清〕楊　篤等纂

第六四六册

〔光緒〕山西通志一百八十四卷首一卷（卷一百六十七至卷一百八十四）　〔清〕曾國荃　〔清〕張　煦等修　〔清〕王軒　〔清〕楊　篤等纂

東三省輿地圖説不分卷　〔清〕曹廷杰撰

〔嘉靖〕遼東志九卷　〔明〕畢　恭等修　〔明〕任　洛等重修

第六四七册

〔光緒〕吉林通志一百二十二卷圖一卷（卷一至卷五十五）　〔清〕長　順等修　〔清〕李桂林　〔清〕顧　雲纂

第六四八册

〔光緒〕吉林通志一百二十二卷圖一卷（卷五十六至卷一百二十二）　〔清〕長　順等修　〔清〕李桂林　〔清〕顧　雲纂

第六四九册

青海誌四卷　〔清〕康敷鎔纂修

〔嘉靖〕寧夏新志八卷　〔明〕楊守禮修　〔明〕管　律纂

〔宣統〕新疆圖志一百十六卷（卷一至卷四十五）　袁大化修　王樹枏　王學曾纂

第六五〇册

〔宣統〕新疆圖志一百十六卷首一卷（卷四十六至卷一百十六）　袁大化修　王樹枏　王學曾纂

第六五一册

〔光緒〕重修安徽通志三百五十卷補遺十卷（卷一至卷八十一）　〔清〕沈葆楨　〔清〕吴坤修等修　〔清〕何紹基　〔清〕楊沂孫等纂

第六五二册

〔光緒〕重修安徽通志三百五十卷補遺十卷（卷八十二至卷一百四十九）　〔清〕沈葆楨　〔清〕吴坤修等修　〔清〕何紹基　〔清〕楊沂孫等纂

第六五三册

〔光緒〕重修安徽通志三百五十卷補遺十卷（卷一百五十至卷二百二十三）　〔清〕沈葆楨　〔清〕吴坤修等修　〔清〕何紹基　〔清〕楊沂孫等纂

第六五四册

〔光緒〕重修安徽通志三百五十卷補遺十卷（卷二百二十四至卷二百九十四）　〔清〕沈葆楨　〔清〕吴坤修等修　〔清〕何紹基　〔清〕楊沂孫等纂

第六五五册

〔光緒〕重修安徽通志三百五十卷補遺十卷（卷二百九十五至卷三百五十）　〔清〕沈葆楨　〔清〕吴坤修等修　〔清〕何紹基　〔清〕楊沂孫等纂

第六五六册

〔光緒〕江西通志一百八十卷首五卷（卷一至卷三十五）　〔清〕曾國藩　〔清〕劉坤一等修　〔清〕劉　繹　〔清〕趙之謙等纂

第六五七册

〔光緒〕江西通志一百八十卷首五卷（卷三十六至卷七十六）〔清〕曾國藩 〔清〕劉坤一等修 〔清〕劉繹 〔清〕趙之謙等纂

第六五八册

〔光緒〕江西通志一百八十卷首五卷（卷七十七至卷一百十九）〔清〕曾國藩 〔清〕劉坤一等修 〔清〕劉繹 〔清〕趙之謙等纂

第六五九册

〔光緒〕江西通志一百八十卷首五卷（卷一百二十至卷一百五十三）〔清〕曾國藩 〔清〕劉坤一等修 〔清〕劉繹 〔清〕趙之謙等纂

第六六〇册

〔光緒〕江西通志一百八十卷首五卷（卷一百五十四至卷一百八十）〔清〕曾國藩 〔清〕劉坤一等修 〔清〕劉繹 〔清〕趙之謙等纂

〔寶祐〕仙溪志四卷 〔宋〕趙與泌 〔宋〕黄巖孫纂修

〔嘉慶〕湖北通志檢存稿四卷未成稿一卷 〔清〕章學誠纂

第六六一册

〔光緒〕湖南通志二百八十八卷首八卷末十九卷（卷一至卷二十）〔清〕卞寶第 〔清〕李瀚章等修 〔清〕曾國荃 〔清〕郭嵩燾等纂

第六六二册

〔光緒〕湖南通志二百八十八卷首八卷末十九卷（卷二十一至卷六十一）〔清〕卞寶第 〔清〕李瀚章等修 〔清〕曾國荃 〔清〕郭嵩燾等纂

第六六三册

〔光緒〕湖南通志二百八十八卷首八卷末十九卷（卷六十二至卷一百三）〔清〕卞寶第 〔清〕李瀚章等修 〔清〕曾國荃 〔清〕郭嵩燾等纂

第六六四册

〔光緒〕湖南通志二百八十八卷首八卷末十九卷（卷一百四至卷一百五十一）〔清〕卞寶第 〔清〕李瀚章等修 〔清〕曾國荃 〔清〕郭嵩燾等纂

第六六五册

〔光緒〕湖南通志二百八十八卷首八卷末十九卷（卷一百五十二至卷一百八十四）〔清〕卞寶第 〔清〕李瀚章等修 〔清〕曾國荃 〔清〕郭嵩燾等纂

第六六六册

〔光緒〕湖南通志二百八十八卷首八卷末十九卷（卷一百八十五至卷二百十五）〔清〕卞寶第 〔清〕李瀚章等修 〔清〕曾國荃 〔清〕郭嵩燾等纂

第六六七册

〔光緒〕湖南通志二百八十八卷首八卷末十九卷（卷二百十六至卷二百五十五）〔清〕卞寶第 〔清〕李瀚章等修 〔清〕

曾國荃 〔清〕郭嵩燾等纂

第六六八册

〔光緒〕湖南通志二百八十八卷首八卷末十九卷（卷二百五十六至卷二百八十八） 〔清〕卞寶第 〔清〕李瀚章等修 〔清〕曾國荃 〔清〕郭嵩燾等纂

第六六九册

〔道光〕廣東通志三百三十四卷首一卷（卷一至卷四十八） 〔清〕阮　元修 〔清〕陳昌齊等纂

第六七〇册

〔道光〕廣東通志三百三十四卷首一卷（卷四十九至卷八十六） 〔清〕阮　元修 〔清〕陳昌齊等纂

第六七一册

〔道光〕廣東通志三百三十四卷首一卷（卷八十七至卷一百二十四） 〔清〕阮　元修 〔清〕陳昌齊等纂

第六七二册

〔道光〕廣東通志三百三十四卷首一卷（卷一百二十五至卷一百七十七） 〔清〕阮　元修 〔清〕陳昌齊等纂

第六七三册

〔道光〕廣東通志三百三十四卷首一卷（卷一百七十八至卷二百三十一） 〔清〕阮　元修 〔清〕陳昌齊等纂

第六七四册

〔道光〕廣東通志三百三十四卷首一卷（卷二百三十二至卷二百八十三） 〔清〕阮　元修 〔清〕陳昌齊等纂

第六七五册

〔道光〕廣東通志三百三十四卷首一卷（卷二百八十四至卷三百三十四） 〔清〕阮　元修 〔清〕陳昌齊等纂

第六七六册

〔乾隆〕瓊州府志十卷 〔清〕蕭應植 〔清〕陳景塤纂修

澳門記略二卷 〔清〕印光任 〔清〕張汝霖纂

第六七七册

〔嘉慶〕廣西通志二百七十九卷首一卷（卷一至卷六十五） 〔清〕謝啓昆修 〔清〕胡　虔纂

第六七八册

〔嘉慶〕廣西通志二百七十九卷首一卷（卷六十六至卷一百三十三） 〔清〕謝啓昆修 〔清〕胡　虔纂

第六七九册

〔嘉慶〕廣西通志二百七十九卷首一卷（卷一百三十四至卷二百六） 〔清〕謝啓昆修 〔清〕胡　虔纂

第六八〇册

〔嘉慶〕廣西通志二百七十九卷首一卷（卷二百七至卷二百七十九） 〔清〕謝啓昆修 〔清〕胡　虔纂

第六八一册

〔景泰〕雲南圖經志書十卷 〔明〕陳　文等纂修

〔天啓〕滇志三十三卷（卷一至卷十四） 〔明〕劉文徵纂修

第六八二册

〔天啓〕滇志三十三卷（卷十五至卷三十三） 〔明〕劉文徵纂修

第六八三册

〔乾隆〕西藏誌四卷 題〔清〕允 禮撰

〔嘉慶〕衛藏通志十六卷首一卷 〔清〕佚 名纂修

〔光緒〕順天府志一百三十卷附録一卷（卷一至卷二十五） 〔清〕萬青黎 〔清〕周家楣修 張之洞 繆荃孫纂

第六八四册

〔光緒〕順天府志一百三十卷附録一卷（卷二十六至卷七十） 〔清〕萬青黎 〔清〕周家楣修 張之洞 繆荃孫纂

第六八五册

〔光緒〕順天府志一百三十卷附録一卷（卷七十一至卷九十八） 〔清〕萬青黎 〔清〕周家楣修 張之洞 繆荃孫纂

第六八六册

〔光緒〕順天府志一百三十卷附録一卷（卷九十九至卷一百三十） 〔清〕萬青黎 〔清〕周家楣修 張之洞 繆荃孫纂

第六八七册

〔紹熙〕雲間志三卷 〔宋〕楊 潛纂

〔嘉慶〕松江府志八十四卷首二卷圖經一卷（卷一至卷二十六） 〔清〕宋如林修 〔清〕孫星衍 〔清〕莫 晉纂

第六八八册

〔嘉慶〕松江府志八十四卷首二卷圖經一卷（卷二十七至卷五十五） 〔清〕宋如林修 〔清〕孫星衍 〔清〕莫 晉纂

第六八九册

〔嘉慶〕松江府志八十四卷首二卷圖經一卷（卷五十六至卷八十四） 〔清〕宋如林修 〔清〕孫星衍 〔清〕莫 晉纂

第六九〇册

〔光緒〕重修天津府志五十四卷首一卷末一卷（卷一至卷三十五） 沈家本 榮 銓修 徐宗亮 蔡啓盛纂

第六九一册

〔光緒〕重修天津府志五十四卷首一卷末一卷（卷三十六至卷五十四） 沈家本 榮 銓修 徐宗亮 蔡啓盛纂

〔光緒〕撫寧縣志十六卷首一卷 〔清〕張上龢修 〔清〕史夢蘭纂

第六九二册

〔乾隆〕永清縣志二十五篇 〔清〕周震榮修 〔清〕章學誠纂

〔乾隆〕汾州府志三十四卷首一卷末一卷 〔清〕孫和相修 〔清〕戴 震纂

第六九三册

〔乾隆〕三水縣志十二卷 〔清〕葛德新 〔清〕朱廷模修 〔清〕孫星衍纂

〔乾隆〕韓城縣志十六卷首一卷 〔清〕傅應奎修 〔清〕錢 坫等纂

〔嘉慶〕延安府志八十卷 〔清〕洪 蕙纂修

第六九四册

〔乾隆〕歷城縣志五十卷首一卷　〔清〕胡德琳修　〔清〕李文藻等纂

第六九五册

〔嘉慶〕新修江寧府志五十六卷　〔清〕吕燕昭修　〔清〕姚鼐纂

第六九六册

〔乾隆〕元和縣志三十六卷　〔清〕許治修　〔清〕沈德潛　〔清〕顧詒禄纂

〔至正〕崑山郡志六卷　〔元〕楊譓纂

〔淳祐〕玉峰志三卷　〔宋〕淩萬頃　〔宋〕邊實纂修　〔咸淳〕續志一卷　〔宋〕邊實纂修

第六九七册

〔嘉慶〕直隸太倉州志六十五卷（卷一至卷四十五）　〔清〕王昶等纂修

第六九八册

〔嘉慶〕直隸太倉州志六十五卷（卷四十六至卷六十五）　〔清〕王昶等纂修

〔寶祐〕重修琴川志十五卷　〔宋〕孫應時纂修　〔宋〕鮑廉　〔宋〕鍾秀實續修　〔元〕盧鎮增修

〔嘉定〕鎮江志二十二卷首一卷　〔宋〕盧憲纂修

〔至順〕鎮江志二十一卷首一卷　〔元〕俞希魯纂修

第六九九册

〔咸淳〕重修毗陵志三十卷（存卷一至卷十九、卷二十一至卷三十）　〔宋〕史能之纂修

〔嘉慶〕廣陵事略七卷　〔清〕姚文田輯

〔乾隆〕淮安府志三十二卷（卷一至卷十一）　〔清〕衛哲治等修　〔清〕葉長揚　〔清〕顧棟高等纂

第七〇〇册

〔乾隆〕淮安府志三十二卷（卷十二至卷三十二）　〔清〕衛哲治等修　〔清〕葉長揚　〔清〕顧棟高等纂

第七〇一册

〔乾隆〕杭州府志一百十卷首六卷（卷一至卷三十一）　〔清〕鄭澐修　〔清〕邵晋涵纂

第七〇二册

〔乾隆〕杭州府志一百十卷首六卷（卷三十二至卷七十）　〔清〕鄭澐修　〔清〕邵晋涵纂

第七〇三册

〔乾隆〕杭州府志一百十卷首六卷（卷七十一至卷一百十）　〔清〕鄭澐修　〔清〕邵晋涵纂

第七〇四册

〔淳熙〕嚴州圖經八卷（存卷一至卷三）　〔宋〕陳公亮　〔宋〕劉文富纂修

〔嘉泰〕吴興志二十卷　〔宋〕談鑰纂修

〔乾隆〕烏程縣志十六卷　〔清〕羅愫修　〔清〕杭世駿纂

第七〇五册

〔乾道〕四明圖經十二卷　〔宋〕張　津等纂修

〔寶慶〕四明志二十一卷　〔宋〕胡　榘　〔宋〕羅　濬纂修

〔開慶〕四明續志十二卷　〔宋〕梅應發　〔宋〕劉　錫纂修

〔至正〕四明續志十二卷　〔元〕王元恭纂修

第七〇六册

〔乾隆〕鄞縣志三十卷首一卷　〔清〕錢維喬修　〔清〕錢大昕纂

第七〇七册

〔光緒〕鎮海縣志四十卷　〔清〕于萬川修　〔清〕俞　樾纂

第七〇八册

〔光緒〕永嘉縣志三十八卷首一卷（卷一至卷二十七）　〔清〕張寶琳修　〔清〕王　棻　〔清〕孫詒讓等纂

第七〇九册

〔光緒〕永嘉縣志三十八卷首一卷（卷二十八至卷三十八）　〔清〕張寶琳修　〔清〕王　棻　〔清〕孫詒讓等纂

〔嘉慶〕廬州府志五十四卷圖一卷（卷一至卷三十一）　〔清〕張祥雲修　〔清〕孫星衍等纂

第七一〇册

〔嘉慶〕廬州府志五十四卷圖一卷（卷三十二至卷五十四）　〔清〕張祥雲修　〔清〕孫星衍等纂

〔嘉慶〕鳳臺縣志十卷　〔清〕李兆洛纂修

〔嘉慶〕寧國府志三十六卷首一卷末一卷（卷一至卷七）　〔清〕魯　銓　〔清〕鍾　英修　〔清〕洪亮吉　〔清〕施　晋纂

第七一一册

〔嘉慶〕寧國府志三十六卷首一卷末一卷（卷八至卷三十六）　〔清〕魯　銓　〔清〕鍾　英修　〔清〕洪亮吉　〔清〕施　晋纂

第七一二册

〔嘉慶〕東流縣志三十卷　〔清〕吴　箎修　〔清〕李兆洛等纂

〔康熙〕臺灣府誌十卷　〔清〕蔣毓英纂修

〔光緒〕湘潭縣志十二卷　〔清〕陳嘉榆等修　王闓運等纂

第七一三册

〔大德〕南海志二十卷（存卷六至卷十）　〔元〕陳大震　〔元〕吕桂孫纂修

〔光緒〕香山縣志二十二卷　〔清〕田明曜修　〔清〕陳　澧纂

〔道光〕肇慶府志二十二卷首一卷（卷一至卷五）　〔清〕屠英等修　〔清〕江　藩等纂

第七一四册

〔道光〕肇慶府志二十二卷首一卷（卷六至卷二十二）　〔清〕屠　英等修　〔清〕江　藩等纂

第七一五册

〔康熙〕武定府志四卷　〔清〕王清賢　〔清〕陳　淳纂修

〔道光〕遵義府志四十八卷（卷一至卷二十五）　〔清〕平　翰等修　〔清〕鄭　珍　〔清〕莫友芝纂

第七一六册

〔道光〕遵義府志四十八卷（卷二十六至卷四十八）　〔清〕平　翰等修　〔清〕鄭　珍　〔清〕莫友芝纂

甘棠小志四卷首一卷末一卷　〔清〕董　醇撰

梅里志十八卷　〔清〕楊　謙纂　〔清〕李富孫補輯　〔清〕余　楙續補

第七一七册
周莊鎮志六卷首一卷 〔清〕陶煦纂
南潯鎮志四十卷首一卷 〔清〕汪曰楨纂
杏花邨志十二卷首一卷末一卷 〔清〕郎遂纂
第七一八册
山海關志八卷 〔明〕詹榮纂修
延慶衛志略一卷 〔清〕李士宣修 〔清〕周碩勳纂
歷代宫殿名一卷 〔宋〕李昉撰
越中園亭記六卷 〔明〕祁彪佳撰
蘭亭志十一卷首一卷 〔清〕吴高增輯
古清涼傳二卷 〔唐〕釋慧祥撰 廣清涼傳三卷 〔宋〕釋延一撰
續清涼傳二卷 〔宋〕張商英 〔宋〕朱弁撰
金陵梵刹志五十三卷(卷一至卷四十六) 〔明〕葛寅亮撰
第七一九册
金陵梵刹志五十三卷(卷四十七至卷五十三) 〔明〕葛寅亮撰
金陵玄觀志十三卷
鄧尉聖恩寺志十八卷 〔明〕周永年撰
黄檗山寺志八卷 〔明〕釋隱元撰
南屏淨慈寺志十卷(存卷一至卷二 卷七至卷八) 〔明〕釋大壑撰
增修雲林寺志八卷 〔清〕厲鶚撰
續修雲林寺志八卷 〔清〕沈鑅彪撰
第七二〇册
關中陵墓志一卷附録一卷 〔明〕祁光宗撰
長沙府嶽麓誌八卷首一卷 〔清〕趙寧纂修
白鹿書院志十九卷 〔清〕毛德琦撰
石鼓書院志二卷 〔明〕李安仁等修
第七二一册
東林書院志二十二卷 〔清〕高廷等輯
新鐫海内奇觀十卷 〔明〕楊爾曾撰
湖山勝概一卷
昌平山水記二卷 〔清〕顧炎武撰
六岳登臨志六卷 〔明〕龔黄撰
第七二二册
欽定清涼山志二十二卷
華嶽全集十三卷 〔明〕張維新等纂
岱史十八卷 〔明〕查志隆撰
第七二三册
茅山志十五卷 〔元〕劉大彬撰
四明山志九卷 〔清〕黄宗羲撰
普陀山志二十卷首一卷 〔清〕許琰撰
天台山全志十八卷 〔清〕張聯元輯
仙都志二卷 〔元〕陳性定撰
黄山志定本七卷首一卷(卷一至卷二) 〔清〕閔麟嗣撰

第七二四册

黄山志定本七卷首一卷（卷四至卷七） 〔清〕閔麟嗣撰
洞山九潭誌四卷 〔明〕劉中藻撰
武夷山志二十四卷首一卷 〔清〕董天工撰

第七二五册

嵩書二十二卷 〔明〕傅梅撰
南嶽總勝集三卷 〔宋〕陳田夫撰
羅浮山志會編二十二卷首一卷 〔清〕宋廣業撰

第七二六册

峨眉山志十八卷 〔清〕蔣超撰
水經注疏四十卷（卷一至卷十四） 楊守敬 熊會貞撰

第七二七册

水經注疏四十卷（卷十五至卷四十） 楊守敬 熊會貞撰
今水經一卷表一卷 〔清〕黄宗羲撰

第七二八册

水地記三卷 〔清〕戴震撰
西域水道記四卷 〔清〕徐松撰
蜀水經十六卷 〔清〕李元撰
河紀二卷 〔清〕孫承澤撰
南河志十四卷 〔明〕朱國盛纂 〔明〕徐標續纂

第七二九册

南河全考二卷 〔明〕朱國盛纂 〔明〕徐標續纂
石湖志六卷 〔明〕莫震撰 〔明〕莫旦增補
西湖夢尋五卷 〔清〕張岱撰
京師五城坊巷衚衕集一卷 〔明〕張爵撰
帝京景物略八卷 〔明〕劉侗等撰
天府廣記四十四卷（卷一至卷二十一） 〔清〕孫承澤撰

第七三〇册

天府廣記四十四卷（卷二十二至卷四十四） 〔清〕孫承澤撰
宸垣識略十六卷 〔清〕吴長元撰
天咫偶聞十卷 〔清〕震鈞撰
熱河志略不分卷 〔清〕和瑛撰
淞故述一卷 〔明〕楊樞撰

第七三一册

蒙古游牧記十六卷 〔清〕張穆撰 〔清〕何秋濤補
遼東行部志一卷 〔金〕王寂撰
鴨江行部誌一卷 〔金〕王寂撰
柳邊紀略四卷 塞外草一卷 〔清〕楊賓撰
寧古塔山水記一卷 〔清〕張縉彦撰
寧古塔紀略一卷 〔清〕吴振臣撰
吉林外記十卷 〔清〕薩英額撰
黑龍江外記八卷 〔清〕西清撰
黑龍江述略六卷 〔清〕徐宗亮撰

第七三二册

類編長安志十卷 〔元〕駱天驤纂
兩京新記五卷(存卷三) 〔唐〕韋　述撰
三省邊防備覽十四卷 〔清〕嚴如熤撰
唐兩京城坊考五卷 〔清〕徐　松撰 〔清〕張　穆校補
凉州異物志一卷 〔清〕張　澍輯
沙州圖經 〔唐〕佚　名撰
新疆識略十二卷首一卷 〔清〕松　筠纂修
山東考古録一卷 〔清〕顧炎武撰

第七三三册

續山東考古録三十二卷首一卷 〔清〕葉圭綬撰
板橋雜記三卷附録一卷 〔清〕余　懷撰
百城烟水九卷 〔清〕徐　崧 〔清〕張大純輯
揚州畫舫録十八卷 〔清〕李　斗撰
吴風録一卷 〔明〕黄省曾撰
西湖繁勝録一卷 〔題〕西湖老人撰

第七三四册

台州札紀十二卷 〔清〕洪頤煊撰
閩部疏一卷 〔明〕王世懋撰
閩小紀四卷 〔清〕周亮工撰
莆陽比事七卷 〔宋〕李俊甫撰
臺灣隨筆一卷 〔清〕徐懷祖撰
宋東京考二十卷 〔清〕周　城撰
廣東新語二十八卷 〔清〕屈大均撰

第七三五册

廣西名勝志十卷 〔明〕曹學佺撰
蜀都雜抄一卷 〔明〕陸　深撰
蜀典十二卷 〔清〕張　澍撰
續黔書八卷 〔清〕張　澍撰
蠻司合誌十五卷 〔清〕毛奇齡撰
殊域周咨録二十四卷(卷一至卷十二) 〔明〕嚴從簡撰

第七三六册

殊域周咨録二十四卷(卷十三至卷二十四) 〔明〕嚴從簡撰
咸賓録八卷 〔明〕羅曰褧撰
西遊録注一卷 〔元〕耶律楚材撰 〔元〕盛如梓删略 〔清〕李文田注
長春真人游記二卷 〔元〕李志常撰
古今游名山記十七卷總録三卷 〔明〕何　鏜輯

第七三七册

名山游記一卷 〔明〕王世懋撰
王太初先生五岳遊草十二卷 〔明〕王士性撰
北游録 〔清〕談　遷撰
進藏紀程一卷 〔清〕王世睿撰
辛卯侍行記六卷 〔清〕陶保廉撰
環遊地球新録四卷 〔清〕李　圭撰

北邊備對一卷 〔宋〕程大昌撰

第七三八册

邊政考十二卷 〔明〕張雨撰
全邊略記十二卷 〔明〕方孔炤輯
三關誌十卷（存地理總考三卷 武備考一卷 兵食考一卷 馬政考一卷 官師考一卷） 〔明〕廖希顔撰

第七三九册

三雲籌俎考四卷 〔明〕王士琦撰
宣大山西三鎮圖説三卷 〔明〕楊時寧撰
兩浙海防類考續編十卷 〔明〕范涞撰
海防纂要十三卷圖一卷（卷一至卷四） 〔明〕王在晉撰

第七四〇册

海防纂要十三卷圖一卷（卷五至卷十三） 〔明〕王在晉撰
西陲今略不分卷 〔清〕梁份撰
皇朝藩部要略十八卷 皇朝藩部世系表四卷 〔清〕祁韻士撰
朔方備乘六十八卷首十二卷圖二幅（卷首一至卷首十二） 〔清〕何秋濤撰 〔清〕黄宗漢等輯補

第七四一册

朔方備乘六十八卷首十二卷圖二幅（卷一至卷四十一） 〔清〕何秋濤撰 〔清〕黄宗漢等輯補

第七四二册

朔方備乘六十八卷首十二卷圖二幅（卷四十二至卷六十八） 〔清〕何秋濤撰 黄宗漢等輯補
朔方備乘札記一卷 〔清〕李文田撰
西洋番國誌一卷 〔明〕鞏珍撰
亦政堂訂正瀛涯勝覽一卷 〔明〕馬歡撰
星槎勝覽四卷 〔明〕費信撰
諸夷考三卷 〔明〕游朴撰
西洋朝貢典録三卷 〔明〕黄省曾撰
使琉球録一卷 〔明〕陳侃撰
使琉球録二卷 〔明〕蕭崇業 〔明〕謝杰撰
使琉球録二卷 〔明〕夏子陽 〔明〕王士禎撰

第七四三册

瀛環志略十卷 〔清〕徐繼畬撰
海國圖志一百卷（卷一至卷四十三） 〔清〕魏源撰

第七四四册

海國圖志一百卷（卷四十四至卷一百） 〔清〕魏源撰
朝鮮紀事一卷 〔明〕倪謙撰
海外紀事六卷 〔清〕釋大汕撰
日本考五卷 〔明〕李言恭 〔明〕郝杰撰

第七四五册

日本國志四十卷首一卷 〔清〕黄遵憲撰
中山傳信録六卷附中山贈送詩文一卷 〔清〕徐葆光撰
琉球國志略十六卷首一卷 〔清〕周煌撰

職官類

第七四六册

歷代職源撮要一卷 〔宋〕王益之撰
古今官制沿革圖一卷 〔明〕王光魯撰
歷代宰輔彙攷八卷 〔清〕萬斯同撰
中書典故彙紀八卷 〔清〕王正功撰 〔清〕趙輯寧校補
南臺舊聞十六卷 〔清〕黄叔璥輯
漢官六種十卷 〔清〕孫星衍輯
　漢官一卷
　漢官解詁一卷 〔漢〕王隆撰 〔漢〕胡廣注
　漢舊儀二卷補遺二卷 〔漢〕衛宏撰
　漢官儀二卷 〔漢〕應劭撰
　漢官典職儀式選用一卷 〔漢〕蔡質撰
　漢儀一卷 〔三國吴〕丁孚撰
漢州郡縣吏制考一卷 〔清〕强汝詢撰
漢官答問五卷 〔清〕陳樹鏞撰

第七四七册

季漢官爵考三卷 〔清〕周廣業撰
三國職官表三卷 〔清〕洪飴孫撰
晉官五種 〔清〕黄奭輯
　晉官品令一卷
　晉百官名一卷
　晉公卿禮秩一卷 〔晉〕傅暢撰
　晉故事一卷 〔晉〕傅暢撰
　晉百官表注一卷 〔晉〕荀綽撰
唐尚書省郎官石柱題名考二十六卷卷首一卷附録一卷 〔清〕勞格 〔清〕趙鉞撰

第七四八册

唐御史臺精舍題名考三卷首一卷末一卷 〔清〕趙鉞 〔清〕勞格撰
唐折衝府考四卷 〔清〕勞經原撰 〔清〕勞格校補
續宋宰輔編年録二十六卷 〔明〕吕邦燿撰
宋中興學士院題名一卷 中興東宮官寮題名一卷 中興行在雜買務雜賣場提轄官題名一卷 〔宋〕何異撰
大元官制雜記一卷 〔清〕文廷式輯
大明一統文武諸司衙門官制五卷 〔明〕陶承慶校正 〔明〕葉時用增補
諸司職掌十卷

第七四九册

銓曹儀注五卷 〔明〕唐伯元撰
官爵志三卷 〔明〕徐石麟撰
南廱志二十四卷 〔明〕黄佐撰
四譯館增定館則二十卷新增館則一卷 〔明〕吕維祺輯 〔清〕曹

溶增　〔清〕錢　綖補
錦衣志一卷　〔明〕王世貞撰

第七五〇册

欽定吏部銓選則例二十一卷　〔清〕錫　珍等撰

第七五一册

樞垣記略二十八卷　〔清〕梁章鉅撰　〔清〕朱　智等補
樞垣題名四卷　〔清〕吴孝銘輯
内閣志一卷　〔清〕席吴鏊撰
内閣小志一卷内閣故事一卷　〔清〕葉鳳毛撰
國朝御史題名不分卷　〔清〕黄叔璥撰　〔清〕戴　璐等續補　國朝滿洲蒙古御史題名不分卷　〔清〕蘇芳阿撰
國子監志八十二卷首二卷（卷一至卷三十）　〔清〕文　慶等撰

第七五二册

國子監志八十二卷首二卷（卷三十一至卷八十二）　〔清〕文　慶等撰

第七五三册

最新清國文武官制表二卷
臣軌二卷　〔唐〕武　曌撰
作邑自箴十卷　〔宋〕李元弼撰
爲政善報事類十卷　〔元〕葉　留撰　〔元〕陳　相注
實政録九卷　〔明〕吕　坤撰
治譜十卷續集一卷　〔明〕佘自强撰　附録一卷　〔明〕王肯堂撰
牧鑑十卷　〔明〕楊　昱輯

第七五四册

牧津四十四卷　〔明〕祁承㸁撰

第七五五册

百僚金鑑十二卷　〔清〕牛天宿撰
政學録五卷　〔清〕鄭　端撰
佐治藥言一卷續一卷　〔清〕汪輝祖撰
學治臆説二卷　學治續説一卷　學治説贅一卷　〔清〕汪輝祖撰
吏治輯要一卷　〔清〕倭　仁撰
牧令書輯要十卷　〔清〕徐　棟原輯　〔清〕丁日昌選評

政書類

第七五六册

古今治平畧三十三卷（卷一至卷十九）　〔明〕朱　健撰

第七五七册

古今治平畧三十三卷（卷二十至卷三十三）　〔明〕朱　健撰

第七五八册

六典通考二百卷（卷一至卷六十）　〔清〕閻鎮珩撰

第七五九册

六典通考二百卷（卷六十一至卷一百十八）　〔清〕閻鎮珩撰

第七六〇册

六典通考二百卷（卷一百十九至卷一百七十九）〔清〕閻鎮珩撰

第七六一册

六典通考二百卷（卷一百八十至卷二百）〔清〕閻鎮珩撰

古今法制表十六卷 〔清〕孫榮撰

續文獻通考二百五十四卷（卷一至卷九）〔明〕王圻撰

第七六二册

續文獻通考二百五十四卷（卷十至卷五十五）〔明〕王圻撰

第七六三册

續文獻通考二百五十四卷（卷五十六至卷一百二）〔明〕王圻撰

第七六四册

續文獻通考二百五十四卷（卷一百三至卷一百四十六）〔明〕王圻撰

第七六五册

續文獻通考二百五十四卷（卷一百四十七至卷一百九十七）〔明〕王圻撰

第七六六册

續文獻通考二百五十四卷（卷一百九十八至卷二百四十）〔明〕王圻撰

第七六七册

續文獻通考二百五十四卷（卷二百四十一至卷二百五十四）〔明〕王圻撰

三國會要二十二卷首一卷 〔清〕楊晨撰

南朝宋會要不分卷 〔清〕朱銘盤撰

第七六八册

南朝宋會要不分卷 〔清〕朱銘盤撰

第七六九册

南朝宋會要不分卷 〔清〕朱銘盤撰

第七七〇册

齊會要不分卷 〔清〕朱銘盤撰

第七七一册

齊會要不分卷 〔清〕朱銘盤撰

第七七二册

梁會要不分卷 〔清〕朱銘盤撰

第七七三册

梁會要不分卷 〔清〕朱銘盤撰

第七七四册

陳會要不分卷 〔清〕朱銘盤撰

第七七五册

南朝會要不分卷 〔清〕錢儀吉撰

宋會要不分卷（帝系一至禮二十）〔清〕徐松輯 校記不分卷 葉渭清撰

第七七六册

宋會要不分卷(禮二十一至禮五十一)〔清〕徐　松輯　校記不分卷　葉渭清撰

第七七七册

宋會要不分卷(禮五十二至崇儒三)〔清〕徐　松輯　校記不分卷　葉渭清撰

第七七八册

宋會要不分卷(崇儒四至職官二十一)〔清〕徐　松輯　校記不分卷　葉渭清撰

第七七九册

宋會要不分卷(職官二十二至五十)〔清〕徐　松輯　校記不分卷　葉渭清撰

第七八〇册

宋會要不分卷(職官五十一至七十九)〔清〕徐　松輯　校記不分卷　葉渭清撰

第七八一册

宋會要不分卷(選舉一至食貨四)〔清〕徐　松輯　校記不分卷　葉渭清撰

第七八二册

宋會要不分卷(食貨五至食貨三十九)〔清〕徐　松輯　校記不分卷　葉渭清撰

第七八三册

宋會要不分卷(食貨四十至六十四)〔清〕徐　松輯　校記不分卷　葉渭清撰

第七八四册

宋會要不分卷(食貨六十五至兵二)〔清〕徐　松輯　校記不分卷　葉渭清撰

第七八五册

宋會要不分卷(兵三至方域七)〔清〕徐　松輯　校記不分卷　葉渭清撰

第七八六册

宋會要不分卷(方域八至道釋二)〔清〕徐　松輯　校記不分卷　葉渭清撰

第七八七册

大元聖政國朝典章六十卷新集至治條例不分卷　通制條格存二十二卷〔元〕拜　柱等纂修

第七八八册

皇明制書二十卷〔明〕張　鹵輯

第七八九册

大明會典二百二十八卷(卷一至卷四十二)〔明〕申時行等修〔明〕趙用賢等纂

第七九〇册

大明會典二百二十八卷(卷四十三至卷九十六)〔明〕申時行等修〔明〕趙用賢等纂

第七九一册

大明會典二百二十八卷(卷九十七至卷一百六十二)〔明〕申時行等修〔明〕趙用賢等纂

第七九二册

大明會典二百二十八卷（卷一百六十三至二百二十八）　〔明〕申時行等修　〔明〕趙用賢等纂

第七九三册

明會要八十卷　〔清〕龍文彬撰

第七九四册

欽定大清會典一百卷　〔清〕崑岡等修　〔清〕吴樹梅等纂

第七九五册

欽定大清會典圖二百七十卷（卷一至卷八十五）　〔清〕崑岡等修　〔清〕劉啓端等纂

第七九六册

欽定大清會典圖二百七十卷（卷八十六至卷一百六十六）　〔清〕崑岡等修　〔清〕劉啓端等纂

第七九七册

欽定大清會典圖二百七十卷（卷一百六十七至卷二百七十）　〔清〕崑岡等修　〔清〕劉啓端等纂

第七九八册

欽定大清會典事例一千二百二十卷（卷一至卷五十三）　〔清〕崑岡等修　〔清〕劉啓端等纂

第七九九册

欽定大清會典事例一千二百二十卷（卷五十四至卷一百十一）　〔清〕崑岡等修　〔清〕劉啓端等纂

第八〇〇册

欽定大清會典事例一千二百二十卷（卷一百十二至卷一百七十七）　〔清〕崑岡等修　〔清〕劉啓端等纂

第八〇一册

欽定大清會典事例一千二百二十卷（卷一百七十八至卷二百四十五）　〔清〕崑岡等修　〔清〕劉啓端等纂

第八〇二册

欽定大清會典事例一千二百二十卷（卷二百四十六至卷三百八）　〔清〕崑岡等修　〔清〕劉啓端等纂

第八〇三册

欽定大清會典事例一千二百二十卷（卷三百九至卷三百七十四）　〔清〕崑岡等修　〔清〕劉啓端等纂

第八〇四册

欽定大清會典事例一千二百二十卷（卷三百七十五至卷四百三十六）　〔清〕崑岡等修　〔清〕劉啓端等纂

第八〇五册

欽定大清會典事例一千二百二十卷（卷四百三十七至卷四百九十九）　〔清〕崑岡等修　〔清〕劉啓端等纂

第八〇六册

欽定大清會典事例一千二百二十卷（卷五百至卷五百六十九）　〔清〕崑岡等修　〔清〕劉啓端等纂

第八〇七册

欽定大清會典事例一千二百二十卷（卷五百七十至卷六百三十六）　〔清〕崑岡等修　〔清〕劉啓端等纂

第八〇八册

欽定大清會典事例一千二百二十卷(卷六百三十七至卷七百二十二) 〔清〕崑　岡等修 〔清〕劉啟端等纂

第八〇九册

欽定大清會典事例一千二百二十卷(卷七百二十三至卷八百十二) 〔清〕崑　岡等修 〔清〕劉啟端等纂

第八一〇册

欽定大清會典事例一千二百二十卷(卷八百十三至卷九百二) 〔清〕崑　岡等修 〔清〕劉啟端等纂

第八一一册

欽定大清會典事例一千二百二十卷(卷九百三至卷九百九十七) 〔清〕崑　岡等修 〔清〕劉啟端等纂

第八一二册

欽定大清會典事例一千二百二十卷(卷九百九十八至卷一千七十二) 〔清〕崑　岡等修 〔清〕劉啟端等纂

第八一三册

欽定大清會典事例一千二百二十卷(卷一千七十三至卷一千一百四十四) 〔清〕崑　岡等修 〔清〕劉啟端等纂

第八一四册

欽定大清會典事例一千二百二十卷(卷一千一百四十五至卷一千二百二十) 〔清〕崑　岡等修 〔清〕劉啟端等纂

第八一五册

吾學録初編二十四卷 〔清〕吴榮光撰

石渠餘紀六卷 〔清〕王慶雲撰

皇朝續文獻通考四百卷(卷一至卷二十四) 劉錦藻撰

第八一六册

皇朝續文獻通考四百卷(卷二十五至卷八十五) 劉錦藻撰

第八一七册

皇朝續文獻通考四百卷(卷八十六至卷一百五十八) 劉錦藻撰

第八一八册

皇朝續文獻通考四百卷(卷一百五十九至卷二百四十一) 劉錦藻撰

第八一九册

皇朝續文獻通考四百卷(卷二百四十二至卷三百十二) 劉錦藻撰

第八二〇册

皇朝續文獻通考四百卷(卷三百十三至卷三百七十八) 劉錦藻撰

第八二一册

皇朝續文獻通考四百卷(卷三百七十九至卷四百) 劉錦藻撰

大唐郊祀録十卷 〔唐〕王　涇撰

太常因革禮一百卷(存卷一至卷五十、卷六十八至卷一百) 〔宋〕歐陽修等撰

第八二二册

中興禮書三百卷(存卷一 卷二 卷四 卷六至卷十六 卷十八至卷二十 卷二十二至卷八十五 卷九十至卷九十五 卷九十九至卷一百十八 卷一百二十 卷一百二十一 卷一百二十五至卷一百二十九 卷一百三十一至卷一百三十九 卷一百四十一 卷一百四十二 卷一百四十九 卷一百五十 卷一百五十二 卷一百五十六至卷一百六十 卷一百六十三至卷一百六十五 卷一百六十九 卷一百七十 卷一百七十三至卷一百七十六 卷一百七十八至卷一百九十)(卷一至卷一百九十)〔宋〕禮部太常寺纂修 〔清〕徐 松輯

第八二三册

中興禮書三百卷(存卷一百九十一 卷一百九十六至卷二百六 卷二百九至卷二百十一 卷二百十五 卷二百十六 卷二百二十一至卷二百二十三 卷二百二十七 卷二百三十至卷二百三十四 卷二百三十六至卷三百)(卷一百九十一至卷三百)〔宋〕禮部太常寺纂修 〔清〕徐 松輯

中興禮書續編八十卷(存卷一至卷三 卷五至卷九 卷十一 卷十三至卷二十二 卷三十 卷三十五至卷八十)〔宋〕葉宗魯纂修 〔清〕徐 松輯

第八二四册

皇明典禮志二十卷 〔明〕郭正域撰

王國典禮八卷 〔明〕朱勤美撰

孔廟禮樂考六卷 〔明〕瞿九思撰

滿洲四禮集 〔清〕索寧安輯

國朝宮史續編一百卷(卷一至卷五)〔清〕慶 桂等編

第八二五册

國朝宮史續編一百卷(卷六至卷一百)〔清〕慶 桂等編

第八二六册

品官家儀考四卷士人家儀考四卷 〔清〕林伯桐撰

歷代紀年十卷(存卷二至卷十)〔宋〕晁公邁撰

歷代帝王曆祚考八卷音釋一卷歷代紹運國系之圖一卷歷代紹統年表一卷歷代年號考同一卷 〔明〕吴繼安撰

歷代紀元彙考八卷 〔清〕萬斯同撰

紀元編三卷末一卷 〔清〕李兆洛撰

謚法三卷 〔漢〕劉 熙撰 〔晉〕孔 晁注 〔清〕孫 彤輯

謚法通考十八卷(卷一至卷九)〔明〕王 圻撰

第八二七册

謚法通考十八卷(卷十至卷十八)〔明〕王 圻撰

漢晉迄明謚彙考十卷皇朝謚彙考五卷 〔清〕劉長華撰

皇朝謚法考五卷續編五卷 〔清〕鮑 康撰 〔清〕王鵬運續撰

經史避名彙考四十六卷 〔清〕周廣業撰

第八二八册

歷代諱名考一卷 〔清〕劉錫信撰
科場條貫一卷 〔明〕陸　深撰
辟雍紀事十五卷辟雍考一卷辟雍紀事原始一卷辟雍軼事一卷附録一卷 〔明〕盧上銘 〔明〕馮士驊撰
皇明貢舉考九卷 〔明〕張朝瑞撰
欽定學政全書八十卷 〔清〕素爾訥等撰

第八二九册

登科記考三十卷 〔清〕徐　松撰
制義科瑣記四卷 〔清〕李調元撰
欽定科場條例六十卷首一卷（卷首至卷十一） 〔清〕杜受田等修 〔清〕英　滙等纂

第八三〇册

欽定科場條例六十卷（卷十二至卷六十） 〔清〕杜受田等修 〔清〕英　滙等纂
增補貢舉考略五卷首一卷（明貢舉考略卷一至卷二） 〔清〕黄崇蘭撰 〔清〕趙學曾續撰

第八三一册

增補貢舉考略五卷（國朝貢舉考略卷一至卷三） 〔清〕黄崇蘭撰 〔清〕趙學曾續撰
改設學堂私議一卷勸設學級言一卷 〔清〕劉光蕡撰
京師大學堂章程
萬曆會計録四十三卷（存卷一至卷五　卷七至卷四十三）（卷一至卷十四） 〔明〕張學顔等撰

第八三二册

萬曆會計録四十三卷（存卷一至卷五　卷七至卷四十三）（卷十五至卷三十六） 〔明〕張學顔等撰

第八三三册

萬曆會計録四十三卷（存卷一至卷五　卷七至卷四十三）（卷三十七至卷四十三） 〔明〕張學顔等撰
重訂賦役成規不分卷 〔明〕熊尚文等撰
蘇松歷代財賦考一卷請減蘇松浮糧疏稿一卷居官備覽一卷

第八三四册

賦鏡録四卷明賦考二卷 〔清〕施端教輯
程賦統會十八卷首一卷 〔清〕劉斯樞輯
錢穀視成二卷 〔清〕謝鳴篁撰
錢穀金針二卷
兩浙南關榷事書不分卷 〔明〕楊時喬撰
榷政紀略四卷奏疏一卷蒞政八箴一卷 〔明〕堵胤錫撰
常稅則例二卷 佚　名撰
粤海關志三十卷（卷一至卷十六） 〔清〕梁廷枏撰

第八三五册

粤海關志三十卷（卷十七至卷三十） 〔清〕梁廷枏撰
絲絹全書八卷 〔明〕程任卿輯

大元海運記二卷 〔元〕趙世延 〔元〕揭傒斯等纂修 〔清〕胡 敬輯
漕河圖志八卷 〔明〕王 瓊撰

第八三六册

漕運通志十卷 〔明〕謝 純撰
欽定户部漕運全書九十六卷（卷一至卷三十五） 〔清〕載 齡等修 〔清〕福 趾等纂

第八三七册

欽定户部漕運全書九十六卷（卷三十六至卷八十二） 〔清〕載 齡等修 〔清〕福 趾等纂

第八三八册

欽定户部漕運全書九十六卷（卷八十三至卷九十六） 〔清〕載 齡等修 〔清〕福 趾等纂
海運續案六卷
河漕備考四卷歷代黄河指掌圖説一卷 〔清〕朱 鋐撰
寶泉新牘二卷 〔明〕陳于廷輯
歷代錢法備考八卷 〔清〕沈學詩撰
錢幣芻言一卷錢幣芻言續刻一卷錢幣芻言再續一卷 〔清〕王 瑬撰
鈔幣論一卷 〔清〕許 楣撰

第八三九册

古今鹺略九卷古今鹺略補九卷 〔清〕汪砢玉撰
鹽政志十卷 〔明〕朱廷立等撰
鹺政全書二卷 〔明〕周昌晉撰
河東鹽政彙纂六卷 〔清〕蘇昌臣輯

第八四〇册

長蘆鹽法志二十卷援證十卷 〔清〕黄掌綸等撰
欽定重修兩浙鹽法志三十卷首二卷（卷首至卷二） 〔清〕延 豐等纂修

第八四一册

欽定重修兩浙鹽法志三十卷首二卷（卷三至卷三十） 〔清〕延 豐等纂修

第八四二册

四川鹽法志四十卷首一卷 〔清〕丁寶楨等纂修
重修兩淮鹽法志一百六十卷首一卷（卷首至卷十一） 〔清〕王定安等纂修

第八四三册

重修兩淮鹽法志一百六十卷首一卷（卷十二至卷五十八） 〔清〕王定安等纂修

第八四四册

重修兩淮鹽法志一百六十卷首一卷（卷五十九至卷一百四） 〔清〕王定安等纂修

第八四五册

重修兩淮鹽法志一百六十卷首一卷（卷一百五至卷一百六十） 〔清〕王定安等纂修

第八四六册

救荒活民類要不分卷 〔元〕張光大撰

荒政要覽十卷 〔明〕俞汝爲輯

孚惠全書六十四卷 〔清〕彭元瑞等纂修

第八四七册

治河通考十卷 〔明〕劉隅撰

河防芻議六卷 〔清〕崔維雅撰

天一遺書不分卷 〔清〕陳潢撰

治河全書二十四卷 〔清〕張鵬翮撰

第八四八册

三峽通志五卷 〔明〕吴守忠撰

復淮故道圖說不分卷 〔清〕丁顯撰

畿輔安瀾志五十六卷（永定河卷一至衛河卷五） 〔清〕王履泰撰

第八四九册

畿輔安瀾志五十六卷（衛河卷六至陡河沙河） 〔清〕王履泰撰

第八五〇册

永定河志十九卷首一卷 〔清〕陳琮撰

通惠河志二卷 〔明〕吴仲撰

第八五一册

水利集十卷 〔元〕任仁發撰

邦畿水利集說四卷九十九淀考一卷 〔清〕沈聯芳撰

畿輔水利議一卷 〔清〕林則徐撰

潞水客談一卷 〔明〕徐貞明撰

淮南水利考二卷

山東水利管窺略四卷 〔清〕李方膺撰

敕修兩浙海塘通志二十卷首一卷 〔清〕方觀承等修 查祥等纂

第八五二册

軍政條例類考六卷 〔清〕霍翼輯

軍政事宜一卷 〔明〕龐尚鵬撰

軍政備例不分卷 〔明〕趙堂撰

禦倭軍事條款一卷 〔明〕李遂撰

地水師四卷 〔明〕潘鳳梧撰

第八五三册

欽定中樞政考七十二卷（八旗三十二卷緑營四十卷）（八旗卷一至八旗卷二十五） 〔清〕明亮 〔清〕納蘇泰等纂修

第八五四册

欽定中樞政考七十二卷（八旗三十二卷緑營四十卷）（八旗卷二十六至緑營卷十五） 〔清〕明亮 〔清〕納蘇泰等纂修

第八五五册

欽定中樞政考七十二卷（八旗三十二卷緑營四十卷）（緑營卷十六至緑營卷四十） 〔清〕明亮 〔清〕納蘇泰等纂修

第八五六册

欽定兵部處分則例七十六卷（八旗三十七卷緑營三十九卷）〔清〕伯　麟〔清〕慶　源等纂修　欽定兵部續纂處分則例四卷〔清〕長　齡〔清〕慶　源等纂修

第八五七册

欽定中樞政考續纂四卷〔清〕長　齡〔清〕景　善等纂修

欽定户部軍需則例九卷續一卷欽定兵部軍需則例五卷欽定工部軍需則例一卷〔清〕阿　桂〔清〕和　珅等纂修

欽定軍器則例二十四卷〔清〕董　誥〔清〕特通保等纂修

第八五八册

欽定福建省外海戰船則例二十三卷首一卷

皇朝兵制考略六卷〔清〕翁同爵撰

第八五九册

歷代武舉考一卷〔清〕譚吉璁撰

歷代馬政志一卷〔清〕蔡方炳撰

馬政志四卷（存卷一　卷二　卷四）〔明〕陳　講撰

保甲書四卷〔清〕徐　棟輯

杭州八旗駐防營志略二十五卷〔清〕張大昌輯

荆州駐防八旗志十六卷首一卷〔清〕希　元等纂修

駐粵八旗志二十四卷首一卷（卷一至卷九）〔清〕長　善等修〔清〕劉彦明纂

第八六〇册

駐粵八旗志二十四卷首一卷（卷十至卷二十四）〔清〕長　善等修〔清〕劉彦明纂

廣州駐防事宜二卷〔清〕慶　保輯

水師輯要不分卷〔清〕陳良弼撰

外海紀要不分卷〔清〕李增階撰

廣州永康等砲臺工程不分卷〔清〕顧炳章等輯

江南製造局記十卷附一卷首一卷〔清〕魏允恭等纂修

第八六一册

律十二卷〔宋〕佚　名撰　律音義一卷〔宋〕孫　奭等撰

慶元條法事類八十卷（存卷三至卷十七　卷二十八至卷三十二　卷三十六　卷三十七　卷四十七至卷五十二　卷七十三至卷八十）〔宋〕謝深甫等纂修　開禧重修尚書吏部侍郎右選格二卷

第八六二册

重詳定刑統三十卷附録一卷〔宋〕竇　儀撰　校勘記一卷劉承幹撰

御制大誥一卷〔明〕朱元璋撰

御制大誥續編一卷〔明〕朱元璋撰

御制大誥三編〔明〕朱元璋撰

大誥武臣一卷〔明〕朱元璋撰

大明律三十卷條例一卷〔明〕劉惟謙等撰

第八六三册

大明律釋義三十卷 〔明〕應　檟撰

大清律集解附例三十卷大清律續纂條例四卷大清律例校正條款一卷 〔清〕沈之奇注 〔清〕洪弘緒訂

第八六四册

欽定大清現行新律例四十五卷（大清現行刑律案語三十九卷核訂現行刑律六卷）（大清現行刑律案語卷一至卷三十九） 〔清〕沈家本等編訂

第八六五册

欽定大清現行新律例四十五卷（大清現行刑律案語三十九卷核訂現行刑律六卷）（核訂現行刑律卷一至卷六） 〔清〕沈家本等編訂

刑部比照加減成案三十二卷首一卷 〔清〕許　槤 〔清〕熊　莪撰

第八六六册

刑部比照加減成案續編三十二卷 〔清〕許　槤撰

欽定王公處分則例四卷（卷一） 〔清〕宗人府纂修

第八六七册

欽定王公處分則例四卷（卷二至卷四） 〔清〕宗人府纂修

三流道里表不分卷 〔清〕徐　本 〔清〕唐紹祖等纂修

督捕則例二卷 〔清〕徐　本 〔清〕唐紹祖等纂修

提牢備考四卷 〔清〕趙舒翹撰

刑案匯覽六十卷首一卷末一卷拾遺備考一卷 續增刑案匯覽十六卷（刑案匯覽卷首至卷一） 〔清〕祝慶祺撰

第八六八册

刑案匯覽六十卷首一卷末一卷拾遺備考一卷續增刑案匯覽十六卷（刑案匯覽卷二至卷十六） 〔清〕祝慶祺撰

第八六九册

刑案匯覽六十卷首一卷末一卷拾遺備考一卷續增刑案匯覽十六卷（刑案匯覽卷十七至卷三十三） 〔清〕祝慶祺撰

第八七〇册

刑案匯覽六十卷首一卷末一卷拾遺備考一卷續增刑案匯覽十六卷（刑案匯覽卷三十四至卷四十九） 〔清〕祝慶祺撰

第八七一册

刑案匯覽六十卷首一卷末一卷拾遺備考一卷續增刑案匯覽十六卷（刑案匯覽卷五十至續增刑案匯覽卷四） 〔清〕祝慶祺撰

第八七二册

刑案匯覽六十首一卷末一卷拾遺備考一卷續增刑案匯覽十六卷（續增刑案匯覽卷五至卷十六） 〔清〕祝慶祺撰

新增刑案匯覽十六卷 〔清〕潘文舫撰

第八七三册

駁案彙編四十一卷（駁案新編三十二卷 〔清〕全士潮輯

駁案續編七卷 秋審實緩比較彙案二卷 〔清〕桑春榮等

纂）（駁案新編卷一至卷二十九）〔清〕朱梅臣輯

第八七四册

駁案彙編四十一卷（駁案新編三十二卷〔清〕全士潮輯
駁案續編七卷　秋審實緩比較彙案二卷〔清〕桑春榮等
纂）（駁案新編卷三十至秋審實緩比較彙案卷二）
〔清〕朱梅臣輯
約章成案匯覽五十二卷（甲篇十卷乙篇四十二卷）（甲篇
卷一至卷十）〔清〕顏世清輯

第八七五册

約章成案匯覽五十二卷（甲篇十卷乙篇四十二卷）（乙篇
卷一至卷二十三）〔清〕顏世清輯

第八七六册

約章成案匯覽五十二卷（甲篇十卷乙篇四十二卷）（乙篇
卷二十四至卷四十二）〔清〕顏世清輯

第八七七册

歷代刑法考七十八卷〔清〕沈家本撰

第八七八册

船政不分卷
南船紀四卷〔明〕沈　啓撰
船政新書四卷〔明〕倪　涷撰
龍江船廠志八卷〔明〕李昭祥撰
縉部紀畧一卷〔明〕郭尚友撰

工部廠庫須知十二卷〔明〕何士晉纂輯

第八七九册

新編魯般營造正式六卷（存卷一至卷三）
園冶三卷〔明〕計　成撰
新鐫工師雕斲正式魯班木經匠家鏡三卷〔明〕午　榮〔明〕
章　嚴撰
工程做法七十四卷（卷一至卷五十九）〔清〕允　禮等撰

第八八〇册

工程做法七十四卷（卷五十九至卷七十四）〔清〕允　禮等撰
滇南礦廠圖畧二卷〔清〕吴其濬撰〔清〕徐金生繪
銅政便覽八卷
政問録一卷〔明〕唐　樞撰
治鮮集三卷〔清〕林華皖撰
趙恭毅公自治官書類集二十四卷（卷一至卷七）〔清〕趙
申喬撰

第八八一册

趙恭毅公自治官書類集二十四卷（卷八至卷二十四）〔清〕
趙申喬撰
巡臺録二卷〔清〕張嗣昌撰

第八八二册

西江視臬紀事四卷續補一卷〔清〕凌　燽撰
治臺必告録八卷〔清〕丁曰健輯

盛京典制備考十二卷 〔清〕崇　厚輯

第八八三册

晉政輯要四十卷(卷一至卷十七) 〔清〕剛　毅修 〔清〕安　頤纂

第八八四册

晉政輯要四十卷(卷十八至卷四十) 〔清〕剛　毅修 〔清〕安　頤纂

時令類

辛惠紀略五卷 〔清〕柳　堂撰

第八八五册

玉燭寶典十二卷(存卷一至卷八　卷十至卷十二) 〔隋〕杜臺卿撰 〔清〕楊守敬校訂

唐月令注一卷補遺一卷唐月令考一卷 〔唐〕李林甫等撰 〔清〕茆泮林輯

唐月令注續補遺一卷 〔清〕茆泮林輯 〔清〕成蓉鏡增訂

唐月令續攷一卷 〔清〕茆泮林撰 〔清〕成蓉鏡增訂

歲時廣記四十卷首一卷末一卷(存卷一至卷五　卷七至卷四十) 〔宋〕陳元靚撰

賞心樂事一卷 〔宋〕張　鎡撰

月令纂言一卷 〔元〕吴　澄撰

四時氣候集解四卷 〔明〕李　泰撰

熙朝樂事一卷 〔明〕田汝成撰

帝京歲時紀勝一卷 〔清〕潘榮陛撰

七十二候考一卷 〔清〕曹仁虎撰

月令粹編二十四卷 〔清〕秦嘉謨撰

節序日考四卷 〔清〕徐　卓撰

金石類

第八八六册

天下金石志十五卷附録一卷 〔明〕于奕正撰 〔清〕孫國敉校補 〔清〕翁方綱校並跋

金石萃編一百六十卷(卷一至卷十) 〔清〕王　昶撰

第八八七册

金石萃編一百六十卷(卷十一至卷五十) 〔清〕王　昶撰

第八八八册

金石萃編一百六十卷(卷五十一至卷八十七) 〔清〕王　昶撰

第八八九册

金石萃編一百六十卷(卷八十八至卷一百十七) 〔清〕王　昶撰

第八九〇册

金石萃編一百六十卷(卷一百十八至卷一百五十三) 〔清〕王　昶撰

第八九一册

金石萃編一百六十卷(卷一百五十四至卷一百六十) 〔清〕

王　昶撰

金石萃編未刻稿三卷　〔清〕王　昶撰

讀金石萃編條記一卷　〔清〕沈欽韓撰

金石萃編補略二卷　〔清〕王　言撰

金石萃編補正四卷　〔清〕方履籛撰

潛研堂金石文跋尾六卷續七卷又續六卷三續六卷　〔清〕錢大昕撰

第八九二册

金石後録八卷　〔清〕錢大昕撰

兩漢金石記二十二卷　〔清〕翁方綱撰

金石三跋十卷授堂金石文字續跋十四卷　〔清〕武　億撰

第八九三册

平津館金石萃編二十卷補編不分卷　〔清〕嚴可均輯

金石續編二十一卷首一卷　〔清〕陸耀遹撰

第八九四册

金石學録四卷　〔清〕李遇孫撰

金石索十二卷首一卷　〔清〕馮雲鵬　〔清〕馮雲鵷輯

金石苑六卷（卷一至卷二）　〔清〕劉喜海撰

第八九五册

金石苑六卷（卷三至卷六）　〔清〕劉喜海撰

攈古録二十卷　〔清〕吴式芬撰

第八九六册

八瓊室金石補正一百三十卷目録三卷八瓊室金石札記四卷八瓊室金石祛僞一卷八瓊室元金石偶存一卷（八瓊室金石補正卷一至卷四十一）　〔清〕陸增祥撰

第八九七册

八瓊室金石補正一百三十卷目録三卷八瓊室金石札記四卷八瓊室金石祛僞一卷八瓊室元金石偶存一卷（八瓊室金石補正卷四十二至卷八十八）　〔清〕陸增祥撰

第八九八册

八瓊室金石補正一百三十卷目録三卷八瓊室金石札記四卷八瓊室金石祛僞一卷八瓊室元金石偶存一卷（八瓊室金石補正卷八十九至卷一百三十）　〔清〕陸增祥撰

第八九九册

八瓊室金石補正一百三十卷目録三卷八瓊室金石札記四卷八瓊室金石祛僞一卷八瓊室元金石偶存一卷（八瓊室金石札記卷一至八瓊室元金石偶存）　〔清〕陸增祥撰

八瓊室金石補正續編六十四卷（卷一至卷二十四）　〔清〕陸繼煇撰

第九〇〇册

八瓊室金石補正續編六十四卷（卷二十五至卷五十七）　〔清〕陸繼煇撰

第九〇一册

八瓊室金石補正續編六十四卷（卷五十八至卷六十四）

〔清〕陸繼煇撰
金石録補二十七卷續跋七卷 〔清〕葉奕苞撰
金石學録補四卷 〔清〕陸心源撰
獨笑齋金石攷略四卷首一卷 鄭業斅撰
鐘鼎款識一卷 〔宋〕王厚之輯
十六長樂堂古器款識攷四卷 〔清〕錢 坫撰
積古齋鐘鼎彝器款識十卷 〔清〕阮 元撰

第九〇二册

筠清館金石文字五卷 〔清〕吳榮光撰
從古堂款識學十六卷 〔清〕徐同柏撰
攈古録金文三卷 〔清〕吳式芬撰

第九〇三册

攀古樓彝器款識二卷 〔清〕潘祖蔭撰
愙齋集古録二十六卷釋文賸稿二卷 〔清〕吳大澂撰
奇觚室吉金文述二十卷首一卷 〔清〕劉心源撰

第九〇四册

古籀拾遺三卷 〔清〕孫詒讓撰
古籀餘論三卷 〔清〕孫詒讓撰
陶齋吉金録八卷 〔清〕端 方輯
陶齋吉金續録二卷補遺一卷 〔清〕端 方輯
寰宇訪碑録十二卷 〔清〕孫星衍 〔清〕邢 澍撰
補寰宇訪碑録五卷失編一卷 〔清〕趙之謙撰

第九〇五册

平津讀碑記八卷續記一卷再續一卷三續二卷 〔清〕洪頤煊撰
語石十卷 〔清〕葉昌熾撰
陶齋臧石記四十四卷首一卷 〔清〕端 方撰

第九〇六册

鐵雲藏龜 〔清〕劉 鶚撰
契文舉例二卷 〔清〕孫詒讓撰
京畿金石考二卷 〔清〕孫星衍撰
長安獲古編二卷補遺一卷 〔清〕劉喜海撰
常山貞石志二十四卷 〔清〕沈 濤撰

第九〇七册

山右石刻叢編四十卷目録一卷（卷一至卷三十一） 〔清〕胡聘之撰

第九〇八册

山右石刻叢編四十卷目録一卷（卷三十二至卷四十） 〔清〕胡聘之撰
關中金石記八卷 〔清〕畢 沅撰
雍州金石記十卷記餘一卷 〔清〕朱 楓撰
關中金石文字存逸考十二卷首一卷 〔清〕毛鳳枝撰

第九〇九册

關中石刻文字新編四卷 〔清〕毛鳳枝撰
邠州石室録三卷 〔清〕葉昌熾撰

山左金石志二十四卷(卷一至卷十六) 〔清〕畢　沅 〔清〕阮　元撰

第九一〇册

山左金石志二十四卷(卷十七至卷二十四) 〔清〕畢　沅
〔清〕阮　元撰

山左訪碑録十三卷 〔清〕法偉堂撰

江寧金石記八卷江寧金石待訪目二卷 〔清〕嚴　觀撰

武林金石記十卷附碑刻目(存卷一至卷五　卷七至卷十)
〔清〕丁　敬撰

兩浙金石志十八卷補遺一卷(卷一至卷八) 〔清〕阮　元編
〔清〕阮　福補遺

第九一一册

兩浙金石志十八卷補遺一卷(卷九至卷十八) 〔清〕阮　元編
〔清〕阮　福撰

東甌金石志十二卷 〔清〕戴咸弼撰 〔清〕孫詒讓校補

吳興金石記十六卷 〔清〕陸心源撰

栝蒼金石志十二卷續栝蒼金石志四卷(栝蒼金石志卷一
至卷二) 〔清〕李遇孫撰 〔清〕鄒柏森校補

第九一二册

栝蒼金石志十二卷續栝蒼金石志四卷(栝蒼金石志卷三
至續栝蒼金石志卷四) 〔清〕李遇孫撰 〔清〕鄒柏森校補

安徽金石畧十卷 〔清〕趙紹祖撰

閩中金石志十四卷 〔清〕馮登府撰

中州金石攷八卷 〔清〕黄叔璥撰

中州金石記五卷 〔清〕畢　沅撰

第九一三册

安陽縣金石録十二卷補遺一卷 〔清〕武　億撰 〔清〕趙希璜補遺

偃師金石遺文補録十六卷 〔清〕武　億撰 〔清〕王　復續補

湖北金石志十四卷 楊守敬撰

粵東金石略九卷首一卷附九曜石考二卷 〔清〕翁方綱撰

目録類

第九一四册

漢書藝文志條理六卷首一卷 〔清〕姚振宗撰

漢書藝文志拾補六卷 〔清〕姚振宗撰

後漢藝文志四卷 〔清〕姚振宗撰

三國藝文志四卷 〔清〕姚振宗撰

補晉書藝文志四卷附録一卷補遺一卷刊誤一卷 〔清〕丁國
鈞撰 〔清〕丁　辰注

第九一五册

隋書經籍志考證五十二卷(卷一至卷三十九之四) 〔清〕姚
振宗撰

第九一六册

隋書經籍志考證五十二卷(卷三十九之五至卷四十) 〔清〕
姚振宗撰

補五代史藝文志一卷 〔清〕顧櫰三撰
宋史藝文志補一卷 〔清〕倪燦撰
補遼金元藝文志一卷 〔清〕倪燦撰
元史藝文志四卷 〔清〕錢大昕撰
國史經籍志六卷 〔明〕焦竑撰
七略別録佚文一卷 〔漢〕劉向撰 〔清〕姚振宗輯 七略佚文
七卷 〔漢〕劉歆撰 〔清〕姚振宗輯
崇文總目輯釋五卷附録一卷 〔宋〕王堯臣等撰 〔清〕錢東垣等輯
釋 〔清〕錢侗補遺

第九一七册

内閣藏書目録八卷 〔明〕孫能傳 〔明〕張萱等撰
欽定天禄琳琅書目後編二十卷 〔清〕彭元瑞等撰
常郡八邑藝文志十二卷 〔清〕盧文弨輯 〔清〕莊翊昆等校補

第九一八册

海寧經籍志備考不分卷 〔清〕吴騫撰
温州經籍志三十三卷首一卷外編二卷辨誤一卷 〔清〕孫詒讓撰

第九一九册

阮氏七録一卷附考一卷 〔梁〕阮孝緒撰 〔清〕臧庸輯考
晁氏寶文堂書目三卷 〔明〕晁瑮撰
徐氏家藏書目七卷 〔明〕徐𤊹藏並撰
百川書志二十卷 〔明〕高儒撰
萬卷堂書目四卷 〔明〕朱睦㮮撰
世善堂藏書目録二卷 〔明〕陳第藏並撰
澹生堂藏書目八卷藏書約一卷庚申整書小記一卷庚申整
書例略一卷 〔明〕祁承㸁藏並撰

第九二〇册

天一閣書目四卷 〔明〕范欽藏 〔清〕范邦甸撰 天一閣碑目
一卷 〔明〕范欽藏 〔清〕范懋敏撰
絳雲樓書目四卷補遺一卷 〔清〕錢謙益藏並撰
錢遵王述古堂藏書目録十卷 〔清〕錢曾藏並撰
汲古閣珍藏秘本書目一卷 〔清〕毛扆藏並撰
季滄葦藏書目一卷 〔清〕季振宜藏
傳是樓書目六卷 〔清〕徐乾學藏

第九二一册

四庫未收書提要五卷 〔清〕阮元撰 〔清〕阮福編
八千卷樓書目二十卷 〔清〕丁丙藏 〔清〕丁仁撰
清代禁毀書目四種 〔清〕姚覲元編
全毀書目一卷
抽毀書目一卷
禁書總目一卷
違礙書目一卷
禁毀書目不分卷
書目答問四卷叢書目一卷別録一卷國朝箸述諸家姓名略
一卷 〔清〕張之洞撰

第九二二册
小學考五十卷 〔清〕謝啓昆撰
南濠居士文跋四卷 〔明〕都　穆撰
第九二三册
紅雨樓題跋二卷 〔明〕徐　𤊹撰
讀書敏求記四卷 〔清〕錢　曾撰
經籍考不分卷 〔清〕盧文弨撰
平津館鑒藏書籍記三卷補遺一卷續編一卷 〔清〕孫星衍撰
經籍跋文不分卷 〔清〕陳　鱣撰
百宋一廛書録一卷 〔清〕黄丕烈撰
士禮居藏書題跋記六卷 〔清〕黄丕烈撰
第九二四册
鄭堂讀書記七十一卷（卷一至卷五十二） 〔清〕周中孚撰
第九二五册
鄭堂讀書記七十一卷（卷五十三至卷七十一） 〔清〕周中孚撰
愛日精廬藏書志三十六卷續志四卷 〔清〕張金吾撰
第九二六册
曝書雜記二卷 〔清〕錢泰吉撰
鐵琴銅劍樓藏書目録二十四卷 〔清〕瞿　鏞撰
滂喜齋藏書記三卷 〔清〕潘祖蔭撰　葉昌熾編　潘承弼增補
宋元舊本書經眼録三卷附録二卷 〔清〕莫友芝撰
楹書隅録五卷續編四卷（卷一至卷四） 〔清〕楊紹和撰
第九二七册
楹書隅録五卷續編四卷（卷五至續編卷四） 〔清〕楊紹和撰
宋存書室宋元秘本書目四卷 〔清〕楊紹和藏並撰
善本書室藏書志四十卷附録一卷 〔清〕丁　丙撰
第九二八册
皕宋樓藏書志一百二十卷續志四卷（卷一至卷六十） 〔清〕陸心源撰
第九二九册
皕宋樓藏書志一百二十卷續志四卷（卷六十一至續志卷四） 〔清〕陸心源撰
第九三〇册
儀顧堂題跋十六卷儀顧堂續跋十六卷 〔清〕陸心源撰
拜經樓藏書題跋記五卷附録一卷 〔清〕吴壽暘撰
日本訪書志十七卷 楊守敬撰
日本訪書志補一卷 楊守敬撰　王重民輯
校讎通義四卷 〔清〕章學誠撰

子部（九三一——一三〇〇）

儒家類

第九三一册
新編孔子家語句解十卷

孔子家語考次不分卷 〔明〕劉宗周撰
家語證僞十一卷 〔清〕范家相撰
家語疏證六卷 〔清〕孫志祖撰
孔子集語十七卷 〔清〕孫星衍輯
聖門十六子書不分卷 〔清〕馮雲鵷輯

第九三二册

新編顔子五卷 〔元〕李純仁輯
子思子七卷 〔清〕黄以周輯解
禮記子思子言鄭注補正四卷 簡朝亮撰
曾子注釋四卷叙録一卷 〔清〕阮　元撰
曾子家語六卷 〔清〕王定安輯
孟子外書四篇四卷 〔宋〕劉　攽注
荀子考異一卷 〔宋〕錢　佃撰
荀子評注三十二篇 〔清〕傅　山撰
荀子微言一卷 〔清〕惠　棟撰
荀子集解二十卷考證一卷 王先謙撰
孔叢子七卷釋文一卷 題〔漢〕孔　鮒撰 〔宋〕宋　咸注

第九三三册

賈子次詁十六卷叙録一卷 〔清〕王耕心撰
法言義疏二十卷 汪榮寶撰
潛夫論十卷 〔清〕汪繼培箋
忠經詳解一卷 題〔漢〕馬　融撰 〔漢〕鄭　玄注 〔明〕陶原良詳解

中説考七卷 〔明〕崔　銑撰
太極圖説論十四卷（卷一至卷十） 〔清〕王嗣槐撰

第九三四册

太極圖説論十四卷（卷十一至卷十四） 〔清〕王嗣槐撰
周子通書訓義一卷 〔元〕保　八撰
新刊正蒙解四卷 〔明〕劉　儓撰
吕氏鄉約一卷鄉儀一卷 〔宋〕吕大鈞撰
安正忘筌集二卷 〔宋〕潘　植撰
泳齋近思録衍註十四卷 〔宋〕楊伯嵒撰
近思録集解十四卷 〔宋〕葉　采撰
近思録補注十四卷（卷一至卷三） 〔清〕陳　沆撰

第九三五册

近思録補注十四卷（卷四至卷十四） 〔清〕陳　沆撰
陸氏家制一卷 〔宋〕陸九韶撰
資世通訓一卷 〔明〕朱元璋撰
浦江鄭氏家範一卷 〔明〕鄭　濤撰
聖學心法四卷 〔明〕朱　棣撰
薛文清公要言二卷 〔明〕薛　瑄撰 〔明〕谷中虚輯
五倫書六十二卷（卷一至卷二十八） 〔明〕朱瞻基撰

第九三六册

五倫書六十二卷（卷二十九至卷六十二） 〔明〕朱瞻基撰
白沙先生至言十卷 〔明〕陳獻章撰

學的二卷 〔明〕丘　濬輯
道一編六卷 〔明〕程敏政輯
艾庵密箴一卷　河洛私見一卷　太極圖説一卷 〔明〕蔡　清撰
歷代道學統宗淵源問對十二卷（卷一至卷五） 〔明〕黎　温撰

第九三七册

歷代道學統宗淵源問對十二卷（卷六至卷十二） 〔明〕黎　温撰
契翁中説録二卷 〔明〕于　鎰撰
正蒙會稿四卷 〔明〕劉　璣撰
帝祖萬年金鑑録三卷 〔明〕汪　循撰
陽明先生則言二卷 〔明〕王守仁撰
陽明先生道學鈔八卷 〔明〕王守仁撰

第九三八册

東川羅先生潛心語録十卷羅東川公内稿一卷羅東川公外稿一卷 〔明〕羅　僑撰
鳳川子克己示兒編一卷 〔明〕劉良臣撰
慎言十三卷 〔明〕王廷相撰
雅述二卷 〔明〕王廷相撰
程志十卷 〔明〕崔　銑撰
楊子折衷六卷 〔明〕湛若水撰
重刻心齋王先生語録二卷 〔明〕王　艮撰
莊渠先生門下質疑録二卷 〔明〕魏　校撰
願學編二卷 〔明〕胡纘宗撰
鄒氏學脉四卷 〔明〕鄒守益撰
許氏貽謀四則四卷 〔明〕許相卿撰
説理會編十六卷（卷一至卷八） 〔明〕季　本撰

第九三九册

説理會編十六卷（卷九至卷十六） 〔明〕季　本撰
雙江先生困辯録八卷 〔明〕聶　豹撰 〔明〕羅洪先批注
研幾録不分卷 〔明〕薛　侃撰 〔明〕鄭三極輯
文華大訓箴解六卷 〔明〕廖道南撰
庸言十二卷 〔明〕黄　佐撰
胡子衡齊八卷 〔明〕胡　直撰
柯子答問六卷 〔明〕柯維騏撰 〔明〕吴大揚　方文沂編
洨濱蔡先生語録二十卷附録一卷 〔明〕蔡　璦撰
學蔀通辨前編三卷後編三卷續編三卷終編三卷 〔明〕陳　建撰
薛子庸語十二卷 〔明〕薛應旂撰 〔明〕向　程音釋

第九四〇册

新刊鳳洲先生簽題性理精纂約義八卷首一卷 〔明〕王世貞撰
紹聞編八卷 〔明〕王　樵撰

第九四一册

見羅先生書二十卷　〔明〕李　材撰
憲世前編一卷　憲世編六卷　〔明〕唐鶴徵輯
汪子中詮六卷　〔明〕汪應蛟撰
咙言十卷　〔明〕范　淶撰

第九四二册

性理指歸二十八卷　〔明〕姚舜牧撰
王門宗旨十四卷　〔明〕周汝登輯
南皋鄒先生會語合編二卷　南皋鄒先生講義合編二卷　〔明〕鄒元標撰

第九四三册

信古餘論八卷　〔明〕徐三重撰
顧端文公遺書三十七卷　〔明〕顧憲成撰
養正圖解不分卷　〔明〕焦　竑撰
卓吾先生批評龍谿王先生語録鈔八卷　〔明〕王　畿撰　〔明〕李　贄評
獨醒子二卷　〔明〕賈應璧撰

第九四四册

焦書二卷　〔明〕紀許國撰
藤陰劄記不分卷　〔清〕孫承澤撰
此庵講録十卷　〔清〕胡統虞撰
儒宗理要二十九卷　〔清〕張能鱗輯

第九四五册

答問三卷　〔清〕孫奇逢撰
繹志十九卷　〔清〕胡承諾撰
潛室劄記二卷　〔清〕刁　包撰
潛書二卷　〔清〕唐　甄撰　附西蜀唐圃亭先生行畧一卷　〔清〕王聞遠撰
明夷待訪録一卷　〔清〕黄宗羲撰
破邪論一卷　〔清〕黄宗羲撰
噩夢一卷　〔清〕王夫之撰
黄書一卷　〔清〕王夫之撰
思問録内篇一卷外篇一卷　〔清〕王夫之撰
張子正蒙注九卷　〔清〕王夫之撰

第九四六册

弘道書三卷　〔清〕費　密撰
論學酬答四卷　〔清〕陸世儀撰
静怡齋約言録二卷　〔清〕魏裔介撰
庸言一卷　〔清〕魏象樞撰
朱止泉先生朱子聖學考略十卷提要一卷正訛一卷附録一卷宗朱要法一卷校勘記一卷　〔清〕朱澤澐撰
存性編二卷　〔清〕顔　元撰
存學編四卷　〔清〕顔　元撰

第九四七册

存治編一卷 〔清〕顔　元撰
存人編四卷 〔清〕顔　元撰
平書訂一卷 〔清〕李　塨撰
聖經學規纂二卷論學二卷 〔清〕李　塨撰
小學稽業五卷 〔清〕李　塨撰
下學堂劄記三卷 〔清〕熊賜履撰
理學逢源十二卷 〔清〕汪　紱撰

第九四八册

晚邨先生家訓真蹟五卷 〔清〕吕留良撰
吕子評語正編四十二卷首一卷附刻一卷餘編八卷首一卷
附刻一卷 〔清〕吕留良撰 〔清〕車鼎豐輯
學規類編二十七卷（卷一至卷十二） 〔清〕張伯行撰

第九四九册

學規類編二十七卷（卷十三至卷二十七） 〔清〕張伯行撰
信陽子卓録八卷補遺二卷 〔清〕張鵬翮撰
萬世玉衡録四卷 〔清〕蔣　伊撰
性理大中二十八卷（卷一至卷十三） 〔清〕應撝謙撰

第九五〇册

性理大中二十八卷（卷十四至卷二十八） 〔清〕應撝謙撰
潘子求仁録輯要十卷 〔清〕潘平格撰
陸子學譜二十卷 〔清〕李　紱撰

第九五一册

五種遺規十六卷 〔清〕陳弘謀輯
養正遺規二卷補編一卷
教女遺規三卷
訓俗遺規四卷
從政遺規二卷
在官法戒録四卷
正蒙集説十七卷 〔清〕楊方達撰
原善三卷　緒言三卷 〔清〕戴　震撰
里堂家訓二卷 〔清〕焦　循撰
漢學商兑三卷 〔清〕方東樹撰
論學小記二卷 〔清〕程瑶田撰
正學編八卷 〔清〕潘世恩撰 〔清〕潘曾瑋疏解

第九五二册

述朱質疑十六卷 〔清〕夏　炘撰
曾文正公家訓二卷 〔清〕曾國藩撰
浮邱子十二卷 〔清〕湯　鵬撰
漢儒通義七卷 〔清〕陳　澧撰
姚江學辨二卷 〔清〕羅澤南撰
校邠廬抗議二卷 〔清〕馮桂芬撰
治平通議八卷 〔清〕陳　虬撰
顔氏學記十卷 〔清〕戴　望撰

第九五三册

窓齋自省録不分卷 〔清〕吳大澂撰
六齋卑議一卷附録一卷 〔清〕宋 恕撰
勸學篇二卷 〔清〕張之洞撰
大同書八卷 康有爲撰
仁學二卷 〔清〕譚嗣同撰
增訂盛世危言新編十四卷 鄭觀應撰
訄書六十三篇 章炳麟撰
知聖篇二卷 廖 平撰
攘書一卷 劉師培撰

道家類

第九五四册

老子

道德真經指歸十三卷(存卷七至卷十三) 〔漢〕嚴 遵撰
道德經論兵要義述四卷 〔唐〕王 真撰
道德真經傳四卷 〔唐〕陸希聲撰
道德真經取善集十二卷 〔宋〕李 霖編
老子鬳齋口義二卷 〔宋〕林希逸撰
老子道德經古本集注二卷 〔宋〕范應元撰
道德玄經原旨四卷玄經原旨發揮二卷 〔元〕杜道堅撰
老子集解二卷考異一卷 〔明〕薛 蕙撰
老子章義二卷 〔清〕姚 鼐撰
老子本義二卷 〔清〕魏 源撰

第九五五册

南華真經注疏三十五卷 〔晉〕郭 象注 〔唐〕成玄英疏
莊子通義十卷(卷一至卷六) 〔明〕朱得之撰

第九五六册

莊子通義十卷(卷七至卷十) 〔明〕朱得之撰
南華真經循本三十卷 〔明〕羅勉道撰
莊子通十卷 〔明〕沈一貫撰
南華真經旁注五卷 〔明〕方虚名撰

第九五七册

南華發覆八卷 〔明〕釋性通撰
藥地炮莊九卷總論三卷 〔清〕方以智撰
南華經解三十三卷 〔清〕宣 穎撰
莊子集釋十卷(卷一至卷六) 〔清〕郭慶藩撰

第九五八册

莊子集釋十卷(卷七至卷十) 〔清〕郭慶藩撰
莊子集解八卷 王先謙撰
關尹子闡玄三卷 〔宋〕杜道堅撰
列子八卷 〔唐〕盧重元注 列子盧注考證一卷 〔清〕汪孝嬰撰
沖虛至德真經四解二十卷 〔宋〕高守元撰
列子鬳齋口義二卷 〔宋〕林希逸撰

文子十二卷　〔唐〕徐靈府　〔宋〕朱　弁　杜道堅注　〔明〕孫　鑛評

兵家類

第九五九册

十一家注孫子三卷　〔漢〕曹　操　〔唐〕杜　牧等撰　十家注孫子遺説一卷　〔宋〕鄭友賢撰
孫臏兵法十六篇　〔戰國〕孫　臏撰
司馬法集解三卷　〔明〕閻禹錫輯
諸葛武侯心書一卷　題〔蜀〕諸葛亮撰　八陣合變圖説一卷　〔明〕龍　正撰
翠微先生北征録十二卷　〔宋〕華　岳撰
江東十鑑一卷　〔宋〕李舜臣撰
火龍神器陣法一卷　題〔明〕焦　玉撰
重刊續武經總要八卷　〔明〕趙本學　俞大猷撰
經武淵源十五卷　〔明〕李　材撰　〔明〕左光斗訂正

第九六〇册

登壇必究四十卷（卷一至卷十九）　〔明〕王鳴鶴撰

第九六一册

登壇必究四十卷（卷二十至卷四十）　〔明〕王鳴鶴撰

第九六二册

車營叩答合編四卷　〔明〕孫承宗等撰
師律十六卷　〔明〕范景文撰

第九六三册

武備志二百四十卷（卷一至卷七十五）　〔明〕茅元儀撰

第九六四册

武備志二百四十卷（卷七十六至卷一百四十五）　〔明〕茅元儀撰

第九六五册

武備志二百四十卷（卷一百四十六至卷二百十卷）　〔明〕茅元儀撰

第九六六册

武備志二百四十卷（卷二百十一至卷二百四十）　〔明〕茅元儀撰
兵鏡二十卷兵鏡吴子十三篇綱目一卷　〔明〕吴惟順　吴鳴球編撰
火攻挈要三卷圖一卷　〔西洋〕湯若望授　〔明〕焦　勗輯

第九六七册

舟師繩墨一卷　〔清〕林君陞撰
洴澼百金方十四卷　〔清〕惠麓酒民編
治平勝算全書二十八卷　〔清〕年羹堯輯
讀史兵略四十六卷（卷一至卷六）　〔清〕胡林翼撰

第九六八册

讀史兵略四十六卷（卷七至卷四十六）　〔清〕胡林翼撰
讀史兵略續編十卷（卷一至卷五）　〔清〕胡林翼撰

第九六九册

讀史兵略續編十卷（卷六至卷十） 〔清〕胡林翼撰
海防要覽二卷 〔清〕丁日昌 李鴻章撰
中西兵略指掌二十四卷首一卷 〔清〕陳龍昌輯
兵學新書十六卷 〔清〕徐建寅輯

法家類

第九七〇册

管子榷二十四卷 〔明〕朱長春撰
管子校正二十四卷 〔清〕戴　望撰
管子義證八卷 〔清〕洪頤煊撰
管子地員篇注四卷 〔清〕王紹蘭撰

第九七一册

管子集注二十四卷 〔清〕王仁俊撰
鄧子一卷 〔周〕鄧　析撰 〔明〕楊　慎評注
鄧析子二卷 〔周〕鄧　析撰　通考一卷
商君書新校正五卷 〔清〕嚴萬里撰　附攷一卷 〔清〕嚴萬里輯
慎子一卷附逸文一卷 〔周〕慎　到撰 〔清〕錢熙祚輯校

第九七二册

韓非子集解二十卷卷首一卷 王先慎撰
刑統賦解二卷 〔宋〕傅　霖撰 〔元〕郄　□　韻釋 〔元〕王　亮增注
刑統賦二卷 〔宋〕傅　霖撰
宋提刑洗寃集録五卷 〔宋〕宋　慈撰
律例館校正洗寃録四卷 〔清〕律例館輯
洗寃録詳義四卷首一卷 〔清〕許　槤撰　洗寃録摭遺二卷
補一卷 〔清〕葛元煦撰
無寃録一卷 〔元〕王　與撰
平寃録一卷
折獄新語十卷 〔清〕李　清撰

第九七三册

折獄龜鑑補六卷 〔清〕胡文炳撰
吏學指南八卷 〔元〕徐元瑞撰
名公書判清明集十四卷 〔明〕張四維輯
仁獄類編三十卷 〔明〕余懋學纂

第九七四册

慎刑録四卷 〔明〕王士翹輯
敬由編十二卷 〔明〕竇子偁撰
王恭毅公駁稿二卷 〔明〕王　槩撰 〔明〕高　銓編
覆甕集刑名十卷餘集一卷 〔清〕張我觀撰
式敬編五卷 〔清〕楊景仁輯
疑獄箋四卷 〔清〕陳芳生撰

農家類

第九七五册

四時纂要五卷 〔唐〕韓　鄂撰
分門瑣碎録 〔宋〕温　革撰

農桑輯要七卷 〔元〕司農司撰
勸農書一卷 〔明〕袁黃撰
便民圖纂十五卷 題〔明〕鄺璠撰
田家五行三卷拾遺一卷東方朔探春曆記一卷紀曆撮要一卷 〔明〕婁元禮撰
農書二卷 〔明〕沈□撰 〔清〕張履祥補撰
築圍説一卷 〔清〕陳瑚撰
御製耕織圖詩一卷 〔清〕玄燁撰 〔清〕焦秉貞繪
教稼書一卷 〔清〕孫宅揆撰
農桑易知録三卷 〔清〕鄭之僑撰
三農紀十卷 〔清〕張宗法撰

第九七六册

西石梁農圃便覽不分卷 〔清〕丁宜曾撰
寶訓八卷 〔清〕郝懿行撰
卜歲恒言四卷 〔清〕吴鵠撰
浦泖農咨 〔清〕姜皋撰
馬首農言一卷 〔清〕祁寯藻撰 校勘記一卷 〔清〕王筠撰
半半山莊農言著實一卷 〔清〕楊秀沅撰
營田輯要内篇二卷外篇一卷首一卷 〔清〕黄輔辰撰
救荒簡易書四卷 〔清〕郭雲陞撰
農候雜占四卷 〔清〕梁章鉅撰
築圩圖説一卷 〔清〕孫峻撰
田家占候集覽十卷 〔清〕鄒存淦撰
國脈民天一卷 〔明〕耿蔭樓撰
農具記一卷 〔清〕陳玉璂撰
梭山農譜三卷 〔清〕劉應棠撰
老圃良言一卷 〔清〕巢鳴盛撰
農政發明一卷耕心農話一卷 〔清〕奚誠撰

第九七七册

江南催耕課稻編不分卷 〔清〕李彦章撰
金薯傳習録二卷 〔清〕陳世元撰
欽定授衣廣訓二卷 〔清〕仁宗顒琰定 〔清〕董誥等撰
木棉譜一卷 〔清〕褚華撰
棉書不分卷
種棉實驗説 〔清〕黄宗堅撰
通屬種棉述畧一卷 朱祖榮撰
勸種洋棉説一卷 朱祖榮撰
棉業圖説八卷 〔清〕農工商部輯
栽苎麻法略一卷 〔清〕黄厚裕撰
瀏陽麻利述一卷 〔清〕邱惟毅等述 〔清〕譚嗣同筆記
藝麻輯要 〔清〕汪曾保等撰
稼圃輯一卷 〔清〕王芷撰
樹藝篇三十三卷 題〔元〕胡古愚撰
撫郡農産攷畧二卷 〔清〕何剛德撰

救荒野譜一卷　〔明〕姚可成撰
野菜贊一卷　〔清〕顧景星撰

第九七八册

豳風廣義三卷　〔清〕楊屾撰
桑志十卷首一卷　〔清〕李聿求撰
西吴蠶略二卷　〔清〕程岱葊撰
蠶桑輯要二卷　〔清〕高銓撰
廣蠶桑説輯補二卷　〔清〕沈練撰　〔清〕仲學輅輯補
蠶桑輯要一卷　〔清〕沈秉成撰
種桑説一卷　養蠶説一卷　〔清〕吴烜撰
湖蠶述四卷　〔清〕汪曰楨撰
桑蠶提要二卷附桑蠶説一卷　〔清〕方大湜撰
蠶事要略一卷　〔清〕張行孚撰
粤中蠶桑芻言一卷　〔清〕盧燮宸撰
蠶桑備要四卷醫蠶病方一卷　〔清〕劉清藜補輯
裨農最要三卷　〔清〕陳開沚撰
養蠶秘訣一卷　〔清〕張文藝撰
蠶桑説一卷　〔清〕趙敬如撰
蠶桑輯要不分卷　〔清〕鄭文同撰
橡繭圖説二卷　〔清〕劉祖憲撰
柞蠶雜誌一卷　柞蠶問答一卷　〔清〕增韞撰
柞蠶彙誌一卷　董元亮撰
樗繭譜一卷　〔清〕鄭珍撰　〔清〕莫友芝注
野蠶録不分卷　〔清〕王元綎撰
柳蠶新編二卷　〔清〕許鵬翊撰

醫家類

第九七九册

黄帝内經太素三十卷（存卷二　卷三　卷五　卷六　卷八至卷十五　卷十七　卷十九　卷二十二至卷三十）　〔唐〕楊上善注　〔清〕蕭延平校正
黄帝内經素問注證發微九卷補遺一卷　黄帝内經靈樞注證發微九卷（黄帝内經素問注證發微九卷補遺一卷）　〔明〕馬蒔撰

第九八〇册

黄帝内經素問注證發微九卷補遺一卷　黄帝内經靈樞注證發微九卷（黄帝内經靈樞注證發微九卷）　〔明〕馬蒔撰
黄帝内經素問二十四卷　〔明〕吴崑注
黄帝内經素問九卷（卷一至卷四）　〔清〕張志聰集注

第九八一册

黄帝内經素問九卷（卷五至卷九）　〔清〕張志聰集注
靈樞經九卷　〔清〕張志聰集注
讀素問鈔九卷補遺一卷附録一卷　〔元〕滑壽輯　〔明〕汪機

續注

第九八二册

黄帝素問直解九卷 〔清〕高世栻撰

内經博議四卷 〔清〕羅　美撰

醫經原旨六卷 〔清〕薛　雪撰

素靈微藴四卷 〔清〕黄元御撰

中西滙通醫經精義二卷 〔清〕唐宗海撰

第九八三册

運氣易覽三卷 〔明〕汪　機撰

内經運氣病釋九卷附内經遺篇病釋一卷 〔清〕陸懋修撰

新刊勿聽子俗解八十一難經六卷 〔明〕熊　均撰

金匱要略四卷 〔漢〕張　機撰 〔清〕張志聰注

圖注八十一難經辨真四卷 〔明〕張世賢撰

王翰林集注黄帝八十一難經五卷 〔明〕王九思等撰

難經正義九卷圖不分卷（存卷一至卷五） 〔明〕馬　蒔撰

難經懸解二卷 〔清〕黄元御撰

難經經釋二卷 〔清〕徐大椿撰

第九八四册

古本難經闡注四卷 〔清〕丁　錦撰

金匱玉函經八卷 〔漢〕張　機撰 〔宋〕林　億等校正

仲景傷寒補亡論二十卷（存卷一至卷十五　卷十七至卷二十） 題〔宋〕郭　雍撰

活人書二十卷 〔宋〕朱　肱撰

傷寒百問六卷 〔宋〕朱　肱撰

新鐫注解張仲景傷寒發微論四卷 〔宋〕許叔微撰

張仲景注解傷寒百證歌五卷 〔宋〕許叔微撰

傷寒九十論一卷 〔宋〕許叔微撰　校譌一卷 〔清〕胡　珽撰

第九八五册

陰證略例一卷 〔元〕王好古撰

傷寒六書六卷 〔明〕陶　華撰

金鏡内臺方議十二卷 〔明〕許　宏撰

傷寒論七卷 〔清〕張遂辰注

傷寒論集注六卷 〔清〕張志聰撰

傷寒辯證四卷 〔清〕陳堯道撰

第九八六册

傷寒來蘇全集八卷 〔清〕柯　琴撰

傷寒論後條辨十五卷 〔清〕程應旄撰

重編張仲景傷寒論證治發明溯源集十卷（卷一至卷五） 〔清〕錢　潢撰

第九八七册

重編張仲景傷寒論證治發明溯源集十卷（卷六至卷十） 〔清〕錢　潢撰

傷寒論直解六卷附傷寒附餘一卷 〔清〕張錫駒撰

張仲景傷寒論貫珠集八卷 〔清〕尤　怡撰

傷寒論淺注補正七卷首一卷 〔清〕陳念祖注 〔清〕唐宗海補正

醫門棒喝二集傷寒論本旨九卷(卷一至卷三) 〔清〕章 楠撰

第九八八册

醫門棒喝二集傷寒論本旨九卷(卷四至卷九) 〔清〕章 楠撰

金匱要略編注二十四卷 〔清〕沈明宗撰

金匱要略直解三卷 〔清〕程 林撰

金匱懸解二十二卷 〔清〕黄元御撰

第九八九册

金匱要略廣注三卷 〔清〕李 彣撰

金匱玉函經二注二十二卷 〔元〕趙良仁衍義 〔清〕周揚俊補注

金匱要略方論本義二十二卷 〔清〕魏荔彤撰

金匱心典三卷 〔清〕尤 怡撰

新修本草二十卷(存卷四 卷五 卷十二至卷十五 卷十七至卷二十) 〔唐〕蘇 敬等撰

第九九〇册

本草衍義二十卷 〔宋〕寇宗奭撰

履巉巖本草三卷 題〔宋〕王 介撰

鐫補雷公炮製藥性解六卷 〔明〕李中梓編輯 〔明〕錢允治訂

藥品化義十三卷 〔明〕賈所學撰 首一卷 〔清〕李延是撰

本草集要八卷 〔明〕王 綸輯

本草品彙精要四十二卷 〔明〕劉文泰等撰 續集十卷 脉訣二卷 〔清〕王道純等輯 (本草品彙精要卷一至卷十)

第九九一册

本草品彙精要四十二卷 〔明〕劉文泰等撰 續集十卷 脉訣二卷 〔清〕王道純等輯 (本草品彙精要卷十一至脉訣卷下)

本草蒙筌十二卷 〔明〕陳嘉謨撰

第九九二册

本草彙言二十卷 〔明〕倪朱謨撰

本草原始十二卷(卷一至卷八) 〔明〕李中立撰

第九九三册

本草原始十二卷(卷九至卷十二) 〔明〕李中立撰

本草通玄二卷 〔明〕李中梓撰

本經疏證十二卷 本經續疏六卷 本經序疏要八卷 〔清〕鄒 澍撰

增訂本草備要四卷 〔清〕汪 昂撰

第九九四册

本經逢原四卷 〔清〕張 璐撰

本草從新十八卷 〔清〕吴儀洛撰

藥性通考六卷 〔清〕太醫院撰

本草綱目拾遺十卷正誤一卷(卷一至卷六) 〔清〕趙學敏撰

第九九五册

本草綱目拾遺十卷正誤一卷（卷七至卷十） 〔清〕趙學敏撰
本草求真九卷 〔清〕黄宫繡撰
神農本草經讀四卷 〔清〕陳念祖撰
本草經解要四卷附餘一卷 〔清〕姚 球撰
銅人腧穴鍼灸圖經三卷附穴腧都數一卷修明堂訣式一卷
避鍼灸訣一卷 〔宋〕王惟一撰
十四經發揮三卷 〔元〕滑 壽撰

第九九六册

針灸大成十卷 〔明〕楊繼洲撰
針方六集六卷 〔明〕吳 崑撰
鍼灸聚英四卷 〔明〕高 武撰
太乙神鍼心法二卷 〔清〕韓貽豐撰
經脉圖考四卷 〔清〕陳惠疇撰

第九九七册

神灸經綸四卷 〔清〕吳亦鼎撰
傳悟靈濟録二卷 〔清〕張衍恩撰
灸法秘傳一卷首一卷 〔清〕雷 豐撰
新刻小兒推拿方脉活嬰秘旨全書二卷 〔清〕龔廷賢撰 〔清〕姚國禎補輯
推拿廣意三卷 〔清〕熊應雄撰
釐正按摩要術四卷 〔清〕張振鋆撰
理瀹駢文一卷略言一卷續增略言三卷附膏藥方一卷治心病方一卷 〔清〕吳師機撰
新刊王氏脉經十卷 〔晉〕王叔和撰

第九九八册

新刻校定脉訣指掌病式圖説一卷 題〔元〕朱震亨撰
圖注脉訣辨真四卷脉訣附方一卷 〔明〕張世賢撰
察病指南三卷 〔宋〕施 發撰
元敖氏傷寒金鏡録一卷 〔元〕杜 本撰
識病捷法十卷 〔明〕繆存濟撰
醫燈續焰二十一卷 〔清〕潘 楫撰 〔清〕王佑賢評

第九九九册

四診抉微八卷管窺附餘一卷 〔清〕林之翰撰
四診脉鑑大全九卷 〔清〕王宏翰撰
診家正眼二卷 〔清〕李中梓撰
脉訣彙辨十卷 〔清〕李延是撰
望診遵經二卷 〔清〕汪 宏撰
舌鑑辨正二卷 〔清〕梁玉瑜撰
臨症辨似一卷 〔清〕凌 旭撰 附察舌辨症歌一卷 〔清〕吳埜安撰
史載之方二卷 〔宋〕史 堪撰
類證普濟本事方續集十卷 〔宋〕許叔微撰

第一〇〇〇册

雞峯普濟方三十卷（存卷一 卷四 卷五 卷七 卷九

至卷三十）〔宋〕張　鋭撰
洪氏集驗方五卷〔宋〕洪　遵輯
魏氏家藏方十卷（存卷一　卷二　卷四至卷十）〔宋〕魏　峴撰

第一〇〇一册

癸巳新刊御藥院方十一卷〔元〕許國禎撰
太醫院經驗奇效良方大全六十九卷（卷一至卷五十六）〔明〕方　賢輯

第一〇〇二册

太醫院經驗奇效良方大全六十九卷（卷五十七至卷六十九）〔明〕方　賢輯
胞與堂丸散譜不分卷〔明〕洪　基輯
名醫方論四卷〔清〕羅　美輯并評
醫方集解六卷〔清〕汪　昂撰
成方切用十二卷首一卷末一卷（卷一至卷五）〔清〕吴儀洛撰

第一〇〇三册

成方切用十二卷首一卷末一卷（卷六至卷十二）〔清〕吴儀洛撰
串雅八卷（内編四卷外編四卷）〔清〕趙學敏撰
醫方論四卷〔清〕費伯雄撰
潛齋簡效方不分卷〔清〕王士雄撰
瘴瘧指南二卷〔明〕鄭全望撰
重刻張鳳逵傷暑全書二卷〔明〕張鶴騰撰〔明〕彭期生輯
瘟疫明辨四卷方一卷〔清〕鄭奠一撰
廣瘟疫論四卷末一卷〔清〕戴天章撰
痧脹玉衡書三卷後一卷〔清〕郭志遂撰

第一〇〇四册

温熱暑疫全書四卷〔清〕周揚俊撰
痢疾論四卷〔清〕孔毓禮撰
痢證匯參十卷〔清〕吴道源輯
傷寒瘟疫條辯六卷〔清〕楊　璿撰
松峰説疫六卷〔清〕劉　奎撰
疫疹一得二卷〔清〕余　霖撰
問心堂温病條辨六卷首一卷〔清〕吴　瑭撰

第一〇〇五册

濕熱條辨一卷〔清〕薛　雪撰
痧脹源流一卷〔清〕沈金鰲撰
隨息居重訂霍亂論四卷〔清〕王士雄撰
吊脚痧方論一卷〔清〕徐子默撰
温熱經緯五卷〔清〕王士雄撰
時病論八卷〔清〕雷　豐撰
鼠疫抉微四卷〔清〕余德壎撰
南病别鑑不分卷附節録辨證要略一卷〔清〕宋兆淇撰

温熱逢源三卷 〔清〕柳寶詒撰
醫學發明一卷 〔金〕李杲撰
新刻痰火點雪四卷 〔明〕龔居中撰
愼柔五書五卷 〔明〕胡愼柔撰

第一〇〇六册

理虚元鑑二卷 〔明〕汪綺石撰
虚損啓微二卷 〔清〕洪煒撰
專治血症經驗良方論一卷 〔清〕潘爲縉撰
金匱翼八卷 〔清〕尤怡撰
中風論一卷 〔清〕熊笏輯
醫醇賸義四卷 〔清〕費伯雄撰
血證論八卷 醫學一見能一卷 〔清〕唐宗海撰
歐蠱燃犀録不分卷 〔清〕燃犀道人撰
經效産寶三卷續編一卷 〔唐〕昝殷撰

第一〇〇七册

衛生家寶産科備要八卷 〔宋〕朱端章撰
女科百問二卷 産寶雜録一卷 〔宋〕齊仲甫撰
丹溪先生胎産秘書三卷 〔元〕朱震亨撰
萬氏女科一卷 〔明〕萬全撰
胤産全書四卷 〔明〕王肯堂撰
傅青主女科二卷附産後編二卷 〔清〕傅山撰
女科經綸八卷 〔清〕蕭壎撰
女科輯要二卷 〔清〕沈又彭撰

第一〇〇八册

婦科玉尺六卷 〔清〕沈金鰲撰
竹林寺女科秘傳一卷
達生編二卷 〔清〕亟齋居士撰
胎産心法三卷 〔清〕閻純璽撰
增廣大生要旨五卷 〔清〕唐千頃撰 〔清〕葉灝增訂
幼幼新書四十卷拾遺方一卷（卷一至卷十六） 〔宋〕劉昉等編

第一〇〇九册

幼幼新書四十卷拾遺方一卷（卷十七至卷四十） 〔宋〕劉昉等編
新刊演山省翁活幼口議二十卷 〔元〕曾世榮撰
嬰童百問十卷 〔明〕魯伯嗣撰

第一〇一〇册

全幼心鑑四卷 〔明〕寇平撰
新刊萬氏家傳幼科發揮二卷 〔明〕萬全撰
萬氏秘傳片玉心書五卷 〔明〕萬全撰
萬氏家傳育嬰四卷 〔明〕萬全撰
幼科鐵鏡六卷 〔清〕夏鼎撰
鼎鍥幼幼集成六卷（卷一至卷二） 〔清〕陳復正撰

第一〇一一册

鼎鍥幼幼集成六卷（卷三至卷六） 〔清〕陳復正撰
聞人氏痘疹論四卷 〔宋〕聞人規撰
痘疹世醫心法十二卷 痘疹格致要論十一卷 〔明〕萬全撰
活幼心法九卷 〔明〕聶尚恒撰
救偏瑣言十卷備用良方一卷 〔清〕費啓泰撰

第一〇一二册

痘疹定論四卷 〔清〕朱純嘏撰
種痘新書十二卷 〔清〕張琰撰
麻科活人全書四卷 〔清〕謝玉瓊撰
引痘略一卷 〔清〕邱熺撰
劉涓子鬼遺方五卷 〔南齊〕龔慶宣撰
重校宋竇太師瘡瘍經驗全書十二卷 〔宋〕竇默撰 〔明〕竇夢麟增輯
癰疽神秘灸經一卷 〔元〕胡元慶撰 〔明〕薛己校補

第一〇一三册

新刊外科正宗四卷 〔明〕陳實功撰
新刊秘授外科百效全書六卷 〔明〕龔居中撰
洞天奥旨十六卷圖一卷 〔清〕陳士鐸撰
外科證治全生不分卷 〔清〕王維德撰 附金瘡鐵扇散方一卷
瘍醫大全四十卷（卷一至卷四） 〔清〕顧世澄撰

第一〇一四册

瘍醫大全四十卷（卷五至卷二十一） 〔清〕顧世澄撰

第一〇一五册

瘍醫大全四十卷（卷二十二至卷三十八） 〔清〕顧世澄撰

第一〇一六册

瘍醫大全四十卷（卷三十九 卷四十） 〔清〕顧世澄撰
瘍科臨證心得集三卷方彙三卷方彙補遺一卷家用膏丹丸散方一卷 〔清〕高秉鈞撰 景岳新方歌一卷 〔清〕高秉鈞 吴辰燦 姚志仁撰
外科證治全書五卷末一卷 〔清〕許克昌 畢法輯
外證醫案彙編四卷 〔清〕余景和編輯
解圍元藪四卷 〔明〕沈之問輯
外科灰餘集二卷 〔清〕程國彭撰
癧科全書一卷 〔清〕梁希曾撰
損傷科一卷 〔清〕霍孔昭撰

第一〇一七册

傷科補要四卷 〔清〕錢秀昌撰
傷科彙纂十二卷圖注一卷 〔清〕胡廷光輯
傷科大成一卷 〔清〕趙濂撰
秘傳眼科龍木醫書總論十卷附葆光道人秘傳眼科一卷 題〔明〕葆光道人撰
傅氏眼科審視瑶函六卷首一卷醫案一卷 〔明〕傅仁宇撰

第一〇一八册

一草亭目科全書一卷附録一卷 〔明〕鄧　苑撰
秘傳眼科全書六卷 〔明〕袁學淵撰
校刊目經大成三卷首一卷 〔清〕黄庭鏡撰
咽喉脈證通論一卷 〔清〕佚　名撰
喉科秘本一卷 〔清〕尤　乘撰　附方一卷 〔清〕吴　氏輯
喉科指掌六卷 〔清〕張宗良撰
重樓玉鑰二卷 〔清〕鄭梅澗撰
疫痧草三卷 〔清〕陳耕道撰
時疫白喉捷要一卷 〔清〕張紹修撰
疫喉淺論二卷補遺一卷 〔清〕夏　雲撰
白喉治法忌表抉微一卷附録一卷 題〔清〕耐修子撰
白喉條辨一卷 〔清〕陳葆善撰
爛喉痧輯要一卷 〔清〕金德鑑撰
痧喉正義一卷 〔清〕張振鋆撰
華氏中藏經三卷 題〔漢〕華　佗撰

第一〇一九册

醫學啓源三卷 〔金〕張元素撰
衛生寶鑑二十四卷補遺一卷 〔元〕羅天益撰
新編醫學正傳八卷 〔明〕虞　摶撰
醫貫六卷 〔明〕趙獻可撰 〔清〕吕留良評

第一〇二〇册

醫學綱目四十卷（卷一至卷二十七） 〔明〕樓　英撰

第一〇二一册

醫學綱目四十卷（卷二十八至卷四十） 〔明〕樓　英撰
新刊醫林狀元壽世保元十卷 〔明〕龔廷賢撰

第一〇二二册

醫宗必讀十卷 〔明〕李中梓撰

第一〇二三册

張氏醫通十六卷（卷一至卷十） 〔清〕張　璐撰
張氏醫通十六卷（卷十一至卷十六） 〔清〕張　璐撰
辨證録十四卷　洞垣全書脉訣闡微一卷（辨證録卷一至卷十二） 〔清〕陳士鐸撰

第一〇二四册

辨證録十四卷　洞垣全書脉訣闡微一卷（辨證録卷十三至洞垣全書脉訣闡微卷一） 〔清〕陳士鐸撰
醫學心悟五卷附華佗外科十法一卷 〔清〕程國彭撰
雜病源流犀燭三十卷 〔清〕沈金鰲撰

第一〇二五册

石室秘籙六卷 〔清〕陳士鐸撰
醫碥七卷 〔清〕何夢瑤撰
四聖心源十卷 〔清〕黄元御撰
筆花醫鏡四卷 〔清〕江涵暾撰

第一〇二六册

類證治裁八卷 〔清〕林珮琴撰
醫林改錯二卷 〔清〕王清任撰
醫學三字經四卷 〔清〕陳念祖撰
簡明中西匯參醫學圖説二卷 〔清〕王有忠撰
醫案五卷 〔明〕孫一奎撰

第一〇二七册

芷園臆草存案一卷 〔明〕盧　復撰
臨證指南醫案十卷 〔清〕葉　桂撰 〔清〕華岫雲輯
掃葉莊一瓢老人醫案四卷 〔清〕薛　雪撰
醫學讀書記三卷續記一卷附静香樓醫案一卷 〔清〕尤　怡撰
洄溪醫案一卷 〔清〕徐大椿撰
王氏醫案二卷續編八卷　霍亂論二卷 〔清〕王士雄撰
柳選四家醫案八卷 〔清〕柳寶詒選評

第一〇二八册

醫經正本書一卷 〔宋〕程　迥撰
折肱漫録七卷 〔明〕黄承昊撰
裴子言醫四卷 〔明〕裴一中撰
侣山堂類辯二卷 〔清〕張志聰撰
醫貫砭二卷 〔清〕徐大椿撰
慎疾芻言一卷 〔清〕徐大椿撰
吴醫彙講十一卷 〔清〕唐大烈輯
吴鞠通先生醫案五卷 〔清〕吴　瑭撰

第一〇二九册

醫門棒喝四卷 〔清〕章　楠撰
客塵醫話三卷 〔清〕計　楠撰
研經言四卷 〔清〕莫文泉撰
冷廬醫話五卷 〔清〕陸以湉撰
讀醫隨筆六卷 〔清〕周學海撰
養生類纂二十二卷　養生月覽二卷 〔宋〕周守忠撰
泰定養生主論十六卷 〔元〕王　珪撰

第一〇三〇册

新刊萬氏家傳養生四要五卷 〔明〕萬　全撰
壽世青編二卷 〔明〕李中梓撰 〔清〕尤　乘輯
勿藥玄詮一卷 〔清〕汪　昂編
新編壽世傳真不分卷 〔清〕徐文弼輯
歷代名醫蒙求二卷釋音一卷 〔宋〕周守忠撰
醫史十卷 〔明〕李　濂撰
古今醫史七卷續增二卷附録一卷 〔清〕王宏翰撰
太醫院志不分卷附同寅録一卷 〔清〕任錫庚撰
醫故二卷 鄭文焯撰
司牧安驥集五卷
新刊纂圖元亨療馬集六卷　圖像水黄牛經合併大全二卷
駝經一卷 〔明〕喻　仁　喻　傑撰

天文算法類

第一〇三一冊

周髀算經二卷 題〔漢〕趙君卿注 〔北周〕甄鸞重述 〔唐〕李淳風等注釋 周髀算經音義一卷 〔宋〕李 籍撰

古周髀算經一卷 題〔漢〕趙君卿注 〔明〕朱載堉圖解

周髀算經校勘記一卷 〔清〕顧觀光撰

準齋心製几漏圖式一卷 〔宋〕孫逢吉撰

銅壺漏箭制度一卷

天文精義賦五卷 〔元〕岳熙載撰

天文畧一卷 〔明〕蔡汝楠撰

神道大編象宗華天五星九卷 〔明〕周 雲撰

天官圖不分卷 〔清〕張汝璧撰 附録一卷

三垣七政二十八宿週天精鑑一卷 〔明〕章士純撰

天象儀全圖一卷 〔明〕徐敬儀輯

天文圖説不分卷 〔明〕袁 啓輯

天文三十六全圖一卷 〔明〕黄道時制

交食通軌一卷 日食通軌一卷 月食通軌一卷 四餘通軌一卷 五星通軌一卷

三垣列舍入宿去極集一卷

新製靈臺儀象志十六卷(存十四卷)(卷一至卷四) 〔比〕南懷仁撰

第一〇三二冊

新製靈臺儀象志十六卷(存十四卷)(卷五至卷十四) 〔比〕南懷仁撰

天官考異一卷 〔清〕吴肅公撰

方星圖解一卷 〔意〕閔明我撰

天元曆理全書十二卷 〔清〕徐 發撰

推步法解五卷 〔清〕江 永撰

第一〇三三冊

周天星位經緯宿度考不分卷

三才實義天集二十卷 〔清〕周于漆撰

不得已二卷 〔清〕楊光先撰

璇璣遺述六卷末一卷 〔清〕揭 暄撰

欽定天文正義八十卷(卷一至卷十)

第一〇三四冊

欽定天文正義八十卷(卷十一至卷八十)

天象源委二十卷 〔清〕張永祚輯

第一〇三五冊

地球圖説一卷補圖一卷 〔法〕蔣友仁譯 〔清〕何國宗 錢大昕潤色 〔清〕阮 元補圖

地圓説一卷 〔清〕焦廷琥撰

宣西通三卷 〔清〕許桂林撰

天學闡微十卷 〔清〕王家弼撰

欽定儀象考成續編三十二卷

第一〇三六册

天文秘旨五卷
西學圖説一卷 〔清〕王 韜撰
顓頊曆考二卷 〔清〕鄒漢勛撰
漢太初曆考一卷 〔清〕成蓉鏡撰
回回曆法一卷
回回曆法釋例一卷 〔明〕貝 琳撰
神道大編曆宗通議十八卷 〔明〕周述學撰
大統曆註不分卷
新編遵依司天臺經緯曆書六卷（卷一至卷二） 〔明〕陸 位校

第一〇三七册

新編遵依司天臺經緯曆書六卷（卷三至卷六） 〔明〕陸 位校

第一〇三八册

曆誌十六卷（卷一至卷六）
曆誌十六卷（卷七至卷十二）

第一〇三九册

曆誌十六卷（卷十三至卷十六）
折中曆法十三卷 〔明〕朱仲福撰
曆測二卷附曆元布算法一卷 〔明〕魏文魁撰

第一〇四〇册

民曆鋪註解惑一卷 〔德〕湯若望撰
授時曆故四卷 〔清〕黄宗羲撰
曆學假如二卷 〔清〕黄宗羲 姜希轍撰
交食曆書一卷 〔比〕南懷仁撰
曆象本要一卷 〔清〕楊文言撰
七政臺曆八卷
算七政交食凌犯法一卷
囂囂子曆鏡一卷 〔清〕胡亶參 方江自輯
定曆玉衡十八卷首一卷 〔清〕張雍敬撰
大清時憲書箋釋一卷 〔清〕繆之晋輯

第一〇四一册

歷代長術輯要十卷首一卷 古今推步諸術考二卷 〔清〕汪曰楨撰
三統術詳説四卷 〔清〕陳 澧撰 〔清〕廖廷相補
九章筭經九卷（存卷一至卷五） 〔晋〕劉 徽注 〔唐〕李淳風等釋
九章算術細草圖説九卷 〔清〕李 潢撰
海島算經細草圖説一卷 〔清〕李 潢撰
孫子算經三卷 〔唐〕李淳風等注釋
五曹算經五卷 〔唐〕李淳風等注釋
數術記遺一卷 題〔漢〕徐 岳撰 〔北周〕甄 鸞注
算學源流一卷

夏侯陽算經三卷　題夏侯陽撰
緝古算經攷注二卷　〔唐〕王孝通撰並注　〔清〕李　潢攷注

第一〇四二册

楊輝算法六卷　〔宋〕楊　輝撰　札記一卷　〔清〕宋景昌撰
詳解九章算法一卷纂類一卷　〔宋〕楊　輝撰　札記一卷
〔清〕宋景昌撰
丁巨算法一卷　〔元〕丁　巨撰
詳明算法二卷　〔元〕安正齋撰
益古演段三卷　〔元〕李　冶撰
測圓海鏡細草十二卷　〔元〕李　冶撰
新編四元玉鑑三卷　〔元〕朱世傑撰

第一〇四三册

四元玉鑑細草不分卷　〔清〕羅士琳撰
新編算學啓蒙三卷總括一卷　〔元〕朱世傑撰　〔清〕羅士琳附釋
算法二卷
算法全能集二卷　〔明〕賈　亨撰
九章詳註比類算法大全十卷　乘除開方起例一卷　〔明〕吴
敬撰
神道大編暦宗算會十五卷　〔明〕周述學撰

第一〇四四册

勾股算術二卷　〔明〕顧應祥撰
新編直指算法統宗十七卷首一卷　〔明〕程大位撰
嘉量算經三卷問答一卷　〔明〕朱載堉撰
度測三卷　開平方説一卷　開立方説一卷　度算解一卷
〔明〕陳藎謨撰
算海説詳九卷　〔清〕李長茂撰

第一〇四五册

割圜密率捷法四卷　〔清〕明安圖撰　〔清〕陳際新等續
勾股割圜記三卷　〔清〕戴　震撰　〔清〕吴思孝注
準望簡法一卷　割圜弧矢補論一卷　勾股割圜全義圖一
卷　方圜比例數表一卷　〔清〕戴　震撰
同度記四卷　〔清〕孔繼涵撰
求一算術三卷　〔清〕張敦仁撰
里堂學算記五種十六卷　〔清〕焦　循撰
加減乘除釋八卷
天元一釋二卷
釋弧三卷
釋輪二卷
釋橢一卷
開方通釋一卷　〔清〕焦　循撰
衡齋算學七卷　〔清〕汪　萊撰
李氏遺書十一種十八卷（召誥日名攷至方程新術草）〔清〕
李　鋭撰
召誥日名攷一卷

漢三統術三卷
漢四分術三卷
漢乾象術二卷
補修宋奉元術一卷
補修宋占天術一卷
日法朔餘彊弱攷一卷
方程新術草一卷

第一〇四六册

李氏遺書十一種十八卷（勾股算術細草至開方説）〔清〕李　鋭撰
勾股算術細草一卷
弧矢算術細草一卷
開方説三卷（下卷〔清〕黎應南補）
如積引蒙十卷〔清〕汪曰楨撰
六九軒算書五種七卷附輯古算經補注一卷〔清〕劉　衡撰
尺算日晷新義二卷
勾股尺測量新法一卷
籌表開諸乘方捷法二卷
借根方法淺説一卷
四率淺説一卷

第一〇四七册

割圜連比例術圖解三卷〔清〕董祐誠撰
象數一原七卷〔清〕項名達撰〔清〕戴　煦校補
下學葊算書三種〔清〕項名達撰
勾股六術一卷
平三角和較術一卷
弧三角和較術一卷
求表捷術九卷〔清〕戴　煦撰
筆算説畧一卷　籌算説畧一卷〔清〕鄭復光撰
測圜密率三卷〔清〕徐有壬撰
致曲術一卷　致曲圖解一卷〔清〕夏鸞翔撰
則古昔齋算學十三種〔清〕李善蘭撰
方圓闡幽一卷
弧矢啓秘二卷
對數探源二卷
垛積比類四卷
四元解二卷
麟德術解三卷
橢圓正術解二卷
橢圓新術一卷
橢圓拾遺三卷
火器真訣一卷
對數尖錐變法釋一卷
級數回求一卷

天算或問一卷
求一術通解二卷　〔清〕黄遵憲撰

術數類

第一〇四八册

集注太玄六卷　〔宋〕司馬光撰　太玄解　〔宋〕許　翰撰
翼玄十二卷　〔宋〕張行成撰
太玄闡秘十卷首一卷外編一卷附編一卷　〔清〕陳本禮撰
潛虛述義四卷附攷異一卷　〔清〕蘇天木撰
皇極經世觀物外篇釋義四卷　〔明〕余　本撰
古太極測一卷　〔明〕徐　爌撰
範衍十卷　〔明〕錢一本撰

第一〇四九册

馬王堆帛書五星占
馬王堆帛書天文氣象雜占
乙巳占九卷　題〔唐〕李淳風撰
觀象玩占五十卷　題〔唐〕李淳風撰
譙子五行志五卷　〔唐〕濮陽夏撰
素問六氣玄珠密語十七卷　題〔唐〕王　冰撰

第一〇五〇册

景祐乾象新書三十卷(存十二卷)　〔宋〕楊惟德等撰
乾象通鑑一百卷(卷一至卷七十)　題〔宋〕李　季撰

第一〇五一册

乾象通鑑一百卷(卷七十一至卷一百)　題〔宋〕李　季撰
戎事類占二十一卷　〔元〕李克家撰
參籌秘書十卷(卷一至卷四)　〔明〕汪三益輯註

第一〇五二册

參籌秘書十卷(卷五至卷十)　〔明〕汪三益輯注
風角書八卷　〔清〕張爾岐撰
雲氣占候二卷　〔清〕汪宗沂撰
管氏指蒙二卷　題〔魏〕管　輅撰　〔宋〕王　伋等注　〔明〕汪尚賡補注
陽宅大全十一卷
八宅四書四卷　題〔明〕一壑居士撰
陽宅真訣三卷　〔明〕周　繼撰　〔明〕郭　濬编　〔明〕吴勉學校補　〔明〕江湛若訂正
楊救貧先師宅寶經一卷
陽宅神搜經心傳秘法一卷
鑿井圖經一卷　題〔唐〕李淳風撰
楊公來路玄空烟火活法一卷
安居金鏡八卷　〔清〕周　南　吕　臨輯

第一〇五三册

玉髓真經三十卷　〔宋〕張洞玄撰　〔宋〕劉允中注釋　〔宋〕蔡元定發揮　後卷二十一卷　〔宋〕房　正等撰

第一〇五四册

重校正地理新書十五卷

鐫地理參補評林圖訣全備平沙玉尺經二卷附録一卷　題〔元〕劉秉忠撰　〔明〕劉　基注　〔明〕賴從謙增釋　〔明〕徐之鏌參補

葬經箋註一卷圖說一卷　〔清〕吴元音撰

風水袪惑一卷　〔清〕丁芮樸撰

黄帝龍首經二卷　〔清〕孫星衍校

黄帝授三子玄女經一卷　〔清〕孫星衍校

黄帝金匱玉衡經一卷　〔清〕孫星衍校

易林註十六卷（卷一至卷十二）

第一〇五五册

易林註十六卷（卷十三至卷十六）

焦氏易林校略十六卷　〔清〕翟云升撰

易林釋文二卷　〔清〕丁　晏撰

玉靈照膽經一卷　〔宋〕邵平軒撰　心傳要訣一卷

覆盆明鏡照占真經八卷　〔宋〕趙天祐撰

增註周易神應六親百章海底眼前集一卷後集一卷　〔宋〕王燾撰　〔宋〕何　侁重编

六壬軍帳神機四十八卷（卷一至卷四）

第一〇五六册

六壬軍帳神機四十八卷（卷五至卷十九）

第一〇五七册

六壬軍帳神機四十八卷（卷二十至卷三十四）

第一〇五八册

六壬軍帳神機四十八卷（卷三十五至卷四十八）

第一〇五九册

卜筮全書十四卷　〔明〕姚際隆删補

相法十六篇一卷　〔漢〕許　負撰

新雕注疏珞琭子三命消息賦三卷　〔宋〕李　仝注　〔宋〕東方明疏　新雕李燕陰陽三命二卷

新刊範圍數二卷

大定新编四卷　〔明〕楊向春撰

新刊指南臺司袁天罡先生五星三命大全四卷

回谷先生人倫廣鑑集說十卷

造命宗鏡集十二卷（卷一至卷六）　〔明〕吴國仕輯

第一〇六〇册

造命宗鏡集十二卷（卷七至卷十二）　〔明〕吴國仕輯

五行大義五卷　〔隋〕蕭　吉撰

遁甲符應經三卷　〔宋〕楊維德等撰

洪範政鑒十二卷　〔宋〕趙　禎撰

洪範淺解十一卷　〔明〕程宗舜撰

第一〇六一册

景祐太乙福應經十卷

三曆撮要一卷

河洛真數十卷　題〔宋〕陳摶　邵雍撰

太乙統宗寶鑑二十卷　題〔元〕曉山老人撰

新刊陰陽寶鑑尅擇通書前集五卷後集五卷（前集卷一至前集卷五）

第一〇六二冊

新刊陰陽寶鑑尅擇通書前集五卷後集五卷（後集卷一至後集卷五）

類編曆法通書大全三十卷　〔元〕宋魯珍通書　〔元〕何士泰曆法　〔明〕熊宗立類編

第一〇六三冊

新刊理氣詳辯纂要三台便覽通書正宗二十卷首一卷　〔明〕林紹周輯　〔明〕林維松重編

天文書四卷　〔明〕海達兒等口授　〔明〕李翀　吴伯宗譯

夢林玄解三十四卷首一卷（卷一至卷十）　題〔宋〕邵雍纂輯　〔明〕陳士元增刪　〔明〕何棟如重輯

第一〇六四冊

夢林玄解三十四卷首一卷（卷十一至卷三十四）　題〔宋〕邵雍纂輯　〔明〕陳士元增刪　〔明〕何棟如重輯

夢占逸旨八卷　〔明〕陳士元撰

夢占類考十二卷　〔明〕張鳳翼撰

新刻萬法歸宗五卷

新鍥徽郡原板夢學全書三卷首一卷

藝術類

第一〇六五冊

畫繼補遺二卷　〔元〕莊肅撰

孫氏書畫鈔二卷　〔明〕孫鳳撰

中麓畫品一卷　〔明〕李開先撰

王奉常書畫題跋二卷　〔清〕王時敏撰

書法約言一卷　〔清〕宋曹撰

龔安節先生畫訣一卷　〔清〕龔賢撰

畫譜一卷　〔清〕石濤撰

法書通釋二卷　〔明〕張紳撰

大書長語二卷　〔明〕費瀛撰

平生壯觀十卷　〔清〕顧復撰

無聲詩史七卷　〔清〕姜紹書撰

讀畫録四卷　〔清〕周亮工撰

明畫録八卷　〔清〕徐沁撰

第一〇六六冊

書畫記六卷　〔清〕吴其貞撰

畫筌一卷　〔清〕笪重光撰　王翬　惲格評

墨井畫跋一卷　〔清〕吴歷撰

雨窗漫筆一卷　〔清〕王原祁撰

麓臺題畫稿一卷　〔清〕王原祁撰

大觀録二十卷 〔清〕吴　升撰

第一〇六七册

東莊論畫一卷 〔清〕王　昱撰

繪事發微一卷 〔清〕唐　岱撰

視學不分卷 〔清〕年希堯撰

國朝畫徵録三卷 國朝畫徵續録二卷 〔清〕張　庚撰

國朝畫徵補録二卷 〔清〕劉　瑗撰

畫論一卷 〔清〕張　庚撰

墨緣彙觀録四卷 〔清〕安　歧撰

虚舟題跋十卷原三卷 〔清〕王　澍撰

漢溪書法通解八卷 〔清〕戈守智撰

指頭畫説一卷 〔清〕高　秉撰

第一〇六八册

吴越所見書畫録六卷 書畫説鈴一卷 〔清〕陸時化撰

閩中書畫録十四卷 〔清〕黄錫蕃撰

蔣氏游藝秘録九種九卷 蔣　和等撰

書法論一卷 〔清〕蔣　衡撰

續書法論一卷 〔清〕蔣　驥撰

九宫新式一卷 〔清〕蔣　驥撰

讀畫紀聞一卷 〔清〕蔣　驥撰

傳神秘要一卷 〔清〕蔣　驥撰

説文字原表一卷 〔清〕蔣　和撰

漢碑隸體舉要一卷 〔清〕蔣　和撰

學書雜論一卷 〔清〕蔣　和撰

學畫雜論一卷 〔清〕蔣　和撰

芥舟學畫編四卷 〔清〕沈宗騫撰

蘇齋題跋不分卷附銕函齋書跋補一卷 〔清〕翁方綱撰 〔清〕何　溱輯

墨梅人名録一卷 〔清〕童翼駒輯

九勢碎事一卷 〔清〕程瑶田撰

繪事瑣言八卷 〔清〕迮　朗撰

承晉齋積聞録一卷 〔清〕梁　巘撰

山静居畫論二卷 〔清〕方　薰撰

二十四畫品一卷 〔清〕黄　鉞撰

松壺畫憶二卷 〔清〕錢　杜撰

養素居畫學鉤深一卷 〔清〕董　棨撰

第一〇六九册

欽定祕殿珠林續編八卷 欽定石渠寶笈續編八十八卷 （欽定祕殿珠林續編乾清宮藏一至欽定石渠寶笈續編乾清宮藏六） 〔清〕王　杰等輯

第一〇七〇册

欽定祕殿珠林續編八卷 欽定石渠寶笈續編八十八卷 （欽定石渠寶笈續編乾清宮藏七至養心殿藏五） 〔清〕王　杰等輯

第一〇七一册

欽定祕殿珠林續編八卷　欽定石渠寶笈續編八十八卷（欽定石渠寶笈續編養心殿藏六至重華宫藏十二）〔清〕王杰等輯

第一〇七二册

欽定祕殿珠林續編八卷　欽定石渠寶笈續編八十八卷（欽定石渠寶笈續編御書房藏一至寧壽宫藏九）〔清〕王杰等輯

第一〇七三册

欽定祕殿珠林續編八卷　欽定石渠寶笈續編八十八卷（欽定石渠寶笈續編寧壽宫藏十至淳化軒藏八）〔清〕王杰等輯

第一〇七四册

欽定祕殿珠林續編八卷　欽定石渠寶笈續編八十八卷（欽定石渠寶笈續編宫内等處藏一至三山等處藏二）〔清〕王杰等輯

第一〇七五册

欽定祕殿珠林三編不分卷　欽定石渠寶笈三編不分卷（欽定祕殿珠林三編乾清宫藏一至欽定石渠寶笈三編乾清宫藏十）〔清〕英和等輯

第一〇七六册

欽定祕殿珠林三編不分卷　欽定石渠寶笈三編不分卷（欽定石渠寶笈三編乾清宫藏十一至延春閣藏七）〔清〕英和等輯

第一〇七七册

欽定祕殿珠林三編不分卷　欽定石渠寶笈三編不分卷（欽定石渠寶笈三編延春閣藏八至延春閣藏二十五）〔清〕英和等輯

第一〇七八册

欽定祕殿珠林三編不分卷　欽定石渠寶笈三編不分卷（欽定石渠寶笈三編延春閣藏二十六至延春閣藏四十四）〔清〕英和等輯

第一〇七九册

欽定祕殿珠林三編不分卷　欽定石渠寶笈三編不分卷（欽定石渠寶笈三編毓慶宫藏一至寧壽宫藏五）〔清〕英和等輯

第一〇八〇册

欽定祕殿珠林三編不分卷　欽定石渠寶笈三編不分卷（欽定石渠寶笈三編圓明園正大光明藏至静寄山莊藏二）〔清〕英和等輯

第一〇八一册

欽定祕殿珠林三編不分卷　欽定石渠寶笈三編不分卷（欽定石渠寶笈避暑山莊藏一至南薰殿藏二）〔清〕英和等輯

石渠隨筆八卷　〔清〕阮　元撰
國朝畫識十七卷　〔清〕馮金伯撰

第一〇八二册

胡氏書畫考三種八卷　〔清〕胡　敬撰
　南薰殿圖像考二卷
　國朝院畫録二卷
　西清劄記四卷
谿山卧游録四卷　〔清〕盛大士撰
紅豆樹館書畫記八卷　〔清〕陶　樑撰
辛丑銷夏記五卷　〔清〕吴榮光撰
藝舟雙楫六卷附録三卷　〔清〕包世臣撰

第一〇八三册

畫筌析覽二卷　〔清〕湯貽汾撰
歷代畫史彙傳七十二卷首一卷附録二卷（卷一至卷四十五）　〔清〕彭蘊璨撰

第一〇八四册

歷代畫史彙傳七十二卷首一卷附録二卷（卷四十六至卷七十二）　〔清〕彭蘊璨撰
玉臺畫史五卷　〔清〕湯漱玉輯　別録一卷　〔清〕汪遠孫輯
玉臺書史一卷　〔清〕厲　鶚撰
別下齋書畫録七卷補闕一卷　〔清〕蔣光煦撰
習苦齋畫絮十卷　〔清〕戴　熙撰

第一〇八五册

嶽雪樓書畫録五卷　〔清〕孔廣陶撰
過雲樓書畫記十卷　〔清〕顧文彬撰
桐陰論畫二卷首一卷附録一卷　桐陰畫訣一卷　續桐陰論畫一卷　〔清〕秦祖永撰
桐陰論畫二編二卷　桐陰論畫三編二卷　〔清〕秦祖永撰
畫學心印八卷　〔清〕秦祖永撰
書畫鑑影二十四卷（卷一至卷十二）　〔清〕李佐賢撰

第一〇八六册

書畫鑑影二十四卷（卷十三至卷二十四）　〔清〕李佐賢撰
夢幻居畫學簡明五卷續五卷又一卷　〔清〕鄭　績撰
夢園書畫録二十五卷　〔清〕方濬頤撰

第一〇八七册

穰梨館過眼録四十卷　穰梨館過眼續録十六卷　〔清〕陸心源撰
揚州畫苑録四卷　〔清〕汪　鋆撰

第一〇八八册

頤園論畫不分卷　〔清〕松　年撰
澄蘭室古緣萃録十八卷　〔清〕邵松年撰
寒松閣談藝瑣録六卷　〔清〕張鳴珂撰
愛日吟廬書畫録四卷　〔清〕葛金烺撰
愛日吟廬書畫補録一卷　愛日吟廬書畫續録八卷　愛日

吟廬書畫別録四卷 〔清〕葛嗣浵撰

第一〇八九册

廣藝舟雙楫六卷 康有爲撰

國朝書人輯略十一卷首一卷 〔清〕震 鈞輯

壬寅消夏録不分卷（一） 〔清〕端 方撰

第一〇九〇册

壬寅消夏録不分卷（二） 〔清〕端 方撰

虚齋名畫録十六卷 虚齋名畫續録四卷補遺一卷（虚齋名畫録卷一至卷十一） 龐元濟撰

第一〇九一册

虚齋名畫録十六卷 虚齋名畫續録四卷補遺一卷（虚齋名畫録卷十二至補遺） 龐元濟撰

印存初集四卷 〔明〕胡正言篆刻

印存玄覽四卷 〔明〕胡正言篆刻

篆鏤心得一卷 〔清〕孔繼浩撰

篆刻鍼度八卷 〔清〕陳克恕撰

篆學瑣著三十種四十卷（一） 〔清〕顧 湘輯

論篆一卷 〔唐〕李陽冰撰 五十六種書法一卷 〔唐〕韋續撰 學古編一卷 〔元〕吾邱衍撰 古今印史一卷 〔明〕徐 官撰 篆學指南一卷 〔明〕趙宧光撰 印章集説一卷 〔明〕甘 暘撰 續學古編二卷 〔元〕吾邱衍述 〔明〕何 震續 印旨一卷 〔清〕程 遠撰 印經一卷 〔清〕朱 簡撰 印章要論一卷 〔清〕朱 簡撰 篆刻十三略一卷 〔清〕袁三俊撰 印章考一卷 〔清〕方以智撰 敦好堂論印一卷 〔清〕吴先聲撰 説篆一卷 〔清〕許容撰 印辨一卷 〔清〕高積厚撰 印述一卷 〔清〕高積厚撰 印箋説一卷 〔清〕徐 堅撰 六書緣起一卷 〔清〕孫光祖撰 古今印制一卷 〔清〕孫光祖撰 篆印發微一卷 〔清〕孫光祖撰 古印考略一卷 〔清〕夏一駒撰 續三十五舉一卷 〔清〕桂 馥撰 再續三十五舉一卷 〔清〕桂 馥撰 重定續三十五舉一卷 〔清〕桂 馥撰

第一〇九二册

篆學瑣著三十種四十卷（二） 〔清〕顧 湘輯

印説一卷 〔清〕陳 鍊撰 印言一卷 〔清〕陳 鍊撰 論印絶句一卷 〔清〕沈 心等撰 印學管見一卷 〔清〕馮承輝撰 印人傳三卷 〔清〕周亮工撰 續印人傳八卷 〔清〕汪啓淑撰

沈篔邨選抄印學四種四卷 〔清〕沈清佐輯

印鐙牋一卷 〔清〕尹樹民撰

古今印説補一卷

印譜摘要一卷

印説一卷

紅术軒紫泥法定本一卷 〔清〕汪鎬京撰

琴操二卷補遺一卷 〔漢〕蔡 邕撰 〔清〕孫星衍校輯

碣石調幽蘭一卷 〔南朝梁〕丘 明傳譜
臞仙神奇秘譜三卷 〔明〕朱 權輯
太音大全集五卷
重修正文對音捷要真傳琴譜大全十卷 〔明〕楊表正撰
琴書大全二十二卷（卷一至卷六） 〔明〕蔣克謙輯

第一〇九三册

琴書大全二十二卷（卷七至卷二十二） 〔明〕蔣克謙輯
太古正音琴經十四卷 太古正音琴譜四卷 〔明〕張大命輯

第一〇九四册

西麓堂琴統二十五卷 〔明〕汪 芝輯
萬峯閣指法閟箋不分卷 〔清〕徐 洪撰
大還閣琴譜六卷 谿山琴况一卷 〔清〕徐 洪撰
琴學心聲諧譜二卷 〔清〕莊臻鳳撰
琴譜指法二卷 〔清〕徐常遇輯
五知齋琴譜八卷（卷一至卷二） 〔清〕徐 祺輯

第一〇九五册

五知齋琴譜八卷（卷三至卷八） 〔清〕徐 祺輯
治心齋琴學練要五卷 〔清〕王 善撰
琴譜新聲六卷指法一卷琴説一卷鼓琴八則一卷 〔清〕曹尚綗等輯
琴學内篇一卷外篇一卷 〔清〕曹庭棟撰
琴律譜一卷 〔清〕陳 澧撰
音調定程一卷 絃徽宣祕一卷 〔清〕繆 闐撰
與古齋琴譜四卷補義一卷 〔清〕祝鳳喈撰
琴律指掌不分卷 〔清〕婁啓衍撰

第一〇九六册

敦煌曲子譜一卷
敦煌舞譜二卷
魏氏樂譜一卷 〔日〕魏 皓輯
管色考一卷 〔清〕徐養原撰
絃索備考六卷 〔清〕爲 光等撰
琵琶譜三卷 〔清〕華文桂輯
借雲館曲譜二卷 〔清〕華文彬輯
南北派十三套大曲琵琶新譜二卷附録一卷 〔清〕李祖棻輯
泉南指譜重編六卷 林 鴻編

第一〇九七册

碁經一卷（殘）
忘憂清樂集一卷 〔宋〕李逸民撰 附碁經一卷 〔宋〕張 擬撰 碁訣一卷 〔宋〕劉仲甫撰
適情録二十卷（存卷一至卷十五、卷十七至卷二十） 〔明〕林應龍撰
秋仙遺譜前集八卷後集四卷 〔明〕褚克明撰 附棋經一卷 〔宋〕張 擬撰

第一〇九八册

奕史一卷　〔明〕王穉登撰
奕藪四卷棋經注一卷　〔明〕蘇之軾撰
仙機武庫八卷（金集至革集）　〔明〕陸玄宇輯

第一〇九九册

仙機武庫八卷（木集）　〔明〕陸玄宇輯
潞藩輯纂萬彙仙機碁譜十卷（甲集至戊集）　〔明〕朱常淓輯

第一一〇〇册

潞藩輯纂萬彙仙機碁譜十卷（己集至癸集）　〔明〕朱常淓輯
不古編不分卷　〔清〕吴貞吉輯
兼山堂奕譜一卷　〔清〕徐星友輯

第一一〇一册

官子譜三卷　〔清〕陶式玉輯
官子譜不分卷　〔清〕林則徐輯評
奕妙一卷　奕妙二編一卷　〔清〕吴　峻輯
桃花泉奕譜二卷　〔清〕范世勳撰
奕理指歸圖三卷（卷上至卷中）　〔清〕施襄夏撰　錢長澤繪圖

第一一〇二册

奕理指歸圖三卷（卷下）　〔清〕施襄夏撰　〔清〕錢長澤繪圖
弈理指歸續編一卷　〔清〕施襄夏撰
過伯齡先生四子譜二卷　〔清〕過文年撰
奕程二卷　〔清〕張雅博輯
餐菊齋棋評一卷　〔清〕周　鼎撰

第一一〇三册

周懶予先生圍碁譜一卷　〔清〕周嘉錫撰
寄青霞館弈選八卷　寄青霞館弈選續編八卷（寄青霞館弈選卷一至卷七）　〔清〕王存善輯

第一一〇四册

寄青霞館弈選八卷　寄青霞館弈選續編八卷（寄青霞館弈選卷八至寄青霞館弈選續編卷八）　〔清〕王存善輯

第一一〇五册

潘景齋奕譜約選一卷　〔清〕楚桐隱　章芝楣輯
橘中秘四卷　〔明〕朱晋楨輯
適情雅趣十卷　〔清〕徐　芝輯
心武殘編四卷首一卷　〔清〕薛　丙輯
竹香齋象戲譜三卷（初集至二集）　〔清〕張喬棟輯

第一一〇六册

竹香齋象戲譜三卷（三集）　〔清〕張喬棟輯
漢官儀三卷　〔宋〕劉　攽撰
射書四卷首一卷　〔明〕顧　煜撰　射學指南一卷　〔明〕楊惟明輯
壺史五卷　〔明〕郭元鴻輯
投壺考原一卷　〔清〕丁　晏撰
蹴踘譜不分卷
酒人觴政一卷　〔清〕訥齋道人編

六博譜一卷 〔明〕潘之恒撰

六博碎金七卷

宣和牌譜

弔譜集成六卷首一卷緒餘一卷 題〔清〕退庵居士輯

葉戲原起一卷 〔清〕汪師韓撰

譜録類

第一一〇七册

古玉圖考不分卷 〔清〕吴大澂撰

奕載堂古玉圖録一卷 〔清〕瞿中溶撰

寧壽鑑古十六卷 〔清〕高宗弘曆敕撰

西清續鑑甲編二十卷附録一卷（卷一至卷七） 〔清〕王杰等輯

第一一〇八册

西清續鑑甲編二十卷附録一卷（卷八至卷二十） 〔清〕王杰等輯

西清續鑑乙編二十卷（卷一至卷十二） 〔清〕王杰等輯

第一一〇九册

西清續鑑乙編二十卷（卷十三至卷二十） 〔清〕王杰等輯

古金待問録四卷餘一卷補遺一卷 〔清〕朱楓撰

古金録四卷 〔清〕萬光煒撰

集古官印考十七卷 集古虎符魚符考一卷 〔清〕瞿中溶撰

封泥考略十卷（卷一至卷六） 〔清〕吴式芬 〔清〕陳介祺輯

第一一一〇册

封泥考略十卷（卷七至卷十） 〔清〕吴式芬 〔清〕陳介祺輯

劒筴二十七卷 〔明〕錢希言撰

第一一一一册

藤花亭鏡譜八卷 〔清〕梁廷枏撰

晉義熙銅鼓考一卷 〔清〕羅士琳撰

秦漢瓦圖記四卷補遺一卷 〔清〕朱楓撰

漢甘泉宫瓦記一卷 〔清〕林佶撰

千甓亭磚録四卷 千甓亭磚續録四卷 〔清〕陸心源撰

陶説六卷 〔清〕朱琰撰

陽羨名陶録二卷續録一卷 〔清〕吴騫撰

景德鎮陶録十卷 〔清〕藍浦撰 〔清〕鄭廷桂補輯

窰器説一卷 〔清〕程哲撰

蝶几譜一卷 〔明〕戈汕撰

古今名扇録不分卷 〔清〕陸紹曾輯

羽扇譜一卷 〔清〕張燕昌撰

第一一一二册

看珠録一卷

素園石譜四卷 〔明〕林有麟輯

泉志十五卷 〔宋〕洪遵撰

古泉匯六十四卷首一卷 〔清〕李佐賢撰

第一一一三册

續泉匯十四卷首集一卷補遺二卷 〔清〕李佐賢 〔清〕鮑 康撰
錢志新編二十卷 〔清〕張崇懿撰
文房肆考圖説八卷 〔清〕唐秉鈞撰
歙硯輯考一卷 〔清〕徐 毅撰
端溪研志三卷首一卷 〔清〕吴繩年撰
增訂端溪硯坑志六卷卷首一卷 〔清〕朱玉振撰
飛鴻堂硯譜三卷 飛鴻堂墨譜一卷 飛鴻堂瓶譜一卷
　飛鴻堂鼎鑪譜一卷 〔清〕汪啓淑輯

第一一一四册

程氏墨苑十四卷 〔明〕程君房撰
方氏墨譜六卷 〔明〕方于魯撰
汪氏鑑古齋墨藪不分卷 〔清〕汪近聖撰

第一一一五册

金粟箋説一卷 〔清〕張燕昌撰
筆史一卷 〔清〕梁同書撰
天工開物三卷 〔明〕宋應星撰
浮梁陶政志一卷附景鎮舊事一卷 〔清〕吴允嘉撰
南學製墨劄記一卷 〔清〕謝崧岱撰
裝潢志一卷 〔明〕周嘉胄撰
繡譜二卷 〔清〕丁 佩撰
髹飾録二卷 〔明〕黄 成撰 楊 明注 髹飾録箋證一卷
〔日〕壽碌堂主人撰 闞 鐸輯
茶譜一卷 〔明〕顧元慶撰
茶乘六卷拾遺一卷 〔明〕高元濬撰
茗史二卷 〔明〕萬邦寧撰
茶史二卷補一卷 〔清〕劉源長撰 〔清〕余 懷補
酒概四卷 〔明〕沈 沈撰
六必酒經三卷 〔清〕楊萬樹撰
粥譜一卷 廣粥譜一卷 〔清〕黄雲鵠撰
膳夫經手録一卷 〔唐〕楊 曄撰
疏食譜一卷 〔宋〕陳達叟撰
飲膳正要三卷 〔元〕忽思慧撰
雲林堂飲食製度集一卷 〔元〕倪 瓚撰
易牙遺意二卷 〔明〕韓 奕撰
隨園食單四卷 〔清〕袁 枚撰

第一一一六册

御膳單不分卷
閩中荔支通譜十六卷 〔明〕鄧慶寀撰
嶺南荔支譜六卷 〔清〕吴應逵撰
水蜜桃譜一卷 〔清〕褚 華撰
橘譜一卷 〔清〕諸匡鼎撰
亳州牡丹史四卷 〔明〕薛鳳翔撰
曹州牡丹譜一卷 〔清〕余鵬年撰

菊譜一卷 〔明〕周履靖撰
藝菊志八卷 〔清〕陸廷燦撰
菊譜二卷 〔清〕葉天培撰
東籬中正一卷 〔清〕許兆熊撰 附渡花居東籬集一卷 〔明〕屠承爔撰
蘭易二卷 蘭史一卷 〔明〕馮京第輯
茶花譜一卷總説一卷 茶花詠一卷 題〔清〕樸靜子撰
月季花譜一卷
高寄齋訂正缾花譜一卷 〔明〕張謙德撰
陳眉公重訂瓶史二卷 〔明〕袁宏道撰
花史四卷（存夏集、秋集、冬集）

第一一一七册

花史左編二十七卷 〔明〕王　路撰
秘傳花鏡六卷圖一卷 〔清〕陳淏子輯
花木小志一卷 〔清〕謝　堃撰
竹譜一卷 〔清〕陳　鼎撰
種芋法一卷 〔明〕黄省曾撰
吴蕈譜一卷 〔清〕吴　林撰
烟草譜八卷題詞一卷 〔清〕陳　琮撰
烟譜一卷 〔清〕陸　燿撰
植物名實圖考三十八卷（卷一至卷十二） 〔清〕吴其濬撰

第一一一八册

植物名實圖考三十八卷（卷十三至卷三十八） 〔清〕吴其濬撰

第一一一九册

汝南圃史十二卷 〔明〕周文華撰
灌園草木識六卷 〔明〕陳正學撰
北墅抱瓮録一卷 〔清〕高士奇撰
倦圃蒔植記三卷總論一卷 〔清〕曹　溶撰
花傭月令一卷 〔清〕徐石麒撰
名馬記二卷 〔明〕郭子章撰 續名馬記二卷 〔明〕李承勛撰
獸經一卷 〔清〕張綱孫撰
虎苑二卷 〔明〕王穉登撰
猫乘八卷 〔清〕王初桐輯
鷄譜不分卷
鵪鶉譜全集四卷 〔清〕浣花逸士撰
鴿經一卷 〔清〕張萬鍾撰
欽定鳥譜十二卷

第一一二〇册

畫眉筆談一卷 〔清〕陳　均撰
説蛇一卷 〔清〕趙彪詔撰
蜂衙小記一卷 〔清〕郝懿行撰
禽蟲述一卷 〔明〕袁　達撰
蟲薈五卷 〔清〕方　旭撰

重刊訂正秋蟲譜二卷　題〔宋〕賈似道輯
鼎新圖像蟲經二卷　題〔宋〕賈似道輯
虹孫鑑三卷　〔清〕朱從延輯
功蟲録二卷　〔清〕秦偶僧撰
王孫經補遺一卷　〔清〕秦偶僧撰
江南魚鮮品一卷　〔清〕陳　鑑撰
晴川蟹録四卷　晴川後蟹録四卷　晴川續蟹録一卷　〔清〕孫之騄輯
海錯百一録五卷　〔清〕郭柏蒼撰
朱魚譜一卷　〔清〕蔣在雝撰
金魚圖譜一卷　〔清〕句曲山農撰

雜家類

第一一二一冊

墨子閒詁十五卷附録一卷後語二卷　〔清〕孫詒讓撰
尸子二卷存疑一卷　〔清〕汪繼培輯校
古迂陳氏家塾尹文子二卷　題〔周〕尹文子撰
公孫龍子注一卷校勘記一卷篇目考一卷附録一卷　〔清〕陳澧撰
鬼谷子三卷　〔梁〕陶弘景注　〔清〕秦恩復校正　篇目考一卷
附録一卷　〔清〕秦恩復輯
淮南鴻烈閒詁二卷　〔漢〕許　慎撰　葉德輝輯
淮南萬畢術一卷　〔清〕丁　晏輯
淮南許注異同詁四卷補遺一卷續補一卷　〔清〕陶方琦撰
淮南天文訓補注二卷　〔清〕錢　塘撰
風俗通義校正二卷風俗通義補逸一卷　〔清〕朱　筠撰
顔氏家訓七卷　〔北齊〕顔之推撰　〔清〕趙曦明注　〔清〕盧文弨補
補校注一卷　嚴式誨撰　附録一卷

第一一二二冊

續家訓八卷（存卷六至卷八）　〔宋〕董正功撰
讒書五卷附校一卷　〔唐〕羅　隱撰
松窗百説一卷　〔宋〕李季可撰
捫蝨新話十五卷　〔宋〕陳　善撰
經鉏堂雜誌八卷　〔宋〕倪　思撰
東洲几上語一卷　東洲枕上語一卷　〔宋〕施清臣撰
慮得集四卷附録二卷　〔明〕華悰韡撰
閑中今古二卷　〔明〕陳　頎撰
龍江夢餘録四卷　〔明〕唐　錦撰
静虛齋惜陰録十二卷附録一卷　〔明〕顧應祥撰
祝子罪知録十卷　〔明〕祝允明撰

第一一二三冊

七修類稿五十一卷　〔明〕郎　瑛撰
七修續稿七卷　〔明〕郎　瑛撰
古言二卷　〔明〕鄭　曉撰

芝園外集二十四卷 〔明〕張時徹撰
稽古緒論二卷 〔明〕趙時春撰

第一一二四册

畏齋薛先生緒言四卷 〔明〕薛　甲撰
覺山先生緒言二卷 〔明〕洪　垣撰
涇林雜紀二卷 〔明〕周復俊撰　涇林續紀二卷 〔明〕周玄暐撰
虛舟集一卷 〔明〕陳　堯撰
晝永編二卷 〔明〕宋　岳撰
金罍子四十四卷 〔明〕陳　絳撰

第一一二五册

蓬窗日録八卷 〔明〕陳全之撰
輟耰述四卷 〔明〕陳全之撰
海沂子五卷 〔明〕王文禄撰
掌中宇宙十四卷 〔明〕盧　翰撰
四友齋叢説三十八卷 〔明〕何良俊撰

第一一二六册

篷底浮談十五卷附録一卷 〔明〕張元諭撰
千一録二十六卷 〔明〕方弘静撰
近溪羅先生一貫編十一卷 〔明〕羅汝芳撰 〔明〕熊　儐輯

第一一二七册

近溪子明道録八卷 〔明〕羅汝芳撰
筠齋漫録十卷續集二卷別集一卷 〔明〕黄學海撰
續羊棗集九卷附二卷 〔明〕駱問禮撰
道古録二卷 〔明〕李　贄　劉東星撰
譚輅三卷 〔明〕張鳳翼撰
閒適劇談五卷 〔明〕鄧　球撰

第一一二八册

重刻來瞿唐先生日録内篇七卷外篇五卷 〔明〕來知德撰
推篷寤語九卷餘録一卷 〔明〕李豫亨撰
賓顔堂訂正脉望八卷 〔明〕趙台鼎撰
河上楮談三卷 〔明〕朱孟震撰
汾上續談一卷 〔明〕朱孟震撰
榖山筆麈十八卷 〔明〕于慎行撰

第一一二九册

留青日札三十九卷 〔明〕田藝衡撰
太史楊復所先生證學編四卷首一卷證學論一卷策一卷 〔明〕楊起元撰
焦氏筆乘六卷續集八卷 〔明〕焦　竑撰

第一一三〇册

鬱岡齋筆麈四卷 〔明〕王肯堂撰
麈餘四卷 〔明〕謝肇淛撰
文海披沙八卷 〔明〕謝肇淛撰
五雜俎十六卷 〔明〕謝肇淛撰

第一一三一册

珊瑚林二卷　金屑編一卷　〔明〕袁宏道撰

沈氏弋説六卷　〔明〕沈長卿撰

沈氏日旦十二卷　〔明〕沈長卿撰

聞雁齋筆談六卷　〔明〕張大復撰

第一一三二册

道聽録五卷　〔明〕李春熙撰

五先堂文市榷酤四卷　〔明〕袁子讓撰

密庵巵言六卷　〔明〕樊良樞撰

剩言十七卷　〔明〕戴君恩撰

剡溪漫筆六卷　〔明〕孫能傳撰

讀書雜録二卷　〔明〕胡震亨撰

息齋筆記二卷　〔明〕吴桂森撰

露書十四卷　〔明〕姚　旅撰

第一一三三册

炳燭齋隨筆一卷　〔明〕顧大韶撰

樗齋漫録十二卷　〔明〕許自昌撰

菜根譚前集一卷後集一卷　〔明〕洪自誠撰

幾亭外書九卷　〔明〕陳龍正撰

客問篇一卷　〔明〕吴　易撰

三戌叢譚十三卷　〔明〕茅元儀撰

野航史話四卷　〔明〕茅元儀撰

暇老齋雜記三十二卷　〔明〕茅元儀撰

第一一三四册

吹景集十四卷　〔明〕董斯張撰

谷簾先生遺書八卷　〔明〕黄淵耀撰

政餘筆録四卷　〔清〕蔣鳴玉撰

因樹屋書影十卷　〔清〕周亮工撰

東西均一卷　〔清〕方以智撰

寒夜録二卷　〔清〕陳弘緒撰

棗林雜俎六卷（智集至聖集）　〔清〕談　遷撰

第一一三五册

棗林雜俎六卷（義集至和集）　〔清〕談　遷撰

棗林外索三卷　〔清〕談　遷撰

雕丘雜録十八卷　〔清〕梁清遠撰

讀書雜述十卷　〔清〕李　鎧撰

夜航船二十卷　〔清〕張　岱撰

第一一三六册

山志六卷　〔清〕王弘撰撰

蒿庵閒話二卷　〔清〕張爾岐撰

尚論持平二卷　析疑待正二卷　事文標異一卷　〔清〕陸次雲撰

艮齋雜説十卷　〔清〕尤　侗撰

此木軒雜著八卷　〔清〕焦袁熹撰

妙貫堂餘譚六卷 〔清〕裘君弘撰

第一一三七册

在園雜志四卷 〔清〕劉廷璣撰
南村隨筆六卷 〔清〕陸廷燦撰
蓉槎蠡説十二卷 〔清〕程哲撰
諤崖脞説五卷 〔清〕章楹撰
片刻餘閒集二卷 〔清〕劉靖撰
書隱叢説十九卷 〔清〕袁棟撰

第一一三八册

瀟湘聽雨録八卷 〔清〕江昱撰
茶餘客話二十二卷 〔清〕阮葵生撰
水曹清暇録十六卷 〔清〕汪啓淑撰
簷曝雜記六卷附録一卷 〔清〕趙翼撰
黄嬭餘話八卷 〔清〕陳錫路撰
定香亭筆談四卷 〔清〕阮元撰
循陔纂聞五卷 〔清〕周廣業撰

第一一三九册

履園叢話二十四卷 〔清〕錢泳撰
竹葉亭雜記八卷 〔清〕姚元之撰
尖陽叢筆十卷續筆一卷 〔清〕吴騫撰
桃溪客語五卷 〔清〕吴騫撰
鐙窗叢録五卷補遺一卷 〔清〕吴翌鳳撰
瑟榭叢談二卷 〔清〕沈濤撰
醒世一斑録五卷附編三卷雜述八卷（一斑録卷一至卷二） 〔清〕鄭光祖撰

第一一四〇册

醒世一斑録五卷附編三卷雜述八卷（醒世一斑録卷三至雜述卷八） 〔清〕鄭光祖撰
費隱與知録一卷 〔清〕鄭復光撰
讀書小記一卷 因柳閣讀書録一卷 〔清〕焦廷琥撰
丱兮筆記二卷 〔清〕管庭芬撰
冷廬雜識八卷續編一卷 〔清〕陸以湉撰

第一一四一册

春在堂隨筆十卷 〔清〕俞樾撰
止園筆談八卷 〔清〕史夢蘭撰
蕉軒隨録十二卷 〔清〕方濬師撰
蕉軒續録二卷 〔清〕方濬師撰
章安雜説 〔清〕趙之謙撰

第一一四二册

庸閒齋筆記十二卷 〔清〕陳其元撰
白虎通疏證十二卷 〔清〕陳立撰
新刻釋常談三卷 佚名撰

第一一四三册

困學紀聞注二十卷（卷一至卷十） 〔清〕翁元圻撰

困學紀聞注二十卷（卷十一至卷二十） 〔清〕翁元圻撰
箐齋讀書録二卷 〔明〕周洪謨撰
兩山墨談十八卷 〔明〕陳　霆撰
秋林伐山二十卷 〔明〕楊　慎撰
讀書囈語十卷 〔明〕李元吉撰
戲瑕三卷 〔明〕錢希言撰
玉唾壺二卷 〔明〕王一槐撰
日知録集釋三十二卷刊誤二卷續刊誤二卷（卷一至卷三） 〔清〕黄汝成撰

第一一四四册

日知録集釋三十二卷刊誤二卷續刊誤二卷（卷四至卷三十二） 〔清〕黄汝成撰
日知録之餘四卷 〔清〕顧炎武撰
修潔齋閑筆八卷 〔清〕劉　堅撰

第一一四五册

古今釋疑十八卷 〔清〕方中履撰
羣書疑辨十二卷 〔清〕萬斯同撰
畏壘筆記四卷 〔清〕徐昂發撰

第一一四六册

隙光亭雜識六卷 〔清〕揆　叙撰
讀書記疑十六卷 〔清〕王懋竑撰
燕在閣知新録三十二卷（卷一至卷十六） 〔清〕王　棠撰

第一一四七册

燕在閣知新録三十二卷（卷十七至卷三十二） 〔清〕王　棠撰
柳南隨筆六卷續筆四卷 〔清〕王應奎撰
韓門綴學五卷續編一卷談書録一卷 〔清〕汪師韓撰
全謝山先生經史問答十卷 〔清〕全祖望撰

第一一四八册

訂訛類編六卷續補二卷 〔清〕杭世駿撰
隨園隨筆二十八卷 〔清〕袁　枚撰
援鶉堂筆記五十卷（卷一至卷三十三） 〔清〕姚　範撰

第一一四九册

援鶉堂筆記五十卷（卷三十四至卷五十） 〔清〕姚　範撰
羣書拾補不分卷 〔清〕盧文弨撰
鍾山札記四卷 〔清〕盧文弨撰
龍城札記三卷 〔清〕盧文弨撰

第一一五〇册

蛾術編八十二卷（卷一至卷七十二） 〔清〕王鳴盛撰　迮鶴壽參校

第一一五一册

蛾術編八十二卷（卷七十三至卷八十二） 〔清〕王鳴盛撰　迮鶴壽參校
十駕齋養新録二十卷餘録三卷 〔清〕錢大昕撰

陔餘叢考四十三卷（卷一至卷三十二）〔清〕趙　翼撰

第一一五二册

陔餘叢考四十三卷（卷三十三至卷四十三）〔清〕趙　翼撰
惜抱軒筆記八卷〔清〕姚　鼐撰
讀書脞録七卷續編四卷〔清〕孫志祖撰
南江札記四卷〔清〕邵晋涵撰
焠掌録二卷〔清〕汪啓淑撰
讀書雜志八十二卷餘編二卷（逸周書卷一至漢書卷十）
〔清〕王念孫撰

第一一五三册

讀書雜志八十二卷餘編二卷（漢書第十一至餘編卷二）
〔清〕王念孫撰

第一一五四册

柚堂筆談四卷〔清〕盛百二撰
覺非盦筆記八卷〔清〕顧　堃撰
過夏雜録六卷　過夏續録一卷〔清〕周廣業撰

第一一五五册

羣書札記十六卷〔清〕朱亦棟撰
蠡勺編四十卷〔清〕凌揚藻撰
曉讀書齋雜録八卷〔清〕洪亮吉撰
炳燭編四卷〔清〕李賡芸撰

第一一五六册

札樸十卷〔清〕桂　馥撰
愈愚録六卷〔清〕劉寶楠撰
經史雜記八卷〔清〕王玉樹撰
雪泥書屋雜志四卷〔清〕牟庭相撰
菣厓考古録四卷〔清〕鍾　褱撰　校記一卷〔清〕鮑　鼎撰
二初齋讀書記十卷首一卷〔清〕倪思寬撰

第一一五七册

瞥記七卷〔清〕梁玉繩撰　庭立記聞四卷〔清〕梁學昌等輯
簡莊疏記十七卷〔清〕陳　鱣撰
合肥學舍札記十二卷〔清〕陸繼輅撰
過庭録十六卷〔清〕宋翔鳳撰
讀書叢録二十四卷〔清〕洪頤煊撰

第一一五八册

鄭堂札記五卷〔清〕周中孚撰
柿葉軒筆記一卷〔清〕胡　虔撰
拜經日記十二卷〔清〕臧　庸撰
蕙櫋襍記一卷〔清〕嚴元照撰
娛親雅言六卷〔清〕嚴元照撰
養吉齋叢録二十六卷　養吉齋餘録十卷〔清〕吴振棫撰
經史質疑録不分卷〔清〕張聰咸撰
交翠軒筆記四卷〔清〕沈　濤撰
銅熨斗齋隨筆八卷〔清〕沈　濤撰

第一一五九册

經史答問四卷 〔清〕朱駿聲撰
蘿藦亭札記八卷 〔清〕喬松年撰
管見舉隅一卷 〔清〕王培荀撰
菉友蛾術編二卷 〔清〕王　筠撰
癸巳類稿十五卷 〔清〕俞正燮撰
癸巳存稿十五卷（卷一至卷四） 〔清〕俞正燮撰

第一一六〇册

癸巳存稿十五卷（卷五至卷十五） 〔清〕俞正燮撰
癸巳賸稿一卷首一卷附録一卷 〔清〕俞正燮撰
彊識編四卷　彊識編續一卷 〔清〕朱士端撰
東塾讀書記二十五卷（卷十三　卷十四　卷十七至卷二十　卷二十二至卷二十五未刻） 〔清〕陳　澧撰
攀古小廬雜著十二卷 〔清〕許　瀚撰

第一一六一册

丁戊筆記二卷 〔清〕陳宗起撰
讀書偶記八卷 〔清〕趙紹祖撰
消暑録一卷 〔清〕趙紹祖撰
求闕齋讀書録十卷 〔清〕曾國藩撰
南漘楛語八卷 〔清〕蔣超伯撰
思益堂日札十卷 〔清〕周壽昌撰
讀書雜釋十四卷 〔清〕徐　鼒撰
諸子平議三十五卷（卷一至卷十） 〔清〕俞　樾撰

第一一六二册

諸子平議三十五卷（卷十一至卷三十五） 〔清〕俞　樾撰
古書疑義舉例七卷 〔清〕俞　樾撰
湖樓筆談七卷 〔清〕俞　樾撰
悔翁筆記六卷 〔清〕汪士鐸撰
煙嶼樓讀書志十六卷　煙嶼樓筆記八卷 〔清〕徐時棟撰
東湖叢記六卷 〔清〕蔣光煦撰

第一一六三册

吹網録六卷 〔清〕葉廷琯撰
鷗陂漁話六卷 〔清〕葉廷琯撰
讀書雜識十二卷 〔清〕勞　格撰
霞外攟屑十卷 〔清〕平步青撰

第一一六四册

札迻十二卷 〔清〕孫詒讓撰
籀高述林十卷 〔清〕孫詒讓撰
舒藝室隨筆六卷 〔清〕張文虎撰
舒藝室續筆一卷 〔清〕張文虎撰
舒藝室餘筆三卷 〔清〕張文虎撰
無邪堂答問五卷 〔清〕朱一新撰
灤源問答十二卷 〔清〕沈可培撰

第一一六五册

純常子枝語四十卷 〔清〕文廷式撰
師伏堂筆記三卷 〔清〕皮錫瑞撰
午窗隨筆四卷 〔清〕郭夢星撰
愚慮録五卷 〔清〕陳偉撰

第一一六六册

丁晉公談録一卷 〔宋〕丁謂撰
續世説十二卷 〔宋〕孔平仲撰
續墨客揮犀十卷 〔宋〕彭乘撰
醉翁談録五卷 〔宋〕金盈之撰
静齋至正直記四卷 〔元〕孔齊撰
冀越集記二卷 〔元〕熊太古撰
東園客談一卷 〔明〕孫道易輯
可齋雜記一卷 〔明〕彭時撰
雙槐歲抄十卷 〔明〕黄瑜撰

第一一六七册

石田翁客座新聞十一卷 〔明〕沈周撰
震澤紀聞二卷 〔明〕王鏊撰 續震澤紀聞一卷 〔明〕王禹聲撰
立齋閑録四卷 〔明〕宋端儀撰
青溪暇筆二卷 〔明〕姚福撰
皇明紀略一卷 〔明〕皇甫録撰

第一一六八册

西園聞見録一百七卷（卷一至卷三十） 〔明〕張萱撰

第一一六九册

西園聞見録一百七卷（卷三十一至卷八十） 〔明〕張萱撰

第一一七〇册

西園聞見録一百七卷（卷八十一至卷一百七） 〔明〕張萱撰
濯纓亭筆記十卷附禮記集説辯疑一卷 〔明〕戴冠撰
寓圃雜記十卷 〔明〕王錡撰
復齋日記一卷 〔明〕許浩撰
磯園稗史三卷 〔明〕孫繼芳撰
病逸漫記不分卷 〔明〕陸釴撰
孤樹裒談十卷 〔明〕李默撰

第一一七一册

澹泉筆述十二卷 〔明〕鄭曉撰
張恭懿松窗夢語八卷 〔明〕張瀚撰
見聞雜紀十一卷 〔明〕李樂撰

第一一七二册

西臺漫紀六卷 〔明〕蔣以化撰
林居漫録前集六卷別集九卷畸集五卷多集六卷 〔明〕伍袁萃撰
西山日記二卷 〔明〕丁元薦撰
玉堂叢語八卷 〔明〕焦竑撰

湧幢小品三十二卷（卷一至卷七） 〔明〕朱國禎撰

第一一七三册

湧幢小品三十二卷（卷八至卷三十二） 〔明〕朱國禎撰
皇明世説新語八卷附釋名一卷 〔明〕李紹文撰
戒菴老人漫筆八卷 〔明〕李詡撰

第一一七四册

焦氏説楛七卷 〔明〕焦周撰
野獲編三十卷 野獲編補遺四卷 〔明〕沈德符撰

第一一七五册

花當閣叢談八卷 〔明〕徐復祚撰
玉堂薈記四卷 〔清〕楊士聰撰
玉劍尊聞十卷 〔清〕梁維樞撰
客舍偶聞一卷 〔清〕彭孫貽撰
天香閣隨筆二卷 〔清〕李介撰
今世説八卷 〔清〕王晫撰
明語林十四卷補遺一卷 〔清〕吴肅公撰

第一一七六册

天史十二卷問天亭放言一卷 〔清〕丁耀亢撰
卭竹杖七卷 〔清〕施男撰
二樓紀略四卷 〔清〕佟賦偉撰
劉繼莊先生廣陽雜記五卷 〔清〕劉獻廷撰

第一一七七册

觚賸八卷 觚賸續編四卷 〔清〕鈕琇撰
拾籜餘閒一卷 〔清〕孔毓埏撰
人海記二卷 〔清〕查慎行撰
讀書堂西征隨筆一卷 〔清〕汪景祺撰
巢林筆談六卷 〔清〕龔煒撰
巢林筆談續編二卷 〔清〕龔煒撰
藤陰雜記十二卷 〔清〕戴璐撰
伊江筆録二卷 〔清〕吴熊光撰
春泉聞見録四卷 〔清〕劉壽眉撰
陶廬雜録六卷 〔清〕法式善撰

第一一七八册

清秘述聞十六卷 〔清〕法式善撰
清秘述聞續十六卷 〔清〕王家相 魏茂林等撰 清秘述聞補一卷 〔清〕錢維福撰
槐廳載筆二十卷 〔清〕法式善撰
恩福堂筆記二卷 〔清〕英和撰
熙朝新語十六卷 〔清〕余金輯

第一一七九册

歸田瑣記八卷 〔清〕梁章鉅撰
浪跡叢談十一卷 〔清〕梁章鉅撰
浪跡續談八卷 〔清〕梁章鉅撰
浪跡三談六卷 〔清〕梁章鉅撰

我暇編不分卷 〔清〕王宗敬撰

嘯亭雜録十卷 嘯亭續録三卷 〔清〕昭 槤撰

檮園銷夏録三卷 〔清〕郭 麐撰

第一一八〇册

野語九卷 〔清〕程岱葊撰

聽雨樓隨筆八卷 〔清〕王培荀撰

鄉園憶舊録六卷 〔清〕王培荀撰

第一一八一册

無事爲福齋隨筆二卷 〔清〕韓泰華撰

橋西雜記一卷 〔清〕葉名澧撰

侍衛瑣言一卷補一卷 〔清〕奕 賡撰

管見所及一卷補遺一卷 〔清〕奕 賡撰

寄楮備談一卷 〔清〕奕 賡撰

煨柮閒談一卷 〔清〕奕 賡撰

括談二卷 〔清〕奕 賡撰

見聞隨筆二十六卷 〔清〕齊學裘撰

見聞續筆二十四卷 〔清〕齊學裘撰

静娱亭筆記十二卷（卷一至卷五） 〔清〕張培仁撰

第一一八二册

静娱亭筆記十二卷（卷六至卷十二） 〔清〕張培仁撰

郎潛紀聞十四卷 郎潛二筆十六卷 郎潛三筆十二卷 〔清〕陳康祺撰

庸盦筆記六卷 〔清〕薛福成撰

第一一八三册

金壺七墨十八卷（浪墨八卷遯墨四卷逸墨二卷戲墨一卷醉墨一卷心影二卷，叢墨未刻） 〔清〕黄鈞宰撰

粟香隨筆八卷 粟香二筆八卷 粟香三筆八卷 粟香四筆八卷 粟香五筆八卷（隨筆卷一至三筆卷八） 金武祥撰

第一一八四册

粟香隨筆八卷 粟香二筆八卷 粟香三筆八卷 粟香四筆八卷 粟香五筆八卷（四筆卷一至五筆卷八） 金武祥撰

居家必用事類全集十卷 〔元〕佚 名撰

第一一八五册

多能鄙事十二卷 題〔明〕劉 基撰

新增格古要論十三卷 〔明〕曹 昭撰 〔明〕舒 敏 王 佐增

蕉窗九録九卷 〔明〕項元汴撰

陳眉公考槃餘事四卷 〔明〕屠 隆撰

華夷花木鳥獸珍玩考十二卷 〔明〕慎懋官撰

群物奇制一卷 〔明〕周履靖撰

第一一八六册

博物要覽十六卷 〔明〕谷 泰輯

廣社不分卷 〔明〕張雲龍撰

燕閒四適二十卷 〔明〕孫丕顯輯
閒情偶寄十六卷 〔清〕李 漁撰
前塵夢影録二卷 〔清〕徐 康撰

第一一八七册

羣書治要五十卷（存卷一至卷三 卷五至卷十二 卷十四至卷十九 卷二十一至卷五十） 〔唐〕魏 徵等撰

第一一八八册

意林五卷 〔唐〕馬 總輯 逸文一卷 〔清〕周廣業輯 闕目一卷 〔清〕嚴可均輯 補一卷 〔清〕李遇孫輯
澄懷録二卷 〔宋〕周 密輯
忍經一卷 〔元〕吴 亮輯
續觀感録十二卷 〔明〕方 鵬輯
灼艾集二卷續集二卷别集二卷餘集二卷新集二卷 〔明〕萬 表輯
困學纂言六卷 〔明〕李 栻輯
初潭集三十卷（卷一至卷十九） 〔明〕李 贄撰

第一一八九册

初潭集三十卷（卷二十至卷三十） 〔明〕李 贄撰
宋賢事彙二卷 〔明〕李廷機輯
焦氏類林八卷 〔明〕焦 竑輯
説郛續四十六卷（卷一至卷六） 〔明〕陶 珽編

第一一九〇册

説郛續四十六卷（卷七至卷二十） 〔明〕陶 珽編

第一一九一册

説郛續四十六卷（卷二十一至卷三十六） 〔明〕陶 珽編

第一一九二册

説郛續四十六卷（卷三十七至卷四十六） 〔明〕陶 珽編
雲薖淡墨八卷 〔明〕木 增輯

第一一九三册

昨非庵日纂二十卷二集二十卷三集二十卷 〔明〕鄭 瑄輯

第一一九四册

堯山堂外紀一百卷（卷一至卷七十七） 〔明〕蔣一葵撰

第一一九五册

堯山堂外紀一百卷（卷七十八至卷一百） 〔明〕蔣一葵撰
古今譚概三十六卷 〔明〕馮夢龍輯
倘湖樵書十二卷（初編六卷二編六卷）（卷一至卷三） 〔清〕來集之撰

第一一九六册

倘湖樵書十二卷（初編六卷二編六卷）（卷四至卷十二） 〔清〕來集之撰
寄園寄所寄十二卷（卷一至卷七） 〔清〕趙吉士輯

第一一九七册

寄園寄所寄十二卷（卷八至卷十二） 〔清〕趙吉士輯
退庵隨筆二十二卷 〔清〕梁章鉅撰

篷窗隨録十四卷附録二卷續録二卷（卷一至卷十四）〔清〕沈兆澐輯

第一一九八册

篷窗隨録十四卷附録二卷續録二卷（附録卷上至續録卷下）〔清〕沈兆澐輯

茶香室叢鈔二十三卷續鈔二十五卷三鈔二十九卷四鈔二十九卷（叢鈔卷一至三鈔卷十一）〔清〕俞　樾撰

第一一九九册

茶香室叢鈔二十三卷續鈔二十五卷三鈔二十九卷四鈔二十九卷（三鈔卷十二至四鈔卷二十九）〔清〕俞　樾撰

漢魏遺書鈔一百十四卷（歸藏至古今樂録）〔清〕王　謨輯

第一二〇〇册

漢魏遺書鈔一百十四卷（樂論至石經）〔清〕王　謨輯

經典集林三十二卷　〔清〕洪頤煊輯

玉函山房輯佚書七百三十九卷（經編易類連山至周易繫辭明氏注）〔清〕馬國翰輯

第一二〇一册

玉函山房輯佚書七百三十九卷（經編易類周易沈氏要略至經編禮記類禮記王氏注）〔清〕馬國翰輯

第一二〇二册

玉函山房輯佚書七百三十九卷（經編禮記類禮記孫氏注至經編論語類論語鄭氏注卷四）〔清〕馬國翰輯

第一二〇三册

玉函山房輯佚書七百三十九卷（經編論語類論語鄭氏注卷五至經編小學類纂要）〔清〕馬國翰輯

第一二〇四册

玉函山房輯佚書七百三十九卷（經編小學類文字集略至目耕帖卷四）〔清〕馬國翰輯

第一二〇五册

玉函山房輯佚書七百三十九卷（目耕帖卷五至卷三十一）〔清〕馬國翰輯

第一二〇六册

玉函山房輯佚書續編二百七十三卷　〔清〕王仁俊輯

玉函山房輯佚書補編一百三十九卷　〔清〕王仁俊輯

黄氏逸書考二百九十一卷附十一卷（子夏易傳至周氏易注）〔清〕黄　奭輯

第一二〇七册

黄氏逸書考二百九十一卷附十一卷（何妥周易講疏至服虔通俗文）〔清〕黄　奭輯

第一二〇八册

黄氏逸書考二百九十一卷附十一卷（蔡邕勸學篇至春秋元命苞）〔清〕黄　奭輯

第一二〇九册

黄氏逸書考二百九十一卷附十一卷（春秋文耀鉤至謝承

後漢書卷下）〔清〕黄　奭輯

第一二一〇册

黄氏逸書考二百九十一卷附十一卷（薛瑩漢後書至漢官）〔清〕黄　奭輯

第一二一一册

黄氏逸書考二百九十一卷附十一卷（應劭漢官儀至懷荃室詩存卷五）〔清〕黄　奭輯

經籍佚文一百二十一卷〔清〕王仁俊輯

類書類

第一二一二册

皇覽一卷〔清〕孫馮翼輯

修文殿御覽一卷〔北齊〕祖　珽等輯

琱玉集十五卷（存卷十二　卷十四）〔唐〕佚　名輯

北堂書鈔一百六十卷（卷一至卷一百三十六）〔唐〕虞世南輯

第一二一三册

北堂書鈔一百六十卷（卷一三七至卷一六〇）〔唐〕虞世南輯

蒙求三卷〔唐〕李　翰撰

姓解三卷〔宋〕邵　思纂

聖宋名賢四六叢珠一百卷（卷一至卷六十七）〔宋〕葉　蕡輯

第一二一四册

聖宋名賢四六叢珠一百卷（卷六十八至卷一百）〔宋〕葉　蕡輯

新刻吕涇野先生校正中秘元本二十卷〔宋〕任　廣輯

太學新增合璧聯珠聲律萬卷菁華前集六十卷〔宋〕李昭玘輯　後集八十卷（存七十七卷）〔宋〕李似之輯　（前集卷一至前集卷二十六）

第一二一五册

太學新增合璧聯珠聲律萬卷菁華前集六十卷〔宋〕李昭玘輯　後集八十卷（存七十七卷）〔宋〕李似之輯　（前集卷二十七至後集卷三十七）

第一二一六册

太學新增合璧聯珠聲律萬卷菁華前集六十卷〔宋〕李昭玘輯　後集八十卷（存七十七卷）〔宋〕李似之輯　（後集卷三十八至後集卷四十三　後集卷五十六至後集卷六十八　後集卷七十七）

東萊先生分門詩律武庫十五卷後集十五卷　題〔宋〕吕祖謙輯

回溪先生史韻四十九卷（存卷一至卷五　卷二十至卷二十七　卷三十四至卷三十九　卷四十六至卷四十九）〔宋〕錢　諷輯

第一二一七册

錦繡萬花谷別集三十卷(存卷一至卷二十三　卷二十七至卷三十)
璧水羣英待問會元九十卷(卷一至卷六十二)〔宋〕劉達可輯

第一一二八册

璧水羣英待問會元九十卷(卷六十三至卷九十)〔宋〕劉達可輯
新編纂圖增類羣書類要事林廣記四十二卷〔宋〕陳元靚等編
自號録一卷〔宋〕徐光溥撰
歷代蒙求一卷〔宋〕王芮撰〔元〕鄭鎮孫注
敏求機要十六卷〔元〕劉實撰　劉茂實注
重添校正蜀本書林事類韻會一百卷(存二十七卷)(卷三至卷四　卷五十至卷五十一　卷五十三至卷五十四　卷五十九至卷六十)

第一一二九册

重添校正蜀本書林事類韻會一百卷(存二十七卷)(卷六十一　卷八十下　卷八十一至卷九十四　卷九十八至卷一百)
重刊增廣分門類林雜説十五卷〔金〕王朋壽撰

第一一三〇册

新編事文類聚翰墨全書一百三十四卷(甲集卷一至戊集卷五)〔元〕劉應李輯
新編事文類聚翰墨全書一百三十四卷(己集卷一至後丙集卷六)〔元〕劉應李輯

第一一三一册

新編事文類聚翰墨全書一百三十四卷(後丁集卷一至後戊集卷九)〔元〕劉應李輯
新編事文類要啓劄青錢前集十卷後集十卷續集十卷別集十卷外集十一卷
聯新事備詩學大成三十卷〔元〕林楨輯
新編類意集解諸子瓊林前集二十四卷後集十六卷(前集卷一至前集卷十四)〔元〕蘇應龍輯

第一一三二册

新編類意集解諸子瓊林前集二十四卷後集十六卷(前集卷十五至後集卷十六)〔元〕蘇應龍輯
詩學集成押韻淵海二十卷(卷一至卷八)〔元〕嚴毅輯

第一一三三册

詩學集成押韻淵海二十卷(卷九至卷十七)〔元〕嚴毅輯

第一一三四册

詩學集成押韻淵海二十卷(卷十八至卷二十)〔元〕嚴毅輯
羣書通要七十三卷
羣書類編故事二十四卷〔明〕王罃輯

第一一三五册

三才廣志（天道卷一至天道卷六十一　天道卷六十三至天道卷七十九　天道卷八十二至天道卷八十八）〔明〕吴　珫輯

第一一二六册

三才廣志（天道卷八十九至天道卷一百七　天道卷一百十　地理卷一至地理卷四十七　地理卷四十九至地理卷一百十五　地理卷一百二十三至地理卷一百三十一）〔明〕吴　珫輯

第一一二七册

三才廣志（地理卷一百三十二　地理卷一百三十四　人道卷十一至人道卷二十八　人道卷三十至人道卷一百十）〔明〕吴　珫輯

第一一二八册

三才廣志（卷二六九至卷二七八　卷二八三至卷二九一　卷二九三至卷二九四　卷三三四至卷三三九　卷三四六至卷三四八　卷三五三至卷三六三　卷三七五至卷三七六　卷四四五至卷四四七　卷四六三　卷四六六至卷四七二　卷四七四至卷四七五　卷四七七至卷四八〇　卷四八七至卷四九〇　卷五一三至卷五二三）〔明〕吴　珫輯

第一一二九册

三才廣志（卷五二四至卷五二五　卷五二七至卷五四〇　卷五五〇至卷五五五　卷五六二至卷五六五　卷五七八至卷五九〇　卷五九二至卷五九七　卷六三七至卷六四六　卷六四八至卷六五二　卷六五四至卷六五七　卷六六二至卷六六六　卷六六九　卷六七二）〔明〕吴　珫輯

第一一三〇册

三才廣志（卷六七四至卷六七九　卷六八一至卷六八六　卷六九〇至卷六九一　卷六九三至卷六九四　卷八三〇至卷八三二　卷八四〇至卷八四一　卷八四三至卷八四六　卷八五二至卷八五三　卷八六四至卷八六五　卷八六七至卷八六八　卷八七〇　卷八七二至卷八七四　卷八九九至卷九一一　卷九一六至卷九一七　卷九一九　卷九二一　卷九三一至卷九三四　卷九三七至卷九三八　卷九四七至卷九五三　卷九八八至卷九八九　卷九九二　卷一〇二五至卷一〇二八　卷一〇三〇至卷一〇三三）〔明〕吴　珫輯

第一一三一册

三才廣志（卷一〇五一至卷一〇五九　卷一〇六四至卷一〇七六　卷一〇九一至卷一〇九三　卷一〇九五至卷一〇九八　卷一一〇〇至卷一一〇二　卷一一一〇至卷一一一九　卷一一二二至卷一一二六　卷一一三一至卷一一三二　卷一一三六至卷一一四二　卷一一

四四至卷一一四九　卷一一五七至卷一一六〇　卷一一六二至卷一一六五　卷一一六七　卷一一七三至卷一一七五　卷一一七七　卷一一七九）〔明〕吴　珫輯

第一一三二冊

均藻四卷　〔明〕楊　慎輯

事物考八卷　〔明〕王三聘輯

彊識畧四十卷　〔明〕吴楚材輯

三才圖會一百六卷（天文卷一至天文卷四）〔明〕王　圻　王思義輯

第一一三三冊

三才圖會一百六卷（地理卷一至人物卷十四）〔明〕王　圻　王思義輯

第一一三四冊

三才圖會一百六卷（時令卷一至人事卷二）〔明〕王　圻　王思義輯

第一一三五冊

三才圖會一百六卷（人事卷三至草木卷二）〔明〕王　圻　王思義輯

第一一三六冊

三才圖會一百六卷（草木卷三至草木卷十二）〔明〕王　圻　王思義輯

類雋三十卷（卷一至卷二十一）〔明〕鄭若庸輯

第一一三七冊

類雋三十卷（卷二十二至卷三十）〔明〕鄭若庸輯

劉氏類山十卷　〔明〕劉胤昌撰

蟫史集十一卷　〔明〕穆希文撰

新鐫古今事物原始全書三十卷（卷一至卷十三）〔明〕徐炬輯

第一一三八冊

新鐫古今事物原始全書三十卷（卷十四至卷三十）〔明〕徐　炬輯

第一一三九冊

劉氏鴻書一百八卷（卷一至卷四十）〔明〕劉仲達輯

劉氏鴻書一百八卷（卷四十一至卷一百八）〔明〕劉仲達輯

第一一四〇冊

八編類纂二百八十五卷圖二卷六經圖六卷（卷一至卷二十六）〔明〕陳仁錫輯

第一一四一冊

八編類纂二百八十五卷圖二卷六經圖六卷（卷二十七至卷七十）〔明〕陳仁錫輯

第一一四二冊

八編類纂二百八十五卷圖二卷六經圖六卷（卷七十一至卷一百十七）〔明〕陳仁錫輯

第一一四三冊

八編類纂二百八十五卷圖二卷六經圖六卷（卷一百十八至卷一百六十四）〔明〕陳仁錫輯

第一二四四册

八編類纂二百八十五卷圖二卷六經圖六卷（卷一百六十五至卷二百十二）〔明〕陳仁錫輯

第一二四五册

八編類纂二百八十五卷圖二卷六經圖六卷（卷二百十三至卷二百五十七）〔明〕陳仁錫輯

第一二四六册

八編類纂二百八十五卷圖二卷六經圖六卷（卷二百五十八至卷二百八十五）〔明〕陳仁錫輯

博物典彙二十卷　〔明〕黄道周輯

第一二四七册

蘭雪堂古事苑定本十二卷　〔清〕鄧志謨撰

三體摭韻不分卷（上平聲一東至去聲七遇）〔清〕朱昆田輯

第一二四八册

三體摭韻不分卷（去聲八霽至入聲十七洽）〔清〕朱昆田輯

廣事類賦四十卷　〔清〕華希閔輯

類腋五十五卷（天部八卷地部十六卷人部十五卷物部十六卷）〔清〕姚培謙　張卿雲輯　補遺三卷　〔清〕張隆孫輯

（天部卷一至地部卷五）

第一二四九册

類腋五十五卷（天部八卷地部十六卷人部十五卷物部十六卷）〔清〕姚培謙　張卿雲輯　補遺三卷　〔清〕張隆孫輯

（地部卷六至物部卷十六）

第一二五〇册

類書纂要三十三卷（卷一至卷二十一）〔清〕周　魯輯

第一二五一册

類書纂要三十三卷（卷二十二至卷三十三）〔清〕周　魯輯

奩史一百卷拾遺一卷（卷一至卷四十四）〔清〕王初桐輯

第一二五二册

奩史一百卷拾遺一卷（卷四十五至卷一百）〔清〕王初桐輯

事物異名録四十卷（卷一至卷十八）〔清〕厲　荃輯　〔清〕關　槐增輯

第一二五三册

事物異名録四十卷（卷十九至卷四十）〔清〕厲　荃輯　〔清〕關　槐增輯

稱謂録三十二卷　〔清〕梁章鉅撰

第一二五四册

楹聯叢話十二卷　〔清〕梁章鉅撰

楹聯續話四卷　〔清〕梁章鉅撰

巧對録八卷　〔清〕梁章鉅撰

時務通考三十一卷（卷一天算一至天算六）〔清〕杞廬主人等撰

第一二五五册

時務通考三十一卷（卷一天算七至卷六）〔清〕杞廬主人等撰

第一二五六册

時務通考三十一卷（卷七至卷十二）〔清〕杞廬主人等撰

第一二五七册

時務通考三十一卷（卷十三至卷二十一）〔清〕杞廬主人等撰

第一二五八册

時務通考三十一卷（卷二十二至卷二十四）〔清〕杞廬主人等撰

第一二五九册

時務通考三十一卷（卷二十五至卷三十一）〔清〕杞廬主人等撰

小説家類

第一二六〇册

燕丹子三卷〔清〕孫星衍輯

譚賓録十卷〔唐〕胡　璩撰

三水小牘二卷逸文一卷附録一卷〔唐〕皇甫枚撰　繆荃孫校補

友會談叢三卷〔宋〕上官融撰

客座贅語十卷〔明〕顧起元撰

剪桐載筆一卷〔明〕王象晉撰

陶菴夢憶八卷〔明〕張　岱撰〔清〕王文誥評

堅瓠集四十卷（甲集四卷乙集四卷丙集四卷丁集四卷戊集四卷己集四卷庚集四卷辛集四卷壬集四卷癸集四卷）續集四卷廣集六卷補集六卷秘集六卷餘集四卷（甲集卷一至丁集卷四）〔清〕褚人穫撰

第一二六一册

堅瓠集四十卷（甲集四卷乙集四卷丙集四卷丁集四卷戊集四卷己集四卷庚集四卷辛集四卷壬集四卷癸集四卷）續集四卷廣集六卷補集六卷秘集六卷餘集四卷（戊集卷一至廣集卷六）〔清〕褚人穫撰

第一二六二册

堅瓠集四十卷（甲集四卷乙集四卷丙集四卷丁集四卷戊集四卷己集四卷庚集四卷辛集四卷壬集四卷癸集四卷）續集四卷廣集六卷補集六卷秘集六卷餘集四卷（補集卷一至餘集卷四）〔清〕褚人穫撰

不下帶編七卷〔清〕金　埴撰

重論文齋筆録十二卷〔清〕王端履撰

清嘉録十二卷〔清〕顧　禄撰

第一二六三册

兩般秋雨盦隨筆八卷〔清〕梁紹壬撰

客窗閒話八卷〔清〕吴熾昌撰

甕牖餘談八卷〔清〕王　韜撰

珊瑚舌雕談初筆八卷〔清〕許　起撰

三借廬贅譚十二卷　〔清〕鄒　弢撰

第一二六四册

蕉廊脞録八卷　吴慶坻撰
山海經箋疏十八卷圖贊一卷訂譌一卷叙録一卷　〔清〕郝懿行撰
玄中記一卷補遺一卷　〔晉〕郭　璞撰　〔清〕茆泮林輯
新刻出像增補搜神記六卷
冥報記三卷　〔唐〕唐　臨撰
河東先生龍城録二卷　題〔唐〕柳宗元撰
獨異志三卷　〔唐〕李　冗撰
録異記八卷　〔五代〕杜光庭撰
括異志十卷　〔宋〕張師正撰
雲齋廣録八卷後集一卷　〔宋〕李獻民撰
搜神秘覽三卷　〔宋〕章炳文撰
閑窗括異志一卷　〔宋〕魯應龍撰
夷堅志一百八十卷（甲志二十卷乙志二十卷丙志二十卷丁志二十卷支甲十卷支乙十卷支景十卷支丁十卷支戊十卷支庚十卷支癸十卷三志己十卷三支辛十卷三志壬十卷）（甲志卷一至甲志卷二十）　〔宋〕洪　邁撰

第一二六五册

夷堅志一百八十卷（甲志二十卷乙志二十卷丙志二十卷丁志二十卷支甲十卷支乙十卷支景十卷支丁十卷支戊十卷支庚十卷支癸十卷三志己十卷三支辛十卷三志壬十卷）（乙志卷一至支癸卷十）　〔宋〕洪　邁撰

第一二六六册

夷堅志一百八十卷（甲志二十卷乙志二十卷丙志二十卷丁志二十卷支甲十卷支乙十卷支景十卷支丁十卷支戊十卷支庚十卷支癸十卷三志己十卷三支辛十卷三志壬十卷）（三志己卷一至三志壬卷十）　〔宋〕洪　邁撰
湖海新聞夷堅續志前集十二卷後集六卷
厚德録四卷　〔宋〕李元綱撰
樂善録十卷　〔宋〕李昌齡編
鬼董五卷
新編醉翁談録十集二十卷　〔宋〕羅　燁撰
續夷堅志四卷附遺山年譜畧一卷　題〔金〕元好問撰
效顰集三卷　〔明〕趙　弼撰
見聞紀訓二卷　〔明〕陳良謨撰
祝子志怪録五卷　〔明〕祝允明撰
都公譚纂二卷　〔明〕都　穆撰　〔明〕陸　采輯
西樵野紀十卷　〔明〕侯　甸撰

第一二六七册

玉茗堂摘評王弇州先生豔異編十二卷　題〔明〕王世貞撰　〔明〕湯顯祖評
廣豔異編三十五卷　〔明〕吴大震輯

獪園十六卷 〔明〕錢希言撰

第一二六八册

耳談類增五十四卷 〔明〕王同軏撰

玉塵新譚三十四卷（清言十卷偶記八卷耳新八卷雋區八卷） 〔明〕鄭仲夔撰

見聞録四卷 〔清〕徐　岳撰

山齋客譚八卷 〔清〕景星杓撰

第一二六九册

閱微草堂筆記二十四卷 〔清〕紀　昀撰

秋燈叢話十八卷 〔清〕王　椷撰

夢厂雜著十卷 〔清〕俞　蛟撰

第一二七〇册

妄妄録十卷 〔清〕朱　海撰

里乘十卷 〔清〕許奉恩撰

右台仙館筆記十六卷 〔清〕俞　樾撰

咫聞録十二卷 〔清〕慵訥居士撰

埋憂集十卷續集二卷 〔清〕朱翊清撰

第一二七一册

壺天録三卷 〔清〕百一居士撰

增修埤雅廣要四十二卷 〔宋〕陸　佃撰 〔明〕牛　衷增輯

蓬窗類紀五卷 〔明〕黄　暐撰

青泥蓮花記十三卷 〔明〕梅鼎祚撰

第一二七二册

板橋雜記三卷 〔清〕余　懷撰

吴下諺聯四卷 〔清〕王有光撰

鄉言解頤五卷 〔清〕李光庭撰

影梅庵憶語一卷 〔清〕冒　襄撰

續廣博物志十六卷 〔清〕徐壽基輯

文酒清話 〔宋〕佚　名撰

開顔集二卷 〔宋〕周文玘輯

解愠編十四卷 題〔明〕樂天大笑生輯

雅笑三卷 〔明〕李　贄輯

山中一夕話上集七卷下集七卷 題〔明〕李　贄輯

第一二七三册

捧腹編十卷 〔明〕許自昌輯

詩笑二卷 題池上餐華生輯

書笑不分卷

遣愁集十四卷 〔清〕張貴勝撰

笑笑録六卷 〔清〕獨逸窩退士撰

宗教類

第一二七四册

肇論中吴集解三卷 〔後秦〕釋僧肇撰 〔宋〕釋淨源集解

中觀論疏二十六卷附中論科判一卷 〔隋〕釋吉藏撰

三論玄義二卷 〔隋〕釋吉藏撰
大乘百法明門論疏二卷 〔唐〕釋普光撰
成唯識論述記六十卷(卷一至卷九) 〔唐〕釋窺基撰

第一二七五册

成唯識論述記六十卷(卷十至卷六十) 〔唐〕釋窺基撰

第一二七六册

大方廣佛華嚴經探玄記十卷(卷一至卷四) 〔唐〕釋法藏撰

第一二七七册

大方廣佛華嚴經探玄記十卷(卷五至卷七) 〔唐〕釋法藏撰

第一二七八册

大方廣佛華嚴經探玄記十卷(卷八至卷十) 〔唐〕釋法藏撰

第一二七九册

大乘起信論義記七卷 大乘起信論別記一卷 〔唐〕釋法藏撰
禪源諸詮集都序二卷 〔唐〕釋宗密撰
圓覺經略疏之鈔二十五卷 〔唐〕釋宗密撰
摩訶止觀十卷 〔隋〕釋智顗撰
四教義六卷 〔隋〕釋智顗撰

第一二八〇册

大毗盧遮那成佛經疏二十卷 〔唐〕釋一行撰

第一二八一册

六祖壇經一卷 〔唐〕釋惠能撰
楞伽師資記(殘) 〔唐〕釋淨覺撰
禪林寶訓二卷 〔宋〕釋淨善輯
敕修百丈清規二卷 〔元〕釋德煇撰
高僧傳十三卷序録一卷 〔南朝梁〕釋慧皎撰
續高僧傳三十一卷(卷一至卷十三) 〔唐〕釋道宣撰

第一二八二册

續高僧傳三十一卷(卷十四至卷三十一) 〔唐〕釋道宣撰
景德傳燈録三十卷西來年表一卷 〔宋〕釋道原撰

第一二八三册

補續高僧傳二十六卷 〔明〕釋明河撰
宗鏡録一百卷(卷一至卷二十五) 〔宋〕釋延壽撰

第一二八四册

宗鏡録一百卷(卷二十六至卷九十) 〔宋〕釋延壽撰

第一二八五册

宗鏡録一百卷(卷九十一至卷一百) 〔宋〕釋延壽撰
神僧傳九卷 〔明〕朱棣撰
大明高僧傳八卷 〔明〕釋如惺撰
祖堂集二十卷 〔五代〕釋靜 釋筠輯
比丘尼傳四卷 〔南朝梁〕釋寶唱撰
隋天台智者大師別傳一卷 〔隋〕釋灌頂撰

第一二八六册

大唐大慈恩寺三藏法師傳十卷 〔唐〕釋慧立 釋彦悰撰

淨土聖賢録九卷 〔清〕彭希涑撰 淨土聖賢録續編四卷種蓮集一卷 〔清〕蓮歸居士撰
居士傳五十六卷 〔清〕彭紹升撰
南海寄歸内法傳四卷 〔唐〕釋義淨撰
大宋僧史略三卷 〔宋〕釋贊寧撰

第一二八七册

佛祖統紀五十四卷 〔宋〕釋志磐撰

第一二八八册

釋鑑稽古略續集三卷 〔明〕釋大聞輯
出三藏記集十五卷 〔梁〕釋僧祐撰
歷代三寶紀十五卷 〔隋〕費長房撰

第一二八九册

大唐内典録十卷 〔唐〕釋道宣撰
續大唐内典録一卷 〔唐〕釋智昇撰
武周刊定衆經目録十四卷 武周刊定僞經目録一卷 〔武周〕釋明佺等撰
大元至元辨僞録五卷 〔元〕釋祥邁撰
至元法寶勘同總録十卷 〔元〕釋慶吉祥等編

第一二九〇册

閱藏知津四十四卷總目四卷 〔明〕釋智旭撰
黄帝陰符經注一卷 〔唐〕張　果撰
黄帝陰符經集解三卷 〔宋〕袁淑真撰
黄帝陰符經註一卷 〔宋〕俞　琰撰
陰符經玄解正義一卷 〔清〕閔一得撰
老子想爾注二卷(存卷上) 〔漢〕張　魯撰
道德真經廣聖義五十卷(卷一至卷二十三) 〔前蜀〕杜光庭撰

第一二九一册

道德真經廣聖義五十卷(卷二十四至卷五十) 〔前蜀〕杜光庭撰
道德真經藏室纂微篇十卷 〔宋〕陳景元撰
南華真經副墨八卷讀南華經雜説一卷 〔明〕陸西星撰

第一二九二册

關尹子文始真經九卷 〔宋〕陳顯微注
周易參同契解箋三卷 〔明〕張文龍解 〔明〕朱長春箋
古文周易參同契註八卷 〔清〕袁仁林撰
養性延命録二卷 〔梁〕陶弘景撰
無上祕要一百卷(存六十八卷)(卷三至卷五十五) 〔北周〕武帝宇文邕敕輯

第一二九三册

無上祕要一百卷(存六十八卷)(卷五十六至卷一百) 〔北周〕武帝宇文邕敕輯
道教義樞十卷(存卷一至卷五 卷七至卷十) 〔唐〕孟安排撰
道樞四十二卷 〔宋〕曾　慥輯

玉音法事三卷 〔宋〕佚 名撰
三洞珠囊十卷 〔唐〕王懸河輯
仙苑編珠三卷 〔唐〕王松年撰

第一二九四册

三洞羣仙録二十卷 〔宋〕陳葆光撰
華陽陶隱居内傳三卷 〔唐〕賈 嵩撰
歷世真仙體道通鑑五十三卷續編五卷後集六卷(卷一至卷四十六) 〔元〕趙道一撰

第一二九五册

歷世真仙體道通鑑五十三卷續編五卷後集六卷(卷四七至後集卷六) 〔元〕趙道一撰
金丹正理大全諸真玄奥集成九卷 □涵蟾子輯
長春道教源流八卷 〔清〕陳銘珪撰
天方典禮擇要解二十卷後編一卷 〔清〕劉 智撰

第一二九六册

天方性理五卷首一卷 〔清〕劉 智撰
天方至聖實録二十卷首一卷 〔清〕劉 智撰
天主實義二卷 〔意〕利瑪竇撰
主制羣徵二卷 〔德〕湯若望撰
教要序論一卷 〔比〕南懷仁撰
摩尼光佛教法儀略一卷(殘)
大秦景教三威蒙度讚一卷 〔唐〕釋景淨譯
景教流行中國碑頌 〔唐〕釋景淨撰

西學譯著類

第一二九七册

天演論二卷 〔英〕赫胥黎撰 嚴 復譯
名學 〔英〕穆 勒撰 嚴 復譯
泰西新史攬要二十四卷 〔英〕馬懇西著 〔英〕李提摩太譯 〔清〕蔡爾康述
列國變通興盛記四卷 〔英〕李提摩太撰
佐治芻言一卷 〔英〕傅蘭雅譯 應祖錫述
原富五卷 〔英〕斯密亞丹撰 嚴 復譯

第一二九八册

羣學肄言二卷 〔英〕斯賓塞爾撰 嚴 復譯
羣己權界論二卷 〔英〕穆 勒撰 嚴 復譯
法意二十九卷(卷一至卷十九) 〔法〕孟德斯鳩撰 嚴 復譯

第一二九九册

法意二十九卷(卷二十至卷二十九) 〔法〕孟德斯鳩撰 嚴 復譯
萬國公法四卷 〔美〕惠 頓撰 〔美〕丁韙良譯
列國陸軍制不分卷 〔美〕歐潑登撰 〔美〕林樂知 〔清〕瞿昂來同譯
西學考略二卷 〔美〕丁韙良撰

第一三〇〇册

社會通詮二卷 〔英〕甄克思撰 嚴 復譯
格致總學啓蒙三卷
幾何原本十五卷 〔西洋〕歐幾里得撰 〔意〕利瑪竇譯 〔明〕徐光啓筆受 〔英〕偉烈亞力續譯 〔清〕李善蘭筆受
談天十卷首一卷附表一卷 〔英〕侯失勒撰 〔英〕偉烈亞力譯 〔清〕李善蘭删述 〔清〕徐建寅續述
天文揭要二卷 〔美〕赫 士編譯 〔清〕周文源述
冶金録三卷 〔美〕阿發滿撰 〔英〕傅蘭雅譯 趙元益述

集部（一三〇一—一八〇〇）

楚辭類

第一三〇一册

離騷集傳一卷 〔宋〕錢杲之撰
楚辭集解十五卷楚辭大序一卷楚辭小序一卷楚辭蒙引二卷楚辭考異一卷 〔明〕汪 瑗撰
楚辭疏十九卷讀楚辭語一卷屈原傳一卷楚辭雜論一卷 〔明〕陸時雍撰
楚辭聽直八卷合論一卷 〔明〕黄文焕撰

第一三〇二册

楚詞箋註四卷 〔清〕李陳玉箋註
離騷草木史十卷 〔清〕周拱辰撰
楚辭通釋十四卷末一卷 〔清〕王夫之撰
天問補註一卷 〔清〕毛奇齡撰
楚辭新集註八卷 〔清〕屈 復集註 附楚懷襄二王在位事蹟考一卷
屈原賦戴氏注七卷通釋二卷 〔清〕戴 震注 音義三卷 〔清〕汪梧鳳撰
屈辭精義六卷 〔清〕陳本禮撰
屈騷指掌四卷 〔清〕胡文英撰
楚詞釋十一卷 王闓運撰
屈賦微二卷 馬其昶撰

別集類

第一三〇三册

枚叔集一卷 〔漢〕枚 乘撰 〔清〕丁 晏輯
校蔡中郎集疏證十卷外集疏證一卷 〔漢〕蔡 邕撰 〔清〕吴志忠疏證
蔡中郎文集補一卷 〔漢〕蔡 邕撰 〔清〕吴志忠輯
蜀丞相諸葛亮文集六卷（存卷四至卷六） 〔三國蜀〕諸葛亮撰
曹集考異十二卷 〔三國魏〕曹 植撰 〔清〕朱緒曾考異
曹子建集十卷逸文一卷 〔三國魏〕曹 植撰 〔清〕丁 晏詮評

第一三〇四册

陸士衡文集十卷 〔晉〕陸 機撰
支道林集一卷 〔晉〕釋支遁撰 〔明〕皇甫涍輯 支道林外集

一卷 〔明〕史　玄輯

陶淵明詩一卷陶淵明雜文一卷 〔晉〕陶　潛撰 〔宋〕曾　集輯

陶靖節先生詩注四卷補注一卷 〔晉〕陶　潛撰 〔宋〕湯　漢注

箋註陶淵明集十卷 〔晉〕陶　潛撰 〔宋〕湯　漢等箋注　總論一卷 〔元〕李公焕輯

靖節先生集十卷首一卷 〔晉〕陶　潛撰 〔清〕陶　澍集注

諸本評陶彙集一卷　靖節先生年譜考異二卷 〔清〕陶　澍編撰

謝康樂集四卷 〔南朝宋〕謝靈運撰 〔明〕沈啓原輯

梁江文通集十卷 〔南朝梁〕江　淹撰 〔宋〕胡之驥注

哀江南賦注一卷 〔北周〕庾　信撰　王闓運注

王無功文集五卷 〔唐〕王　績撰

第一三〇五册

駱臨海集十卷首一卷末一卷 〔唐〕駱賓王撰 〔清〕陳熙晉箋註

王子安集註二十卷首一卷末一卷 〔唐〕王　勃撰 〔清〕蔣清翊注

李嶠雜詠二卷 〔唐〕李　嶠撰

李詩選註十三卷 〔唐〕李　白撰 〔明〕朱　諫選註　李詩辯疑二卷 〔明〕朱　諫撰 （卷一至卷六）

第一三〇六册

李詩選註十三卷 〔唐〕李　白撰 〔明〕朱　諫選註　李詩辯疑二卷 〔明〕朱　諫撰 （卷七至卷十三）

分門集註杜工部詩二十五卷 〔唐〕杜　甫撰 〔宋〕王　洙 〔宋〕趙次公等註　年譜一卷 〔宋〕吕大防撰

第一三〇七册

杜工部草堂詩箋四十卷 〔唐〕杜　甫撰 〔宋〕蔡夢弼會箋　詩話二卷 〔宋〕蔡夢弼集録　年譜二卷 〔宋〕趙子櫟 〔宋〕魯　訔撰　黄氏集千家註杜工部詩史補遺十卷 〔宋〕黄　鶴集註　集註草堂杜工部詩外集一卷 〔宋〕蔡夢弼會箋

杜臆十卷附管天筆記外編一卷 〔明〕王嗣奭撰

第一三〇八册

杜工部集二十卷年譜一卷諸家詩話一卷唱酬題詠附録一卷附録一卷 〔唐〕杜　甫撰 〔清〕錢謙益箋注

杜詩闡三十三卷 〔清〕盧元昌撰

第一三〇九册

岑嘉州詩八卷 〔唐〕岑　參撰

新刊權載之文集五十卷補刻一卷 〔唐〕權德輿撰

新刊經進詳註昌黎先生文集四十卷外集十卷遺文三卷韓文公志三卷（卷一至卷二十一） 〔唐〕韓　愈撰 〔宋〕文　讜注　王　儔補注

第一三一〇册

新刊經進詳註昌黎先生文集四十卷外集十卷遺文三卷韓文公志三卷（卷二十二至卷四十） 〔唐〕韓　愈撰 〔宋〕文　讜注　王　儔補注

韓昌黎詩集編年箋注十二卷 〔清〕方世舉撰

讀韓記疑十卷首一卷 〔清〕王元啓撰

韓集箋正五卷年譜一卷〔清〕方成珪撰

第一三二一冊

柳集點勘四卷〔清〕陳景雲撰

玉川子詩集五卷〔唐〕盧仝撰〔清〕孫之騄注

樊紹述集二卷〔唐〕樊宗師撰〔清〕孫之騄輯

李長吉昌谷集句解定本四卷〔唐〕李賀撰〔清〕姚佺箋〔清〕丘象升等評〔清〕丘象隨辯註

李長吉歌詩彙解四卷首一卷外集一卷〔唐〕李賀撰〔清〕王琦彙解

協律鉤玄四卷外集一卷〔唐〕李賀撰〔清〕陳本禮箋註

丁卯集箋註八卷〔唐〕許渾撰〔清〕許培榮箋

周賀詩集一卷〔唐〕周賀撰

張承吉集十卷〔唐〕張祜撰

朱慶餘詩集一卷〔唐〕朱慶餘撰

第一三二二冊

樊川文集夾註四卷外集一卷〔唐〕杜牧撰 佚名注

樊川詩集四卷別集一卷外集一卷補遺一卷〔唐〕杜牧撰〔清〕馮集梧注

玉谿生詩詳註三卷卷首一卷〔唐〕李商隱撰〔清〕馮浩編訂

樊南文集詳註八卷〔唐〕李商隱撰〔清〕馮浩編訂

樊南文集補編十二卷附録一卷〔唐〕李商隱撰〔清〕錢振倫箋〔清〕錢振常注

第一三二三冊

唐女郎魚玄機詩一卷〔唐〕魚玄機撰

翰林集四卷附録一卷〔唐〕韓偓撰

張象文詩集三卷〔唐〕張蠙撰

唐秘書省正字先輩徐公釣磯文集十卷補一卷〔唐〕徐夤撰

唐求詩集一卷〔唐〕唐求撰

碧雲集三卷〔唐〕李中撰

李丞相詩集二卷〔南唐〕李建勳撰

范文正公文集二十卷〔宋〕范仲淹撰

王荆公詩集注四卷 王荆公文集注十四卷（存詩集注四卷 文集注卷甲至卷丁 卷壬至卷卯）（王荆公詩集注卷甲至卷丁）〔宋〕王安石撰〔清〕沈欽韓注

第一三二四冊

王荆公詩集注四卷 王荆公文集注十四卷（存詩集注四卷 文集注卷甲至卷丁 卷壬至卷卯）（王荆公文集注卷甲至卷卯）〔宋〕王安石撰〔清〕沈欽韓注

經進東坡文集事略六十卷（卷一至卷八）〔宋〕蘇軾撰〔宋〕郎曄注

第一三二五冊

經進東坡文集事略六十卷（卷九至卷六十）〔宋〕蘇軾撰〔宋〕郎曄注

蘇文忠公詩編註集成四十六卷總案四十五卷諸家雜綴酌存一卷蘇海識餘四卷箋詩圖一卷（總案卷一至總案卷三十九）〔清〕王文誥輯註

第一三一六册

蘇文忠公詩編註集成四十六卷總案四十五卷諸家雜綴酌存一卷蘇海識餘四卷箋詩圖一卷（總案卷四十至總案卷四十五　編註集成卷一至卷四十六）〔清〕王文誥輯註

舒嬾堂詩文存三卷首一卷〔宋〕舒亶撰　張壽鏞等輯　補遺一卷　馮貞群輯　附録一卷

新註朱淑真斷腸詩集八卷後集八卷〔宋〕朱淑真撰〔宋〕鄭元佐注

第一三一七册

晁具茨先生詩集十五卷〔宋〕晁冲之撰

頤堂先生文集五卷〔宋〕王灼撰

斜川集六卷附録二卷訂誤一卷補遺二卷續鈔一卷附録一卷〔宋〕蘇過撰

胡少師總集六卷首一卷附録一卷〔宋〕胡舜陟撰

張魏公集一卷首一卷〔宋〕張浚撰

陳文正公文集十三卷〔宋〕陳康伯撰

增廣箋註簡齋詩集三十卷無住詞一卷胡學士續添簡齋詩箋正誤一卷簡齋先生年譜一卷〔宋〕陳與義撰〔宋〕胡穉注

侍郎葛公歸愚集二十卷（存卷五至卷十三）〔宋〕葛立方撰

洪文安公遺集一卷〔宋〕洪遵撰〔清〕勞格輯

第一三一八册

范石湖詩集注三卷〔宋〕范成大撰〔清〕沈欽韓注

橘洲文集十卷〔宋〕釋寶曇撰

克庵先生尊德性齋小集三卷補遺一卷〔宋〕程洵撰

悦齋文鈔十卷補一卷〔宋〕唐仲友撰

雙峯先生存藁六卷〔宋〕舒邦佐撰〔明〕舒曰敬輯

崔舍人玉堂類藁二十卷附録一卷崔舍人西垣類藁二卷〔宋〕崔敦詩撰

定川遺書二卷附録四卷〔宋〕沈焕撰　張壽鏞輯

芸居乙藁一卷〔宋〕陳起撰

平庵悔稿十四卷丙辰悔稿一卷悔稿後編六卷補遺一卷（平庵悔稿卷一至丙辰悔稿）〔宋〕項安世撰

第一三一九册

平庵悔稿十四卷　丙辰悔稿一卷　悔稿後編六卷補遺一卷（悔稿後編卷一至卷六）〔宋〕項安世撰

育德堂外制五卷〔宋〕蔡幼學撰

宋丞相崔清獻公全録十卷〔宋〕崔與之撰

復齋先生龍圖陳公文集二十三卷拾遺一卷〔宋〕陳宓撰

武夷集八卷〔宋〕白玉蟾撰

第一三二〇册

重編古筠洪城幸清節公松垣文集十一卷 〔宋〕幸元龍撰
平塘陶先生詩三卷 〔宋〕陶夢桂撰
何北山先生遺集三卷附録一卷 〔宋〕何　基撰
三山鄭菊山先生清雋集一卷 〔宋〕鄭　震撰　所南翁一百二十圖詩集一卷鄭所南先生文集一卷附録一卷 〔宋〕鄭思肖撰
孫耕閒集一卷 〔宋〕孫　鋭撰 〔元〕趙時遠編
何希之先生雞肋集二卷 〔宋〕何希之撰
竹坡類藁五卷附録一卷 〔宋〕呂　午撰
牧萊脞語二十卷二藁八卷 〔宋〕陳仁子撰
澗谷遺集四卷首一卷末一卷 〔宋〕羅　椅撰
先天集十卷附録二卷山屋許先生事録一卷 〔宋〕許月卿撰
采芝集一卷續集一卷 〔宋〕釋斯植撰
九峰先生集三卷首一卷附録一卷 〔宋〕區仕衡撰

第一三二一册

蕭冰崖詩集拾遺三卷 〔宋〕蕭立之撰
巽齋先生四六一卷 〔宋〕危昭德撰
史詠詩集二卷 〔宋〕徐　鈞撰
趙寶峰先生文集二卷 〔宋〕趙　偕撰
釣磯詩集五卷 〔宋〕邱　葵撰
林屋山人漫藁一卷附録一卷 〔宋〕俞　琰撰
宋左丞相陸公全書八卷續編二卷 〔宋〕陸秀夫撰
石堂先生遺集二十二卷 〔宋〕陳　普撰
宋貞士羅滄洲先生集五卷 〔宋〕羅公升撰
古逸民先生集二卷附録一卷 〔宋〕汪炎昶撰
玉溪吟草一卷附録一卷 〔宋〕林表民撰
剪綃集二卷 〔宋〕李　龏撰

第一三二二册

水雲集三卷 〔金〕譚處端撰
棲霞長春子丘神仙磻溪集三卷 〔金〕丘處機撰
元遺山詩集箋注十四卷首一卷末一卷 〔清〕施國祁撰
寓庵集八卷 〔元〕李　庭撰
桐江集八卷 〔元〕方　回撰
剡源逸稿七卷 〔元〕戴表元撰
雙湖先生文集十卷 〔元〕胡一桂撰
山村遺藁四卷 〔元〕仇　遠撰　雜著一卷 〔元〕仇　遠撰 〔清〕顧維岳輯　雜著補遺一卷 〔元〕仇　遠撰 〔清〕鮑廷博輯　附録二卷補遺一卷附録續一卷 〔清〕鮑廷博輯

第一三二三册

清河集七卷附録一卷 〔元〕元明善撰
元懶翁詩集二卷 〔元〕董壽民撰
金華黄先生文集四十三卷 〔元〕黄　溍撰
秋聲集九卷 〔元〕黄鎮成撰
貞一齋詩文稿二卷 〔元〕朱思本撰

第一三二四册

鴈門集十四卷附詩餘一卷倡和録一卷別録一卷 〔元〕薩都拉撰 〔清〕薩龍光編注

木訥齋文集五卷附録一卷 〔元〕王 毅撰

疇齋文稿不分卷 〔元〕張仲壽撰

存復齋文集十卷附録一卷 〔元〕朱德潤撰

存復齋續集一卷 〔元〕朱德潤撰

石屋禪師山居詩六卷 〔元〕釋清珙撰

丹邱生集五卷附録一卷 〔元〕柯九思撰

東皋先生詩集五卷附録一卷 〔元〕馬玉麟撰

滄浪軒詩集六卷 〔元〕吕彦貞撰

書林外集七卷 〔元〕袁士元撰

蟻術詩選八卷 〔元〕邵亨貞撰

第一三二五册

栖碧先生黄楊集三卷補遺一卷附録一卷 〔元〕華幼武撰

茶山老人遺集二卷附録一卷 〔元〕沈 貞撰

梅花百咏一卷 〔元〕韋 珪撰

韓山人詩集九卷 韓山人詩續集八卷 〔元〕韓 奕撰

後圃黄先生存集四卷 〔元〕黄 樞撰 附嚮明齋詩文一卷 〔明〕黄維天撰

雪厓先生詩集五卷 〔元〕金守正撰

吴書山先生遺集二十卷首一卷末一卷 〔元〕吴 會撰

得月藁七卷 〔元〕吕不用撰

鐵崖賦藁二卷 〔元〕楊維楨撰

鐵崖樂府註十卷 鐵厓咏史註八卷 鐵厓逸編註八卷 〔元〕楊維楨撰 〔清〕樓卜瀍注

第一三二六册

劉尚賓文集五卷附録一卷劉尚賓文續集四卷 〔明〕劉 夏撰

劉仲修先生詩文集八卷 〔明〕劉永之撰

丹崖集八卷附録一卷 〔明〕唐 肅撰

白雲藁十二卷 〔明〕朱 右撰

三山王養静先生集十卷 〔明〕王 褒撰

易齋藁十卷附録一卷 〔明〕劉 璟撰

楊文定公詩集七卷(存卷一至卷五、卷七) 〔明〕楊 溥撰

逃虚子詩集十卷續集一卷逃虚類稿五卷逃虚子道餘録一卷逃虚子集補遺一卷逃虚子詩集補遺一卷 〔明〕姚廣孝撰

第一三二七册

覺非齋文集二十八卷附録一卷 〔明〕金 實撰

王文安公詩文集十一卷 〔明〕王 英撰 〔明〕王 祐輯

芳洲文集十卷附録一卷芳洲詩集四卷 〔明〕陳 循撰

第一三二八册

芳洲文集續編六卷 〔明〕陳 循撰

誠齋録四卷誠齋新録一卷誠齋牡丹百詠一卷誠齋梅花百詠一卷誠齋玉堂春百詠一卷 〔明〕朱有燉撰

第一三二九册

涇東小藁九卷 〔明〕葉　盛撰
素軒集十二卷 〔明〕沐　昂撰
竹巖集十八卷補遺一卷續補遺一卷附録一卷 〔明〕柯　潛撰
思軒文集二十三卷附録一卷 〔明〕王　與撰

第一三三〇册

黎文僖公集十七卷 〔明〕黎　淳撰
五峯遺稿二十四卷 〔明〕秦　夔撰
布衣陳先生存稿九卷 〔明〕陳真晟撰
桂軒藁十卷 〔明〕江　源撰
桂軒續稿六卷 〔明〕江　源撰
少傅野亭劉公遺藁八卷 〔明〕劉　忠撰

第一三三一册

静軒先生文集十五卷附録一卷 〔明〕汪舜民撰
博趣齋藁二十三卷 〔明〕王雲鳳撰
太保費文憲公摘稿二十卷 〔明〕費　宏撰

第一三三二册

東川劉文簡公集二十四卷 〔明〕劉　春撰
楊文恪公文集六十二卷（卷一至卷三十二） 〔明〕楊　廉撰

第一三三三册

楊文恪公文集六十二卷（卷三十三至卷六十二） 〔明〕楊　廉撰
石田稿不分卷 〔明〕沈　周撰

第一三三四册

渼陂集十六卷渼陂續集三卷 〔明〕王九思撰
執齋先生文集二十卷 〔明〕劉　玉撰
龍江集十四卷 〔明〕唐　錦撰
唐伯虎先生集二卷唐伯虎先生外編五卷附録一卷唐伯虎先生外編續刻十二卷（唐伯虎先生集卷一至外編卷五） 〔明〕唐　寅撰 〔明〕何大成輯

第一三三五册

唐伯虎先生集二卷唐伯虎先生外編五卷附録一卷唐伯虎先生外編續刻十二卷（唐伯虎先生外編續刻卷一至卷十二） 〔明〕唐　寅撰 〔明〕何大成輯
康對山先生集四十六卷 〔明〕康　海撰
内臺集七卷 〔明〕王廷相撰
浚川内臺集三卷 〔明〕王廷相撰

第一三三六册

鈐山堂集四十卷附録一卷 〔明〕嚴　嵩撰
張文定公覲光樓集十卷張文定公紆玉樓集十卷張文定公靡悔軒集十二卷張文定公環碧堂集十八卷張文定公養

心亭集八卷張文定公四友亭集二十卷（張文定公觀光樓集卷一至靡悔軒集卷三）〔明〕張邦奇撰

第一三三七册

張文定公觀光樓集十卷張文定公紆玉樓集十卷張文定公靡悔軒集十二卷張文定公環碧堂集十八卷張文定公養心亭集八卷張文定公四友亭集二十卷（張文定公靡悔軒集卷四至四友亭集卷二十）〔明〕張邦奇撰

涇野先生文集三十八卷（卷一至卷十一）〔明〕吕　柟撰

第一三三八册

涇野先生文集三十八卷（卷十二至卷三十八）〔明〕吕　柟撰

改亭存稿十卷改亭續稿六卷〔明〕方　鳳撰

愧瘖集二十一卷（卷一至卷十）〔明〕林大輅撰

第一三三九册

愧瘖集二十一卷（卷十一至卷二十一）〔明〕林大輅撰

桂洲詩集二十四卷〔明〕夏　言撰

範東文集十二卷〔明〕劉　隅集

西浙泉厓邵先生文集十卷西浙泉厓邵先生詩集十卷（文集卷一至詩集卷七）〔明〕邵經濟撰

第一三四〇册

西浙泉厓邵先生文集十卷西浙泉厓邵先生詩集十卷（詩集卷八至卷十）〔明〕邵經濟撰

畏齋薛先生藝文類稿十四卷畏齋薛先生藝文類稿續集三卷〔明〕薛　甲撰

少室山人集二十五卷〔明〕楊本仁撰

李中麓閒居集十二卷（卷一至卷五）〔明〕李開先撰

第一三四一册

李中麓閒居集十二卷（卷六至卷十二）〔明〕李開先撰

天一閣集三十二卷〔明〕范　欽撰

第一三四二册

陭堂摘藁十六卷〔明〕許應元撰

鐔墟堂摘稿二十卷〔明〕雷　禮撰

金栗齋先生文集十一卷〔明〕金　瑤撰

第一三四三册

方山薛先生全集六十八卷〔明〕薛應旂撰

第一三四四册

槐野先生存笥稿三十八卷附録一卷〔明〕王維楨撰

司成遺翰四卷〔明〕王維楨撰

茅鹿門先生文集三十六卷（卷一至卷二十）〔明〕茅　坤撰

第一三四五册

茅鹿門先生文集三十六卷（卷二十一至卷三十六）〔明〕茅坤撰

海浮山堂詩稿五卷海浮山堂文稿五卷〔明〕馮惟敏撰

白雪樓詩集十二卷〔明〕李攀龍撰

新刻張太岳先生文集四十七卷(卷一至卷十二) 〔明〕張居正撰

第一三四六册

新刻張太岳先生文集四十七卷(卷十三至卷四十七) 〔明〕張居正撰

太函集一百二十卷(卷一至卷十六) 〔明〕汪道昆撰

第一三四七册

太函集一百二十卷(卷十七至卷八十) 〔明〕汪道昆撰

第一三四八册

太函集一百二十卷(卷八十一至卷一百二十) 〔明〕汪道昆撰

鳴玉堂稿十二卷 〔明〕張天復撰

蘭汀存藁八卷附録一卷 〔明〕梁有譽撰

第一三四九册

郭襄靖公遺集三十卷(存卷一至卷二十六) 〔明〕郭應聘撰

天目先生集二十一卷 〔明〕徐中行撰

第一三五〇册

甔甀洞藁五十四卷 〔明〕吴國倫撰

甔甀洞續稿詩部十二卷文部十五卷(詩部卷一至文部卷十) 〔明〕吴國倫撰

第一三五一册

甔甀洞續稿詩部十二卷文部十五卷(文部卷十一至文部卷十五) 〔明〕吴國倫撰

湖上集十四卷 〔明〕徐師曾撰

條麓堂集三十四卷 〔明〕張四維撰

第一三五二册

李温陵集二十卷 〔明〕李　贄撰

李氏續焚書五卷 〔明〕李　贄撰

佘文敏公文集十二卷 〔明〕佘有丁撰

陳恭介公文集十二卷(卷一至卷六) 〔明〕陳有年撰

第一三五三册

陳恭介公文集十二卷(卷七至卷十二) 〔明〕陳有年撰

補刊震川先生集八卷 〔明〕歸有光撰

處實堂集八卷續集十卷後集六卷 〔明〕張鳳翼撰

第一三五四册

天池山人小稿五種 〔明〕陸　采撰

太山藁一卷

義興藁一卷

壬辰藁一卷

癸巳藁一卷

甲午藁一卷

香宇集三十四卷拾遺一卷 〔明〕田藝蘅撰

仲蔚先生集二十四卷附録一卷 〔明〕俞允文撰

蒹葭堂稿八卷(存卷一至卷七) 〔明〕陸　楫撰

徐文長文集三十卷（卷一至卷五）〔明〕徐　渭撰　〔明〕袁宏道評點　徐文長傳一卷　〔明〕陶望齡撰

第一三五五册

徐文長文集三十卷（卷六至卷三十）〔明〕徐　渭撰　〔明〕袁宏道評點　徐文長傳一卷　〔明〕陶望齡撰

徐文長逸稿二十四卷畸譜一卷　〔明〕徐　渭撰

徐文長佚草十卷　〔明〕徐　渭撰　〔清〕徐　沁輯

何心隱先生爨桐集四卷　〔明〕梁汝元撰

第一三五六册

田亭草二十卷　〔明〕黄鳳翔撰

由庚堂集三十八卷（卷一至卷二十八）〔明〕鄭汝璧撰

第一三五七册

由庚堂集三十八卷（卷二十九至卷三十八）〔明〕鄭汝璧撰

喙鳴文集二十一卷喙鳴詩集十八卷敬事草十九卷（喙鳴文集卷一至喙鳴詩集卷十八）〔明〕沈一貫撰

第一三五八册

喙鳴文集二十一卷喙鳴詩集十八卷敬事草十九卷（敬事草卷一至卷十九）〔明〕沈一貫撰

林初文詩文全集不分卷　〔明〕林　章撰

薜荔山房藏稿十卷　〔明〕敖文禎撰

第一三五九册

白榆集二十八卷（詩集八卷文集二十卷）〔明〕屠　隆撰

第一三六〇册

由拳集二十三卷　〔明〕屠　隆撰

栖真館集三十一卷　〔明〕屠　隆撰

第一三六一册

負苞堂詩選五卷負苞堂文選四卷　〔明〕臧懋循撰

朱太復文集五十二卷朱太復乙集三十八卷（文集卷一至文集卷五十二）〔明〕朱長春撰

第一三六二册

朱太復文集五十二卷朱太復乙集三十八卷（乙集卷一至乙集卷三十八）〔明〕朱長春撰

第一三六三册

玉茗堂全集四十六卷（文集十六卷詩集十八卷賦集六卷尺牘六卷）（文集卷一至詩集卷十八）〔明〕湯顯祖撰

玉茗堂全集四十六卷（文集十六卷詩集十八卷賦集六卷尺牘六卷）（賦集卷一至尺牘卷六）〔明〕湯顯祖撰

湯海若問棘郵草二卷　〔明〕湯顯祖撰　〔明〕徐　渭評

白蘇齋類集二十二卷　〔明〕袁宗道撰

千頃齋初集二十六卷　〔明〕黄居中撰

第一三六四册

焦氏澹園集四十九卷　〔明〕焦　竑撰

焦氏澹園續集二十七卷（卷一至卷十）〔明〕焦　竑撰

第一三六五册

焦氏澹園續集二十七卷（卷十一至卷二十七）〔明〕焦　竑

撰

歇菴集二十卷 〔明〕陶望齡撰　附録三卷 〔明〕陶奭齡等撰

第一三六六册

朱文肅公集不分卷 〔明〕朱國楨撰

朱文肅公詩集七卷 〔明〕朱國楨撰

小草齋集三十卷（卷一至卷十二） 〔明〕謝肇淛撰

第一三六七册

小草齋集三十卷（卷十三至卷三十） 〔明〕謝肇淛撰

小草齋續集三卷 〔明〕謝肇淛撰

瀟碧堂集二十卷 〔明〕袁宏道撰

瓶花齋集十卷 〔明〕袁宏道撰

解脱集四卷 〔明〕袁宏道撰

錦帆集四卷去吴七牘一卷 〔明〕袁宏道撰

曹大理集八卷石倉文稿四卷 〔明〕曹學佺撰

第一三六八册

謔菴文飯小品五卷 〔明〕王思任撰

陳氏荷華山房詩稿二十六卷 〔明〕陳邦瞻撰

寓林集三十二卷寓林集詩六卷（寓林集卷一至卷四） 〔明〕黄汝亨撰

第一三六九册

寓林集三十二卷寓林集詩六卷（寓林集卷五至寓林集詩卷六） 〔明〕黄汝亨撰

第一三七〇册

高陽集二十卷 〔明〕孫承宗撰

左忠毅公集五卷 〔明〕左光斗撰

第一三七一册

楊忠烈公文集六卷 〔明〕楊漣撰

翠娱閣評選鍾伯敬先生合集十六卷（文集十一卷詩集五卷） 〔明〕鍾惺撰 〔明〕陸雲龍評

第一三七二册

楊文弱先生集五十七卷（卷一至卷四十九） 〔明〕楊嗣昌撰

第一三七三册

楊文弱先生集五十七卷（卷五十至卷五十七） 〔明〕楊嗣昌撰

鹿忠節公集二十一卷 〔明〕鹿善繼撰

從野堂存稿八卷 〔明〕繆昌期撰

九籥集四十七卷（前集卷一至前集卷十一　中集一卷　後集二卷　瞻途紀聞一卷） 〔明〕宋楙澄撰

第一三七四册

九籥集四十七卷（前集詩卷一至前集詩卷八　詩卷一至詩卷四　續集卷一至續集卷十　文集卷一至文集卷十） 〔明〕宋楙澄撰

九籥別集四卷 〔明〕宋懋澄撰

詠懷堂詩集四卷詠懷堂詩外集二卷 〔明〕阮大鋮撰

藏密齋集二十四卷（卷一至卷十五） 〔明〕魏大中撰

第一三七五册

藏密齋集二十四卷（卷十六至卷二十四） 〔明〕魏大中撰

瞿忠宣公集十卷 〔明〕瞿式耜撰

珂雪齋前集二十四卷珂雪齋外集十五卷（前集卷一至卷十六） 〔明〕袁中道撰

第一三七六册

珂雪齋前集二十四卷珂雪齋外集十五卷（前集卷十七至外集卷十五） 〔明〕袁中道撰

珂雪齋近集十一卷 〔明〕袁中道撰

第一三七七册

清權堂集二十二卷 〔明〕沈德符撰

憨山老人夢遊集四十卷（存三十九卷）（卷一至卷十七） 〔明〕釋德清撰

第一三七八册

憨山老人夢遊集四十卷（存三十九卷）（卷十八至卷三十二 卷三十四至卷四十） 〔明〕釋德清撰

鹿裘石室集六十五卷（卷一至卷十七） 〔明〕梅鼎祚撰

第一三七九册

鹿裘石室集六十五卷（詩集卷十八至詩集卷二十五 文集卷一至文集卷二十五 書牘卷一至書牘卷十五） 〔明〕梅鼎祚撰

第一三八〇册

陳眉公集十七卷 〔明〕陳繼儒撰

梅花草堂集十六卷 〔明〕張大復撰

第一三八一册

鼇峰集二十八卷 〔明〕徐𤊹撰

静嘯齋存草十二卷附録一卷 〔明〕董斯張撰

静歗齋遺文四卷 〔明〕董斯張撰

陳太史無夢園初集三十四卷（豈集 有集 文集 章集） 〔明〕陳仁錫撰

第一三八二册

陳太史無夢園初集三十四卷（驚集 海集 内集 漫集 勞集 車集 馬集 駐集一至駐集二） 〔明〕陳仁錫撰

第一三八三册

陳太史無夢園初集三十四卷（駐集三至駐集四 江集 干集） 〔明〕陳仁錫撰

無夢園遺集八卷 〔明〕陳仁錫撰

第一三八四册

黄石齋先生文集十三卷 〔明〕黄道周撰

詠業近集四卷焦桐山詩集二卷焦桐山文集一卷明誠堂詩集二卷浩然堂詩集一卷 〔明〕黄道周撰

第一三八五册

舜水先生文集二十八卷（卷一至卷十四） 〔明〕朱之瑜撰

舜水先生文集二十八卷（卷十五至卷二十八）〔明〕朱之瑜撰

遠山堂詩集十卷 〔明〕祁彪佳撰 〔清〕魏 畊校定

遠山堂文稿一卷 〔明〕祁彪佳撰

新刻譚友夏合集二十三卷 〔明〕譚元春撰 〔明〕徐 汧 〔明〕張 澤等評

松圓浪淘集十八卷松圓偈庵集二卷 〔明〕程嘉燧撰

第一三八六册

耦耕堂集詩三卷文二卷 〔明〕程嘉燧撰 松圓詩老小傳一卷 〔明〕錢謙益撰

石民四十集九十八卷（卷一至卷七十八）〔明〕茅元儀撰

第一三八七册

石民四十集九十八卷（卷七十九至卷九十八）〔明〕茅元儀撰

史忠正公集四卷首一卷末一卷 〔明〕史可法撰

七録齋詩文合集十六卷（近稿六卷存稿五卷館課一卷論略一卷詩稿三卷）〔明〕張 溥撰

安雅堂稿十八卷（卷一至卷六）〔明〕陳子龍撰

第一三八八册

安雅堂稿十八卷（卷七至卷十八）〔明〕陳子龍撰

湘真閣稿六卷 〔明〕陳子龍撰

張忠烈公集十二卷補遺一卷首一卷末一卷附録二卷 〔明〕張煌言撰

樓山堂集二十七卷遺文六卷遺詩一卷（樓山堂集卷一至卷二十七）〔明〕吴應箕撰

第一三八九册

樓山堂集二十七卷遺文六卷遺詩一卷（遺文卷一至遺詩）〔明〕吴應箕撰

翠娱閣近言四卷（詩一卷文三卷）〔明〕陸雲龍撰

夏内史集九卷附録一卷 〔明〕夏完淳撰

牧齋初學集一百十卷（卷一至卷四十二）〔清〕錢謙益撰

第一三九〇册

牧齋初學集一百十卷（卷四十三至卷一百十）〔清〕錢謙益撰

第一三九一册

牧齋有學集五十卷校勘記一卷補一卷 〔清〕錢謙益撰

投筆集箋註二卷 〔清〕錢謙益撰 〔清〕錢 曾箋注

河東君尺牘一卷湖上草一卷我聞室賸稿二卷 〔清〕柳 是撰 附録二卷 〔清〕袁 瑛輯

夏峯先生集十四卷卷首一卷補遺二卷（卷一）〔清〕孫奇逢撰

第一三九二册

夏峯先生集十四卷卷首一卷補遺二卷（卷二至卷十四）〔清〕孫奇逢撰

尊水園集畧十二卷補遺二卷 〔清〕盧世㴶撰

金文通公集二十卷奏疏六卷詩集六卷外集八卷（卷一至卷三） 〔清〕金之俊撰

第一三九三册

金文通公集二十卷奏疏六卷詩集六卷外集八卷（卷四至外集卷八） 〔清〕金之俊撰

蒼雪和尚南來堂詩集四卷附録一卷 〔清〕釋讀徹撰

雪翁詩集十七卷 〔清〕魏　畊撰

第一三九四册

變雅堂遺集十八卷（文集八卷詩集十卷）附録二卷 〔清〕杜濬撰

隰西草堂詩集五卷隰西草堂文集三卷 〔清〕萬壽祺撰　遯渚唱和集一卷 〔清〕孫運錦輯　隰西草堂集拾遺一卷 羅振玉録

白耷山人詩集十卷白耷山人文集二卷 〔清〕閻爾梅撰

乾初先生遺集四十七卷（文集十八卷　別集十七卷存十三卷　詩集十二卷）首一卷外編一卷（文集卷一至文集卷四） 〔清〕陳　確撰

第一三九五册

乾初先生遺集四十七卷（文集十八卷　別集十七卷存十三卷　詩集十二卷）首一卷外編一卷（文集卷五至外編卷一） 〔清〕陳　確撰

霜紅龕集四十卷（卷一至卷四十） 〔清〕傅　山撰　附録三卷年譜一卷 〔清〕丁寶銓輯

第一三九六册

霜紅龕集四十卷（附録卷一至年譜卷一） 〔清〕傅　山撰　附録三卷年譜一卷 〔清〕丁寶銓輯

梅村家藏藁五十八卷補遺一卷世系一卷年譜四卷 〔清〕吴偉業撰

吴詩集覽二十卷（卷一上至卷九下） 〔清〕吴偉業撰 〔清〕靳榮藩注

第一三九七册

吴詩集覽二十卷（卷十上至卷二十下） 〔清〕吴偉業撰 〔清〕靳榮藩注

南雷文定二十二卷（前集十一卷後集四卷三集三卷四集四卷）附録一卷 〔清〕黄宗羲撰

南雷文定五集四卷 〔清〕黄宗羲撰

南雷詩曆五卷 〔清〕黄宗羲撰　全祖望輯

南雷集外文一卷 〔清〕黄宗羲撰

第一三九八册

千山詩集二十卷首一卷補遺一卷 〔清〕釋函可撰

浮山文集前編十卷浮山文集後編二卷浮山此藏軒別集二卷 〔清〕方以智撰

桴亭先生文集六卷補遺一卷桴亭先生詩集十卷 〔清〕陸世

儀撰

第一三九九册

楊園先生詩文二十四卷 〔清〕張履祥撰

九煙先生遺集六卷 〔清〕周 星撰

巢民詩集六卷巢民文集七卷 〔清〕冒 襄撰

第一四〇〇册

盇山集十二卷續集四卷再續集五卷 〔清〕方 文撰

賴古堂集二十四卷附録一卷 〔清〕周亮工撰

藏山閣集二十卷（詩存十四卷文存六卷） 田間尺牘四卷（藏山閣集詩存卷一至文存卷六） 〔清〕錢澄之撰

第一四〇一册

藏山閣集二十卷（詩存十四卷、文存六卷） 田間尺牘四卷（田間尺牘卷一至卷四） 〔清〕錢澄之撰

田間文集三十卷 田間詩集二十八卷 〔清〕錢澄之撰

山遊詩一卷 恒軒詩一卷 〔清〕歸 莊撰

歸玄恭遺著一卷詩鈔一卷 〔清〕歸 莊撰

第一四〇二册

亭林詩集五卷 亭林文集六卷 〔清〕顧炎武撰

顧亭林先生詩箋注十七卷 〔清〕顧炎武撰 徐 嘉輯 校補一卷 李 詳等撰

定山堂詩集四十三卷 定山堂詩餘四卷（詩集卷一至詩集卷二十一） 〔清〕龔鼎孳撰

第一四〇三册

定山堂詩集四十三卷 定山堂詩餘四卷（詩集卷二十二至詩餘卷四） 〔清〕龔鼎孳撰

定山堂古文小品二卷 〔清〕龔鼎孳撰

陋軒詩八卷 〔清〕吴嘉紀撰

船山先生詩稿二卷 〔清〕王夫之撰

薑齋文集十卷補遺二卷 〔清〕王夫之撰

豐草菴詩集十一卷 豐草菴文集六卷（前集三卷後集三卷） 寶雲詩集七卷 禪樂府一卷（豐草菴詩集卷一至豐草菴文後集卷三） 〔清〕董 説撰

第一四〇四册

豐草菴詩集十一卷 豐草菴文集六卷（前集三卷後集三卷） 寶雲詩集七卷 禪樂府一卷（寶雲詩集卷一至禪樂府卷一） 〔清〕董 説撰

居易堂集二十卷 〔清〕徐 枋撰

砥齋集十二卷 〔清〕王弘撰撰

第一四〇五册

安雅堂詩不分卷 〔清〕宋 琬撰

安雅堂文集二卷 〔清〕宋 琬撰

安雅堂文集二卷 〔清〕宋 琬撰

安雅堂未刻稿八卷入蜀集二卷 〔清〕宋 琬撰

鈍齋詩選二十二卷 〔清〕方孝標撰

光啓堂文集不分卷 〔清〕方孝標撰

壯悔堂文集十卷遺稿一卷　四憶堂詩集六卷遺稿一卷（文集卷一至文集卷四）　〔清〕侯方域撰

第一四〇六册

壯悔堂文集十卷遺稿一卷　四憶堂詩集六卷遺稿一卷（文集卷五至詩集卷六）　〔清〕侯方域撰

西堂文集二十四卷　西堂詩集三十二卷　西堂樂府七卷（文集西堂雜組一集卷一至詩集述祖詩卷一）　〔清〕尤　侗撰

第一四〇七册

西堂文集二十四卷　西堂詩集三十二卷　西堂樂府七卷（詩集于京集卷一至樂府鈞天樂下本）　〔清〕尤　侗撰

溉堂詩集二十一卷（前集九卷後集六卷續集六卷）　溉堂文集五卷　溉堂詩餘二卷　〔清〕孫枝蔚撰

第一四〇八册

改亭詩集六卷　改亭文集十六卷　〔清〕計　東撰

魏叔子文集外篇二十二卷　魏叔子日録三卷　魏叔子詩集八卷（文集外篇卷一至文集外篇卷十二）　〔清〕魏　禧撰

第一四〇九册

魏叔子文集外篇二十二卷　魏叔子日録三卷　魏叔子詩集八卷（文集外篇卷十三至詩集卷八）　〔清〕魏　禧撰

寶綸堂稿十二卷（卷一至卷九）　〔清〕許纘曾撰

第一四一〇册

寶綸堂稿十二卷（卷十至卷十二）　〔清〕許纘曾撰

二曲集二十六卷　〔清〕李　顒撰

葉文敏公集十三卷　〔清〕葉方藹撰

第一四一一册

吕晚村詩七卷研銘一卷　〔清〕吕留良撰

吕晚村先生文集八卷續集四卷附録一卷　〔清〕吕留良撰

翁山詩外十八卷（卷十八未刻）　〔清〕屈大均撰

第一四一二册

翁山文外十八卷　〔清〕屈大均撰

秋笳集八卷補遺一卷　〔清〕吴兆騫撰

憺園文集三十六卷　〔清〕徐乾學撰

第一四一三册

獨漉堂詩集十五卷　獨漉堂文集十五卷（存卷一至卷八　卷十至卷十五）續編一卷　〔清〕陳恭尹撰

續學堂文鈔六卷首一卷　續學堂詩鈔四卷首一卷　〔清〕梅文鼎撰

含經堂集三十卷（存卷一至卷十五　卷十七至卷三十）別集二卷　〔清〕徐元文撰　附録二卷

第一四一四册

帶經堂集九十二卷（卷一至卷七十二）　〔清〕王士禛撰

第一四一五册

帶經堂集九十二卷（卷七十三至卷九十二）　〔清〕王士禛撰

南州草堂集三十卷首一卷　〔清〕徐　釚撰

石園文集八卷 〔清〕萬斯同撰
松鶴山房詩集九卷 松鶴山房文集二十卷（詩集卷一至卷九） 〔清〕陳夢雷撰

第一四一六册

松鶴山房詩集九卷 松鶴山房文集二十卷（存詩集九卷 文集卷一至卷二 卷四至卷十一 卷十三 卷十五至卷二十）（文集卷一至卷二十） 〔清〕陳夢雷撰
聊齋文集四卷 〔清〕蒲松齡撰
艸亭先生集七卷（文集二卷 詩集四卷 補遺一卷） 〔清〕周 篆撰 年譜一卷 〔清〕周 廉等撰
横雲山人集三十二卷（颺言集 山暉集 望雲集一） 〔清〕王鴻緒撰

第一四一七册

横雲山人集三十二卷（望雲集二 谷口集 還朝集 淮干集 谷口續集 還朝續集） 〔清〕王鴻緒撰
遂初堂詩集十六卷 遂初堂文集二十卷 遂初堂別集四卷（詩集卷一至文集卷十八） 〔清〕潘 耒撰

第一四一八册

遂初堂詩集十六卷 遂初堂文集二十卷 遂初堂別集四卷（文集卷十九至別集卷四） 〔清〕潘 耒撰
居業堂文集二十卷首一卷 〔清〕王 源撰
敬一堂詩鈔十六卷 〔清〕顧八代撰
解春集文鈔十二卷補遺二卷 解春集詩鈔三卷 〔清〕馮 景撰
南山集偶鈔不分卷 〔清〕戴名世撰

第一四一九册

南山集十四卷補遺三卷 〔清〕戴名世撰
通志堂集二十卷 〔清〕納蘭性德撰
楝亭詩鈔八卷 楝亭詩別集四卷 楝亭詞鈔一卷 楝亭詞鈔別集一卷 楝亭文鈔一卷 〔清〕曹 寅撰

第一四二〇册

恕谷後集十三卷 〔清〕李 塨撰
義門先生集十二卷附録二卷 〔清〕何 焯撰
望溪先生文集十八卷集外文十卷集外文補遺二卷年譜二卷（文集卷一至集外文卷十） 〔清〕方 苞撰

第一四二一册

望溪先生文集十八卷集外文十卷集外文補遺二卷年譜二卷（集外文補遺卷一至卷二） 〔清〕方 苞撰
硯谿先生集十一卷總目二卷 〔清〕惠周惕撰
秋影樓詩集九卷 〔清〕汪 繹撰
穆堂初稿五十卷 穆堂別稿五十卷（初稿卷一至卷三十八） 〔清〕李 紱撰

第一四二二册

穆堂初稿五十卷　穆堂別稿五十卷（初稿卷三十九上至別稿卷五十）（清）李紱撰

第一四二三册

孟鄰堂文鈔十六卷（清）楊椿撰

斫桂山房詩存六卷　抱珠軒詩存六卷　一瓢齋詩存六卷（清）薛雪撰

德蔭堂集十六卷年譜一卷（清）阿克敦撰

雅雨堂詩集二卷　雅雨堂文集四卷　雅雨山人出塞集一卷（清）盧見曾撰

弱水集二十二卷（卷一至卷十）（清）屈復撰

第一四二四册

弱水集二十二卷（卷十一至卷二十二）（清）屈復撰

清芬樓遺稾四卷（清）任啓運撰

歸愚詩鈔二十卷（清）沈德潛撰

歸愚詩鈔餘集十卷（清）沈德潛撰

冬心先生集四卷（清）金農撰

冬心先生續集二卷補遺一卷續補遺一卷　冬心先生三體詩一卷　冬心先生甲戌近詩一卷（清）金農撰

健餘先生文集十卷（清）尹會一撰

雙池文集十卷（清）汪紱撰

第一四二五册

板橋集七卷（清）鄭燮撰

石笥山房集二十四卷（清）胡天游撰

第一四二六册

尹文端公詩集十卷（清）尹繼善撰

道古堂文集四十八卷　道古堂詩集二十六卷集外文一卷集外詩一卷（文集卷一至卷四十八）（清）杭世駿撰

第一四二七册

道古堂文集四十八卷　道古堂詩集二十六卷集外文一卷集外詩一卷（詩集卷一至集外詩）（清）杭世駿撰

松崖文鈔二卷（清）惠棟撰

海峰文集八卷　海峰詩集十一卷（清）劉大櫆撰

第一四二八册

學福齋集二十卷　學福齋詩集三十七卷首一卷（清）沈大成撰

文木山房集四卷（清）吴敬梓撰

寶綸堂文鈔八卷　寶綸堂詩鈔六卷（清）齊召南撰

鮚埼亭集三十八卷年譜一卷（卷一至卷五）（清）全祖望撰

第一四二九册

鮚埼亭集三十八卷年譜一卷（卷六至卷三十八）（清）全祖望撰

鮚埼亭詩集十卷（清）全祖望撰

鮚埼亭集外編五十卷（卷一至卷二十五）（清）全祖望撰

第一四三〇册

鮚埼亭集外編五十卷（卷二十六至卷五十）〔清〕全祖望撰
上湖紀歲詩編四卷　上湖詩紀續編一卷　上湖分類文編十卷　上湖文編補鈔二卷〔清〕汪師韓撰
祇平居士集三十卷〔清〕王元啓撰

第一四三一册

銅鼓書堂遺稾三十二卷〔清〕查　禮撰
小倉山房詩集三十六卷補遺二卷　小倉山房文集三十五卷　小倉山房外集八卷（詩集卷一至文集卷二）〔清〕袁　枚撰

第一四三二册

小倉山房詩集三十六卷補遺二卷　小倉山房文集三十五卷　小倉山房外集八卷（文集卷三至外集卷八）〔清〕袁　枚撰
抱經堂文集三十四卷（卷一至卷二十三）〔清〕盧文弨撰

第一四三三册

抱經堂文集三十四卷（卷二十四至卷三十四）〔清〕盧文弨撰
勉行堂詩集二十四卷首一卷〔清〕程晉芳撰
勉行堂文集六卷〔清〕程晉芳撰
百一山房詩集十二卷〔清〕孫士毅撰
劉文清公遺集十七卷　劉文清公應制詩集三卷〔清〕劉　墉撰

第一四三四册

西莊始存稿三十九卷〔清〕王鳴盛撰
戴東原集十二卷〔清〕戴　震撰　覆校札記一卷〔清〕段玉裁撰
經韵樓集十二卷（卷一至卷四）〔清〕段玉裁撰

第一四三五册

經韵樓集十二卷（卷五至卷十二）〔清〕段玉裁撰
紀文達公遺集三十二卷（文十六卷詩十六卷）〔清〕紀　昀撰

第一四三六册

娵隅集十卷〔清〕趙文哲撰
忠雅堂詩集不分卷附銅絃詞不分卷〔清〕蔣士銓撰
忠雅堂文集三十卷（卷一至卷十三）〔清〕蔣士銓撰

第一四三七册

忠雅堂文集三十卷（卷十四至卷三十）〔清〕蔣士銓撰
汪子詩録四卷〔清〕汪　縉撰
汪子文録十卷〔清〕汪　縉撰
汪子二録二卷録後一卷附一卷　汪子三録三卷〔清〕汪　縉撰
春融堂集六十八卷（卷一至卷二十九）〔清〕王　昶撰　述庵先生年譜二卷〔清〕嚴　榮撰

第一四三八册

春融堂集六十八卷（卷三十至卷六十八）〔清〕王　昶撰
述庵先生年譜二卷〔清〕嚴　榮撰

大谷山堂集六卷 〔清〕夢　麟撰

潛研堂文集五十卷　潛研堂詩集十卷　潛研堂詩續集十卷（文集卷一至卷二十六）〔清〕錢大昕撰

第一四三九册

潛研堂文集五十卷　潛研堂詩集十卷　潛研堂詩續集十卷（文集卷二十七至詩續集卷十）〔清〕錢大昕撰

笥河詩集二十卷 〔清〕朱　筠撰

第一四四〇册

笥河文鈔三卷 〔清〕朱　筠撰

笥河文集十六卷首一卷 〔清〕朱　筠撰

詩存四卷 〔清〕金德瑛撰

静廉齋詩集二十四卷 〔清〕金　甡撰

第一四四一册

裘文達公文集六卷補遺一卷　裘文達公詩集十八卷 〔清〕裘曰修撰

無不宜齋未定稿四卷 〔清〕翟　灝撰

南屏山人集十一卷 〔清〕任端書撰

泊鷗山房集三十八卷（卷一至卷二十六）〔清〕陶元藻撰

第一四四二册

泊鷗山房集三十八卷（卷二十七至卷三十八）〔清〕陶元藻撰

棕亭詩鈔十八卷 〔清〕金兆燕撰

棕亭古文鈔十卷　棕亭駢體文鈔八卷 〔清〕金兆燕撰

錢文敏公全集三十卷（鳴春小草七卷　茶山詩鈔十一卷　茶山文鈔十二卷）（鳴春小草卷一至茶山文鈔卷四）〔清〕錢維城撰

第一四四三册

錢文敏公全集三十卷（鳴春小草七卷　茶山詩鈔十一卷　茶山文鈔十二卷）（茶山文鈔卷五至卷十二）〔清〕錢維城撰

蘀石齋詩集五十卷　蘀石齋文集二十六卷 〔清〕錢　載撰

紫峴山人全集五十四卷（文集十二卷　詩集二十八卷　外集十二卷　詩餘二卷）（文集卷一至詩集卷十一）〔清〕張九鉞撰

第一四四四册

紫峴山人全集五十四卷（文集十二卷　詩集二十八卷　外集十二卷　詩餘二卷）（詩集卷十二至詩餘下）〔清〕張九鉞撰

緑筠書屋詩鈔十八卷 〔清〕葉觀國撰

傳經堂詩鈔十二卷 〔清〕韋謙恒撰

明善堂詩集四十二卷　明善堂文集四卷（明善堂詩集卷一至卷十五）〔清〕弘　曉撰

第一四四五册

明善堂詩集四十二卷　明善堂文集四卷（明善堂詩集卷十六至明善堂文集卷四）〔清〕弘　曉撰

重鐫草堂外集十五卷 〔清〕檀 萃撰
頻羅庵遺集十六卷 〔清〕梁同書撰
七録齋詩鈔十卷 七録齋文鈔十卷（七録齋詩鈔卷一至卷七） 〔清〕阮葵生撰

第一四四六册

七録齋詩鈔十卷 七録齋文鈔十卷（七録齋詩鈔卷八至七録齋文鈔卷十） 〔清〕阮葵生撰
訒葊詩存六卷 〔清〕汪啓淑撰
甌北集五十三卷（卷一至卷三十四） 〔清〕趙 翼撰

第一四四七册

甌北集五十三卷（卷三十五至卷五十三） 〔清〕趙 翼撰
聞音室詩集四卷遺文附刻一卷 〔清〕王嘉曾撰
培蔭軒詩集四卷 培蔭軒文集二卷 培蔭軒雜記一卷 〔清〕胡季堂撰
胥石詩存四卷 胥石文存一卷附録一卷 〔清〕吴蘭庭撰
恩餘堂輯稿四卷 〔清〕彭元瑞撰
白華前稿六十卷（卷一至卷十七） 〔清〕吴省欽撰

第一四四八册

白華前稿六十卷（卷十八至卷六十） 〔清〕吴省欽撰
白華詩鈔十三卷 〔清〕吴省欽撰
白華後稿四十卷 〔清〕吴省欽撰

第一四四九册

嶺南詩集八卷（恩平集一卷 潮陽集三卷 桂林集四卷） 〔清〕李文藻撰
南澗文集二卷 〔清〕李文藻撰
宛委山房集二卷 〔清〕曹仁虎撰
竹葉庵文集三十三卷 〔清〕張 塤撰
蓬廬文鈔八卷 〔清〕周廣業撰
林汲山房遺文不分卷 〔清〕周永年撰

第一四五〇册

靈巖山人詩集四十卷 〔清〕畢 沅撰
夢樓詩集二十四卷 〔清〕王文治撰
嚴東有詩集十卷 〔清〕嚴長明撰

第一四五一册

寶奎堂集十二卷 篁村集十二卷續編一卷 〔清〕陸錫熊撰
響泉集十八卷 〔清〕顧光旭撰
香亭文稿十二卷 〔清〕吴玉綸撰
知足齋詩集二十卷續集四卷 知足齋文集六卷進呈文稿二卷年譜三卷（知足齋詩集卷一至卷五） 〔清〕朱 珪撰

第一四五二册

知足齋詩集二十卷續集四卷 知足齋文集六卷進呈文稿二卷年譜三卷（知足齋詩集卷六至進呈文稿卷二） 〔清〕朱 珪撰
小木子詩三刻七卷 〔清〕朱休度撰
山木居士外集四卷附一卷 〔清〕魯九皋撰

第一四五三册

惜抱軒文集十六卷後集十卷　惜抱軒詩集十卷後集一卷
〔清〕姚　鼐撰
尊聞居士集八卷遺稿一卷　〔清〕羅有高撰
居易堂詩集五卷　〔清〕王曾翼撰
香葉草堂詩存一卷　〔清〕羅　聘撰
介亭文集六卷　介亭外集六卷　介亭詩鈔一卷　〔清〕江濬
源撰

第一四五四册

拜經樓詩集十二卷續編四卷再續編一卷　〔清〕吴　騫撰
愚谷文存十四卷　〔清〕吴　騫撰
愚谷文存續編二卷　〔清〕吴　騫撰
復初齋詩集七十卷（卷一至卷三十五）　〔清〕翁方綱撰

第一四五五册

復初齋詩集七十卷（卷三十六至卷七十）　〔清〕翁方綱撰
復初齋文集三十五卷　〔清〕翁方綱撰

第一四五六册

存吾文稿不分卷　〔清〕余廷燦撰
童山詩集四十二卷附二卷　童山文集二十卷補遺一卷
〔清〕李調元撰

第一四五七册

荷塘詩集十六卷　〔清〕張五典撰
容齋詩集二十八卷附古香詞一卷補遺一卷　〔清〕茹綸常撰
容齋文鈔十卷　〔清〕茹綸常撰
述職吟二卷　〔清〕劉秉恬撰
公餘集十卷　〔清〕劉秉恬撰

第一四五八册

竹軒詩稿四卷　〔清〕劉秉恬撰
樹經堂詩初集十五卷　樹經堂詩續集八卷　樹經堂文集
四卷　〔清〕謝啓昆撰
頤綵堂文集十六卷　劍舟律賦二卷　〔清〕沈叔埏撰
頤綵堂詩鈔十卷　〔清〕沈叔埏撰
晚學集八卷　未谷詩集四卷　〔清〕桂　馥撰

第一四五九册

埽垢山房詩鈔十二卷　〔清〕黄文暘撰
月滿樓詩集四十卷別集五卷首二卷　月滿樓文集十四卷
首二卷　〔清〕顧宗泰撰

第一四六〇册

竹初詩鈔十六卷　竹初文鈔六卷　〔清〕錢維喬撰
秋室學古録六卷　梁園歸櫂録一卷　憶漫庵賸稿一卷
〔清〕余　集撰
紅櫚書屋詩集四卷　雜體文稿七卷（存卷一至卷三　卷
五至卷七）　〔清〕孔繼涵撰
易簡齋詩鈔四卷　〔清〕和　瑛撰
三松堂集二十四卷續集六卷（三松堂集卷一至卷十四）

〔清〕潘奕雋撰

第一四六一册

三松堂集二十四卷續集六卷（卷十五至續集卷六） 〔清〕潘奕雋撰

錢南園先生遺集五卷 〔清〕錢　灃撰

二林居集二十四卷 〔清〕彭紹升撰

無聞集四卷 〔清〕崔　述撰

銅梁山人詩集二十五卷　芸簏偶存二卷（銅梁山人詩集卷一至卷十七） 〔清〕王汝璧撰

第一四六二册

銅梁山人詩集二十五卷　芸簏偶存二卷（銅梁山人詩集卷十八至芸簏偶存卷二） 〔清〕王汝璧撰

午風堂集六卷　午風堂叢談八卷 〔清〕鄒炳泰撰

景文堂詩集十三卷 〔清〕戚學標撰

鶴泉文鈔二卷 〔清〕戚學標撰

鶴泉文鈔續選九卷 〔清〕戚學標撰

悦親樓詩集三十卷外集二卷（卷一至卷十六） 〔清〕祝德麟撰

第一四六三册

悦親樓詩集三十卷外集二卷（悦親樓詩集卷十七至外集卷二） 〔清〕祝德麟撰

與稽齋叢稿十八卷 〔清〕吴翌鳳撰

南江文鈔十二卷　南江詩鈔四卷 〔清〕邵晉涵撰

第一四六四册

榮性堂集十六卷 〔清〕吴　俊撰

肖巖詩鈔十二卷 〔清〕趙良霨撰

肖巖文鈔四卷 〔清〕趙良霨撰

稼門文鈔七卷　稼門詩鈔十卷 〔清〕汪志伊撰

小峴山人詩文集三十七卷（詩集二十八卷文集六卷續文集二卷續文集補編一卷）（詩集卷一至卷二十） 〔清〕秦瀛撰

第一四六五册

小峴山人詩文集三十七卷（詩集二十八卷文集六卷續文集二卷續文集補編一卷）（詩集卷二十一至續文集補編） 〔清〕秦　瀛撰

述學六卷附春秋述義一卷 〔清〕汪　中撰

容甫先生遺詩五卷補遺一卷附録一卷 〔清〕汪　中撰

五研齋詩鈔二十卷　五研齋文鈔十一卷 〔清〕沈赤然撰

第一四六六册

秋盦遺稿不分卷 〔清〕黄　易撰

王石臞先生遺文四卷　丁亥詩鈔一卷 〔清〕王念孫撰

授堂文鈔八卷續集二卷　授堂詩鈔八卷 〔清〕武　億撰

獨學廬初稿十一卷　獨學廬二稿六卷　獨學廬三稿十一卷　獨學廬四稿九卷　獨學廬五稿九卷　獨學廬餘稿一卷　獨學廬文稿附録一卷（獨學廬初稿詩卷一至獨

學廬四稿文卷四）〔清〕石韞玉撰

第一四六七册

獨學廬初稿十一卷　獨學廬二稿六卷　獨學廬三稿十一卷　獨學廬四稿九卷　獨學廬五稿九卷　獨學廬餘稿一卷　獨學廬文稿附録一卷（獨學廬四稿文卷五至獨學廬文稿附録）〔清〕石韞玉撰

安愚齋集四卷〔清〕周錫溥撰

卷施閣集四十一卷〔清〕洪亮吉撰

第一四六八册

更生齋集二十八卷〔清〕洪亮吉撰

有正味齋詩集十六卷續集八卷　有正味齋駢體文二十四卷續集八卷（有正味齋詩集卷一至有正味齋駢體文卷九）〔清〕吳錫麒撰

第一四六九册

有正味齋詩集十六卷續集八卷　有正味齋駢體文二十四卷續集八卷（有正味齋駢體文卷十至續集卷八）〔清〕吳錫麒撰

亦有生齋集五十四卷（樂府二卷詩三十二卷文二十卷）（樂府卷一至詩卷三十二）〔清〕趙懷玉撰

第一四七〇册

亦有生齋集五十四卷（樂府二卷詩三十二卷文二十卷）（文卷一至文卷二十）〔清〕趙懷玉撰

雙桂堂稿十卷　雙桂堂稿續編十二卷〔清〕紀大奎撰

第一四七一册

風希堂詩集六卷　風希堂文集四卷〔清〕戴殿泗撰

簡松草堂文集十二卷附録一卷　簡松草堂詩集二十卷〔清〕張雲璈撰

四百三十二峯草堂詩鈔二十六卷〔清〕趙希璜撰

第一四七二册

研栰齋文集二卷〔清〕趙希璜撰

静厓詩初稿十二卷　静厓詩後稿十二卷　静厓詩續稿六卷〔清〕汪學金撰

井福堂文稿十卷〔清〕汪學金撰

秋水閣詩集八卷首一卷　秋水閣雜著一卷〔清〕許兆椿撰

第一四七三册

寄庵詩文鈔三十三卷〔清〕劉大紳撰

五百四峰堂詩鈔二十五卷（卷一至卷二十一）〔清〕黎簡撰

第一四七四册

五百四峰堂詩鈔二十五卷（卷二十二至卷二十五）〔清〕黎簡撰

守意龕詩集二十八卷〔清〕百齡撰　附南陔遺草一卷〔清〕扎拉芬撰

兩當軒全集二十卷〔清〕黃景仁撰　附考異二卷〔清〕黃志述撰

附録六卷 〔清〕黄志述編
澹静齋文鈔六卷外篇二卷　澹静齋詩鈔六卷 〔清〕龔景瀚撰

第一四七五册

珍埶宧文鈔七卷　珍埶宧詩鈔二卷 〔清〕莊述祖撰
青芙蓉閣詩鈔六卷 〔清〕陸元鋐撰
壹齋集四十卷 〔清〕黄　鉞撰
師竹齋集十四卷 〔清〕李鼎元撰
敏齋詩草二卷　巴塘詩鈔二卷 〔清〕李　苞撰
留春草堂詩鈔七卷 〔清〕伊秉綬撰

第一四七六册

秋室集十卷 〔清〕楊鳳苞撰
惟清齋全集十七卷年譜二卷 〔清〕鐵　保撰
駢儷文三卷 〔清〕孔廣森撰
葆沖書屋集四卷　葆沖書屋外集二卷 〔清〕汪如洋撰
存素堂詩初集録存二十四卷 〔清〕法式善撰
存素堂文集四卷續集四卷（續集存卷一　卷二　卷四）〔清〕法式善撰

第一四七七册

芙蓉山館全集二十卷附録一卷 〔清〕楊芳燦撰
稻香吟館詩藁七卷 〔清〕李賡芸撰
孫淵如先生全集二十一卷 〔清〕孫星衍撰

第一四七八册

陶山詩前録二卷　陶山詩録二十八卷 〔清〕唐仲冕撰
陶山文録十卷 〔清〕唐仲冕撰
揅經室集五十七卷（一集卷一至一集卷十二）〔清〕阮　元撰

第一四七九册

揅經室集五十七卷（一集卷十三至再續集卷六）〔清〕阮元撰

第一四八〇册

校禮堂詩集十四卷 〔清〕凌廷堪撰
校禮堂文集三十六卷 〔清〕凌廷堪撰
淵雅堂全集五十六卷 〔清〕王芑孫撰

第一四八一册

淵雅堂全集五十六卷（編年詩藁二十卷、惕甫未定藁二十六卷、外集八卷、編年詩續藁一卷、文續藁一卷）（惕甫未定藁卷四至文續藁）〔清〕王芑孫撰
曬書堂集十七卷 〔清〕郝懿行撰

第一四八二册

連雲書屋存稿六卷 〔清〕焦和生撰
大雲山房文稾十一卷 〔清〕惲　敬撰
邃雅堂集十卷 〔清〕姚文田撰
邃雅堂文集續編一卷 〔清〕姚文田撰

第一四八三册

白鶴山房詩鈔二十卷　白鶴山房詞鈔二卷　白鶴山房外集二卷 〔清〕葉紹本撰

點蒼山人詩鈔八卷附録一卷 〔清〕沙　琛撰

緑天書舍存草六卷 〔清〕錢　楷撰

多歲堂詩集四卷　載賡集二卷附試律詩集一卷　賦集一卷 〔清〕成　書撰

煙霞萬古樓文集六卷 〔清〕王　曇撰

煙霞萬古樓詩選二卷 〔清〕王　曇撰　仲瞿詩録一卷 〔清〕王　曇撰 〔清〕徐渭仁輯

煙霞萬古樓詩殘藁一卷 〔清〕王　曇撰

第一四八四册

賞雨茅屋詩集二十二卷　賞雨茅屋外集一卷 〔清〕曾　燠撰

賜綺堂集二十八卷 〔清〕詹應甲撰

第一四八五册

石柏山房詩存八卷首一卷 〔清〕趙文楷撰

尚絅堂集五十六卷 〔清〕劉嗣綰撰

妙香齋詩集四卷 〔清〕趙德懋撰

存悔齋集二十八卷　存悔齋外集四卷（存悔齋集卷一至卷十二） 〔清〕劉鳳誥撰

存悔齋集二十八卷　存悔齋外集四卷（存悔齋集卷十三至存悔齋集外集卷四） 〔清〕劉鳳誥撰

第一四八六册

宛鄰集六卷 〔清〕張　琦撰　附蓬室偶吟一卷 〔清〕湯瑤卿撰

船山詩草二十卷　船山詩草補遺六卷 〔清〕張問陶撰

缾水齋詩集十七卷詩別集二卷詩話一卷附録一卷（詩集卷一至詩集卷九） 〔清〕舒　位撰

第一四八七册

缾水齋詩集十七卷詩別集二卷詩話一卷附録一卷（缾水齋詩集卷十至詩話） 〔清〕舒　位撰

詒晉齋集八卷後集一卷隨筆一卷 〔清〕永　瑆撰

簡莊文鈔六卷續編二卷　河莊詩鈔一卷 〔清〕陳　鱣撰

吴學士詩集五卷　吴學士文集四卷 〔清〕吴　鼒撰

天真閣集五十四卷外集六卷（天真閣集卷一至卷十） 〔清〕孫原湘撰

第一四八八册

天真閣集五十四卷外集六卷（天真閣集卷十一至外集卷六） 〔清〕孫原湘撰

茗柯文編五卷 〔清〕張惠言撰

茗柯文補編二卷　茗柯文外編二卷 〔清〕張惠言撰

鐵橋漫稿十三卷（卷一至卷四） 〔清〕嚴可均撰

鐵橋漫稿十三卷（卷五至卷十三） 〔清〕嚴可均撰

第一四八九册

雕菰集二十四卷 〔清〕焦　循撰

校經廎文稾十八卷 〔清〕李富孫撰

筠軒文鈔八卷 〔清〕洪頤煊撰

香蘇山館詩集三十六卷（古體詩鈔卷一至古體詩鈔卷三）

（清）吴嵩梁撰

第一四九〇册

香蘇山館詩集三十六卷（古體詩鈔卷四至今體詩鈔卷十九） （清）吴嵩梁撰

王文簡公文集四卷附録一卷 （清）王引之撰

青芝山館集二十七卷 （清）欒 鈞撰

第一四九一册

思適齋集十八卷 （清）顧廣圻撰

掃紅亭吟稿十四卷附題詞一卷 （清）馮雲鵬撰

拜經堂文集五卷 （清）臧 庸撰

桂馨堂集十三卷 （清）張廷濟撰

第一四九二册

冬青館甲集六卷 冬青館乙集八卷 （清）張 鑑撰

織簾書屋詩鈔十二卷 （清）沈兆澐撰

鑑止水齋集二十卷 （清）許宗彦撰

小謨觴館詩文集十三卷 小謨觴館續集五卷 （清）彭兆蓀撰

第一四九三册

太乙舟詩集十三卷 （清）陳用光撰

太乙舟文集八卷 （清）陳用光撰

蘊愫閣詩集十二卷 （清）盛大士撰

蘊愫閣詩續集二卷 （清）盛大士撰

蘊愫閣別集四卷 （清）盛大士撰

第一四九四册

蘊愫閣文集八卷 （清）盛大士撰

崇雅堂文鈔二卷 崇雅堂詩鈔十卷 崇雅堂駢體文鈔四卷 崇雅堂應制存稿一卷 崇雅堂删餘詩一卷 （清）胡 敬撰

篔谷詩鈔二十卷 篔谷文鈔十二卷 （清）查 揆撰

第一四九五册

養一齋文集二十卷補遺一卷續編六卷 養一齋詩集八卷 （清）李兆洛撰

泰雲堂集二十五卷 （清）孫爾準撰

第一四九六册

松心詩録十卷 （清）張維屏撰

左海文集十卷乙編二卷 絳跗草堂詩集六卷 （清）陳壽祺撰

崇百藥齋文集二十卷（卷一至卷十四） （清）陸繼輅撰

第一四九七册

崇百藥齋文集二十卷（卷十五至卷二十） （清）陸繼輅撰

崇百藥齋續集四卷 （清）陸繼輅撰

崇百藥齋三集十二卷 （清）陸繼輅撰

攷槃集文録十二卷 （清）方東樹撰

石雲山人詩集二十三卷 石雲山人文集五卷（詩集卷一至卷二十一） （清）吴榮光撰

第一四九八册

石雲山人詩集二十三卷　石雲山人文集五卷(詩集卷二十二至文集卷五)〔清〕吴榮光撰
今白華堂文集三十二卷(存卷一至卷三　卷五　卷七至卷八　卷十一至卷十七　卷十九至卷二十　卷二十二至卷二十四　卷二十七至卷三十二)〔清〕童　槐撰
今白華堂詩録八卷　今白華堂詩集二卷〔清〕童　槐撰
今白華堂詩録補八卷〔清〕童　槐撰
遂初草廬詩集十卷〔清〕杜　堮撰
幼學堂詩稿十七卷　幼學堂文稿八卷(詩稿卷一至卷七)〔清〕沈欽韓撰

第一四九九册

幼學堂詩稿十七卷　幼學堂文稿八卷(幼學堂詩稿卷八至幼學堂文稿卷八)〔清〕沈欽韓撰
雙硯齋詩鈔十六卷〔清〕鄧廷楨撰
退菴詩存二十五卷〔清〕梁章鉅撰

第一五〇〇册

求是堂詩集二十二卷〔清〕胡承珙撰
求是堂文集六卷首一卷駢體文二卷〔清〕胡承珙撰
小倦遊閣集二十七卷(存卷一　卷三　卷八至卷九　卷十四　卷十六至卷十九　卷二十一　卷二十三至卷二十七)〔清〕包世臣撰

第一五〇一册

劉禮部集十一卷〔清〕劉逢禄撰　附録一卷〔清〕劉承寬等撰
求聞過齋詩集六卷〔清〕朱方增撰
求聞過齋文集四卷〔清〕朱方增撰
南村草堂文鈔二十卷〔清〕鄧顯鶴撰

第一五〇二册

心知堂詩稿十八卷〔清〕汪仲洋撰
琴隱園詩集三十六卷〔清〕湯貽汾撰
陶文毅公全集六十四卷首一卷末一卷(卷一至卷十三)〔清〕陶　澍撰

第一五〇三册

陶文毅公全集六十四卷首一卷末一卷(卷十四至卷五十四)〔清〕陶　澍撰

第一五〇四册

陶文毅公全集六十四卷首一卷末一卷(卷五十五至卷六十四)〔清〕陶　澍撰
憶山堂詩録八卷〔清〕宋翔鳳撰
樸學齋文録四卷〔清〕宋翔鳳撰
因寄軒文初集十卷　因寄軒文二集六卷　因寄軒文集補遺一卷〔清〕管　同撰
頤道堂詩選三十卷　頤道堂詩外集十卷　頤道堂文鈔十三卷附一卷(頤道堂詩選卷一至卷十)〔清〕陳文述撰

第一五〇五册

頤道堂詩選三十卷　頤道堂詩外集十卷　頤道堂文鈔十三卷附一卷（頤道堂詩選卷十一至頤道堂文鈔卷七）〔清〕陳文述撰

第一五〇六册

頤道堂詩選三十卷　頤道堂詩外集十卷　頤道堂文鈔十三卷附一卷（頤道堂文鈔卷八至卷十三）〔清〕陳文述撰

養素堂詩集二十六卷〔清〕張澍撰

養素堂文集三十五卷（卷一至卷二十二）〔清〕張澍撰

第一五〇七册

養素堂文集三十五卷（卷二十三至卷三十五）〔清〕張澍撰

澄懷書屋詩鈔四卷〔清〕穆彰阿撰

三十六灣草廬稿十卷〔清〕黄本騏撰

齊物論齋文集六卷〔清〕董士錫撰

研六室文鈔十卷補遺一卷〔清〕胡培翬撰

柯家山館遺詩六卷〔清〕嚴元照撰

春草堂集六卷〔清〕謝堃撰

第一五〇八册

抱沖齋詩集三十六卷附眠琴僊館詞一卷〔清〕斌良撰

衎石齋記事稾十卷　衎石齋記事續稾十卷（衎石齋記事稾卷一至卷八）〔清〕錢儀吉撰

第一五〇九册

衎石齋記事稾十卷　衎石齋記事續稾十卷（衎石齋記事稾卷九至衎石齋記事續稾卷十）〔清〕錢儀吉撰

檉華館全集十二卷〔清〕路德撰

第一五一〇册

養浩齋詩稿九卷　養浩齋詩續稿五卷　惇裕堂文集四卷〔清〕桂超萬撰

劉孟塗集四十四卷（存前集十卷　後集卷一至卷七　卷九至卷二十二　文集十卷　駢體文二卷）〔清〕劉開撰

郭大理遺稿八卷〔清〕郭尚先撰

增默菴詩遺集二卷〔清〕郭尚先撰

養一齋集二十六卷首一卷附一卷（卷一至卷八）〔清〕潘德輿撰

第一五一一册

養一齋集二十六卷首一卷附一卷（卷九至卷二十六）〔清〕潘德輿撰

程侍郎遺集十卷附録一卷〔清〕程恩澤撰

耐菴文存六卷首一卷　耐菴詩存三卷〔清〕賀長齡撰

三長物齋詩略五卷附刻一卷　三長物齋文略六卷〔清〕黄本驥撰

養默山房詩藁三十二卷（卷一至卷十）〔清〕謝元淮撰

第一五一二册

養默山房詩藁三十二卷（卷十一至卷三十二）〔清〕謝元淮撰

簡學齋詩存四卷　簡學齋詩删四卷〔清〕陳沆撰

雲左山房詩鈔八卷附三卷 〔清〕林則徐撰

東溟文集六卷外集四卷文後集十四卷文外集二卷　後湘詩集九卷二集五卷續集七卷　中復堂遺稿五卷續編二卷（東溟文集卷一至後湘詩集卷二） 〔清〕姚　瑩撰

第一五一三册

東溟文集六卷外集四卷文後集十四卷文外集二卷　後湘詩集九卷二集五卷續集七卷　中復堂遺稿五卷續編二卷（後湘詩集卷三至中復堂遺稿續編卷二） 〔清〕姚　瑩撰

瑞榴堂詩集四卷 〔清〕托渾布撰

小重山房詩詞全集三十二卷 〔清〕張祥河撰

柏梘山房全集三十一卷（柏梘山房文集十六卷文續集一卷、柏梘山房詩集十卷詩續集二卷、柏梘山房駢體文二卷）（柏梘山房文集卷一至卷五） 〔清〕梅曾亮撰

第一五一四册

柏梘山房全集三十一卷（柏梘山房文集十六卷文續集一卷　柏梘山房詩集十卷詩續集二卷　柏梘山房駢體文二卷）（柏梘山房文集卷六至柏梘山房駢體文卷下） 〔清〕梅曾亮撰

笏庵詩二十卷 〔清〕吴清鵬撰

曇雲閣集十一卷 〔清〕曹楙堅撰

傳經室文集十卷 〔清〕朱駿聲撰

第一五一五册

遂懷堂全集三十八卷 〔清〕袁　翼撰

第一五一六册

讀白華草堂詩初集九卷 〔清〕黄　釗撰

讀白華草堂詩二集十二卷 〔清〕黄　釗撰

讀白華草堂詩苜蓿集八卷 〔清〕黄　釗撰

桂留山房詩集十二卷附桂留山房詞集一卷 〔清〕沈學淵撰

萬善花室文藁七卷 〔清〕方履籛撰

壺園詩鈔選十卷　五代新樂府一卷 〔清〕徐寶善撰

壺園賦鈔二卷 〔清〕徐寶善撰

壺園詩外集六卷 〔清〕徐寶善撰

第一五一七册

青溪舊屋文集十一卷 〔清〕劉文淇撰

彝壽軒詩鈔十二卷　煙波漁唱四卷 〔清〕張應昌撰

是程堂集十四卷 〔清〕屠　倬撰

是程堂二集四卷 〔清〕屠　倬撰

意苕山館詩稿十六卷 〔清〕陸　嵩撰

丹魁堂詩集七卷 〔清〕季芝昌撰

第一五一八册

董方立文甲集二卷　董方立文乙集二卷 〔清〕董祐誠撰

懷古田舍詩節鈔六卷 〔清〕徐　榮撰

松風閣詩鈔二十六卷　歸樸龕叢稿十二卷續編四卷 〔清〕彭蘊章撰

第一五一九册

知止齋詩集十六卷 〔清〕翁心存撰

甘泉鄉人稿二十四卷餘稿二卷 〔清〕錢泰吉撰 年譜一卷 〔清〕錢應溥撰

楙花盦詩二卷附録一卷外集一卷 〔清〕葉廷琯撰

借閒生詩三卷 借閒生詞一卷 〔清〕汪遠孫撰

第一五二〇册

龔定盦全集二十卷 〔清〕龔自珍撰

吴文節公遺集八十卷 〔清〕吴文鎔撰

第一五二一册

花宜館詩鈔十六卷續存一卷 無腔村笛二卷 〔清〕吴振棫撰

仙屏書屋初集十八卷 〔清〕黄爵滋撰

薛箖吟館鈔存八卷賦二卷 〔清〕柏葰撰

面城樓集鈔四卷 〔清〕曾釗撰

䜉䜉亭集三十二卷 䜉䜉亭後集十二卷（䜉䜉亭集卷一至卷二十） 〔清〕祁寯藻撰

第一五二二册

䜉䜉亭集三十二卷 䜉䜉亭後集十二卷（䜉䜉亭集卷二十一至䜉䜉亭後集卷十二） 〔清〕祁寯藻撰

古微堂詩集十卷 〔清〕魏源撰

古微堂集十卷 〔清〕魏源撰

籀經堂類藳二十四卷（卷一至卷十五） 〔清〕陳慶鏞撰

第一五二三册

籀經堂類藳二十四卷（卷十六至卷二十四） 〔清〕陳慶鏞撰

頤志齋文鈔一卷 頤志齋感舊詩一卷 〔清〕丁晏撰

松龕先生文集四卷 松龕先生詩集二卷 〔清〕徐繼畬撰

李文恭公遺集四十六卷行述一卷（奏議二十二卷、詩集八卷、文集十六卷）（奏議卷一至卷十一） 〔清〕李星沅撰

第一五二四册

李文恭公遺集四十六卷行述一卷（奏議二十二卷、詩集八卷、文集十六卷）（奏議卷十二至詩集卷一） 〔清〕李星沅撰

第一五二五册

李文恭公遺集四十六卷行述一卷（奏議二十二卷、詩集八卷、文集十六卷）（詩集卷二至文集卷十六） 〔清〕李星沅撰

落帆樓文集二十四卷補遺一卷 〔清〕沈垚撰

第一五二六册

子良詩存二十一卷 〔清〕馮詢撰

寓蜀草四卷 〔清〕王培荀撰

思伯子堂詩集三十二卷（卷一至卷二十二） 〔清〕張際亮撰

第一五二七册

思伯子堂詩集三十二卷（卷二十三至卷三十二） 〔清〕張際亮撰

百柱堂全集五十一卷首一卷（卷一至卷四十一） 〔清〕王柏心撰 附録一卷 〔清〕彭崧毓等撰

第一五二八册

百柱堂全集五十一卷首一卷（卷四十二至卷五十一）〔清〕王柏心撰　附録一卷〔清〕彭崧毓等撰

樂志堂文集十八卷續集二卷〔清〕譚瑩撰

樂志堂詩集十二卷〔清〕譚瑩撰

東洲草堂詩鈔三十卷　東洲草堂詩餘一卷（東洲草堂詩鈔卷一至卷十八）〔清〕何紹基撰

第一五二九册

東洲草堂詩鈔三十卷　東洲草堂詩餘一卷（東洲草堂詩鈔卷十九至東洲草堂詩餘卷一）〔清〕何紹基撰

東洲草堂文鈔二十卷〔清〕何紹基撰

天游閣集五卷詩補一卷附録一卷〔清〕顧春撰

海秋詩集二十六卷〔清〕湯鵬撰

第一五三〇册

習苦齋詩集八卷　習苦齋古文四卷〔清〕戴熙撰

怡志堂詩初編八卷〔清〕朱琦撰

怡志堂文初編六卷〔清〕朱琦撰

衣讔山房詩集八卷〔清〕林昌彝撰

小石渠閣文集六卷〔清〕林昌彝撰

守柔齋詩鈔初集四卷續集四卷〔清〕蘇廷魁撰

守柔齋行河草二卷〔清〕蘇廷魁撰

緑漪草堂文集三十卷首一卷外集二卷別集二卷　緑漪草堂詩集二十卷　研華館詞三卷（緑漪草堂文集卷一至緑漪草堂文集卷十五）〔清〕羅汝懷撰

第一五三一册

緑漪草堂文集三十卷首一卷外集二卷別集二卷　緑漪草堂詩集二十卷　研華館詞三卷（緑漪草堂文集卷十六至研華館詞卷三）〔清〕羅汝懷撰

劫餘詩選二十三卷〔清〕齊學裘撰

汪梅村先生集十二卷外集一卷〔清〕汪士鐸撰

第一五三二册

悔翁詩鈔十五卷補遺一卷〔清〕汪士鐸撰

抱真書屋詩鈔九卷〔清〕陸應穀撰

海國勝遊草一卷　天外歸帆草一卷〔清〕斌椿撰

肙齋文集八卷　肙齋詩集四卷〔清〕張穆撰

通甫類藁四卷續編二卷　通父詩存四卷詩存之餘二卷〔清〕魯一同撰

復莊詩問三十四卷（卷一至卷九）〔清〕姚燮撰

第一五三三册

復莊詩問三十四卷（卷十至卷三十四）〔清〕姚燮撰

復莊駢儷文権八卷二編八卷〔清〕姚燮撰

梅莊詩鈔十六卷〔清〕華長卿撰

第一五三四册

斆藝齋文存八卷　斆藝齋詩存二卷〔清〕鄒漢勛撰

梣湖文集十二卷 〔清〕吴敏樹撰
巢經巢文集六卷 巢經巢詩集九卷後集四卷遺詩一卷附録一卷 〔清〕鄭 珍撰
石泉書屋詩鈔八卷 〔清〕李佐賢撰
石泉書屋類稿八卷附尺牘二卷 〔清〕李佐賢撰

第一五三五册

朱九江先生集十卷首一卷 〔清〕朱次琦撰
嘯古堂詩集八卷遺集一卷 〔清〕蔣敦復撰
舒藝室雜箸四卷賸稾一卷 鼠壤餘蔬一卷 〔清〕張文虎撰
舒藝室詩存七卷續存一卷 〔清〕張文虎撰
顯志堂稿十二卷附夢柰詩稿一卷(卷一至卷九) 〔清〕馮桂芬撰

第一五三六册

顯志堂稿十二卷附夢柰詩稿一卷(卷十至卷十二) 〔清〕馮桂芬撰
文靖公詩鈔八卷 〔清〕寶 鋆撰
文靖公遺集十二卷補遺一卷 〔清〕寶 鋆撰
敦夙好齋詩全集初編十二卷首一卷續編十一卷首一卷 〔清〕葉名澧撰
半巖廬遺集二卷 〔清〕邵懿辰撰
咄咄吟二卷附録一卷 〔清〕貝青喬撰

第一五三七册

半行庵詩存稾八卷 〔清〕貝青喬撰
秦川焚餘草六卷補遺一卷 〔清〕董平章撰 附刻一卷
東塾集六卷 〔清〕陳 澧撰
郘亭遺詩八卷 〔清〕莫友芝撰
郘亭遺文八卷 〔清〕莫友芝撰
曾文正公詩集四卷 曾文正公文集四卷 〔清〕曾國藩撰

第一五三八册

曾文正公書札三十三卷 〔清〕曾國藩撰

第一五三九册

九梅村詩集二十卷 〔清〕魏燮均撰
胡文忠公遺集八十六卷(卷一至卷四十二) 〔清〕胡林翼撰

第一五四〇册

胡文忠公遺集八十六卷(卷四十三至卷八十六) 〔清〕胡林翼撰
思益堂集十九卷(詩鈔六卷 古文二卷 詞鈔一卷 日札十卷)(詩鈔卷一至古文卷二) 〔清〕周壽昌撰

第一五四一册

思益堂集十九卷(詩鈔六卷 古文二卷 詞鈔一卷 日札十卷)(詞鈔卷一至日札卷十) 〔清〕周壽昌撰
左文襄公文集五卷 左文襄公詩集一卷 左文襄公聯語一卷 〔清〕左宗棠撰
春暉閣詩選六卷 〔清〕蔣湘南撰
七經樓文鈔六卷 〔清〕蔣湘南撰

爾爾書屋詩草八卷 〔清〕史夢蘭撰

爾爾書屋文鈔二卷 〔清〕史夢蘭撰

經德堂文集六卷別集二卷 浣月山房詩集五卷（經德堂文集卷一至別集卷下） 〔清〕龍啓瑞撰

第一五四二册

經德堂文集六卷別集二卷 浣月山房詩集五卷（浣月山房詩集卷一至卷五） 〔清〕龍啓瑞撰

烟嶼樓詩集十八卷 〔清〕徐時棟撰

烟嶼樓文集四十卷 〔清〕徐時棟撰

集義軒詠史詩鈔六十卷（卷一至卷十二） 〔清〕羅惇衍撰

第一五四三册

集義軒詠史詩鈔六十卷（卷十三至卷六十） 〔清〕羅惇衍撰

昨非集四卷 〔清〕劉熙載撰

玉鑑堂詩集六卷 〔清〕汪曰楨撰

第一五四四册

濂亭文集八卷遺文五卷遺詩二卷 〔清〕張裕釗撰

遜學齋詩鈔十卷續鈔五卷 〔清〕孫衣言撰

遜學齋文鈔十二卷續鈔五卷首一卷末一卷 〔清〕孫衣言撰

詒安堂詩初稿八卷 詒安堂二集八卷 詒安堂詩餘三卷 詒安堂試帖詩鈔一卷 〔清〕王慶勳撰

第一五四五册

龍壁山房詩草十七卷 〔清〕王拯撰

龍壁山房文集八卷 〔清〕王拯撰

賭棋山莊所著書二十五卷 〔清〕謝章鋌撰

味經山館詩鈔六卷評語一卷 〔清〕戴鈞衡撰

味經山館文鈔四卷 〔清〕戴鈞衡撰

帶耕堂遺詩五卷首一卷崇祀録一卷 吴中判牘一卷 〔清〕蒯德模撰

第一五四六册

雪門詩草十四卷 〔清〕許瑶光撰

通義堂文集十六卷 〔清〕劉毓崧撰

第一五四七册

養知書屋詩集十五卷 養知書屋文集二十八卷 〔清〕郭嵩燾撰

鄒徵君存稿一卷 〔清〕鄒伯奇撰

尺岡草堂遺集十二卷 〔清〕陳璞撰

第一五四八册

小匏庵詩存六卷卷末附一卷 〔清〕吴仰賢撰

黄鵠山人詩初鈔十八卷（存卷一至卷七 卷九至卷十 卷十二至卷十八） 〔清〕林壽圖撰

補勤詩存二十四卷首一卷續編五卷 〔清〕陳錦撰

勤餘文牘六卷首一卷續編二卷 〔清〕陳錦撰

第一五四九册

天岳山館文鈔四十卷 〔清〕李元度撰

第一五五〇册

賓萌集六卷外集四卷　春在堂襍文二卷續編五卷三編四卷四編八卷五編八卷六編十卷　補遺六卷　春在堂詩編二十三卷（賓萌集卷一至春在堂襍文六編卷二）〔清〕俞　樾撰

第一五五一册

賓萌集六卷外集四卷　春在堂襍文二卷續編五卷三編四卷四編八卷五編八卷六編十卷　六編補遺六卷　春在堂詩編二十三卷（春在堂襍文六編卷三至春在堂詩編卷二十三）〔清〕俞　樾撰

第一五五二册

雲卧山莊詩集八卷首一卷末一卷　〔清〕郭崑燾撰

退補齋詩存十六卷首一卷　退補齋文存十二卷首一卷　〔清〕胡鳳丹撰

退補齋詩存二編十卷　退補齋文存二編五卷　〔清〕胡鳳丹撰

陶樓文鈔十四卷（卷一至卷五）〔清〕黄彭年撰

第一五五三册

陶樓文鈔十四卷（卷六至卷十四）〔清〕黄彭年撰

微尚齋詩集初編四卷　〔清〕馮志沂撰

微尚齋詩續集二卷　適適齋文集二卷　〔清〕馮志沂撰

求益齋文集八卷　〔清〕强汝詢撰

李文忠公朋僚函稿二十四卷（卷一至卷十八）〔清〕李鴻章撰

第一五五四册

李文忠公朋僚函稿二十四卷（卷十九至卷二十四）〔清〕李鴻章撰

退復軒詩四卷　〔清〕錫　縝撰

一鐙精舍甲部藳五卷　〔清〕何秋濤撰

秋蟪吟館詩鈔七卷　〔清〕金　和撰

曾忠襄公文集二卷　曾忠襄公批牘五卷　曾忠襄公書札二十二卷（曾忠襄公文集卷上至曾忠襄公）〔清〕曾國荃撰

第一五五五册

曾忠襄公文集二卷　曾忠襄公批牘五卷　曾忠襄公書札二十二卷（曾忠襄公書札卷八至卷二十二）〔清〕曾國荃撰

二知軒詩鈔十四卷　〔清〕方濬頤撰

第一五五六册

二知軒詩續鈔十六卷　〔清〕方濬頤撰

二知軒文存三十四卷（卷一至卷二十六）〔清〕方濬頤撰

第一五五七册

二知軒文存三十四卷（卷二十七至卷三十四）〔清〕方濬頤撰

玉笙樓詩録十二卷續録一卷　〔清〕沈壽榕撰

壯懷堂詩初稿十卷　〔清〕林　直撰

壯懷堂詩二集四卷　壯懷堂詩三集十四卷　〔清〕林　直撰

隨山館猥藁十卷續藁二卷　隨山館叢藁四卷　隨山館尺牘二卷（隨山館猥藁卷一至續藁卷下）〔清〕汪　瑔撰

第一五五八册

隨山館猥稾十卷續稾二卷　隨山館叢稾四卷　隨山館尺牘二卷（隨山館叢稾卷一至隨山館尺牘卷下）〔清〕汪瑔撰

六一山房詩集十卷續集十卷〔清〕董沛撰

正誼堂文集二十四卷行狀一卷〔清〕董沛撰

蘅華館詩録五卷附存一卷〔清〕王韜撰

弢園文録外編十二卷〔清〕王韜撰

第一五五九册

白華絳柎閣詩集十卷〔清〕李慈銘撰

越縵堂詩續集十卷〔清〕李慈銘撰

越縵堂文集十二卷〔清〕李慈銘撰

瓶廬詩稿八卷〔清〕翁同龢撰

松夢寮詩稿六卷〔清〕丁丙撰

峴嶕山房詩集十卷〔清〕董文渙撰

仿潛齋詩鈔十五卷（卷一至卷九）〔清〕李嘉樂撰

第一五六〇册

仿潛齋詩鈔十五卷（卷十至卷十五）〔清〕李嘉樂撰

澤雅堂詩集六卷〔清〕施補華撰

澤雅堂詩二集十八卷〔清〕施補華撰

澤雅堂文集八卷〔清〕施補華撰

儀顧堂集二十卷〔清〕陸心源撰

敬孚類稾十六卷（卷一至卷四）〔清〕蕭穆撰

第一五六一册

敬孚類稾十六卷（卷五至卷十六）〔清〕蕭穆撰

謫麐堂遺集四卷補遺一卷〔清〕戴望撰

荔隱山房詩草六卷〔清〕涂慶瀾撰

荔隱山房文略一卷〔清〕涂慶瀾撰

拙尊園叢稿六卷〔清〕黎庶昌撰

張文襄公古文二卷　張文襄公書札八卷　張文襄公駢文二卷　張文襄公詩集四卷〔清〕張之洞撰

第一五六二册

庸庵文編四卷　庸庵文續編二卷　庸庵文外編四卷　庸庵海外文編四卷〔清〕薛福成撰

曾惠敏公文集五卷　歸樸齋詩鈔四卷〔清〕曾紀澤撰

偶齋詩草三十六卷（内集八卷内次集十卷外集八卷外次集十卷）（内集卷一至外集卷四）〔清〕寶廷撰

第一五六三册

偶齋詩草三十六卷（内集八卷内次集十卷外集八卷外次集十卷）（外集卷五至外次集卷十）〔清〕寶廷撰

桐城吴先生文集四卷　桐城吴先生詩集一卷〔清〕吴汝綸撰

寄簃文存八卷　枕碧樓偶存稿十二卷〔清〕沈家本撰

第一五六四册

居易初集二卷〔清〕經元善撰

金粟山房詩鈔十卷 〔清〕朱寯瀛撰
荔村草堂詩鈔十卷 〔清〕譚宗浚撰
荔村草堂詩續鈔一卷 〔清〕譚宗浚撰
希古堂集八卷 〔清〕譚宗浚撰
許文肅公遺稿十二卷 〔清〕許景澄撰

第一五六五册

適可齋記言四卷　適可齋記行六卷 〔清〕馬建忠撰
王文敏公遺集八卷 〔清〕王懿榮撰
佩弦齋文存二卷首一卷　佩弦齋駢文存一卷　佩弦齋詩存一卷 〔清〕朱一新撰
漸西村人初集十三卷 〔清〕袁　昶撰
安般簃詩續鈔十卷 〔清〕袁　昶撰
于湖小集六卷　金陵褉事詩一卷 〔清〕袁　昶撰

第一五六六册

澗于集二十卷 〔清〕張佩綸撰
人境廬詩草十一卷 〔清〕黄遵憲撰

第一五六七册

籀高遺文二卷 〔清〕孫詒讓撰
雪虛聲堂詩鈔三卷 〔清〕楊深秀撰
賀先生文集四卷 〔清〕賀　濤撰
鬱華閣遺集四卷 〔清〕盛　昱撰
意園文略二卷 〔清〕盛　昱撰　附意園事略一卷 〔清〕楊鍾羲撰
師伏堂駢文六卷 〔清〕皮錫瑞撰
師伏堂詩草六卷 〔清〕皮錫瑞撰
湘麋閣遺詩四卷 〔清〕陶方琦撰
漢孳室文鈔四卷補遺一卷 〔清〕陶方琦撰
夷牢溪廬文鈔六卷 〔清〕黎汝謙撰
夷牢溪廬詩鈔七卷 〔清〕黎汝謙撰

第一五六八册

范伯子詩集十九卷 〔清〕范當世撰
文道希先生遺詩一卷 〔清〕文廷式撰
衷聖齋文集一卷　衷聖齋詩集二卷 〔清〕劉光第撰
楊叔嶠先生詩集二卷　楊叔嶠先生文集一卷 〔清〕楊　鋭撰
寥天一閣文二卷　莽蒼蒼齋詩二卷補遺一卷　遠遺堂集外文二卷 〔清〕譚嗣同撰
覺顛冥齋内言四卷 〔清〕唐才常撰
晚翠軒集一卷補遺一卷外集一卷遺札一卷附録一卷 〔清〕林　旭撰
湘綺樓全集三十卷（文集八卷詩集十四卷箋啓八卷）（文集卷一至文集卷六） 王闓運撰

第一五六九册

湘綺樓全集三十卷（文集八卷詩集十四卷箋啓八卷）（文集卷七至箋啓卷八） 王闓運撰

可園文存十六卷　可園詩存二十八卷　可園詞存四卷　陳作霖撰

第一五七〇册

石蓮闇詩六卷石蓮闇詞一卷石蓮菴樂府一卷　吴重憙撰

晦明軒稿不分卷　楊守敬撰

虚受堂詩存十六卷　王先謙撰

虚受堂文集十六卷　王先謙撰

羅浮偫鶴山人詩草二卷外集一卷　鄭官應撰

缶廬詩四卷別存三卷　吴昌碩撰

第一五七一册

愚齋存稾一百卷首一卷末一卷（卷一至卷二十八）　盛宣懷撰

第一五七二册

愚齋存稾一百卷首一卷末一卷（卷二十九至卷六十四）　盛宣懷撰

第一五七三册

愚齋存稾一百卷首一卷末一卷（卷六十五至卷一百）　盛宣懷撰

第一五七四册

藝風堂文集七卷外篇一卷　繆荃孫撰

藝風堂文續集八卷外集一卷　繆荃孫撰

樊山集二十八卷　樊增祥撰

樊山續集二十八卷（卷一至卷十七）　樊增祥撰

第一五七五册

樊山續集二十八卷（卷十八至卷二十八）　樊增祥撰

奇觚廎詩集三卷前集一卷補遺一卷　葉昌熾撰

奇觚廎文集三卷外集一卷　葉昌熾撰

八指頭陀詩集十卷述一卷續集八卷　八指頭陀襍文一卷　釋敬安撰

向湖邨舍詩初集十二卷　趙　藩撰

張季子詩録十卷　張　謇撰

抱潤軒文集十卷　馬其昶撰

第一五七六册

散原精舍詩二卷　陳三立撰

石遺室詩集六卷補遺一卷　石遺室文集十二卷　陳　衍撰

丁戊之閒行卷十卷　易順鼎撰

盾墨拾餘十四卷　易順鼎撰

青郊詩存六卷　梁焕奎撰

嶺雲海日樓詩鈔十三卷選外集一卷　丘逢甲撰

第一五七七册

松壽堂詩鈔十卷　陳夔龍撰

楚望閣詩集十卷　程頌萬撰

石巢詩集十二卷　程頌萬撰

太炎文録初編六卷補編一卷　章炳麟撰

静庵文集一卷詩稿一卷　王國維撰

總集類

第一五七八册

唐寫本文選集注一百二十卷(存二十四卷)(卷八 卷九 卷四三 卷四七 卷四八 卷五六 卷五九 卷六一至卷六三)

第一五七九册

唐寫本文選集注一百二十卷(存二十四卷)(卷六六 卷六八 卷七一 卷七三 卷七九 卷八五 卷八八 卷九一)

第一五八〇册

唐寫本文選集注一百二十卷(存二十四卷)(卷九三 卷九四 卷九八 卷一〇二 卷一一三 卷一一六)

第一五八一册

文選理學權輿八卷 〔清〕汪師韓撰 文選理學權輿補一卷 〔清〕孫志祖撰

文選考異四卷 〔清〕孫志祖撰

文選旁證四十六卷 〔清〕梁章鉅撰

第一五八二册

文選箋證三十二卷 〔清〕胡紹煐撰

文館詞林一千卷(存卷一五二 卷一五六至卷一五八 卷一六〇 卷三四六 卷三四七 卷四一四 卷四五二 卷四五三 卷四五七 卷四五九 卷六六二 卷六六四至卷六七〇 卷六九一 卷六九五 卷六九九) 〔唐〕許敬宗撰

文苑英華纂要八十四卷 〔宋〕高似孫輯

第一五八三册

七十二家集三百四十六卷附録七十二卷(宋大夫集 賈長沙集 司馬文園集 董膠西集 東方大中集 王諫議集 楊侍郎集 馮曲陽集 班蘭臺集 張河間集 蔡中郎集 孔少府集 諸葛丞相集 魏武帝集 魏文帝集卷一至卷三) 〔明〕張燮輯

第一五八四册

七十二家集三百四十六卷附録七十二卷(魏文帝集卷四至卷十 陳思王集 王侍中集 陳記室集 阮步兵集 嵇中散集 傅鶉觚集 孫馮翊集 夏侯常侍集 潘黄門集 傅中丞集 潘太常集 陸平原集卷一至卷六) 〔明〕張燮輯

第一五八五册

七十二家集三百四十六卷附録七十二卷(陸平原集卷七至卷八 陸清河集 郭弘農集 孫廷尉集 陶彭澤集 謝康樂集 顔光禄集 鮑參軍集 謝法曹集 謝光禄集 謝宣城集 王寧朔集 梁武帝御製集卷一至卷九) 〔明〕張燮輯

第一五八六册

七十二家集三百四十六卷附録七十二卷（梁武帝御製集卷十至卷十二　梁昭明太子集　梁簡文帝御製集　梁元帝御製集　江醴陵集　沈隱侯集）〔明〕張燮輯

第一五八七册

七十二家集三百四十六卷附録七十二卷（陶隱居集　任中丞集　王左丞集　陸太常集　劉户曹集　王詹事集　劉秘書集　劉豫章集　劉庶子集　庾度支集　何記室集　吴朝請集　陳後主集　徐僕射集　沈侍中集　江令君集　張散騎集　高令公集）〔明〕張燮輯

第一五八八册

七十二家集三百四十六卷附録七十二卷（温侍讀集　邢特進集　魏特進集　庾開府集　王司空集　隋煬帝集　盧武陽集　李懷州集　牛奇章集　薛司隸集）〔清〕張燮輯

第一五八九册

玉臺新詠十卷〔陳〕徐陵輯〔清〕吴兆宜注〔清〕程際盛删補

六朝詩集五十五卷　佚名編

古詩歸十五卷〔明〕鍾惺　譚元春輯

唐詩歸三十六卷（卷一至卷十三）〔明〕鍾惺　譚元春輯

第一五九〇册

唐詩歸三十六卷（卷十四至卷三十六）〔明〕鍾惺　譚元春輯

絶句衍義四卷　絶句辯體八卷　絶句附録一卷　唐絶增奇五卷　唐絶搜奇一卷　六言絶句一卷　五言絶句一卷〔明〕楊慎輯〔明〕焦竑批點

樂府廣序三十卷　詩集廣序十卷〔清〕朱嘉徵撰

采菽堂古詩選三十八卷　采菽堂古詩選補遺四卷（采菽堂古詩選卷一至卷七）〔清〕陳祚明評選

第一五九一册

采菽堂古詩選三十八卷　采菽堂古詩選補遺四卷（采菽堂古詩選卷八至采菽堂古詩選補遺卷四）〔清〕陳祚明輯

古詩賞析二十二卷（卷一至卷十）〔清〕張玉穀撰

第一五九二册

古詩賞析二十二卷（卷十一至卷二十二）〔清〕張玉穀撰

十八家詩鈔二十八卷（卷一至卷十九）〔清〕曾國藩輯

第一五九三册

十八家詩鈔二十八卷（卷二十至卷二十八）〔清〕曾國藩輯

八代詩選二十卷　王闓運撰

第一五九四册

詩淵不分卷

第一五九五册

詩淵不分卷

第一五九六册

詩淵不分卷

第一五九七册

詩淵不分卷

第一五九八册

詩淵不分卷

第一五九九册

詩淵不分卷

第一六〇〇册

詩淵不分卷

第一六〇一册

古謡諺一百卷（卷一至卷八十八）〔清〕杜文瀾輯

第一六〇二册

古謡諺一百卷（卷八十九至卷一百）〔清〕杜文瀾輯

增注東萊吕成公古文關鍵二十卷〔宋〕吕祖謙輯〔宋〕蔡文子注

文章辨體五十卷　文章辨體外集五卷總論一卷〔明〕吴訥輯

第一六〇三册

全上古三代秦漢三國六朝文七百四十一卷（全上古三代文十六卷　全秦文一卷　全漢文六十三卷　全後漢文卷一至卷四十）〔清〕嚴可均輯

第一六〇四册

全上古三代秦漢三國六朝文七百四十一卷（全後漢文卷四十一至卷一百零六　全三國文卷一至卷六十六）〔清〕嚴可均輯

第一六〇五册

全上古三代秦漢三國六朝文七百四十一卷（全三國文卷六十七至卷七十五　全晉文卷一至卷一百十五）〔清〕嚴可均輯

第一六〇六册

全上古三代秦漢三國六朝文七百四十一卷（全晉文卷一百十六至卷一百六十七　全宋文六十四卷　全齊文卷一至卷六）〔清〕嚴可均輯

第一六〇七册

全上古三代秦漢三國六朝文七百四十一卷（全齊文卷七至卷二十六　全梁文七十四卷　全陳文十八卷　全後魏文卷一至卷五）〔清〕嚴可均輯

第一六〇八册

全上古三代秦漢三國六朝文七百四十一卷（全後魏文卷六至卷六十　全北齊文十卷　全後周文二十四卷　全隋文三十六卷　先唐文一卷）〔清〕嚴可均輯

第一六〇九册

續古文苑二十卷〔清〕孫星衍輯

第一六一〇册

古文辭類纂七十四卷（卷一至卷六十）〔清〕姚鼐輯

古文辭類纂七十四卷(卷六十一至卷七十四)〔清〕姚鼐輯
續古文辭類纂三十四卷 王先謙輯
駢體文鈔三十一卷〔清〕李兆洛輯

第一六一一册

七十家賦鈔六卷〔清〕張惠言輯
六朝文絜箋注十二卷〔清〕許槤評選〔清〕黎經誥注
翰林學士集(存零本一卷)
才調集補注十卷〔蜀〕韋縠輯〔清〕殷元勳注〔清〕宋邦綏補注
唐詩鼓吹十卷〔金〕元好問輯〔元〕郝天挺注〔明〕廖文炳解
唐詩選七卷〔明〕李攀龍選〔明〕王穉登評

第一六一二册

删訂唐詩解二十四卷〔明〕唐汝詢選釋〔清〕吴昌祺評定
唐音統籤一千三十三卷(卷一至卷七十八)〔明〕胡震亨輯

第一六一三册

唐音統籤一千三十三卷(卷七十九至卷一百九十五)〔明〕胡震亨輯

第一六一四册

唐音統籤一千三十三卷(卷一百九十六至卷三百十七)〔明〕胡震亨輯

第一六一五册

唐音統籤一千三十三卷(卷三百十八至卷四百三十)〔明〕胡震亨輯

第一六一六册

唐音統籤一千三十三卷(卷四百三十一至卷五百五十二)〔明〕胡震亨輯

第一六一七册

唐音統籤一千三十三卷(卷五百五十三至卷六百七十九)〔明〕胡震亨輯

第一六一八册

唐音統籤一千三十三卷(卷六百八十至卷八百)〔明〕胡震亨輯

第一六一九册

唐音統籤一千三十三卷(卷八百零一至卷九百零五)〔明〕胡震亨輯

第一六二〇册

唐音統籤一千三十三卷(卷九百零六至卷一千三十三)〔明〕胡震亨輯

第一六二一册

聖宋高僧詩選三卷後集三卷續集一卷〔宋〕陳起輯 宋僧
詩選補三卷〔元〕陳世隆輯
宋詩拾遺二十三卷〔元〕陳世隆輯
宋十五家詩選十六卷〔清〕陳訏輯

第一六二二册

皇元風雅三十卷 〔元〕蔣　易輯

滄游集二卷 〔明〕釋來復輯

列朝詩集八十一卷（乾集二卷甲集前編十一卷甲集二十二卷乙集八卷丙集十六卷丁集十六卷閏集六卷）（乾集卷上至甲集卷十七） 〔清〕錢謙益輯

第一六二三册

列朝詩集八十一卷（乾集二卷甲集前編十一卷甲集二十二卷乙集八卷丙集十六卷丁集十六卷閏集六卷）（甲集卷十八至丁集卷九） 〔清〕錢謙益輯

第一六二四册

列朝詩集八十一卷（乾集二卷甲集前編十一卷甲集二十二卷乙集八卷丙集十六卷丁集十六卷閏集六卷）（丁集卷十至閏集卷六） 〔清〕錢謙益輯

百名家詩選八十九卷（卷一至卷二十六） 〔清〕魏　憲輯

第一六二五册

百名家詩選八十九卷（卷二十七至卷八十九） 〔清〕魏　憲輯

湖海詩傳四十六卷（卷一至卷十五） 〔清〕王　昶輯

第一六二六册

湖海詩傳四十六卷（卷十六至卷四十六） 〔清〕王　昶輯

國朝閨閣詩鈔一百卷 〔清〕蔡殿齊编

第一六二七册

友聲集四十卷附録九卷 〔清〕王　相輯

續友聲集十卷 〔清〕王裝之輯

國朝詩鐸二十六卷首一卷（卷一至卷十五） 〔清〕張應昌輯

第一六二八册

國朝詩鐸二十六卷首一卷（卷十六至卷二十六） 〔清〕張應昌輯

道咸同光四朝詩史甲集八卷首一卷乙集八卷 孫　雄輯

第一六二九册

晚晴簃詩匯二百卷（卷一至卷四十） 徐世昌輯

第一六三〇册

晚晴簃詩匯二百卷（卷四十一至卷八十三） 徐世昌輯

第一六三一册

晚晴簃詩匯二百卷（卷八十四至卷一百二十五） 徐世昌輯

第一六三二册

晚晴簃詩匯二百卷（卷一百二十六至卷一百六十六） 徐世昌輯

第一六三三册

晚晴簃詩匯二百卷（卷一百六十七至卷二百） 徐世昌輯

第一六三四册

欽定全唐文一千卷總目三卷（卷一至卷四十八） 〔清〕董誥等輯

第一六三五册

欽定全唐文一千卷總目三卷（卷四十九至卷一百十二）

〔清〕董　誥等輯

第一六三六册

欽定全唐文一千卷總目三卷（卷一百十三至卷一百七十三）〔清〕董　誥等輯

第一六三七册

欽定全唐文一千卷總目三卷（卷一百七十四至卷二百三十六）〔清〕董　誥等輯

第一六三八册

欽定全唐文一千卷總目三卷（卷二百三十七至卷二百九十六）〔清〕董　誥等輯

第一六三九册

欽定全唐文一千卷總目三卷（卷二百九十七至卷三百五十六）〔清〕董　誥等輯

第一六四〇册

欽定全唐文一千卷總目三卷（卷三百五十七至卷四百十二）〔清〕董　誥等輯

第一六四一册

欽定全唐文一千卷總目三卷（卷四百十三至卷四百七十四）〔清〕董　誥等輯

第一六四二册

欽定全唐文一千卷總目三卷（卷四百七十五至卷五百三十七）〔清〕董　誥等輯

第一六四三册

欽定全唐文一千卷總目三卷（卷五百三十八至卷六百零一）〔清〕董　誥等輯

第一六四四册

欽定全唐文一千卷總目三卷（卷六百零二至卷六百五十八）〔清〕董　誥等輯

第一六四五册

欽定全唐文一千卷總目三卷（卷六百五十九至卷七百十一）〔清〕董　誥等輯

第一六四六册

欽定全唐文一千卷總目三卷（卷七百十二至卷七百六十二）〔清〕董　誥等輯

第一六四七册

欽定全唐文一千卷總目三卷（卷七百六十三至卷八百十一）〔清〕董　誥等輯

第一六四八册

欽定全唐文一千卷總目三卷（卷八百十二至卷八百七十三）〔清〕董　誥等輯

第一六四九册

欽定全唐文一千卷總目三卷（卷八百七十四至卷九百三十七）〔清〕董　誥等輯

第一六五〇册

欽定全唐文一千卷總目三卷（卷九百三十八至卷一千）〔清〕董　誥等輯

第一六五一册

唐文拾遺七十二卷目録八卷　唐文續拾十六卷（唐文拾遺卷一至卷五十四）〔清〕陸心源輯

第一六五二册

唐文拾遺七十二卷目録八卷　唐文續拾十六卷（唐文拾遺卷五十五至唐文續拾卷十六）〔清〕陸心源輯

新刊國朝二百家名賢文粹三百卷（存卷一至卷一百九十七）（卷一至卷五十四）〔宋〕佚　名輯

第一六五三册

新刊國朝二百家名賢文粹三百卷（存卷一至卷一百九十七）（卷五十五至卷一百七十六）〔宋〕佚　名輯

第一六五四册

新刊國朝二百家名賢文粹三百卷（存卷一至卷一百九十七）（卷一百七十七至卷一百九十七）〔宋〕佚　名輯

金文最六十卷〔清〕張金吾輯

金文最拾遺一卷〔清〕葉廷琯輯

第一六五五册

皇明經世文編五百四卷補遺四卷（卷一至卷七十一）〔明〕陳子龍等輯

第一六五六册

皇明經世文編五百四卷補遺四卷（卷七十二至卷一百三十二）〔明〕陳子龍等輯

第一六五七册

皇明經世文編五百四卷補遺四卷（卷一百三十三至卷一百九十五）〔明〕陳子龍等輯

第一六五八册

皇明經世文編五百四卷補遺四卷（卷一百九十六至卷二百五十七）〔明〕陳子龍等輯

第一六五九册

皇明經世文編五百四卷補遺四卷（卷二百五十八至卷三百二十二）〔明〕陳子龍等輯

第一六六〇册

皇明經世文編五百四卷補遺四卷（卷三百二十三至卷三百八十一）〔明〕陳子龍等輯

第一六六一册

皇明經世文編五百四卷補遺四卷（卷三百八十二至卷四百四十一）〔明〕陳子龍等輯

第一六六二册

皇明經世文編五百四卷補遺四卷（卷四百四十二至補遺卷四）〔明〕陳子龍等輯

第一六六三册

皇清文穎續編一百八卷首五十六卷目録十卷（目録卷一

至卷十　卷首一至卷首二十七）〔清〕董　誥等輯

第一六六四册

皇清文穎續編一百八卷首五十六卷目録十卷（卷首二十八至卷首五十六　卷一至卷九）〔清〕董　誥等輯

第一六六五册

皇清文穎續編一百八卷首五十六卷目録十卷（卷十至卷三十八）〔清〕董　誥等輯

第一六六六册

皇清文穎續編一百八卷首五十六卷目録十卷（卷三十九至卷六十六）〔清〕董　誥等輯

第一六六七册

皇清文穎續編一百八卷首五十六卷目録十卷（卷六十七至卷一百八）〔清〕董　誥等輯

第一六六八册

國朝駢體正宗十二卷〔清〕曾　燠輯

國朝駢體正宗續編八卷〔清〕張鳴珂輯

湖海文傳七十五卷（卷一至卷四十一）〔清〕王　昶輯

第一六六九册

湖海文傳七十五卷（卷四十二至卷七十五）〔清〕王　昶輯

國朝文録八十二卷（熊學士文集録　亭林文録　石莊先生文録　南雷文録　壯悔堂文録　恥躬堂文録　四照堂文録　湘帆堂文録　水田居文録　潛庵先生遺稾文録　愚山先生文録　午亭文録　張文貞公文録　帶經堂集文録　鄭靜庵先生文録　榕村全集文録卷一）〔清〕李祖陶輯

第一六七〇册

國朝文録八十二卷（榕村全集文録卷二　西陂類稾文録　湛園未定稾文録　居業齋文録　邵青門文録　朱文端公文集　二希堂文録　孫文定公文録　鮚埼亭集文録　紫竹山房文集　鹿洲文録　白鶴堂文録　南庄類稿文録　海峰先生文集　潛研堂文録　惜抱軒先生文選　紀文達公文録　清獻堂文録　忠雅堂文録　二林居文録　厚岡文集　陶士升先生萸江文録　劉寄庵文録　知恥齋文録　惕園初稾文）〔清〕李祖陶輯

第一六七一册

國朝文録續編六十六卷附邁堂文畧四卷（姚端恪公文録　變雅堂文録　白茅堂文録　砥齋文録　聰山文録　改亭文録　魏伯子文録　河東文録　榆溪文録　庸書文録　白石山房文録　三魚堂文録　蒼峴山人文録　憺園文録　百尺梧桐閣文録　飴山文録　可儀堂文録　趙忠毅公文録　白田草堂文録　梅莊文録　梅崖居士集文録　四知堂文録　孺廬先生文録　雙桂堂文録　松泉文録　集虛齋文録　歸愚文録　果堂文録　培遠堂文録　香國集文録　小倉山房文録　尊聞居士文録　叢桂堂文録　海崖文録　切問齋文録　經韻樓集文録）〔清〕李祖陶輯

第一六七二册

國朝文録續編六十六卷附邁堂文畧四卷（更生齋文録　頤綵堂文録　韞山堂文録　竹香齋文録　養一齋文録　鑑止水齋文録　雀硯齋文録　雕菰集文録　崇百藥齋文録　學福齋文録　左海文録　存吾文集録　邃雅堂文録）〔清〕李祖陶輯

第一六七三册

國朝文匯甲前集二十卷甲集六十卷乙集七十卷丙集三十卷丁集二十卷姓氏目録一卷（甲前集卷一至卷二十）〔清〕沈粹芬　黄　人等輯

第一六七四册

國朝文匯甲前集二十卷甲集六十卷乙集七十卷丙集三十卷丁集二十卷姓氏目録一卷（甲集卷一至卷三十八）〔清〕沈粹芬　黄　人等輯

第一六七五册

國朝文匯甲前集二十卷甲集六十卷乙集七十卷丙集三十卷丁集二十卷姓氏目録一卷（甲集卷三十九至乙集卷二十一）〔清〕沈粹芬　黄　人等輯

第一六七六册

國朝文匯甲前集二十卷甲集六十卷乙集七十卷丙集三十卷丁集二十卷姓氏目録一卷（乙集卷二十二至卷七十）〔清〕沈粹芬　黄　人等輯

第一六七七册

國朝文匯甲前集二十卷甲集六十卷乙集七十卷丙集三十卷丁集二十卷姓氏目録一卷（丙集卷一至丁集卷二十）〔清〕沈粹芬　黄　人等輯

第一六七八册

補續全蜀秇文志五十六卷〔明〕杜應芳　胡承詔輯

第一六七九册

吴興藝文補七十卷（卷一至卷二十六）〔明〕董斯張輯

第一六八〇册

吴興藝文補七十卷（卷二十七至卷五十二）〔明〕董斯張輯

第一六八一册

吴興藝文補七十卷（卷五十三至卷七十）〔明〕董斯張輯

梁園風雅二十七卷〔明〕趙彦復輯

第一六八二册

國朝畿輔詩傳六十卷〔清〕陶　樑輯

第一六八三册

淮海英靈集二十二卷〔清〕阮　元輯

淮海英靈續集十二卷〔清〕王　豫　阮　亨輯

續會稽掇英集五卷〔宋〕黄康弼輯

續耆舊一百四十卷（卷一至卷七十四）〔清〕全祖望輯

第一六八三册

續耆舊一百四十卷（卷七十五至卷一百四十）〔清〕全祖望輯

兩浙輶軒録四十卷（卷一至卷二十二）〔清〕阮　元輯

第一六八四册

兩浙輶軒録四十卷（卷二十三至卷四十）〔清〕阮　元輯
兩浙輶軒録補遺十卷　〔清〕阮　元　楊秉初等輯

第一六八五册

兩浙輶軒續録五十四卷補遺六卷（卷一至卷二十六）〔清〕潘衍桐輯

第一六八六册

兩浙輶軒續録五十四卷補遺六卷（卷二十七至卷四十六）〔清〕潘衍桐輯

第一六八七册

兩浙輶軒續録五十四卷補遺六卷（卷四十七至補遺卷六）〔清〕潘衍桐輯
閩詩録甲集六卷乙集四卷丙集二十三卷丁集一卷戊集七卷　〔清〕鄭　杰輯　陳　衍補訂

第一六八八册

江西詩徵九十四卷附刻一卷補遺一卷（卷一至卷四十一）〔清〕曾　燠輯

第一六八九册

江西詩徵九十四卷附刻一卷補遺一卷（卷四十二至卷八十五）〔清〕曾　燠輯

第一六九〇册

江西詩徵九十四卷附刻一卷補遺一卷（卷八十六至卷九十四）〔清〕曾　燠輯
沅湘耆舊集前編四十卷　〔清〕鄧顯鶴輯

第一六九一册

沅湘耆舊集二百卷（卷一至卷二十六）〔清〕鄧顯鶴輯

第一六九二册

沅湘耆舊集二百卷（卷二十七至卷一百四）〔清〕鄧顯鶴輯
沅湘耆舊集二百卷（卷一百五至卷一百八十六）〔清〕鄧顯鶴輯

第一六九三册

沅湘耆舊集二百卷（卷一百八十七至卷二百）〔清〕鄧顯鶴輯
嶺南羣雅初集三卷二集三卷初補一卷　〔清〕劉彬華輯
國朝常州駢體文録三十一卷附結一宧駢體文一卷　屠　寄輯

詩文評類

第一六九四册

主客圖一卷　〔唐〕張　爲撰　附圖考一卷　〔清〕袁甯珍撰
文鏡秘府論六卷　〔唐〕日釋遍　照　金　剛撰
陳學士吟窓雜録五十卷　題〔宋〕陳應行編
梅磵詩話三卷　〔宋〕韋居安撰
艇齋詩話一卷　〔宋〕曾季貍撰　校譌一卷　〔清〕胡　珽撰
續校一卷　〔清〕董金鑑撰
深雪偶談一卷　〔宋〕方　嶽撰
詩法正宗一卷　〔元〕揭傒斯撰

詩宗正法眼藏一卷 〔元〕揭傒斯撰
吴禮部詩話一卷 〔元〕吴師道撰
蓮堂詩話二卷 〔元〕祝誠撰 校譌一卷 〔清〕胡珽撰
續校一卷 〔清〕董金鑑撰
歸田詩話三卷 〔明〕瞿佑撰

第一六九五册

菊坡叢話二十六卷 〔明〕單宇輯
詩學體要類編三卷 〔明〕宋孟清輯
逸老堂詩話二卷 〔明〕俞弁撰
詩家直説四卷 〔明〕謝榛撰
詩法十卷 〔明〕謝天瑞輯
新刻增補藝苑巵言十六卷 〔明〕王世貞撰
蓉塘詩話二十卷（卷一至卷八） 〔明〕姜南撰

第一六九六册

蓉塘詩話二十卷（卷九至卷二十） 〔明〕姜南撰
詩藪二十卷 〔明〕胡應麟撰
詩源辯體三十六卷附後集纂要二卷 〔明〕許學夷撰
詩譚十卷續録一卷 〔明〕葉廷秀輯評

第一六九七册

雅倫二十六卷 〔清〕費經虞撰 〔清〕費密補
梅村詩話一卷 〔清〕吴偉業撰
頑潭詩話二卷補遺一卷附録一卷 〔清〕陳瑚輯
圍爐詩話六卷 〔清〕吴喬撰

第一六九八册

而菴詩話一卷 〔清〕徐增撰
薑齋詩話二卷 〔清〕王夫之撰
原詩四卷 〔清〕葉燮撰
江西詩社宗派圖録一卷 〔清〕張泰來撰
静志居詩話二十四卷 〔清〕朱彝尊撰 〔清〕姚祖恩輯
帶經堂詩話三十卷首一卷（卷一至卷十） 〔清〕王士禛撰 〔清〕張宗柟輯

第一六九九册

帶經堂詩話三十卷首一卷（卷十一至卷三十） 〔清〕王士禛撰 〔清〕張宗柟輯
本事詩十二卷 〔清〕徐釚撰
西江詩話十二卷 〔清〕裘君弘輯
漫堂説詩一卷 〔清〕宋犖撰
緑齋詩談八卷 〔清〕張謙宜撰

第一七〇〇册

耄餘詩話十卷 〔清〕周春撰
雪夜詩談三卷附明人詩話補一卷國朝詩話補一卷 〔清〕彭端淑撰
柳亭詩話三十卷 〔清〕宋長白撰
杜詩言志十六卷 〔清〕佚名撰

第一七〇一册

說詩晬語二卷 〔清〕沈德潛撰
李義山詩解不分卷 〔清〕陸崑曾撰
一瓢詩話一卷 〔清〕薛　雪撰
蓮坡詩話三卷 〔清〕查爲仁撰
榕城詩話三卷 〔清〕杭世駿撰
貞一齋詩說一卷 〔清〕李重華撰
野鴻詩的一卷 〔清〕黄子雲撰
劒谿說詩二卷又編一卷 〔清〕喬　億撰　附録一卷　附詩一卷
隨園詩話十六卷補遺十卷 〔清〕袁　枚撰
涇川詩話三卷 〔清〕趙知希撰

第一七〇二册

春秋詩話五卷 〔清〕勞孝輿撰
全閩詩話十二卷 〔清〕鄭方坤編
詩法指南六卷 〔清〕蔡　鈞輯
月山詩話一卷 〔清〕恒　仁撰
詩法易簡録十四卷録餘緒論一卷 〔清〕李　鍈撰　附律詩拗體四卷古韻圖說一卷 〔清〕李兆元撰

第一七〇三册

全浙詩話五十四卷 〔清〕陶元藻輯

第一七〇四册

甌北詩話十二卷 〔清〕趙　翼撰
拜經樓詩話四卷 〔清〕吴　騫撰
石洲詩話八卷 〔清〕翁方綱撰
杜詩附記二十卷 〔清〕翁方綱撰

第一七〇五册

北江詩話六卷 〔清〕洪亮吉撰
梧門詩話十二卷（卷八至卷十一合卷）附八旗詩話一卷 〔清〕法式善撰
重刻足本乾嘉詩壇點將録一卷 〔清〕舒　位撰
吴興詩話十六卷首一卷 〔清〕戴　璐撰
快園詩話十六卷 〔清〕凌　霄撰
靈芬館詩話十二卷續六卷 〔清〕郭　麐撰
昭昧詹言十卷續八卷續録二卷 〔清〕方東樹撰
閩川閨秀詩話四卷 〔清〕梁章鉅撰

第一七〇六册

海虞詩話十六卷 〔清〕單學傅撰
香石詩話四卷 〔清〕黄培芳撰
養一齋詩話十卷 〔清〕潘德輿撰
射鷹樓詩話二十四卷 〔清〕林昌彝撰
名媛詩話十二卷續集三卷 〔清〕沈善寶撰

第一七〇七册

小匏庵詩話十卷 〔清〕吴仰賢撰

湖北詩徵傳略四十卷 〔清〕丁宿章輯

第一七〇八册

筱園詩話四卷 〔清〕朱庭珍撰
五百石洞天揮麈十二卷 〔清〕邱煒萲撰
宋詩紀事補遺一百卷 宋詩紀事小傳補正四卷（補遺卷一至卷三十六） 〔清〕陸心源撰

第一七〇九册

宋詩紀事補遺一百卷 宋詩紀事小傳補正四卷（補遺卷三十七至小傳補正卷四） 〔清〕陸心源撰

第一七一〇册

遼詩話二卷 〔清〕周 春輯
元詩紀事二十四卷 陳 衍輯
明詩紀事一百八十七卷（甲籤三十卷乙籤二十二卷丙籤十二卷丁籤十七卷戊籤二十二卷己籤二十卷庚籤三十卷辛籤三十四卷）（甲籤卷一上至丙籤卷十二） 陳 田輯

第一七一一册

明詩紀事一百八十七卷（甲籤三十卷乙籤二十二卷丙籤十二卷丁籤十七卷戊籤二十二卷己籤二十卷庚籤三十卷辛籤三十四卷）（丁籤卷一至庚籤卷三十下） 陳 田輯

第一七一二册

明詩紀事一百八十七卷（甲籤三十卷乙籤二十二卷丙籤十二卷丁籤十七卷戊籤二十二卷己籤二十卷庚籤三十卷辛籤三十四卷）（辛籤卷一至辛籤卷三十四） 陳 田輯
國朝詩人徵略六十卷（卷一至卷三十九） 〔清〕張維屏輯

第一七一三册

國朝詩人徵略六十卷（卷四十至卷六十） 〔清〕張維屏輯
國朝詩人徵略二編六十四卷（存卷一至卷十一 卷十三 卷十五 卷十七至卷二十三 卷二十五 卷二十七至卷三十一 卷三十三至卷四十一 卷四十三至卷六十四） 〔清〕張維屏輯
唐子西文録一卷 〔宋〕唐 庚撰 〔宋〕强行父輯
文筌不分卷 〔元〕陳繹曾撰
文式二卷 古文矜式一卷 〔元〕陳繹曾撰
文通三十卷閏一卷（卷一至卷六） 〔明〕朱荃宰撰

第一七一四册

文通三十卷閏一卷（卷七至卷三十） 〔明〕朱荃宰撰
鐵立文起二十二卷首一卷 〔清〕王之績撰
西圃文説三卷 西圃詩説一卷 〔清〕田同之撰
峴齋論文六卷 〔清〕張謙宜撰
初月樓古文緒論一卷 〔清〕吴德旋撰 〔清〕吕 璜輯
藝槩六卷 〔清〕劉熙載撰
雲莊四六餘話一卷 〔宋〕楊囦道撰
木石居精校八朝偶雋七卷 〔明〕蔣一葵撰

第一七一五册

宋四六話十二卷 〔清〕彭元瑞輯
四六叢話三十三卷附選詩叢話一卷 〔清〕孫 梅輯
賦話十卷 〔清〕李調元撰

第一七一六册

歷代賦話十四卷續集十四卷 〔清〕浦 銑輯 附復小齋賦話二卷 〔清〕浦 銑撰
全唐文紀事一百二十二卷首一卷（卷一至卷五十二） 〔清〕陳鴻墀輯

第一七一七册

全唐文紀事一百二十二卷首一卷（卷五十三至卷一百二十二） 〔清〕陳鴻墀輯
聲律關鍵八卷 〔宋〕鄭起潛撰
太學新編黼藻文章百段錦二卷 〔宋〕方頤孫輯

第一七一八册

游藝塾文規十卷 〔明〕袁 黄撰
游藝塾續文規十八卷 〔明〕袁 黄輯
應試詩法淺説六卷 〔清〕葉 葆撰
制義叢話二十四卷題名一卷 〔清〕梁章鉅輯

詞類

第一七一九册

宋名家詞六十一種九十一卷 〔明〕毛 晉編

第一七二〇册

宋名家詞六十一種九十一卷 〔明〕毛 晉編

第一七二一册

宋金元人詞十八種二十八卷
百名家詞鈔一百卷（梅村詞至留村詞） 〔清〕聶 先 曾王孫編

第一七二二册

百名家詞鈔一百卷（當樓詞至南耕詞） 〔清〕聶 先 曾王孫編
船子和尚撥棹歌一卷 〔唐〕釋德誠撰
陽春集一卷 〔南唐〕馮延巳撰
南唐二主詞一卷 〔南唐〕李 璟 李 煜撰
樂章集三卷續添曲子一卷 〔宋〕柳 永撰
張子野詞二卷補遺二卷 〔宋〕張 先撰
醉翁琴趣外篇六卷 〔宋〕歐陽修撰
東山詞二卷（存卷上） 〔宋〕賀 鑄撰
賀方回詞二卷 〔宋〕賀 鑄撰
詳註周美成詞片玉集十卷 〔宋〕周邦彦撰 〔宋〕陳元龍注
樵歌三卷 〔宋〕朱敦儒撰
漱玉詞一卷補遺一卷附録一卷 〔宋〕李清照撰

第一七二三册

稼軒長短句十二卷 〔宋〕辛棄疾撰
稼軒詞補遺一卷 〔宋〕辛棄疾撰
後村長短句五卷 〔宋〕劉克莊撰

蘋洲漁笛譜二卷集外詞一卷 〔宋〕周　密撰 〔清〕江　昱疏證
花外集一卷 〔宋〕王沂孫撰
山中白雲詞疏證八卷 〔宋〕張　炎撰 〔清〕江　昱疏證
蕭閑老人明秀集注六卷（存三卷） 〔金〕蔡松年撰 魏道明注
遺山先生新樂府五卷 〔金〕元好問撰
無絃琴譜二卷 〔元〕仇　遠撰
古山樂府一卷 〔元〕張　野撰
蟻術詞選四卷 〔元〕邵亨貞撰
貞居詞一卷 〔元〕張　雨撰
樂府遺音一卷 〔明〕瞿　佑撰
碧山詩餘一卷 〔明〕王九思撰
升菴長短句三卷 升菴長短句續集三卷 〔明〕楊　慎撰
坐隱先生精訂草堂餘意 〔明〕陳大聲編
秋佳軒詩餘十二卷 〔明〕易震吉撰

第一七二四册

梅里詞三卷 〔明〕朱一是撰
玉琴齋詞一卷 〔清〕余　懷撰
百末詞六卷 〔清〕尤　侗撰
鼓棹初集一卷 鼓棹二集一卷 瀟湘怨詞一卷 〔清〕王夫之撰
迦陵詞全集三十卷 〔清〕陳維崧撰
萬青閣詩餘三卷 〔清〕趙吉士撰
曝書亭集詞註七卷 〔清〕朱彝尊撰 李富孫注
扶荔詞三卷 〔清〕丁　澎撰

第一七二五册

南耕詞六卷 歲寒詞一卷 〔清〕曹亮武撰
彈指詞二卷 〔清〕顧貞觀撰
蒼梧詞十二卷 〔清〕董元愷撰
錦瑟詞三卷 〔清〕汪懋麟撰
湘瑟詞四卷 〔清〕錢芳標撰
飴山詩餘一卷 〔清〕趙執信撰
小山詩餘四卷 〔清〕王時翔撰
秋林琴雅四卷 〔清〕厲　鶚撰
更生齋詩餘二卷 〔清〕洪亮吉撰
有正味齋詞集八卷 有正味齋詞續集二卷 有正味齋外集二卷 〔清〕吴錫麒撰
茗柯詞一卷 〔清〕張惠言撰
靈芬館詞四種七卷 〔清〕郭　麐撰
柯家山館詞三卷 〔清〕嚴元照撰
玉壺山房詞選二卷 〔清〕改　琦撰

第一七二六册

存審軒詞二卷 〔清〕周　濟撰
齊物論齋詞一卷 〔清〕董士錫撰
心日齋詞集六卷 〔清〕周之琦撰

拜石山房詞鈔四卷　〔清〕顧　翰撰
定盦詞五卷　〔清〕龔自珍撰
清夢盦二白詞五卷　〔清〕沈傳桂撰
真松閣詞六卷　〔清〕楊夔生撰
憶雲詞四卷刪存一卷　〔清〕項廷紀撰
東海漁歌六卷　〔清〕顧　春撰
疎影樓詞五卷（存四卷）　〔清〕姚　燮撰
疏影樓詞續鈔一卷　〔清〕姚　燮撰
倚晴樓詩餘四卷　〔清〕黄燮清撰
芬陀利室詞集五卷　〔清〕蔣敦復撰
憶江南館詞一卷　〔清〕陳　澧撰

第一七二七册

采香詞四卷　〔清〕杜文瀾撰
空青館詞稾三卷　〔清〕邊浴禮撰
藤香館詞一卷　〔清〕蔣時雨撰
水雲樓詞二卷　〔清〕蔣春霖撰
水雲樓詞續一卷　〔清〕蔣春霖撰
酒邊詞八卷　〔清〕謝章鋌撰
秋夢盦詞鈔二卷續一卷再續一卷　〔清〕葉衍蘭撰
東鷗草堂詞二卷　〔清〕周星譽撰
新蘅詞六卷外集一卷　〔清〕張景祁撰
寒松閣詞四卷　〔清〕張鳴珂撰
中白詞四卷　〔清〕莊　棫撰
復堂詞三卷　〔清〕譚　獻撰
半塘定稾二卷　半塘賸稾一卷　〔清〕王鵬運撰
雲起軒詞鈔一卷　〔清〕文廷式撰
樵風樂府九卷　鄭文焯撰
蕙風詞二卷　況周頤撰
彊邨語業三卷　彊邨詞賸稿二卷　彊邨集外詞一卷　朱祖謀撰

第一七二八册

金奩集一卷　題〔唐〕温庭筠撰
雲謡集雜曲子一卷　〔唐〕佚　名輯
增修箋註妙選羣英草堂詩餘前集二卷後集二卷　〔宋〕何士信輯
類選箋釋草堂詩餘六卷　類編箋釋續選草堂詩餘二卷　類編箋釋國朝詩餘五卷　〔明〕顧從敬　錢允治輯　錢允治　陳仁錫箋釋
陽春白雪八卷外集一卷　〔宋〕趙聞禮輯
精選名儒草堂詩餘三卷　〔元〕鳳林書院輯
古今詞統十六卷雜説一卷附一卷（卷一至卷九）　〔明〕卓人月　徐士俊輯

第一七二九册

古今詞統十六卷雜説一卷附一卷（卷十至卷十六）　〔明〕卓人月　徐士俊輯

倚聲初集二十卷前編四卷 〔清〕鄒祗謨 王士禛輯
今詞初集二卷 〔清〕顧貞觀 納蘭性德輯
林下詞選十四卷 〔清〕周 銘輯

第一七三〇册

瑶華集二十二卷附二卷 〔清〕蔣景祁輯
詞綜補遺二十卷 〔清〕陶 樑輯
明詞綜十二卷 〔清〕朱彝尊 王 昶輯

第一七三一册

國朝詞綜四十八卷 國朝詞綜二集八卷 〔清〕王 昶輯
國朝詞綜續編二十四卷 〔清〕黄燮清輯

第一七三二册

國朝詞綜補五十八卷 〔清〕丁紹儀輯
詞選二卷 〔清〕張惠言輯 續詞選二卷 〔清〕董 毅輯
詞辨二卷附介存齋論詞雜箸一卷 〔清〕周 濟撰
宋四家詞選一卷 〔清〕周 濟輯
篋中詞六卷續四卷（卷一至卷六） 〔清〕譚 獻輯

第一七三三册

篋中詞六卷續四卷（續卷一至續卷四） 〔清〕譚 獻輯
詞源二卷 〔宋〕張 炎撰
詞旨一卷 〔元〕陸輔之撰 〔清〕胡元儀釋 〔民國〕陳去病補釋
辭品六卷拾遺一卷 〔明〕楊 慎撰
七頌堂詞繹一卷 〔清〕劉體仁撰
花草蒙拾一卷 〔清〕王士禛撰
古今詞話八卷 〔清〕沈 雄撰
靈芬館詞話二卷 〔清〕郭 麐撰
詞苑萃編二十四卷 〔清〕馮金伯輯

第一七三四册

蓮子居詞話四卷 〔清〕吴衡照撰
聽秋聲館詞話二十卷 〔清〕丁紹儀撰
憩園詞話六卷 〔清〕杜文瀾撰

第一七三五册

詞學集成八卷 〔清〕江順詒輯
賭棋山莊詞話十二卷續編五卷 〔清〕謝章鋌撰
芬陀利室詞話三卷 〔清〕蔣敦復撰
白雨齋詞話八卷 〔清〕陳廷焯撰
人間詞話二卷 王國維撰
蕙風詞話五卷 况周頤撰
詞學筌蹄八卷 〔明〕周 瑛撰
詩餘圖譜六卷 〔明〕張 綖撰 補遺六卷 〔明〕謝天瑞撰

第一七三六册

嘯餘譜十一卷 〔明〕程明善輯
詞律拾遺八卷 〔清〕徐本立撰

第一七三七册

碎金詞譜十四卷 碎金續譜六卷 碎金詞韻四卷 〔清〕謝元

淮撰
詞林韻釋一卷
學宋齋詞韻一卷（清）吴烺　江昉等輯
榕園詞韻一卷（清）吴寧撰
詞林正韻三卷發凡一卷（清）戈載撰

曲類

第一七三八册

劉知遠諸宮調十二卷（存卷一至卷三　卷十一　卷十二）
古本董解元西厢記八卷（金）董解元撰
雲莊張文忠公休居自適小樂府一卷（元）張養浩撰
喬夢符小令一卷（元）喬吉撰（明）李開先輯
新刊張小山北曲聯樂府三卷外集一卷補遺一卷（元）張可久撰（清）勞平甫校
坐隱先生精訂梨雲寄傲一卷　坐隱先生精訂秋碧軒稿一卷　坐隱先生精訂可雪齋稿一卷　坐隱先生精訂月香亭稿一卷　坐隱先生精訂滑稽餘韻一卷（明）陳鐸撰（明）汪廷訥訂
碧山樂府四卷（明）王九思撰
王西樓先生樂府一卷（明）王磐撰
沜東樂府二卷（明）康海撰
蕭爽齋樂府一卷（明）金鑾撰
海浮山堂詞稿四卷（明）馮惟敏撰

第一七三九册

江東白苧二卷　續江東白苧二卷（明）梁辰魚撰
良辰樂事不分卷（明）劉效祖撰
林石逸興十卷（明）薛論道撰
秋水庵花影集五卷（明）施紹莘撰
鞠通樂府五卷（存三卷）（清）沈自晉撰
坦庵樂府黍香集三卷（清）徐石麒撰
冬心先生自度曲一卷（清）金農撰
樂府新編陽春白雪前集五卷後集五卷（元）楊朝英輯
朝野新聲太平樂府九卷（元）楊朝英輯　中州樂府音韻類編一卷（元）卓從之編

第一七四〇册

梨園按試樂府新聲三卷（元）佚名輯
詞林摘艷十卷（明）張禄輯
雍熙樂府二十卷（卷一至卷九）（明）郭勛輯

第一七四一册

雍熙樂府二十卷（卷十至卷二十）（明）郭勛輯
新鐫古今大雅北宮詞紀六卷　新鐫古今大雅南宮詞紀六卷（明）陳所聞輯

第一七四二册

南北詞廣韻選十九卷（卷一至卷十）（明）徐復祚輯

第一七四三册

南北詞廣韻選十九卷（卷十一至卷十九） 〔明〕徐復祚輯

白雪齋選訂樂府吴騷合編四卷衡曲麈談一卷曲律一卷 〔明〕張楚叔　張旭初輯

第一七四四册

太霞新奏十四卷 〔明〕馮夢龍輯

南音三籟四卷 〔明〕凌濛初輯

山歌十卷 〔明〕馮夢龍輯

霓裳續譜八卷首一卷 〔清〕王廷紹輯

第一七四五册

白雪遺音四卷 〔清〕華廣生輯

明成化説唱詞話十六種十九卷傳奇一卷

孝義真蹟珍珠塔六卷

再生緣全傳二十卷（卷一至卷四） 〔清〕陳端生撰

第一七四六册

再生緣全傳二十卷（卷五至卷十八） 〔清〕陳端生撰

第一七四七册

再生緣全傳二十卷（卷十九至卷二十） 〔清〕陳端生撰

中州全韻十九卷 〔明〕范善溱撰

音韻須知二卷 〔清〕李書雲輯　朱素臣校

中州音韻輯要二十一卷 〔清〕王　鵕撰

韻學驪珠二卷 〔清〕沈乘麐撰

太和正音譜二卷 〔明〕朱　權撰

廣輯詞隱先生增定南九宮詞譜二十六卷（卷一至卷十一） 〔明〕沈　璟撰　〔清〕沈自晉重定

第一七四八册

廣輯詞隱先生增定南九宮詞譜二十六卷（卷十二至卷二十六） 〔明〕沈　璟撰　〔清〕沈自晉重定

一笠菴北詞廣正譜十八卷附南戲北詞正謬一卷 〔清〕徐慶卿輯　〔清〕李　玉更定

第一七四九册

彙纂元譜南曲九宮正始不分卷（黄鍾宫至仙吕宫） 〔清〕徐慶卿輯　鈕少雅訂

彙纂元譜南曲九宮正始不分卷（中吕宫至仙吕入雙調） 〔清〕徐慶卿輯　鈕少雅訂

第一七五〇册

彙纂元譜南曲九宮正始不分卷（黄鍾調至不知宫調） 〔清〕徐慶卿輯　鈕少雅訂

寒山曲譜不分卷 〔清〕張彝宣輯

寒山堂新定九宮十三攝南曲譜五卷 〔清〕張彝宣輯

第一七五一册

新編南詞定律十三卷首一卷（卷一至卷五） 〔清〕吕士雄等編

第一七五二册

新編南詞定律十三卷首一卷（卷六至卷九） 〔清〕吕士雄等輯

第一七五三册

新編南詞定律十三卷首一卷（卷十至卷十三）　〔清〕吕士雄等輯

新定十二律京腔譜十六卷　新定宗北歸音五卷　新定考正音韻大全一卷　新定重較問奇一覽二卷　〔清〕王正祥撰

新定九宮大成南北詞宮譜八十一卷閏一卷目録三卷（卷一至卷三）　〔清〕周祥鈺　鄒金生等輯

第一七五四册

新定九宮大成南北詞宮譜八十一卷閏一卷目録三卷（卷四至卷三十五）　〔清〕周祥鈺　鄒金生等輯

第一七五五册

新定九宮大成南北詞宮譜八十一卷閏一卷目録三卷（卷三十六至卷六十七）　〔清〕周祥鈺　鄒金生等輯

第一七五六册

新定九宮大成南北詞宮譜八十一卷閏一卷目録三卷（卷六十八至卷閏）　〔清〕周祥鈺　鄒金生等輯

納書楹曲譜正集四卷續集四卷外集二卷補遺四卷　納書楹四夢全譜八卷（納書楹曲譜正集卷一至外集卷二）　〔清〕葉　堂撰

第一七五七册

納書楹曲譜正集四卷續集四卷外集二卷補遺四卷　納書楹四夢全譜八卷（納書楹曲譜補遺卷一至卷四　納書楹四夢全譜八卷）　〔清〕葉　堂撰

遏雲閣曲譜不分卷（開場至南柯夢）　〔清〕王錫純輯　李秀雲拍正

第一七五八册

遏雲閣曲譜不分卷（牡丹亭至精忠記）　〔清〕王錫純輯　李秀雲拍正

曲品三卷附一卷　〔明〕吕天成撰

遠山堂劇品不分卷　遠山堂曲品不分卷　〔明〕祁彪佳撰

青樓集一卷　〔元〕夏庭芝撰

南詞叙録一卷　〔明〕徐　渭撰

曲律四卷　〔明〕王驥德撰

樂府傳聲不分卷　〔清〕徐大椿撰

劇説六卷（卷一至卷四）　〔清〕焦　循撰

第一七五九册

劇説六卷（卷五至卷六）　〔清〕焦　循撰

花部農譚一卷　〔清〕焦　循撰

顧誤録一卷　〔清〕王德暉　徐沅澂撰

録鬼簿二卷　〔元〕鍾嗣成撰　録鬼簿續編一卷

今樂攷證十二卷　〔清〕姚　燮撰

戲劇類

第一七六〇册

古今雜劇三十種

古杭新刊關目的本李太白貶夜郎

新刊關目嚴子陵垂釣七里灘
大都新編楚昭王疎者下船
古杭新刊的本尉遲恭三奪槊
古杭新刊的本關目風月紫雲庭
大都新編關張雙赴西蜀夢
新刊關目詐妮子調風月
新刊的本泰華山陳摶高卧
新刊關目全蕭何追韓信
大都新編關目公孫汗衫記
新刊關目看錢奴買冤家債主
新刊關目漢高皇濯足氣英布
新編足本關目張千替殺妻
古杭新刊關目霍光鬼諫
新刊關目張鼎智勘魔合羅
古杭新刊的本關大王單刀會
新編關目晉文公火燒介子推
新刊關目閨怨佳人拜月亭
新刊關目馬丹陽三度任風子
趙氏孤兒
新刊的本薛仁貴衣錦還鄉
古杭新刊關目輔成王周公攝政
新刊關目好酒趙元遇上皇
新刊關目陳季卿悟道竹葉舟
新刊關目諸葛亮博望燒屯
大都新刊關目的本東窗事犯
古杭新刊小張屠焚兒救母
新刊的本散家財天賜老生兒
新刊死生交范張鷄黍
新編岳孔目借鐵拐李還魂

改定元賢傳奇十六卷(存六卷) 〔明〕李開先輯

江州司馬青衫淚 〔元〕馬致遠撰
西華山陳摶高卧 〔元〕馬致遠撰
杜牧之詩酒揚州夢 〔元〕喬夢符撰
唐明皇秋夜梧桐雨 〔元〕白仁甫撰
玉簫女兩世姻緣 〔元〕喬夢符撰
劉晨阮肇悮入天台 〔元〕王子一撰

元曲選一〇〇卷(卷一至卷二十三) 〔明〕臧懋循輯

破幽夢孤雁漢宮秋雜劇 〔元〕馬致遠撰
李太白匹配金錢記雜劇 〔元〕喬孟符撰
包待制陳州糶米雜劇 〔元〕佚　名撰
玉清菴錯送鴛鴦被雜劇 〔元〕佚　名撰
隨何賺風魔蒯通雜劇 〔元〕佚　名撰
温太真玉鏡臺雜劇 〔元〕關漢卿撰
楊氏女殺狗勸夫雜劇 〔元〕佚　名撰

相國寺公孫合汗衫雜劇 〔元〕張國賓撰
錢大尹智寵謝天香雜劇 〔元〕關漢卿撰
争報恩三虎下山雜劇 〔元〕佚　名撰
張天師斷風花雪月雜劇 〔元〕吴昌齡撰
趙盼兒風月救風塵雜劇 〔元〕關漢卿撰
東堂老勸破家子弟雜劇 〔元〕秦簡夫撰
同樂院燕青博魚雜劇 〔元〕李文蔚撰
臨江驛瀟湘秋夜雨雜劇 〔元〕楊顯之撰
李亞仙花酒曲江池雜劇 〔元〕石君寶撰
楚昭公疎者下船雜劇 〔元〕鄭廷玉撰
龐居士誤放來生債雜劇 〔元〕佚　名撰
薛仁貴榮歸故里雜劇 〔元〕張國賓撰
裴少俊墻頭馬上雜劇 〔元〕白仁甫撰
唐明皇秋夜梧桐雨雜劇 〔元〕白仁甫撰
散家財天賜老生兒雜劇 〔元〕武漢臣撰
硃砂擔滴水浮漚記雜劇 〔元〕佚　名撰

第一七六一册

元曲選一〇〇卷(卷二十四至卷六十一) 〔明〕臧懋循輯
便宜行事虎頭牌雜劇 〔元〕李直夫撰
包龍圖智賺合同文字雜劇 〔元〕佚　名撰
凍蘇秦衣錦還鄉雜劇 〔元〕佚　名撰
翠紅鄉兒女兩團圓雜劇 〔元〕楊文奎撰
李素蘭風月玉壺春雜劇 〔元〕武漢臣撰
吕洞賓度鐵拐李岳雜劇 〔元〕岳伯川撰
小尉遲將鬬將認父歸朝雜劇 〔元〕佚　名撰
陶學士醉寫風光好雜劇 〔元〕戴善夫撰
魯大夫秋胡戲妻雜劇 〔元〕石君寶撰
神奴兒大鬧開封府雜劇 〔元〕佚　名撰
半夜雷轟薦福碑雜劇 〔元〕馬致遠撰
謝金吾詐拆清風府雜劇 〔元〕佚　名撰
吕洞賓三醉岳陽樓雜劇 〔元〕馬致遠撰
包待制三勘蝴蝶夢雜劇 〔元〕關漢卿撰
説鱄諸伍員吹簫雜劇 〔元〕李壽卿撰
河南府張鼎勘頭巾雜劇 〔元〕孫仲章撰
黑旋風雙獻功雜劇 〔元〕高文秀撰
迷青瑣倩女離魂雜劇 〔元〕鄭德輝撰
西華山陳摶高卧雜劇 〔元〕馬致遠撰
龐涓夜走馬陵道雜劇 〔元〕佚　名撰
救孝子賢母不認屍雜劇 〔元〕王仲文撰
邯鄲道省悟黄粱夢雜劇 〔元〕馬致遠撰
杜牧之詩酒揚州夢雜劇 〔元〕喬孟符撰
醉思鄉王粲登樓雜劇 〔元〕鄭德輝撰
昊天塔孟良盜骨雜劇 〔元〕佚　名撰
包待制智斬魯齋郎雜劇 〔元〕關漢卿撰

朱太守風雪漁樵記雜劇 〔元〕佚　名撰
江州司馬青衫泪雜劇 〔元〕馬致遠撰
四丞相高會麗春堂雜劇 〔元〕王實甫撰
孟德耀舉案齊眉雜劇 〔元〕佚　名撰
包龍圖智勘後庭花雜劇 〔元〕鄭庭玉撰
死生交范張雞黍雜劇 〔元〕宫大用撰
玉簫女兩世姻緣雜劇 〔元〕喬夢符撰
宜秋山趙禮讓肥雜劇 〔元〕秦簡夫撰
鄭孔目風雪酷寒亭雜劇 〔元〕楊顯之撰
桃花女破法嫁周公雜劇 〔元〕佚　名撰
陳季卿悮上竹葉舟雜劇 〔元〕范子安撰
布袋和尚忍字記雜劇 〔元〕鄭廷玉撰

第一七六二册

元曲選一〇〇卷（卷六十二至卷一〇〇） 〔明〕臧懋循輯
謝金蓮詩酒紅梨花雜劇 〔元〕張壽卿撰
鐵拐李度金童玉女雜劇 〔元〕賈仲名撰
包待制智賺灰闌記雜劇 〔元〕李行道撰
崔府君斷冤家債主雜劇 〔元〕佚　名撰
㑳梅香騙翰林風月雜劇 〔元〕鄭德輝撰
尉遲恭單鞭奪槊雜劇 〔元〕尚仲賢撰
呂洞賓三度城南柳雜劇 〔元〕谷子敬撰
須賈大夫誶范叔雜劇 〔元〕佚　名撰
李雲英風送梧桐葉雜劇 〔元〕佚　名撰
花間四友東坡夢雜劇 〔元〕吴昌齡撰
杜蘂娘智賞金線池雜劇 〔元〕關漢卿撰
王月英元夜留鞋記雜劇 〔元〕曾瑞卿撰
漢高皇濯足氣英布雜劇 〔元〕佚　名撰
兩軍師隔江鬭智雜劇 〔元〕佚　名撰
馬丹陽度脱劉行首雜劇 〔元〕楊景賢撰
月明和尚度柳翠雜劇 〔元〕佚　名撰
劉晨阮肇悮入桃源雜劇 〔元〕王子一撰
張孔目智勘魔合羅雜劇 〔元〕孟漢卿撰
玎玎璫璫盆兒鬼雜劇 〔元〕佚　名撰
荆楚臣重對玉梳記雜劇 〔元〕賈仲名撰
逞風流王焕百花亭雜劇 〔元〕佚　名撰
秦翛然竹塢聽琴雜劇 〔元〕石子章撰
金水橋陳琳抱粧盒雜劇 〔元〕佚　名撰
趙氏孤兒大報讐雜劇 〔元〕紀君祥撰
感天動地竇娥冤雜劇 〔元〕關漢卿撰
梁山泊李逵負荆雜劇 〔元〕康進之撰
蕭淑蘭情寄菩薩蠻雜劇 〔元〕賈仲名撰
錦雲堂暗定連環計雜劇 〔元〕佚　名撰
羅李郎大鬧相國寺雜劇 〔元〕張國賓撰
看錢奴買冤家債主雜劇 〔元〕佚　名撰

都孔目風雨還牢末雜劇 〔元〕李致遠撰
洞庭湖柳毅傳書雜劇 〔元〕尚仲賢撰
風雨像生貨郎旦雜劇 〔元〕佚　名撰
望江亭中秋切鱠雜劇 〔元〕關漢卿撰
馬丹陽三度任風子雜劇 〔元〕馬致遠撰
薩真人夜斷碧桃花雜劇 〔元〕佚　名撰
沙門島張生煮海雜劇 〔元〕李好古撰
包待制智賺生金閣雜劇 〔元〕武漢臣撰
馮玉蘭夜月泣江舟雜劇 〔元〕佚　名撰

第一七六三册

古雜劇二〇卷 〔明〕王驥德编
望江亭中秋切鱠旦 〔元〕關漢卿撰
温太真玉鏡臺 〔元〕關漢卿撰
白敏中㑳梅香 〔元〕鄭德輝撰
錢大尹智勘緋衣夢 〔元〕關漢卿撰
玉簫女兩世姻緣 〔元〕喬夢符撰
江州司馬青衫淚 〔元〕馬致遠撰
洞庭湖柳毅傳書 〔元〕尚仲賢撰
李太白匹配金錢記 〔元〕喬夢符撰
李亞僊花酒曲工池 〔元〕石君寶撰
蕭淑蘭情寄菩薩蠻 〔元〕賈仲名撰
迷青瑣倩女離魂 〔元〕鄭德輝撰
杜蘂娘智賞金線池 〔元〕關漢卿撰
臨江驛瀟湘夜雨 〔元〕楊顯之撰
荆楚臣重對玉梳 〔元〕賈仲名撰
李雲英風送梧桐葉 〔元〕喬夢符撰
漢元帝孤鴈漢宮秋 〔元〕馬致遠撰
唐明皇秋夜梧桐雨 〔元〕白仁甫撰
秦脩然竹塢聽琴 〔元〕石子章撰
宋太祖龍虎風雲會 〔元〕羅貫中撰
謝金蓮詩酒紅梨花 〔元〕張壽卿撰
新鐫古今名劇柳枝集二十六卷 〔明〕孟稱舜编
倩女離魂 〔元〕鄭德輝撰
翰林風月 〔元〕鄭光祖撰
青衫淚 〔元〕馬致遠撰
兩世姻緣 〔元〕喬　吉撰
詩酒揚州夢 〔元〕喬　吉撰
金錢記 〔元〕喬　吉撰
玉鏡臺 〔元〕關漢卿撰
智賞金線池 〔元〕關漢卿撰
牆頭馬上 〔元〕白仁甫撰
秋夜瀟湘雨 〔元〕楊顯之撰
詩酒紅梨花 〔元〕張壽卿撰
張生煮海 〔元〕李好古撰

二郎收猪八戒　〔元〕吴昌齡撰
竹塢聽琴　〔元〕石子章撰
柳毅傳書　〔元〕尚仲賢撰
月明和尚度柳翠　〔元〕佚　名撰
悮入桃源　〔明〕王子一撰
三度城南柳　〔明〕谷子敬撰
重對玉梳記　〔明〕賈仲名撰
蕭淑蘭　〔明〕賈仲名撰
三度小桃紅　〔明〕周藩憲王撰
春風慶朔堂　〔明〕周藩憲王撰
風月牡丹僊　〔明〕周藩憲王撰
泣賦眼兒媚　〔明〕孟稱舜撰
桃源三訪　〔明〕孟稱舜撰
花前一笑　〔明〕孟稱舜撰
新鐫古今名劇酹江集三十卷（卷一至卷五）　〔明〕孟稱舜编
孤雁漢宫秋　〔元〕馬致遠撰
三渡任風子　〔元〕馬致遠撰
雷轟薦福碑　〔元〕馬致遠撰
秋夜梧桐雨　〔元〕白仁甫撰
范張雞黍　〔元〕宫天挺撰

第一七六四册

新鐫古今名劇酹江集三十卷（卷六至卷三十）　〔明〕孟稱舜编
王粲登樓　〔元〕鄭光祖撰
竇娥冤　〔元〕關漢卿撰
鐵拐李　〔元〕岳伯川撰
李逵負荆　〔元〕康進之撰
誶范叔　〔元〕佚　名撰
東堂老　〔元〕秦簡夫撰
趙氏孤兒　〔元〕紀君祥撰
高宴麗春堂　〔元〕王實甫撰
燕青博魚　〔元〕李文蔚撰
天賜老生兒　〔元〕武漢臣撰
龍虎風雲會　〔元〕羅貫中撰
智勘魔合羅　〔元〕孟漢卿撰
隔江鬭智　〔元〕佚　名撰
墨旋風仗義疎財　〔明〕周藩憲王撰
沽酒遊春　〔明〕王九思撰
中山狼　〔明〕康　海撰
一世不伏老　〔明〕馮惟敏撰
紅綫女　〔明〕梁辰魚撰
鬱輪袍　〔明〕王　衡撰
雌木蘭替父從軍　〔明〕徐　渭撰
狂鼓史漁陽三弄　〔明〕徐　渭撰
真傀儡　〔明〕佚　名撰

鞭歌妓　〔明〕沈自徵撰
鄭節度殘唐再創　〔明〕孟稱舜撰
盛明雜劇初集三十卷　〔明〕沈　泰輯
卷一高唐夢　〔明〕汪道昆撰
卷二五湖遊　〔明〕汪道昆撰
卷三遠山戲　〔明〕汪道昆撰
卷四洛水悲　〔明〕汪道昆撰
卷五漁陽三弄　〔明〕徐　渭撰
卷六翠鄉夢　〔明〕徐　渭撰
卷七雌木蘭　〔明〕徐　渭撰
卷八女狀元　〔明〕徐　渭撰
卷九昭君出塞　〔明〕陳與郊撰
卷十文姬入塞　〔明〕陳與郊撰
卷十一袁氏義父　〔明〕陳與郊撰
卷十二霸亭秋　〔明〕沈自徵撰
卷十三鞭歌妓　〔明〕沈自徵撰
卷十四簪花髻　〔明〕沈自徵撰
卷十五北邙說法　〔明〕葉憲祖撰
卷十六團花鳳　〔明〕葉憲祖撰
卷十七桃花人面　〔明〕孟稱舜撰
卷十八死裏逃生　〔明〕孟稱舜撰
卷十九中山狼　〔明〕康　海撰
卷二十鬱輪袍　〔明〕王　衡撰
卷二十一紅線女　〔明〕梁辰魚撰
卷二十二崑崙奴　〔明〕梅鼎祚撰
卷二十三花舫緣　〔明〕孟稱舜撰
卷二十四春波影　〔明〕徐　翽撰
卷二十五廣陵月　〔明〕汪廷訥撰
卷二十六真傀儡　〔明〕無名氏撰
卷二十七男王后　〔明〕秦漢外史撰
卷二十八再生緣　〔明〕蘅蕪室撰
卷二十九一文錢　〔明〕破慳道人撰
卷三十齊東絶倒　〔明〕竹癡居士撰

第一七六五册

盛明雜劇二集三十卷　〔明〕沈　泰輯
卷一風月牡丹仙　〔明〕周藩憲王撰
卷二香囊怨　〔明〕周藩憲王撰
卷三武陵春　〔明〕許　潮撰
卷四蘭亭會　〔明〕楊　慎撰
卷五寫風情　〔明〕許　潮撰
卷六午日吟　〔明〕許　潮撰
卷七南樓月　〔明〕許　潮撰
卷八赤壁遊　〔明〕許　潮撰
卷九龍山宴　〔明〕許　潮撰

卷十同甲會 （明）許　潮撰
卷十一易水寒 （明）葉憲祖撰
卷十二天桃紈扇 （明）葉憲祖撰
卷十三碧蓮繡符 （明）葉憲祖撰
卷十四丹桂鈿合 （明）葉憲祖撰
卷十五素梅玉蟾 （明）葉憲祖撰
卷十六有情癡 （明）徐陽輝撰
卷十七脱囊穎 （明）徐陽輝撰
卷十八曲江春 （明）王九思撰
卷十九魚兒佛 （明）寓山居士撰
卷二十雙鶯傳 （明）幔亭僊史撰
卷二十一不伏老 （明）馮　氏撰
卷二十二虬髯翁 （明）凌濛初撰
卷二十三英雄成敗 （明）孟稱舜撰
卷二十四紅蓮債 （明）陳太乙撰
卷二十五絡冰絲 （明）徐　翽撰
卷二十六錯轉輪 （明）祁元儒撰
卷二十七蕉鹿夢 （明）蘧然子撰
卷二十八櫻桃園 （明）王澹翁撰
卷二十九逍遥遊 （明）王應遴撰
卷三十相思譜 （明）吴中情奴撰

雜劇三集三十四卷 （清）鄒式金輯

卷一通天臺 （清）灌隱主人撰
卷二臨春閣 （清）吴偉業撰
卷三讀離騷 （清）尤　侗撰
卷四弔琵琶 （清）尤　侗撰
卷五空堂話 （清）鄒兑金撰
卷六蘇園翁 （清）茅僧曇撰
卷七奉廷筑 （清）茅僧曇撰
卷八金門戟 （清）茅僧曇撰
卷九醉新豐 （清）茅僧曇撰
卷十鬧門神 （清）茅僧曇撰
卷十一雙合歡 （清）茅僧曇撰
卷十二半臂寒 （清）南山逸史撰
卷十三長公妹 （清）南山逸史撰
卷十四中郎女 （清）南山逸史撰
卷十五京兆眉 （清）南山逸史撰
卷十六翠鈿緣 （清）南山逸史撰
卷十七鸚鵡洲 （清）鄭　瑜撰
卷十八汨羅江 （清）鄭　瑜撰
卷十九黄鶴樓 （清）鄭　瑜撰
卷二十滕王閣 （清）鄭　瑜撰
卷二十一眼兒媚 （清）孟稱舜撰
卷二十二孤鴻影 （清）周如璧撰

卷二十三夢幻緣 〔清〕周如璧撰

卷二十四續西厢 〔清〕查繼佐撰

卷二十五不了緣 〔清〕碧蕉軒主人撰

卷二十六櫻桃宴 〔清〕張　源撰

卷二十七昭君夢 〔清〕薛　旦撰

卷二十八旗亭讌 〔清〕張龍文撰

卷二十九餓方朔 〔清〕孫源文撰

卷三十城南寺 〔清〕黄家舒撰

卷三十一西臺記 〔清〕陸世廉撰

卷三十二衛花符 〔清〕堵廷棻撰

卷三十三鯁詩讖 〔清〕土室道民撰

卷三十四風流塚 〔清〕鄒式金撰

奇妙全相註釋西厢記五卷卷首題詠一卷 〔元〕王德信　關漢卿撰

第一七六六册

新校注古本西厢記五卷 〔明〕王驥德校注　彙考一卷 〔明〕王驥德撰

楊東來先生批評西游記六卷 〔明〕楊　訥撰

四聲猿四卷 〔明〕徐　渭撰

狂鼓史漁陽三弄

玉禪師翠鄉一夢

雌木蘭替父從軍

女狀元辭凰得鳳

燈月閒情十七種二十卷（一至四種） 〔清〕唐　英撰

轉天心二卷

天緣債二卷

英雄報一卷

巧換緣一卷

第一七六七册

燈月閒情十七種二十卷（五至十七種） 〔清〕唐　英撰

長生殿補闕一卷

十字坡一卷

梁上眼一卷

清忠譜正案一卷

蘆花絮一卷

三元報一卷

傭中人一卷

笳騷一卷

女彈詞一卷

虞兮夢一卷

梅龍鎮一卷

麪缸笑一卷

雙釘案二卷

第一七六八册

吟風閣四卷　〔清〕楊潮觀撰
喬影一卷　〔清〕吴藻撰
絳綃記一卷　〔清〕黄燮清撰
永樂大典戲文三種
小孫屠古
張協狀元
宦門子弟錯立身
六十種曲一二〇卷（一至六種）　〔明〕毛晉輯
雙珠記二卷
尋親記二卷
東郭記二卷
金雀記二卷
焚香記二卷
荆釵記二卷

第一七六九册

六十種曲一二〇卷（七種至十七種）　〔明〕毛晉撰
霞箋記二卷
精忠記二卷　〔明〕姚茂良撰
浣紗記二卷　〔明〕梁辰魚撰
琵琶記二卷　〔明〕高明撰
西厢記（南）二卷　〔明〕李日華撰
幽閨記二卷　〔明〕施惠撰
明珠記二卷　〔明〕陸采撰
玉簪記二卷　〔明〕高濂撰
紅拂記二卷　〔明〕張鳳翼撰
還魂記二卷　〔明〕湯顯祖撰
紫釵記二卷　〔明〕湯顯祖撰

第一七七〇册

六十種曲一二〇卷（十八種至二十八種）　〔明〕毛晉撰
邯鄲記二卷　〔明〕毛晉撰
南柯記二卷　〔明〕湯顯祖撰
西厢記（北）二卷　〔明〕王德信撰
春蕪記二卷　〔明〕汪錂撰
琴心記二卷　〔明〕孫柚撰
玉鏡臺記二卷　〔明〕朱鼎撰
懷香記二卷　〔明〕陸采撰
綵毫記二卷　〔明〕唐隆撰
運甓記二卷　〔明〕吾丘端撰
鸞鎞記二卷　〔明〕葉憲祖撰
玉合記二卷　〔明〕梅鼎祚撰

第一七七一册

六十種曲一二〇卷（二十九種至三十八種）　〔明〕毛晉輯
金蓮記二卷　〔明〕陳汝元撰
四喜記二卷　〔明〕謝讜撰

三元記二卷 〔明〕沈受先撰
投梭記二卷 〔明〕徐復祚撰
鳴鳳記二卷 〔明〕王世貞撰
飛丸記二卷
紅梨記二卷 〔明〕徐復祚撰
八義記二卷 〔明〕徐　元撰
西樓記二卷 〔清〕袁于令撰
還魂記二卷 〔明〕湯顯祖撰 〔明〕碩園删定

第一七七二册

六十種曲一二〇卷（三十九種至五十種） 〔明〕毛　晉輯
繡襦記二卷 〔明〕徐　霖撰
青衫記二卷 〔明〕顧大典撰
錦箋記二卷 〔明〕周履靖撰
蕉帕記二卷 〔明〕單　本撰
紫簫記二卷 〔明〕湯顯祖撰
水滸記二卷 〔明〕許自昌撰
玉玦記二卷 〔明〕鄭若庸撰
灌園記二卷 〔明〕張鳳翼撰
種玉記二卷 〔明〕汪廷訥撰
雙烈記二卷 〔明〕張四維撰
獅吼記二卷 〔明〕汪廷訥撰
義俠記二卷 〔明〕沈　璟撰

第一七七三册

六十種曲一二〇卷（五十一種至六十種） 〔明〕毛　晉輯
千金記二卷 〔明〕沈　采撰
殺狗記二卷 〔明〕徐　㽔撰 〔明〕馮夢龍訂定
玉環記二卷 〔明〕楊柔勝撰
龍膏記二卷 〔明〕楊　珽撰
贈書記二卷
曇花記二卷 〔明〕屠　隆撰
白兔記二卷
香囊記二卷 〔明〕邵　璨撰
四賢記二卷
節俠記二卷

第一七七四册

新刊元本蔡伯喈琵琶記二卷 〔元〕高則誠撰
新刊重訂出相附釋標註月亭記二卷 〔元〕施　惠撰
連環記二卷
新編林冲寶劍記二卷 〔明〕李開先撰
重刊五色潮泉插科增入詩詞北曲勾欄荔鏡記不分卷
新編目連救母勸善戲文三卷 〔明〕鄭之珍撰
牡丹亭還魂記二卷 〔明〕湯顯祖撰
新刻博笑記二卷 〔明〕沈　璟撰
玉茗堂批評紅梅記二卷 〔明〕周朝俊撰

鳴鳳記二卷　（明）王世貞撰

第一七七五册

重校玉簪記二卷　（明）高　濂撰

東郭記二卷　（明）孫鍾齡撰

新刻全像古城記二卷

懷遠堂批點燕子箋二卷　（明）阮大鋮撰

一笠菴新編一捧雪傳奇二卷　（清）李　玉撰

一笠菴彙編清忠譜傳奇二卷　（清）李　玉等撰

秣陵春傳奇二卷　（清）吴偉業撰

十五貫二卷　（清）朱　㿥撰

風箏誤傳奇二卷　（清）李　漁撰

鈞天樂二卷　（清）尤　侗撰

長生殿傳奇二卷　（清）洪　昇撰

第一七七六册

桃花扇傳奇二卷　（清）孔尚任撰

臨川夢二卷　（清）蔣士銓撰

雷峯塔傳奇四卷　（清）方成培撰

新刊耀目冠塲擢奇風月錦囊正雜兩科全集四十一卷（存續補首卷前編二十卷續編卷一至卷三　卷五至卷十四　卷十六　卷十八至卷二十）（續補首卷至前編卷十一）　（明）徐文昭輯

第一七七七册

新刊耀目冠塲擢奇風月錦囊正雜兩科全集四十一卷（存續補首卷前編二十卷續編卷一至卷三　卷五至卷十四　卷十六　卷十八至卷二十）（前編卷十二至續編卷二十）　（明）徐文昭輯

新刻京板青陽時調詞林一枝四卷　（明）黄文華選輯

新刻羣音類選官腔二十六卷諸腔四卷北腔六卷（存卷二、卷四至卷六）清腔八卷（官腔卷一至諸腔卷四）　（明）胡文煥輯

第一七七八册

新刻羣音類選官腔二十六卷諸腔四卷北腔六卷（存卷二、卷四至卷六）清腔八卷（北腔卷一至清腔卷八）　（明）胡文煥輯

新刊分類出像陶真選粹樂府紅珊十六卷　（明）秦淮墨客輯

新刊徽板合像滚調樂府官腔摘錦奇音六卷　（明）龔正我輯

鼎鍥徽池雅調南北官腔樂府點板曲響大明春六卷　（明）程萬里輯

彩雲乘新鐫樂府遏雲編三卷　（明）槐　鼎　吴之俊輯

第一七七九册

新鐫出像點板纏頭百練六卷　（明）冲和居士輯

重訂綴白裘新集合編十二集（初集至五集）　（清）錢德蒼輯

第一七八〇册

重訂綴白裘新集合編十二集（六集至十二集）　（清）錢德蒼輯

第一七八一册

審音鑑古録不分卷（琵琶記至鐵冠圖）

琵琶記

荆釵記

紅梨記

兒孫福

長生殿

牡丹亭

西厢記

鳴鳳記

鐵冠圖

第一七八二册

審音鑑古録不分卷（西厢記至鐵冠圖）

西厢記

紅梨記

牡丹亭

長生殿

鐵冠圖

梨園集成不分卷 〔清〕李世忠編

新著孫猴子鬧天宮全曲

新著自焚摘星樓全本

新著百子圖全曲

新著大香山全本

新著火牛陣

新著雙義節全本

新著燒棉山全曲

新著湘江會曲文全本

魚藏歛全本

新著剮蟒台全曲

新著長板坡全本

新著戰皖城全曲

新著祭風台全本

新著反西凉全曲

新刻取南郡全本

新刻濮陽城全部

新著罵曹全曲

新著喬府求計全曲

新著麟骨床全本

新著因果報全部

新著蝴蝶媒全曲

新著臨江關全本

新著秦瓊戰山曲文全本

新著南陽關全曲

新著摩天嶺全曲

新著珠沙印全本
新著藥王傳全曲
新著蘆花河全曲
新著桃花洞全曲
新著薛仁貴回窰全曲
新著薛蛟觀畫曲文全本
新著天開榜全本
新著沙陀頒兵程敬思解寶曲文全本
新著風雲會全本
新著斬黄袍全本
新著碧塵珠全本
新著雙龍會全本
新著求壽全曲
新著紅陽塔全曲
新著楊四郎探母全曲
新著鬧江州全本
新著五國城全曲
新著紅書劍全本
新著姜秋蓮撿蘆柴曲文全本
新著觀燈全曲
新著雙合印全曲
新著走雪全曲
新鐫楚曲十種（存五種）
英雄志四卷
李密投唐四卷
祭風臺四卷
臨潼鬬寶四回
青石嶺四卷

小説類

第一七八三册

虞初志八卷
虞初新志二十卷 〔清〕張　潮輯
虞初續志十二卷 〔清〕鄭澍若輯
飛燕外傳一卷 題〔漢〕伶　玄撰
隋遺録二卷 題〔唐〕顔師古撰
游仙窟五卷 〔唐〕張　鷟撰
梅妃傳一卷
楊太真外傳二卷 題〔宋〕樂　史撰
李師師外傳一卷附録一卷
清平山堂話本二十七種 〔明〕洪　楩輯

第一七八四册

古今小説四十卷 〔明〕馮夢龍輯
警世通言四十卷（卷一至卷十五） 〔明〕馮夢龍輯

第一七八五册

警世通言四十卷(卷十六至卷四十) 〔明〕馮夢龍輯

醒世恒言四十卷(卷一至卷二十六) 〔明〕馮夢龍輯

第一七八六册

醒世恒言四十卷(卷二十七至卷四十) 〔明〕馮夢龍輯

拍案警奇四十卷 〔明〕凌濛初撰

第一七八七册

二刻拍案驚奇三十九卷雜劇一卷 〔明〕凌濛初撰

新增補相剪燈新話大全四卷附録一卷 〔明〕瞿　佑撰　新增全相湖海新奇剪燈餘話大全四卷 〔明〕李昌祺撰

聊齋誌異十二卷(卷一至卷四) 〔清〕蒲松齡撰

第一七八八册

聊齋誌異十二卷(卷五至卷十二) 〔清〕蒲松齡撰

新齊諧二十四卷　續新齊諧十卷 〔清〕袁　枚撰

第一七八九册

螢窗異草十二卷 〔清〕浩歌子撰

夜雨秋燈録八卷續録八卷 〔清〕宣　鼎撰

三國志通俗演義二十四卷(卷一) 〔明〕羅貫中撰

第一七九〇册

三國志通俗演義二十四卷(卷二至卷十八) 〔明〕羅貫中撰

第一七九一册

三國志通俗演義二十四卷(卷十九至卷二十四) 〔明〕羅貫中撰

李卓吾先生批評忠義水滸傳一百卷引首一卷(卷一至卷五十) 〔明〕施耐庵　羅貫中撰　〔明〕李　贄評

第一七九二册

李卓吾先生批評忠義水滸傳一百卷引首一卷(卷五十一至卷一百) 〔明〕施耐庵　羅貫中撰　〔明〕李　贄評

李卓吾先生批評西遊記一百回(第一回至第二十七回) 〔明〕吴承恩撰　〔明〕李　贄評

第一七九三册

李卓吾先生批評西遊記一百回(第二十八回至第一百回) 〔明〕吴承恩撰　〔明〕李　贄評

紅樓夢一百二十回(第一回至第二十回) 〔清〕曹雪芹撰　題〔清〕高　鶚補撰

第一七九四册

紅樓夢一百二十回(第二十一回至第一百二十回) 〔清〕曹雪芹撰　題〔清〕高　鶚補撰

第一七九五册

儒林外史五十六回 〔清〕吴敬梓撰

鏡花緣一百回(第一回至第二十五回) 〔清〕李汝珍撰

第一七九六册

鏡花緣一百回(第二十六回至第一百回) 〔清〕李汝珍撰

兒女英雄傳四十回(第一回至第二十八回) 〔清〕文　康撰

第一七九七册

兒女英雄傳四十回(第二十九回至第四十回) 〔清〕文　康撰
俠義傳一百二十回 〔清〕石玉崑撰

第一七九八册

二十年目睹之怪現狀一百八回(第一回至第五十五回) 〔清〕吴趼人撰

第一七九九册

二十年目睹之怪現狀一百八回(第五十六回至第一百八回) 〔清〕吴趼人撰

第一八〇〇册

官場現形記六十卷 〔清〕李寶嘉撰
老殘遊記二十卷二編九卷外編(殘稿)一卷 〔清〕劉　鶚撰
孽海花三十五回 曾　樸撰

續修四庫全書

索引

《續修四庫全書》索引編纂凡例

一、本索引據《續修四庫全書》所收子目書名及其著者人名分别編排而成。書名、人名後所標“第某某册”，爲《續修四庫全書》書脊所印之册次。

二、本索引依照四角號碼檢字法編製，首字相同時取次字之四角號碼編排，依次類推。

三、書名中所含之卷數、首、首卷、末、末卷、附録等，均不入索引。

四、書名前冠有“新刻”、“重編”、“御製”、“欽定”等字樣者，爲便檢索，除以其原書名編排外，又酌加括省（置於括號内），以正書名之首字取碼編排，如：

新刻譚友夏合集　　第 1385 册

　　0292_1 新

02～刻譚友夏合集　　第 1385 册

　　0164_6 譚

40（新刻）～友夏合集　　第 1385 册

五、合刻之書名，除依原有次第著録外，又另加分析編排，如：

慶元條法事類八十卷開禧重修尚書吏部侍郎右選格二卷第 861 册

　　0024_7 慶

10～元條法事類、開禧重修尚書吏部侍郎右選格　　第 861 册

　　7744_7 開

34～禧重修尚書吏部侍郎右選格　　第 861 册

六、各書所附續集、外集、補遺等，附見於正書名之後，不另列條目，書名中相同文字酌予省略，如：

賞雨茅屋詩集二十二卷外集一卷　　第 1484 册

　　9080_6 賞

10～雨茅屋詩集、外集　　第 1484 册

七、書名前綴有纂修、刊刻年代者，以全稱及非全稱形式分别著録，如：

　　1010_4 至

10～正崑山郡志　　第 696 册

2271_1 崑

22(至正)～山郡志　　第696册

八、書名相同而著者不同者，於書名後各注明著者，並依著者姓名之四角號碼排列，如：

1022_7 爾

～雅古義(胡承珙)　　第188册

～雅古義(錢　坫)　　第187册

九、相同著者之多種著作見於同一册内，不重複著録著者，而於册次後注明，如：

0022_7 方

～苞　　第79册(2)

十、相同著者之多種著作見於連續數册内，先著録其册次起迄，再於册次後注明，如：

0180_1 龔

22～鼎孶　　第1402—1403册(2)

續修四庫全書書名索引

0010_4 主

22～制羣徵　第 1296 册
30～客圖(附圖考)　第 1694 册

童

22～山詩集、文集、補遺　第 1456 册

0010_8 立

00～齋閑録　第 1167 册

0011_1 瀝

24～科全書　第 1016 册

0011_4 癰

00～疽神秘灸經　第 1012 册

0011_7 瘟

00～疫明辨、方　第 1003 册

0011_8 痘

00～疹格致要論　第 1011 册
～疹定論　第 1012 册
～疹世醫心法　第 1011 册

0012_0 痢

00～疾論　第 1004 册
02～證匯參　第 1004 册

0012_7 病

37～逸漫記　第 1170 册
46～榻夢痕録、録餘　第 555 册

瘍

24～科臨證心得集、方彙、方彙補遺、家用膏丹丸散方、景岳新方歌　第 1016 册
77～醫大全　第 1013—1016 册

0012_9 痧

67～喉正義　第 1018 册
71～脹玉衡書、後　第 1003 册
～脹源流　第 1005 册

0014_6 瘴

00～瘧指南　第 1003 册

0014_7 疫

00～痧草　第 1018 册
08～診一得　第 1004 册
67～喉淺論、補遺　第 1018 册

0016_7 瘡

00(重校宋竇太師)～瘍經驗全書　第 1012 册

0018_9 痰

90(新刻)～火點雪　第 1005 册

0020_1 亭

44 ～林文録　第 1669 册
～林詩集、文集　第 1402 册

0021_1 鹿

32～洲文録　第 1670 册
43～裘石室集　第 1378—1379 册
50～忠節公集　第 1373 册

靡

98(張文定公)～悔軒集　第 1336—1337 册

龐

36～涓夜走馬陵道雜劇　第 1761 册
77～居士誤放來生債雜劇　第 1760 册

0021_4 産

30～寶雜録　第 1007 册

麈

88～餘　第 1130 册

0021_7 廬

32(嘉慶)～州府志、圖　第 709—710 册

0022_3 齊

04～詩翼氏學　第 75 册
～詩翼氏學疏證、叙録　第 75 册
～詩遺説考、叙録　第 76 册
27～物論齋文集　第 1507 册
～物論齋詞　第 1726 册
50～東絶倒　第 1764 册
80～會要　第 770—771 册

0022_7 方

00～言疏證　第 193 册
～言據、續録　第 193 册
～音　第 195 册
22～山薛先生全集　第 1343 册
26～程新術草　第 1045 册
60～星圖解　第 1032 册
～圜比例數表　第 1045 册
～圓闡幽　第 1047 册
72～氏墨譜　第 1114 册
～氏易學五書　第 30 册

帝

00～京歲時紀勝　第 885 册
～京景物略　第 729 册
10～王世紀、補遺　第 301 册
～王世紀續補、考異　第 301 册
37～祖萬年金鑑録　第 937 册

席

72～氏讀説文記　第 223 册

商

00～文毅公遺行集　第 551 册
17～君書新校正(附攷)　第 971 册

育

24～德堂外制　第 1319 册

高

00～唐夢　第 1764 册
28～僧傳、序録　第 1281 册
30～宴麗春堂　第 1764 册
～寄齋訂正缾花譜　第 1116 册
76～陽集　第 1370 册
80～令公集　第 1587 册

庸

00～庵文編、文續編、文外編、海外文編 第1562册
～言(魏象樞) 第946册
～言(黄佐) 第939册
50～書文録 第1671册
77～閒齋筆記 第1142册
80～盦筆記 第1182册

0023_1 應

03～試詩法淺説 第1718册

0023_2 康

34～對山先生集 第1335册
40～南海自編年譜 第558册
77～熙武定府志 第715册
～熙臺灣府誌 第712册

0023_7 庚

00～度支集 第1587册
12～癸原音四種 第116册
17～子海外紀事 第446册
～子國變記 第446册
50～申外史 第423册
～申整書小記、例略 第919册

庾

77～開府集 第1588册

廉

50～吏傳、廉吏傳蠹附 第515册

0024_1 庭

00～立記聞 第1157册

0024_7 夜

10～雨秋燈録、續録 第1789册
20～航船 第1135册

度

32～測、開平方説、開立方説、度算解 第1044册
40～支奏議 第483—490册

慶

10～元條法事類、開禧重修尚書吏部侍郎右選格 第861册

0025_2 摩

01～訶止觀 第1279册
10(新著)～天嶺全曲 第1782册
77～尼光佛教法儀略(殘) 第1296册

0026_7 唐

00～文拾遺、續拾 第1651—1652册
～音統籤 第1612—1620册
04～詩歸 第1589—1590册
～詩選 第1611册
～詩鼓吹 第1611册
07～韵四聲正 第248册
10～兩京城坊考 第732册
～石經校文 第184册
～石經考異 第184册
17～子西文録 第1713册
23～秘書省正字先輩徐公釣磯文集、補 第1313册
25～律通韻舉例 第254册
26～伯虎先生集、外編、外編續刻 第1334—1335册
27～御史臺精舍題名考 第748册

～絶增奇、搜奇　第 1590 册
30～寫本唐韻(殘卷)　第 249 册
～寫本文選集注　第 1578—1580 册
～寫本説文解字本部箋異　第 227 册
～寫本切韻(殘卷)　第 249 册
40～女郎魚玄機詩　第 1313 册
43～求詩集　第 1313 册
50～書宰相世系表訂譌　第 289 册
～書合鈔　第 285—289 册
～書合鈔補正　第 289 册
52～折衝府考　第 748 册
67～明皇秋夜梧桐雨　第 1760 册,第 1763 册
～明皇秋夜梧桐雨雜劇　第 1760 册
77～月令續攷　第 885 册
～月令注、補遺、唐月令考　第 885 册
～月令注續補遺　第 885 册
～開成石經考　第 184 册
88～餘紀傳　第 333 册
90～尚書省郎官石柱題名考　第 747 册

0028_6 廣

00～瘟疫論　第 1003 册
10～元遺山年譜　第 552 册
～西名勝志　第 735 册
(嘉慶)～西通志　第 677—680 册
11～蠶桑説輯補　第 978 册
16～釋名　第 190 册
17～粥譜　第 1115 册
24～續方言、拾遺　第 194 册
31～潛研堂説文答問疏證　第 221 册
32～州永康等炮臺工程　第 860 册
～州駐防事宜　第 860 册
～州人物傳　第 549 册
34～社　第 1186 册
35～清涼傳　第 718 册
44～藝舟雙楫　第 1089 册
50～事類賦　第 1248 册
～東新語　第 734 册
(道光)～東通志　第 669—675 册
54～豔異編　第 1267 册
56～輯詞隱先生增定南九宮詞譜
第 1747—1748 册
70～雅疏證、博雅音　第 191 册
～雅疏證補正　第 191 册
～雅疏義　第 190 册
74(嘉慶)～陵事略　第 699 册
～陵月　第 1764 册
77～輿圖　第 586 册
80～金石韻府、字略　第 238 册

0029_4 麻

24～科活人全書　第 1012 册

0033_0 亦

18～政堂訂正瀛涯勝覽　第 742 册
40～有生齋集　第 1469—1470 册

0033_1 忘

10～憂清樂集(附碁經、碁訣)　第 1097 册
22～山廬日記　第 579—582 册

0033_6 意

44～苕山館詩稿　第 1517 册
～林、補、逸文、闕目　第 1188 册
60～園文略(附意園事略)　第 1567 册

0040_0 文

00～章辨體、外集、總論　第 1602 册
05～靖公詩鈔　第 1536 册
～靖公遺集、補遺　第 1536 册
06～韻攷衷六聲會編　第 255 册
10～正王公遺事　第 550 册

17～子　第958册
23～獻徵存録　第540册
30～房肆考圖説　第1113册
～字蒙求　第220册
31～酒清話　第1272册
37～通　第196册
～通、閏　第1713—1714册
～選旁證　第1581册
～選理學權輿、補　第1581册
～選考異　第1581册
～選箋證　第1582册
38～海披沙　第1130册
～道希先生遺詩　第1568册
40～木山房集　第1428册
41～姬入塞　第1764册
43～式、古文矜式　第1713册
44～苑英華纂要　第1582册
～華大訓箴解　第939册
50～史通義　第448册
～忠公年譜草稿　第557册
80～鏡秘府論　第1694册
83～館詞林　第1582册
88～筌　第1713册

0040_1 辛

17～丑日記　第583册
～丑銷夏記　第1082册
77～巳泣蘄録　第423册
～卯侍行記　第737册

0040_4 妄

00～妄録　第1270册

0040_6 章

30～安雜説　第1141册

0040_8 交

17～翠軒筆記　第1158册
50～泰韻　第251册
80～食通軌、日食通軌、月食通軌、四餘通軌、五星通軌　第1031册
～食曆書　第1040册

0041_4 離

77～騷集傳　第1301册
～騷草木史　第1302册

0043_0 奕

16～理指歸圖　第1101—1102册
26～程　第1102册
43～載堂古玉圖録　第1107册
44～藪、棋經注　第1098册
49～妙、二編　第1101册
50～史　第1098册

0044_1 辨

30～字通考　第239册

辯

01～誣筆録　第423册
02～證録、洞垣全書脉訣闡微　第1023—1024册

0044_3 弈

16～理指歸續編　第1102册

0060_1 音

06～韻正訛　第259册
～韻須知　第1747册
～韻逢源　第258册
～韻日月燈　第252册

07～調定程 第 116 册
～調定程、絃徽宣秘 第 1095 册
26～釋舉要 第 202 册
30～注全文春秋括例始末左傳句讀直解 第 118 册
34～泭 第 258 册
47～聲紀元 第 254 册
～切譜 第 246 册
77～同義異辨 第 239 册
～學辨微 第 253 册
80～分古義 第 116 册

0061_4 註

74～陸宣公奏議 第 474 册

0062_7 讁

00～麐堂遺集、補遺 第 1561 册

0063_1 譙

17～子五行志 第 1049 册

0064_8 誶

44～范叔 第 1764 册

0071_4 亳

32～州牡丹史 第 1116 册

雍

32～州金石記、記餘 第 908 册
77～熙樂府 第 1740—1741 册

0071_7 甕

23～牖餘談 第 1263 册

0073_2 衣

02～讔山房詩集 第 1530 册

玄

21～經原旨發揮 第 954 册
50～中記、補遺 第 1264 册

哀

31～江南賦注 第 1304 册

衷

16～聖齋文集、詩集 第 1568 册

襄

44～勤伯鄂文端公年譜 第 554 册
76～陽耆舊記 第 548 册

0080_0 六

00～齋卑議 第 953 册
10～一山房詩集、續集 第 1558 册
20～壬軍帳神機 第 1055—1058 册
21～經圖 第 1246 册
33～必酒經 第 1115 册
37～祖壇經 第 1281 册
40～十種曲 第 1768—1773 册
～十四卦經解 第 29 册
～九軒算書五種(附輯古算經補注) 第 1046册
43～博譜 第 1106 册
～博碎金 第 1106 册
44～藝論疏證 第 171 册
47～朝文絜箋注 第 1611 册
～朝詩集 第 1589 册
～朝別字記 第 242 册
50～書音均表 第 244 册
～書説 第 203 册
～書正義 第 203 册
～書統溯原 第 202 册

～書緣起　第 1091 册
～書舊義　第 228 册
～書長箋　第 203 册
～書類纂、讀篆臆存雜説、字學尋源　第 242册
～書精蘊　第 202 册
55～典通考　第 758—761 册
72～岳登臨志　第 721 册

0090_6 京

21～師五城坊巷衚衕集　第 729 册
～師大學堂章程　第 831 册
22～畿金石考　第 906 册
32～兆眉　第 1765 册

0091_4 雜

00～病源流犀燭　第 1024 册
22～劇三集　第 1765 册
44～著　第 1322 册
～著補遺　第 1322 册

0121_1 龍

00～膏記　第 1773 册
21～虎風雲會　第 1764 册
22～山宴　第 1765 册
31～江集　第 1334 册
～江船廠志　第 878 册
～江夢餘録　第 1122 册
43～城札記　第 1149 册
70～壁山房文集　第 1545 册
～壁山房詩草　第 1545 册
77～岡山人古文尚書四種　第 50 册

0128_6 顔

17(新編)～子　第 932 册
～習齋先生四書正誤　第 166 册
～習齋先生年譜　第 554 册
72～氏家訓、補校注　第 1121 册
～氏學記　第 952 册
90～光禄集　第 1585 册

0161_4 謔

44～菴文飯小品　第 1368 册

0162_0 訂

04～訛類編、續補　第 1148 册

0164_6 譚

30～賓録　第 1260 册
40(新刻)～友夏合集　第 1385 册
57～輅　第 1127 册

0166_1 語

10～石　第 905 册
17～孟説略　第 162 册

諧

47～聲韻學　第 257 册
～聲譜　第 247 册
～聲補逸　第 247 册
～聲表　第 248 册

0180_1 龔

30～安節先生畫訣　第 1065 册
～定盦全集　第 1520 册

0212_7 端

32～溪研志　第 1113 册
(增訂)～溪硯坑志　第 1113 册

0260_0 訓

28～俗遺規　第 951 册

0261_8 證

28～俗文　第192册

0292_1 新

00～齊諧、續新齊諧　第1788册
～方言　第195册
02～刻痰火點雪　第1005册
～刻京板青陽時調詞林一枝　第1777册
～刻譚友夏合集　第1385册
～刻張太岳先生文集　第1345—1346册
～刻取南郡全本　第1782册
～刻羣音類選官腔、諸腔、北腔、清腔　第1777—1778册
～刻出像增補搜神記　第1264册
～刻釋常談　第1142册
～刻濮陽城全部　第1782册
～刻校定脉訣指掌病式圖説　第998册
～刻博笑記　第1774册
～刻萬法歸宗　第1064册
～刻增補藝苑巵言　第1695册
～刻易測　第11册
～刻吕涇野先生校正中秘元本　第1214册
～刻全像古城記　第1775册
～刻小兒推拿方衇活嬰秘旨全書　第997册
11～疆識略　第732册
(宣統)～疆圖志　第649—650册
12～刊韻略　第250册
～刊正蒙解　第934册
～刊王氏脉經　第997册
～刊元本蔡伯喈琵琶記　第1774册
～刊死生交范張雞黍　第1760册
～刊張小山北曲聯樂府、外集、補遺　第1738册
～刊理氣詳辯纂要三台便覽通書正宗　第1063册
～刊重訂出相附釋標註月亭記　第1774册
～刊經進詳註昌黎先生文集、外集、遺文、韓文公志　第1309—1310册
～刊外科正宗　第1013册
～刊秘授外科百效全書　第1013册
～刊勿聽子俗解八十一難經　第983册
～刊的本薛仁貴衣錦還鄉　第1760册
～刊的本散家財天賜老生兒　第1760册
～刊的本泰華山陳摶高卧　第1760册
～刊徽板合像滚調樂府官腔摘錦奇音　第1778册
～刊演山省翁活幼口議　第1009册
～刊萬氏家傳幼科發揮　第1010册
～刊萬氏家傳養生四要　第1030册
～刊權載之文集、補刻　第1309册
～刊指南臺司袁天罡先生五星三命大全　第1059册
～刊國朝二百家名賢文粹　第1652—1654册
～刊鳳洲先生簽題性理精纂約義　第940册
～刊醫林狀元壽世保元　第1021册
～刊關目諸葛亮博望燒屯　第1760册
～刊關目詐妮子調風月　第1760册
～刊關目張鼎智勘魔合羅　第1760册
～刊關目看錢奴買冤家債主　第1760册
～刊關目漢高皇濯足氣英布　第1760册
～刊關目好酒趙元遇上皇　第1760册
～刊關目嚴子陵垂釣七里灘　第1760册
～刊關目陳季卿悟道竹葉舟　第1760册
～刊關目閨怨佳人拜月亭　第1760册
～刊關目全蕭何追韓信　第1760册
～刊關目馬丹陽三度任風子　第1760册
～刊陰陽寶鑑尅擇通書前集、後集

第 1061—1062 册
～刊分類出像陶真選粹樂府紅珊
第 1778册
～刊範圍數　　第 1059 册
～刊纂圖元亨療馬集、圖像水黄牛經合併大全、駝經　　第 1030 册
～刊耀目冠場擢奇風月錦囊正雜兩科全集
第 1776—1777 册
18～政　　第 438 册
20～集至治條例　　第 787 册
22～製靈臺儀象志　　第 1031—1032 册
23～編顔子　　第 932 册
～編詩義集説　　第 58 册
～編詔誥章表機要　　第 457 册
～編醉翁談録十集　　第 1266 册
～編孔子家語句解　　第 931 册
～編魯般營造正式　　第 879 册
～編遵依司天臺經緯曆書　　第 1036—1037 册
～編直指算法統宗　　第 1044 册
～編南詞定律　　第 1751—1753 册
～編壽世傳真　　第 1030 册
～編林沖寶劍記　　第 1774 册
～編事文類要啓劄青錢前集、後集、續集、別集、外集　　第 1221 册
～編事文類聚翰墨全書　　第 1219—1221 册
～編目連救母勸善戲文　　第 1774 册
～編四元玉鑑　　第 1042 册
～編足本關目張千替殺妻　　第 1760 册
～編岳孔目借錢柺李還魂　　第 1760 册
～編醫學正傳　　第 1019 册
～編關目晉文公火燒介子推　　第 1760 册
～編算學啓蒙、總括　　第 1043 册
～編纂圖增類群書類要事林廣記
第 1218册
～編類意集解諸子瓊林前集、後集
第 1221—1222 册
27～修彖音引證群籍玉篇　　第 229 册
(嘉慶)～修江寧府志　　第 695 册
～修本草　　第 989 册
30～注朱淑真斷腸詩集、後集　　第 1316 册
～定十二律京腔譜、宗北歸音、考正音韻大全、重較問奇一覽　　第 1753 册
～定九宫大成南北詞宫譜、閏　　第 1753—1756 册
40～校經史海篇直音　　第 231 册
～校注古本西廂記、彙考　　第 1766 册
44～衢詞、外集　　第 1727 册
～著摩天嶺全曲　　第 1782 册
～著麟骨床全本　　第 1782 册
～著五國城全曲　　第 1782 册
～著天開榜全本　　第 1782 册
～著百子圖全曲　　第 1782 册
～著孫猴子鬧天宫全曲　　第 1782 册
～著珠沙印全本　　第 1782 册
～著碧塵珠全本　　第 1782 册
～著喬府求計全曲　　第 1782 册
～著雙龍會全本　　第 1782 册
～著雙義節全本　　第 1782 册
～著雙合印全曲　　第 1782 册
～著紅書劍全本　　第 1782 册
～著紅陽塔全曲　　第 1782 册
～著自焚摘星樓全本　　第 1782 册
～著祭風台全本　　第 1782 册
～著劉蟒台全曲　　第 1782 册
～著湘江會曲文全本　　第 1782 册
～著沙沱頒兵程敬思解寶曲文全本
第 1782册
～著大香山全本　　第 1782 册
～著南陽關全曲　　第 1782 册
～著走雪全曲　　第 1782 册

～著桃花洞全曲　第 1782 册
～著求壽全曲　第 1782 册
～著蘆花河全曲　第 1782 册
～著薛仁貴回窰全曲　第 1782 册
～著薛蛟觀畫曲文全本　第 1782 册
～著藥王傳全曲　第 1782 册
～著觀燈全曲　第 1782 册
～著楊四郎探母全曲　第 1782 册
～著秦瓊戰山曲文全本　第 1782 册
～著斬黄袍全本　第 1782 册
～著蝴蝶媒全曲　第 1782 册
～著罵曹全曲　第 1782 册
～著因果報全部　第 1782 册
～著戰皖城全曲　第 1782 册
～著反西涼全曲　第 1782 册
～著長板坡全本　第 1782 册
～著風雲會全本　第 1782 册
～著鬧江州全本　第 1782 册
～著臨江關全本　第 1782 册
～著姜秋蓮撿蘆柴曲文全本　第 1782 册
～著火牛陣　第 1782 册
～著燒棉山全曲　第 1782 册
48～增刑案彙覽　第 872 册
～增補相剪燈新話大全　第 1787 册
～增格古要論　第 1185 册
～增全相湖海新奇剪燈餘話大全　第 1787 册
70～雕注疏珞琭子三命消息賦、新雕李燕陰陽三命　第 1059 册
77～學僞經考　第 179 册
80～鐫工師雕斵正式魯班木經匠家鏡　第 879册
～鐫出像點板纏頭百練　第 1779 册
～鐫彙音妙悟全集　第 260 册
～鐫注解張仲景傷寒發微論　第 984 册
～鐫海内奇觀　第 721 册
～鐫古今名劇酹江集　第 1763—1764 册
～鐫古今名劇柳枝集　第 1763 册
～鐫古今大雅北宫詞紀、南宫詞紀　第 1741册
～鐫古今事物原始全書　第 1237—1238 册
～鐫楚曲十種　第 1782 册
87～鍥徽郡原板夢學全書　第 1064 册

0363_2 詠

32～業近集，焦桐山詩集、文集，明誠堂詩集，浩然堂詩集　第 1384 册
90～懷堂詩集、外集　第 1374 册

0365_0 誠

00～齋録、新録，誠齋牡丹百詠、誠齋梅花百詠、誠齋玉堂春百詠　第 1328 册

識

00～病捷法　第 998 册

0366_0 詒

10～晋齋集、後集、隨筆　第 1487 册
30～安堂詩初稿、二集、詩餘、試帖詩鈔　第 1544册

0460_0 計

07～部奏疏　第 480 册

謝

00～康樂集　第 1304 册、第 1585 册
30～宣城集　第 1585 册
34～法曹集　第 1585 册
80～金吾詐拆清風府雜劇　第 1761 册
～金蓮詩酒紅梨花　第 1763 册
～金蓮詩酒紅梨花雜劇　第 1762 册
90～光禄集　第 1585 册

0464_1 詩

00～序辨説　第 56 册
～序附録纂疏　第 57 册
～廣傳、詩譯　第 61 册
～章句考　第 70 册
～辨妄　第 56 册
～音表　第 245 册
01～譚、續録　第 1696 册
06～韻析　第 258 册
07～詞通韻、反切定譜　第 253 册
～誦　第 70 册
08～説、總説　第 57 册
～説考略　第 71 册
～譜補亡後訂、拾遺　第 64 册
10～三家義集疏　第 77 册
20～毛氏傳疏　第 70 册
～毛氏學　第 74 册
～毛鄭異同辨　第 73 册
～集廣序　第 1590 册
～集傳　第 56 册
～集傳名物鈔音釋纂輯　第 57 册
～集傳附録纂疏、詩傳綱領附録纂疏、詩序附録纂疏　第 57 册
21～經廣詁　第 69 册
～經剖疑　第 60 册
～經韵讀　第 248 册
～經説約　第 60 册
～經集傳校勘記　第 70 册
～經偶箋　第 61 册
～經通論　第 62 册
～經四家異文考　第 75 册
～經異文釋　第 75 册
～經原始　第 73 册
～經小學　第 64 册
～經類考　第 59 册
22～樂存亡譜　第 70 册
24～緒餘録　第 71 册
25～傳綱領附録纂疏　第 57 册
～傳注疏　第 57 册
～緯集證　第 77 册
26～觸　第 61 册
27～解鈔　第 56 册
～疑　第 57 册
～疑筆記、後説　第 64 册
30～家直説　第 1695 册
～宗正法眼藏　第 1694 册
31～酒紅梨花　第 1763 册
～酒揚州夢　第 1763 册
～源辯體(附後集纂要)　第 1696 册
32～淵　第 1594—1600 册
34～法　第 1695 册
～法正宗　第 1694 册
～法指南　第 1702 册
～法易簡録、録餘緒論　第 1702 册
37～通　第 61 册
40～存　第 1440 册
～古音繹　第 249 册
～古韻表廿二部集説　第 248 册
～古微上編、中編、下編　第 77 册
44～地理徵　第 72 册
～地理考略、圖　第 74 册
～考異字箋餘　第 75 册
～藪　第 1696 册
～蘊　第 64 册
47～聲類、詩聲分例　第 246 册
50～本誼　第 73 册
～書古訓　第 174 册
60～異文録　第 75 册
72～氏族考　第 66 册
77～學集成押韻淵海　第 1222—1224 册
(聯新事備)～學大成　第 1221 册

～學女爲　第 63 册
～學體要類編　第 1695 册
～問(牟應震)　第 65 册
～問(郝懿行)　第 65 册
80～益　第 63 册
(新編)～義集説　第 58 册
88～笑　第 1273 册
～管見　第 74 册
～餘圖譜、補遺　第 1735 册
90～小序翼　第 66 册

0466_0 諸

17～子平議　第 1161—1162 册
(新編類意集解)～子瓊林前集、後集　第 1221—1222 册
～司職掌　第 748 册
21～儒學案　第 512 册
30～家詩話　第 1308 册
～家易象别録　第 30 册
43～城劉氏三世奏稿　第 494 册
44(新刊關目)～葛亮博望燒屯　第 1760 册
～葛武侯心書　第 959 册
～葛丞相集　第 1583 册
50～史瑣言　第 451 册
～史考異　第 455 册
～史拾遺　第 455 册
～夷考　第 742 册
～本評陶彙集　第 1304 册

0468_6 讀

00～離騒　第 1765 册
04～詩考字、補編　第 72 册
～詩或問　第 64 册
～詩劄記、詩章句考、詩樂存亡譜、詩經集傳校勘記　第 70 册
～詩總論　第 62 册
08～論語叢説　第 153 册
～論質疑　第 155 册
10～爾雅日記、補記　第 188 册
26～白華草堂詩二集　第 1516 册
～白華草堂詩初集　第 1516 册
～白華草堂詩苜蓿集　第 1516 册
28～儀禮記　第 90 册
～儀禮日記　第 93 册
30～宋鑑論　第 451 册
35～禮記　第 97 册
～禮日知　第 97 册
37～通鑑論　第 449—450 册
～通鑑綱目條記　第 342 册
40～左補義　第 122 册
～南華真經雜説　第 1291 册
44～韓記疑　第 1310 册
～楚辭語　第 1301 册
50～中庸叢説　第 159 册
～史方輿紀要　第 598—612 册
～史商語　第 449 册
～史糾謬　第 451 册
～史札記(坿論學劄説十則)　第 452 册
～史兵略　第 967—968 册
～史兵略續編　第 968—969 册
～史舉正　第 455 册
～畫紀聞　第 1068 册
～畫録　第 1065 册
～書雜識　第 1163 册
～書雜釋　第 1161 册
～書雜述　第 1135 册
～書雜志、餘編　第 1152—1153 册
～書雜録　第 1132 册
～書記疑　第 1146 册
～書偶識　第 176 册
～書偶記　第 1161 册
～書叢録　第 1157 册

～書囈語　第 1143 册
～書脞録、續編　第 1152 册
～書敏求記　第 923 册
～書小記、因柳閣讀書録　第 1140 册
～書堂西征隨筆　第 1177 册
～春秋　第 136 册
～春秋存稿　第 141 册
～春秋管見　第 141 册
～素問鈔、補遺　第 981 册
60～四書大全、説　第 164 册
～易　第 11 册
～易雜記　第 9 册
～易記　第 6 册
～易便解　第 20 册
～易漢學私記　第 34 册
～易隅通　第 17 册
～易管見　第 20 册
～易纂　第 8 册
77～風偶識　第 64 册
～風臆補　第 58 册
～周禮日記　第 85 册
～醫隨筆　第 1029 册
80～金石萃編條記　第 891 册
88～篆臆存雜説　第 242 册
90～小戴日記　第 106 册

0512_7 靖

00～康紀聞、拾遺　第 423 册
38～海紀事　第 390 册
～海志　第 390 册
88～節先生集、年譜考異、諸本評陶彙集　第 1304 册
90～炎兩朝見聞録　第 423 册

0562_7 請

26～纓日記　第 577 册
33～減蘇松浮糧疏稿　第 833 册

0564_7 講

80(南皋鄒先生)～義合編　第 942 册

0662_7 謂

22～崖脞説　第 1137 册

0668_6 韻

08～譜　第 247 册
28～徵　第 245 册
37～通　第 257 册
50～表三十表，聲表三十表　第 255 册
60～畧易通　第 259 册
67(新刊)～略　第 250 册
77～學驪珠　第 1747 册
～母　第 252 册
80～鏡　第 254 册
88～鑰　第 252 册
～籟　第 258 册

0691_0 親

77～屬記　第 110 册

0710_4 望

08～診遵經　第 999 册
31～江亭中秋切鱠雜劇　第 1762 册
～江亭中秋切鱠旦　第 1763 册
32～溪先生文集、集外文、集外文補遺、年譜　第 1420—1421 册

0742_7 郊

34～社考辨　第 108 册

郭

00～襄靖公遺集　第 1349 册

12～弘農集　第1585册
40～大理遺稿　第1510册

0761_3 讒

50～書(附校)　第1122册

0762_0 訒

44～莽詩存　第1446册

詞

00～辨(附介存齋論詞雜著)　第1732册
21～旨　第1733册
23～綜補遺　第1730册
25～律拾遺　第1736册
31～源　第1733册
37～選、續詞選　第1732册
41～垣日記　第559册
44～苑萃編　第1733册
　～林韻釋　第1737册
　(新刻京板青陽時調)～林一枝　第1777册
　～林正韻、發凡　第1737册
　～林摘艷　第1740册
77～學集成　第1735册
　～學筌蹄　第1735册

0766_2 詔

04(新編)～誥章表機要　第457册

0824_0 放

00～齋詩説　第56册

0828_1 旗

00～亭讌　第1765册

0844_0 效

21～顰集　第1266册

敦

47～好堂論印　第1091册
77～夙好齋詩全集初編、續編　第1536册
96～煌曲子譜　第1096册
　～煌周易(殘卷)　第1册
　～煌舞譜　第1096册

0861_1 詐

47(新刊關目)～妮子調風月　第1760册

0861_6 説

00～文辨疑　第215册
　～文訂訂　第213册
　～文諧聲孳生述　第248册
　～文新附考　第223册
　～文新附考、續考　第213册
　～文二徐箋異　第228册
　～文正俗　第228册
　～文五翼　第212册
　～文引經證例　第222册
　～文引經例辨　第227册
　～文引經考　第212册
　～文引經考、補遺　第203册
　～文引經考證、互異説　第227册
　～文引經考異　第223册
　～文引經異字　第220册
　～文發疑　第227册
　～文理董後編　第204册
　～文重文檢字　第227册
　～文經字正誼　第228册
　～文經字考　第227册
　～文經斠、補遺　第228册
　～文經典異字釋　第222册
　～文外編、補遺　第227册
　～文佚字考　第227册

～文釋例　第 215—216 册
～文蠡箋　第 211 册
～文假借義證　第 214—215 册
～文解字音均表　第 247 册
～文解字理董　第 204 册
～文解字群經正字　第 211 册
～文解字句讀、補正　第 216—219 册
～文解字注　第 204—208 册
～文解字注匡謬　第 214 册
～文解字注箋　第 225—227 册
～文解字補義　第 202 册
～文解字校勘記　第 212 册
～文解字校録　第 212 册
～文解字舊音、經典文字辨證書、音同義異辨　第 239 册
～文解字斠詮　第 211 册
～文解字段注考正　第 223—225 册
～文解字義證　第 209—210 册
～文疑難檢字　第 227 册
～文字通　第 222 册
～文字原表　第 1068 册
～文淺説　第 227 册
～文補考、又考　第 245 册
～文逸字　第 223 册
～文通訓定聲、分部東韻、説雅、古今韻準、補遺　第 220—221 册
～文古語考　第 212 册
～文古本考　第 222 册
～文古籀疏證　第 243 册
～文古籀補、補遺　第 243 册
～文校議　第 213 册
～文校議議　第 214 册
～文校定本　第 214 册
～文聲系　第 246 册
～文聲統、標目　第 248 册
～文聲類　第 247 册
～文檢字、説文重文檢字、説文疑難檢字、今文檢字　第 227 册
～文繫傳校録　第 215 册
～文段注訂補　第 213 册
～文答問疏證　第 204 册
04～詩章義　第 73 册
～詩晬語　第 1701 册
16～理會編　第 938—939 册
25～鱄諸伍員吹簫雜劇　第 1761 册
27～郛續　第 1189—1192 册
53～蛇　第 1120 册
60～易　第 16 册
88～篆　第 1091 册

0861_7 諡

34～法　第 826 册
～法通考　第 826—827 册

0862_2 診

30～家正眼　第 999 册

0862_7 論

01～語旁證　第 155 册
～語説　第 153 册
～語説義　第 155 册
～語詳解、讀論語　第 153 册
～語正義　第 156 册
～語孔注證僞　第 156 册
～語經正録　第 156 册
～語後案　第 155 册
～語後録　第 154 册
～語稽　第 157 册
～語偶記　第 155 册
～語魯讀考　第 155 册
～語通釋　第 155 册
～語古訓　第 154 册

～語古注集箋、論語考 第 154 册
～語異文考證 第 155 册
～語駢枝 第 154 册
77～學酬答 第 946 册
～學小記 第 951 册
～印絶句 第 1092 册
88～篆 第 1091 册

0864_0 許

00～文肅公遺稿 第 1564 册
72～氏貽謀四則 第 938 册

0865_1 詳

27～解九章算法、纂類、札記 第 1042 册
30～注周美成詞片玉集 第 1722 册
67～明算法 第 1042 册

0866_1 譜

00～序要義 第 56 册

0925_9 麟

24～德術解 第 1047 册
77(新著)～骨床全本 第 1782 册

0968_9 談

10～天 第 1300 册
20～往録 第 442 册
21～經 第 171 册
50～書録 第 1147 册

1000_0 一

00～文錢 第 1764 册
12～瓢齋詩存 第 1423 册
～瓢詩話 第 1701 册
44～草亭目科全書 第 1018 册
～世不伏老 第 1764 册
47～切經音義(釋玄應) 第 198 册
～切經音義(釋慧林) 第 196—197 册
82～鐙精舍甲部藁 第 1554 册
88～笠菴新編一捧雪傳奇 第 1775 册
～笠菴北詞廣正譜(附南戲北詞正謬) 第 1748 册
～笠菴彙編清忠譜傳奇 第 1775 册

1010_0 二

02～刻拍案驚奇、雜劇 第 1787 册
37～初齋讀書記 第 1156 册
～郎收猪八戒 第 1763 册
40～十四畫品 第 1068 册
～十年目睹之怪現狀 第 1798—1799 册
～希堂文録 第 1670 册
44～林居文録 第 1670 册
～林居集 第 1461 册
45～樓紀略 第 1176 册
55～曲集 第 1410 册
86～知軒文存 第 1556—1557 册
～知軒詩續鈔 第 1556 册
～知軒詩鈔 第 1555 册

工

07～部廠庫須知 第 878 册
26～程做法 第 879—880 册

1010_1 三

00～度城南柳 第 1763 册
～度小桃紅 第 1763 册
08～論玄義 第 1274 册
10～元記 第 1771 册
～元報 第 1767 册
～雲籌俎考 第 739 册
12(乾隆)～水縣志 第 693 册
～水小牘、逸文 第 1260 册

20～統術詳説　第 1041 册
22～山王養静先生集　第 1326 册
～山鄭菊山先生清雋集　第 1320 册
24～借廬贅譚　第 1263 册
～峽通志　第 848 册
～續疑年録　第 517 册
27～魚堂文録　第 1671 册
～魚堂日記　第 559 册
30～流道里表　第 867 册
～渡任風子　第 1763 册
～家詩補遺　第 76 册
～家詩遺説、補　第 76 册
～家詩遺説考　第 76 册
32～洲日記　第 577 册
33～述奇　第 576 册
35～禮陳數求義　第 109 册
～禮義證　第 110 册
37～洞珠囊　第 1293 册
～洞群仙録　第 1294 册
40～十六灣草廬稿　第 1507 册
～才廣志　第 1225—1231 册
～才實義天集　第 1033 册
～才圖會　第 1232—1236 册
41～垣列舍入宿去極集　第 1031 册
～垣七政二十八宿週天精鑑　第 1031 册
～垣筆記、補遺(附識、附識補遺)　第 440 册
47～朝遼事實録、總畧　第 437 册
～朝野紀　第 438 册
48～松堂集、續集　第 1460—1461 册
50～史拾遺　第 454 册
53～輔決録　第 540 册
～戌叢譚　第 1133 册
55～農紀　第 975 册
60～國職官表　第 747 册
～國志旁證　第 274 册
～國志辨疑　第 274 册
～國志注補、補遺　第 274 册
～國志通俗演義　第 1789—1791 册
～國志考證　第 274 册
～國藝文志　第 914 册
～國會要　第 767 册
71～曆撮要　第 1061 册
～長物齋詩略(附刻)、三長物齋文略　第 1511册
75～體摭韻　第 1247—1248 册
77～關誌　第 738 册
90～省邊防備覽　第 732 册

正

00～音切韻指掌　第 258 册
03～誼堂文集、行狀　第 1558 册
20～統臨戎録　第 433 册
27～名要録附字樣(敦煌殘卷)　第 236 册
30～字通(附字彙舊本首卷)　第 234—235 册
～字略定本　第 240 册
44～蒙集説　第 951 册
(新刊)～蒙解　第 934 册
～蒙會稿　第 937 册
77～學編　第 951 册

1010_3 玉

00～麈新譚　第 1268 册
～音法事　第 1293 册
10～靈照膽經、心傳要訣　第 1055 册
～函山房輯佚書　第 1200—1205 册
～函山房輯佚書續編　第 1206 册
～函山房輯佚書補編　第 1206 册
11～琴齋詞　第 1724 册
15～玦記　第 1772 册
16～環記　第 1773 册
22～川子詩集　第 1311 册
27(淳祐)～峰志　第 696 册

28～谿生詩詳註　第 1312 册
32～溪吟草　第 1321 册
34～池老人自敘　第 552 册
35～清菴錯送鴛鴦被雜劇　第 1760 册
36～禪師翠鄉一夢　第 1766 册
40～臺新詠　第 1588 册
～臺畫史、別録　第 1084 册
～臺書史　第 1084 册
～壺山房詞選　第 1725 册
44～茗堂摘評王弇州先生豔異編　第 1267 册
～茗堂批評紅梅記　第 1774 册
～茗堂全集　第 1362—1363 册
62～唾壺　第 1143 册
74～髓真經、後卷　第 1053 册
80～鏡臺　第 1763 册
～鏡臺記　第 1770 册
～合記　第 1770 册
82～劍尊聞　第 1175 册
88～笙樓詩録、續録　第 1557 册
～鑑堂詩集　第 1543 册
～篇(殘卷)　第 228 册
～簫女兩世姻緣　第 1760 册,第 1763 册
～簫女兩世姻緣雜劇　第 1761 册
(重校)～簪記　第 1775 册
～簪記　第 1769 册
90～堂叢語　第 1172 册
～堂薈記　第 1175 册
96～燭寶典　第 885 册

1010_4 王

00～文安公詩文集　第 1327 册
～文成傳本　第 551 册
～文簡公文集　第 1490 册
～文敏公遺集　第 1565 册
05～諫議集　第 1583 册
10～石臞先生遺文、丁亥詩鈔　第 1466 册
～西樓先生樂府　第 1738 册
12～孫經補遺　第 1120 册
17～子安集註　第 1305 册
～司空集　第 1588 册
22～制箋　第 107 册
24～侍郎奏議　第 500 册
～侍中集　第 1584 册
27～詹事集　第 1587 册
～粲登樓　第 1764 册
30～寧朔集　第 1585 册
40～左丞集　第 1587 册
～太初先生五岳遊草　第 737 册
42～荆公詩集注、文集注　第 1313—1314 册
～荆公年譜考略　第 552 册
44～恭毅公駁稿　第 974 册
48～翰林集注黄帝八十一難經　第 983 册
50～奉常書畫題跋　第 1065 册
60～國典禮　第 824 册
72～氏經説　第 173 册
(新刊)～氏脈經　第 997 册
～氏醫案、續編、霍亂論　第 1027 册
77～月英元夜留鞋記雜劇　第 1762 册
～門宗旨　第 942 册
80～無功文集　第 1304 册
～會篇箋釋　第 301 册

至

10～正崑山郡志　第 696 册
～正四明續志　第 705 册
～元法寶勘同總録　第 1289 册
21～順鎮江志　第 698 册

1010_6 亘

44～夢　第 945 册

1010_7 五

00～方元音　第 260 册
（成化丁亥重刊改併）～音類聚四聲篇海　第 229 册
～雜俎　第 1130 册
06～韻論　第 248 册
10～百石洞天揮麈　第 1708 册
～百四峰堂詩鈔　第 1473—1474 册
11～研齋詩鈔、文鈔　第 1465 册
21～行大義　第 1060 册
～經疑義　第 171 册
～經異義疏證　第 171 册
～經小學述　第 173 册
22～峯遺稿　第 1330 册
～種遺規　第 951 册
23～代新樂府　第 1516 册
～代史記注　第 290—292 册
～代史紀纂誤續補　第 292 册
～代史記纂誤補　第 292 册
～代史記纂誤補續　第 292 册
24～先堂文市榷酤　第 1132 册
～先堂字學元元　第 255 册
26～和齋琴譜　第 1094—1095 册
28～倫書　第 935—936 册
37～湖遊　第 1764 册
40～十六種書法　第 1091 册
47～聲反切正均　第 258 册
55～曹算經　第 1041 册
60（新刊指南臺司袁天罡先生）～星三命大全　第 1059 册
～星通軌　第 1031 册
（新著）～國城全曲　第 1782 册
77～服釋例　第 95 册
～服圖解　第 95 册
～服異同彙考　第 95 册

1010_8 靈

22～巖山人詩集　第 1450 册
40（新製）～臺儀象志　第 1031—1032 册
41～樞經　第 981 册
44～芬館詩話、續　第 1705 册
～芬館詞話　第 1733 册
～芬館詞四種　第 1725 册

1011_3 琉

13～球國志略　第 745 册

疏

62～影樓詞續鈔　第 1726 册
80～食譜　第 1115 册

1016_4 露

50～書　第 1132 册

1017_7 雪

00～夜詩談（附明人詩話補、國朝詩話補）　第 1700 册
21～虛聲堂詩鈔　第 1567 册
37～泥書屋雜志　第 1156 册
71～厓先生詩集　第 1325 册
77～門詩草　第 1546 册
80～翁詩集　第 1393 册

1020_0 丁

00～文誠公奏稿　第 509 册
～亥詩鈔　第 1466 册
10～晉公談録　第 1166 册
53～戊之間行卷　第 1576 册
～戊筆記　第 1161 册
71～巨算法　第 1042 册
77～卯集箋註　第 1311 册

1021_1 元

00(新刊纂圖)～亨療馬集　第1030册
04～詩紀事　第1710册
06～韻譜　第256册
20～季伏莽志　第520册
26(乾隆)～和縣志　第696册
33～祕史山川地名考　第312册
～祕史注　第312册
～祕史注補正續編　第312册
～祕史李注補正　第312册
～祐黨人傳　第517册
～祐黨籍碑考、僞學逆黨籍　第517册
35～遺山詩集箋注　第1322册
47～朝秘史、續集　第312册
50～史新編　第314—315册
～史譯文證補　第293册
～史紀事本末　第389册
～史地名考　第294册
～史藝文志　第916册
～史本證　第293册
～史氏族表　第293册
55～曲選　第1760—1762册
58～敖氏傷寒金鏡録　第998册
77(改定)～賢傳奇　第1760册
97～懶翁詩集　第1323册

1021_2 死

00～裹逃生　第1764册
25(新刊)～生交范張雞黍　第1760册
～生交范張雞黍雜劇　第1761册

1021_4 霍

22～亂論　第1027册
90(古杭新刊關目)～光鬼諫　第1760册

1021_7 霓

90～裳續譜　第1744册

1022_7 丙

71～辰悔稿　第1318册

兩

00～京新記　第732册
22～山墨談　第1143册
27～般秋雨盦隨筆　第1263册
30(重修)～淮鹽法志　第842—845册
32～浙名賢録、外録　第542—544册
(敕修)～浙海塘通志　第851册
～浙海防類考續編　第739册
～浙南關榷事書　第834册
～浙輶軒續録、補遺　第1685—1687册
～浙輶軒録　第1683—1684册
～浙輶軒録補遺　第1684册
～浙金石志、補遺　第910—911册
34～漢五經博士考　第179册
～漢書疏　第462册
～漢金石記　第892册
37～軍師隔江鬭智雜劇　第1762册
44～世姻緣　第1763册
47～朝平攘録　第434册
～朝從信録　第356册
～朝憲章録　第352册
90～當軒全集　第1474册

而

44～菴詩話　第1698册

兩

30～窗漫筆　第1066册

爾

10～爾書屋文鈔　第 1541 册
～爾書屋詩草　第 1541 册
17～疋舊注攷證　第 188 册
70～雅　第 185 册
～雅音釋　第 185 册
～雅新義、叙録　第 185 册
～雅郭註補正　第 186 册
～雅郭注佚存補訂　第 189 册
～雅郭注義疏　第 187 册
～雅一切註音　第 188 册
～雅正郭　第 188 册
～雅正義　第 187 册
～雅疏　第 185 册
～雅經注集證　第 188 册
～雅稗疏　第 189 册
～雅釋例　第 188 册
～雅釋地四篇注　第 187 册
～雅注疏參議　第 185 册
～雅注疏本正誤　第 187 册
～雅注疏箋補　第 186 册
～雅補郭　第 185 册
～雅補注　第 185 册
～雅古注斠　第 188 册
～雅古義(胡承珙)　第 188 册
～雅古義(錢坫)　第 187 册
～雅校議　第 185 册
～雅郝注刊誤　第 188 册
～雅匡名　第 188 册
～雅小箋　第 188 册

需

64～時眇言　第 35 册

1023_0 下

77～學葊算書三種　第 1047 册
～學堂劄記　第 947 册

1023_2 弦

28～徽宣秘　第 116 册

震

36～澤紀聞　第 1167 册

1024_7 夏

22～峯先生集、補遺　第 1391—1392 册
27～侯常侍集　第 1584 册
～侯陽算經　第 1041 册
40～內史集　第 1389 册
90～小正詁　第 108 册
～小正疏義、釋音、異字記(附天象圖)
第 108 册
～小正釋義　第 108 册
～小正補注　第 108 册
～小正考注　第 108 册

覆

00～甕集刑名、餘集　第 974 册
80～盆明鏡照占真經　第 1055 册

霞

23～外攟屑　第 1163 册
88～箋記　第 1769 册

1040_0 干

90～常侍易注疏證、集證　第 28 册

于

37～湖小集、金陵褉事詩　第 1565 册

耳

09～談類增　第 1268 册

1040_9 平

00～庵悔稿、丙辰悔稿、悔稿後編、補遺　第 1318—1319 册
10～三角和較術　第 1047 册
～夏録　第 432 册
20～番始末　第 433 册
25～生壯觀　第 1065 册
30～濠記　第 433 册
～定粤匪紀略　第 413 册
～定羅刹方略　第 390 册
34～漢録　第 432 册
35～津讀碑記、續記、再續、三續　第 905 册
～津館鑒藏書籍記、補遺、續編　第 923 册
～津館金石萃编、補编　第 893 册
37～冤録　第 972 册
40～塘陶先生詩　第 1320 册
50～書訂　第 947 册
52～播全書　第 434—435 册
60～蜀記　第 432 册

1043_0 天

00～主實義　第 1296 册
～方至聖實録　第 1296 册
～方典禮擇要解、後編　第 1295 册
～方性理　第 1296 册
～府廣記　第 729—730 册
～文秘旨　第 1036 册
～文本單經論語校勘記　第 157 册
～文書　第 1063 册
～文揭要　第 1300 册
～文署　第 1031 册
～文圖説　第 1031 册
～文、全圖　第 1031 册
～文精義賦　第 1031 册
10～一遺書　第 847 册
～一閣集　第 1341 册
～一閣書目、天一閣碑目　第 920 册
～工開物　第 1115 册
～元一釋　第 1045 册
～元曆理全書　第 1032 册
～下郡國利病書　第 595—597 册
～下金石志　第 886 册
20～香閣隨筆　第 1175 册
21～順日録　第 433 册
23～外歸帆草　第 1532 册
～台山全志　第 723 册
27～象儀全圖　第 1031 册
～象源委　第 1034 册
～緣債二卷　第 1766 册
30～官考異　第 1032 册
～官圖　第 1031 册
33～演論　第 1297 册
34～池山人小稿五種　第 1354 册
35(光緒重修)～津府志　第 690—691 册
38～游閣集、詩補　第 1529 册
～啓滇志　第 681—682 册
40～南逸史　第 444 册
～真閣集、外集　第 1487—1488 册
50～史、問天亭放言　第 1176 册
60～目先生集　第 1349 册
66～賜老生兒　第 1764 册
72～岳山館文鈔　第 1549 册
76～咫偶聞　第 730 册
77～學闡微　第 1035 册
(新著)～開榜全本　第 1782 册
～問補注　第 1302 册
80～命詔旨書　第 458 册
88～算或問　第 1047 册

1044_7 再

25～生緣　第 1764 册
～生緣全傳　第 1745—1747 册

1050_6 更

25～生齋文録　第 1672 册
～生齋詩餘　第 1725 册
～生齋集　第 1468 册

1052_7 霸

00～亭秋　第 1764 册

1060_0 石

10～雲山人詩集、文集　第 1497—1498 册
21～經殘字考　第 184 册
～經補考　第 184 册
22～巢詩集　第 1577 册
26～泉書屋詩鈔　第 1534 册
～泉書屋類稿(附尺牘)　第 1534 册
28～谿讀周官　第 79 册
30～室秘籙　第 1025 册
31～渠意見、補缺　第 171 册
(欽定)～渠寶笈三編　第 1075—1081 册
(欽定)～渠寶笈續編　第 1069—1074 册
～渠隨筆　第 1081 册
～渠餘紀　第 815 册
32～洲詩話　第 1704 册
35～遺室詩集、補遺、文集　第 1576 册
37～湖志　第 729 册
44～鼓書院志　第 720 册
～莊先生文録　第 1669 册
～蓮闇詩、詞、石蓮菴樂府　第 1570 册
～林奏議　第 474 册
46～柏山房詩存　第 1485 册
60～園文集　第 1415 册
～田稿　第 1333 册
～田翁客座新聞　第 1167 册
71～匱書　第 318—320 册
～匱書後集　第 320 册
77～屋禪師山居詩　第 1324 册
～民四十集　第 1386—1387 册
80～鏡山房周易説統　第 12 册
～倉文稿　第 1367 册
88～笥山房集　第 1425 册
90～堂先生遺集　第 1321 册

百

10～一山房詩集　第 1433 册
17(新著)～子圖全曲　第 1782 册
22～川書志　第 919 册
24～僚金鑑　第 755 册
27～名家詩選　第 1624—1625 册
～名家詞鈔　第 1721—1722 册
30～宋一廛書録　第 923 册
40～柱堂全集　第 1527—1528 册
43～城烟水　第 733 册
50(敕修)～丈清規　第 1281 册
～末詞　第 1724 册
77～尺梧桐閣文録　第 1671 册

西

00(奇妙全相注釋)～廂記　第 1765 册
～廂記　第 1781 册，第 1782 册
～廂記(北)　第 1770 册
(新校注古本)～廂記、彙考　第 1766 册
～廂記(南)　第 1769 册
10～夏紀事本末　第 387 册
～夏書　第 334 册
～夏書事　第 334 册
～石梁農圃便覽　第 976 册
21～征石城記　第 433 册

～儒耳目資　第 259 册
22～山日記　第 1172 册
26～魏書　第 304 册
～吳蠶略　第 978 册
31～江詩話　第 1699 册
～江視臬紀事、續補　第 882 册
32～浙泉厓郘先生文集、詩集　第 1339—1340 册
～巡大事記　第 446 册
34～遼立國本末攷、疆域攷、都城攷　第 387 册
35～清續鑑乙編　第 1108—1109 册
～清續鑑甲編　第 1107—1108 册
～清劄記　第 1082 册
37～湖夢尋　第 729 册
～湖繁勝録　第 733 册
38～游録注　第 736 册
～洋番國誌　第 742 册
～洋朝貢典録　第 742 册
40～臺記　第 1765 册
～臺漫紀　第 1172 册
～南紀事　第 332 册
～來年表　第 1282 册
～樵野紀　第 1266 册
43～域水道記　第 728 册
44～麓堂琴統　第 1094 册
～莊始存稿　第 1434 册
(乾隆)～藏誌　第 682 册
～藏日記　第 559 册
～華山陳摶高卧　第 1760 册
～華山陳摶高卧雜劇　第 1761 册
45～樓記　第 1771 册
60～圃文説、詩説　第 1714 册
～園聞見録　第 1168—1170 册
72～陲今略　第 740 册
74～陂類稾文録　第 1670 册
77～學考略　第 1299 册
～學圖説　第 1036 册
90～堂文集、詩集、樂府　第 1406—1407 册

面

43～城樓集鈔　第 1521 册

1060_1 吾

77～學編　第 424—425 册
～學編餘　第 425 册
～學録初編　第 815 册

晋

00(新編關目)～文公火燒介子推　第 1760 册
10～百官名　第 747 册
～百官表注　第 747 册
18～政輯要　第 883—884 册
30～官五種　第 747 册
～官品令　第 747 册
32～溪本兵敷奏　第 475—476 册
48～故事　第 747 册
50～書校勘記　第 274 册
～書地理志新補正　第 277 册
～書斠注　第 275—277 册
～泰始笛律匡謬　第 115 册
80～義熙銅鼓考　第 1111 册
～公卿禮秩　第 747 册

1060_3 雷

22～峯塔傳奇　第 1776 册
40～塘庵主弟子記　第 557 册
50～轟薦福碑　第 1763 册

1062_0 可

00～齋雜記　第 1166 册
10(坐隱先生精訂)～雪齋稿　第 1738 册

28～儀堂文録　第 1671 册
60～園文存、詩存、詞存　第 1569 册

1064_8 碎

80～金詞譜、續譜、詞韻　第 1737 册

醉

02～新豐　第 1765 册
60～思鄉王粲登樓雜劇　第 1761 册
80～翁談録　第 1166 册
（新編）～翁談録十集　第 1266 册
～翁琴趣外篇　第 1722 册

1073_1 雲

00～齋廣録、後集　第 1264 册
07～謠集雜曲子　第 1728 册
22～山日記　第 558 册
40～左山房詩鈔　第 1512 册
（景泰）～南圖經志書　第 681 册
44～莊張文忠公休居自適小樂府　第 1738 册
～莊四六餘話　第 1714 册
～薖淡墨　第 1192 册
（增修）～林寺志　第 719 册
～林堂飲食製度集　第 1115 册
47～起軒詞鈔　第 1727 册
77（紹熙）～間志　第 687 册
78～卧山莊詩集　第 1552 册
80～氣占候　第 1052 册

1080_6 賈

17～子次詁、叙録　第 933 册
71～長沙集　第 1583 册

1090_0 不

10～下帶編　第 1262 册
17～了緣　第 1765 册
23～伏老　第 1765 册
26～得已　第 1033 册
40～古編　第 1100 册

1090_4 粟

20～香隨筆、二筆、三筆、四筆、五筆　第 1183—1184 册

1096_3 霜

21～紅龕集、年譜　第 1395—1396 册

1111_0 北

07～卭説法　第 1764 册
21～征記　第 433 册
～征事蹟　第 433 册
30（新鐫古今大雅）～宫詞紀、南宫詞紀　第 1741册
～宋汴學二體石經記　第 184 册
31～江詩話　第 1705 册
32～巡私記　第 424 册
36～邊備對　第 737 册
38～游録　第 737 册
～海三考　第 549 册
43～狩行録　第 423 册
67～墅抱瓮録　第 1119 册
77～學編　第 515 册
90～堂書鈔　第 1212—1213 册

1111_1 玩

60～易意見　第 5 册

1111_4 班

44～蘭臺集　第 1583 册

1112_0 玎

11～玎璫璫盆兒鬼雜劇　第 1762 册

珂

10～雪齋近集　第 1376 册
～雪齋前集、外集　第 1375—1376 册

1112_7 巧

34～對録　第 1254 册
57～换緣　第 1766 册

1120_7 琴

08～譜新聲、指法、琴説、鼓琴八則　第 1095 册
(重修正文對音捷要真傳)～譜大全　第 1092册
～譜指法　第 1094 册
22(寶祐重修)～川志　第 698 册
25～律譜　第 1095 册
～律指掌(一名琴律揭要)　第 1095 册
33～心記　第 1770 册
50～書大全　第 1092—1093 册
56～操、補遺　第 1092 册
72～隱園詩集　第 1502 册
77～學心聲諧譜　第 1094 册
～學内篇、外篇　第 1095 册

1121_6 彊

03～識編、續　第 1160 册
～識畧　第 1232 册
47～邨語業、彊邨詞賸稿、彊邨集外詞　第 1727册

1123_2 張

00～文襄公古文、書札、駢文、詩集　第 1561 册
～文襄公奏議、電奏　第 510—511 册
～文貞公文録　第 1669 册
～文定公觀光樓集、紆玉樓集、靡悔軒集、環碧堂集、養心亭集、四友亭集　第 1336—1337 册
10～天師斷風花雪月雜劇　第 1760 册
12～孔目智勘魔合羅雜劇　第 1762 册
17～承吉集　第 1311 册
～子正蒙注　第 945 册
～子野詞、補遺　第 1722 册
20(新編足本關目)～千替殺妻　第 1760 册
～季子詩録　第 1575 册
22(新刊關目)～鼎智勘魔合羅　第 1760 册
25～生煮海　第 1763 册
～仲景傷寒論貫珠集　第 987 册
～仲景注解傷寒百證歌　第 984 册
26～魏公集　第 1317 册
27～象文詩集　第 1313 册
31～河間集　第 1583 册
35～清恪公年譜　第 554 册
40(新刻)～太岳先生文集　第 1345—1346 册
44～協狀元　第 1768 册
～恭懿松窗夢語　第 1171 册
48～散騎集　第 1587 册
50～忠烈公集、補遺　第 1388 册
72～氏醫通　第 1022—1023 册
90(新刊)～小山北曲聯樂府、外集、補遺　第 1738 册

1128_6 頑

10～石廬經説　第 173 册
31～潭詩話、補遺　第 1697 册

1133_1 瑟

44～榭叢談　第 1139 册

1142_7 孺

00～廬先生文録　第 1671 册

1150_2 肇

21～經室集　第 1478—1479 册

1164_0 研

00～六室文鈔、補遺　第 1507 册
21～經言　第 1029 册
22～幾録　第 939 册
43～栰齋文集　第 1472 册
44～華館詞　第 1531 册

1166_0 皕

30～宋樓藏書志、續志　第 928—929 册

1171_1 琵

11(新刊元本蔡伯喈)～琶記　第 1774 册
～琶記　第 1769 册,第 1781 册
～琶譜　第 1096 册

1173_2 裴

17～子言醫　第 1028 册
90～少俊墻頭馬上雜劇　第 1760 册

1180_1 冀

43～越集記　第 1166 册

1210_8 登

24～科記考　第 829 册
40～壇必究　第 960—961 册

1212_7 瑞

47～榴堂詩集　第 1513 册

1217_2 聯

02～新事備詩學大成　第 1221 册

1220_0 列

17～子　第 958 册
～子盧注考證　第 958 册
～子鬳齋口義　第 958 册
40～女傳補注、校正、叙録　第 515 册
47～朝詩集　第 1622—1624 册
60～國變通興盛記　第 1297 册
～國陸軍制　第 1299 册

引

00～痘略　第 1012 册

1223_0 水

10～雲集　第 1322 册
～雲樓詞　第 1727 册
～雲樓詞續　第 1727 册
21～師輯要　第 860 册
～經注疏　第 726—727 册
22～利集　第 851 册
30～蜜桃譜　第 1116 册
38～滸記　第 1772 册
44～地記　第 728 册
(圖像)～黄牛經合併大全　第 1030 册
55～曹清暇録　第 1138 册
60～田居文録　第 1669 册

弘

38～道書　第 946 册
88～簡録　第 304—308 册
90～光實録鈔(附弘光大臣月表)　第 367 册

弧

10～三角和較術　第1047册
80～矢啓秘　第1047册
～矢算術細草　第1046册

1224_7 弢

60～園文録外編　第1558册

1233_0 烈

26～皇小識　第439册

1240_0 刊

07～謬補缺切韻　第249册,第250册
～謬補缺切韻(長孫訥言注)　第250册

刑

07～部比照加減成案　第865册
～部比照加減成案續編　第866册
20(重詳定)～統、校勘記　第862册
～統賦解、刑統賦　第972册
30(新增)～案彙覽　第872册
～案匯覽、拾遺備考、續增刑案匯覽　第867—872册

1240_1 延

00～慶衛志略　第718册
10～平王户官楊英從征實録　第444册
30(嘉慶)～安府志　第693册

1241_0 孔

00～廟禮樂考　第824册
17～子三朝記　第108册
～子集語　第931册
(新編)～子家語句解　第931册
～子家語考次　第931册
32～叢子、釋文　第932册
90～少府集　第1583册

1241_3 飛

37～鴻堂硯譜、墨譜、瓶譜、鼎鑪譜　第1113册
40～丸記　第1771册
44～燕外傳　第1783册

1242_7 形

47～聲類篇、餘論、校勘　第247册

1243_0 孤

37～鴻影　第1765册
44～樹裒談　第1170册
71～雁漢宮秋　第1763册

癸

77～巳新刊御藥院方　第1001册
～巳存稿　第1159—1160册
～巳藁　第1354册
～巳賸稿　第1160册
～巳類稿　第1159册

1249_3 孫

00～文定公文録　第1670册
12～廷尉集　第1585册
17～子算經　第1041册
28～徵君日譜録存　第558—559册
31～馮翊集　第1584册
32～淵如先生全集　第1477册
47(新著)～猴子鬧天宮全曲　第1782册
55～耕閒集　第1320册
72～氏書畫鈔　第1065册
～氏周易集解　第25册
73～臏兵法十六篇　第959册

1262_1 斫

44～桂山房詩存、抱珠軒詩存、一瓢齋詩存　第1423册

1264_0 砥

00～齋文録　第1671册
～齋集　第1404册

1264_2 酹

31(新鐫古今名劇)～江集　第1763—1764册

1265_3 磯

60～園稗史　第1170册

1310_0 恥

27～躬堂文録　第1669册

1314_0 武

24～備志　第963—966册
30(康熙)～定府志　第715册
44～林金石記(附碑刻目)　第910册
50～夷集　第1319册
～夷山　第724册
60～昌紀事　第446册
74～陵春　第1765册
77～周刊定衆經目録、僞經目録　第1289册

1412_7 功

50～蟲録　第1120册

1413_1 聽

10～雨樓隨筆　第1180册
29～秋聲館詞話　第1734册

1420_0 耐

44～菴文存、詩存　第1511册

1464_7 破

22～幽夢孤雁漢宫秋雜劇　第1760册
77～邪論　第945册

1519_0 珠

39(新著)～沙印全本　第1782册

1519_6 疎

62～影樓詞　第1726册

1529_0 殊

43～域周咨録　第735—736册

1540_0 建

00～文書法儗前編、正編、附編　第433册
90～炎筆録　第423册

1569_0 硃

19～砂擔滴水浮漚記雜劇　第1760册

1610_4 聖

13～武記　第402册
21～經學規纂、論學　第947册
30～安記事　第443册
～宋高僧詩選、後集、續集　第1621册
～宋名賢四六叢珠　第1213—1214册
46～駕南巡日録、大駕北還録　第433册
47～朝新政要略、訪單　第438册
55～典　第432册
77～門十六子書　第931册
～門人物志　第512册
～學宗傳　第513册

～學心法　第 935 册

1611_4 理

21～虚元鑑　第 1006 册
38～淪駢文、略言、續增略言(附膏藥方、治心病方)　第 997 册
77～學宗傳　第 514 册
～學逢源　第 947 册
80(新刊)～氣詳辯纂要三台便覽通書正宗　第 1063 册

1613_0 聰

22～山文録　第 1671 册

1613_2 環

16(張文定公)～碧堂集　第 1337 册
38～遊地球新録　第 737 册

1625_6 彈

51～指詞　第 1725 册

1660_1 碧

00(新著)～塵珠全本　第 1782 册
10～雲集　第 1313 册
22～山詩餘　第 1723 册
～山樂府　第 1738 册
44～蓮繡符　第 1765 册

1661_0 硯

28～谿先生集　第 1421 册

1661_4 醒

44～世一斑録、雜述　第 1139—1140 册
～世恒言　第 1785—1786 册

1662_7 碣

10～石調幽蘭　第 1092 册

1664_0 碑

62～别字　第 243 册

1710_7 孟

17～子文説　第 158 册
～子正義　第 158 册
～子要略　第 157 册
～子外書四篇　第 932 册
～子字義疏證　第 158 册
～子札記　第 158 册
～子趙注補正　第 159 册
～子趙注考證　第 159 册
～子四考　第 158 册
～子篇叙、年表　第 158 册
24～德耀舉案齊眉雜劇　第 1761 册
97～鄰堂文鈔　第 1423 册

1712_0 羽

30～扇譜　第 1111 册

聊

00～齋文集　第 1416 册
～齋誌異　第 1787—1788 册

瑚

10～玉集　第 1212 册

1712_7 邛

88～竹杖　第 1176 册

弱

12～水集　第 1423—1424 册

鄧

17～子　第 971 册

42～析子、通考　第971册
74～尉聖恩寺志　第719册

1714_0 取

40(新刻)～南郡全本　第1782册

珊

17～瑚舌雕談初筆　第1263册
～瑚林、金屑編　第1131册

1714_7 瓊

32(乾隆)～州府志　第676册

1716_4 珞

17(新雕注疏)～琭子三命消息賦　第1059册

1717_2 瑤

44～華集　第1730册

1722_7 胥

10～石詩存、文存　第1447册

粥

08～譜、廣粥譜　第1115册

1723_2 承

10～晉齋積聞録　第1068册

1733_2 忍

21～經　第1188册

1734_6 尋

06～親記　第1768册

1740_7 子

10～夏易傳釋存　第24册
30～良詩存　第1526册
60～思子　第932册

1740_8 翠

21～紅鄉兒女兩團圓雜劇　第1761册
27～鄉夢　第1764册
28～微先生北征録　第959册
46～娛閣評選鍾伯敬先生合集　第1371册
～娛閣近言　第1389册
86～鈿緣　第1765册

1742_7 邢

24～特進集　第1588册

1750_1 羣

00(新刻)～音類選官腔、諸腔、北腔、清腔　第1777—1778册
17～己權界論　第1298册
21～經識小　第173册
～經韵讀　第248册
～經説　第178册
～經平議　第178册
～經宫室圖　第173册
～經義證　第173册
27～物奇制　第1185册
50～書疑辨　第1145册
～書通要　第1224册
～書札記　第1155册
～書拾補　第1149册
(新編纂圖增類)～書類要事林廣記　第1218册
～書類編故事　第1224册
～書治要　第1187册
77～學肄言　第1298册

1750_7 尹

00～文端公詩集　第 1426 册

1752_7 弔

08～譜集成、緒餘　第 1106 册
11～琵琶　第 1765 册

那

00～文毅公奏議　第 495—497 册

1760_2 召

04～誥日名攷　第 1045 册
～誥日名考　第 55 册
34～對録　第 434 册

習

44～苦齋詩集、古文　第 1530 册
～苦齋畫絮　第 1084 册

1762_0 司

28～牧安驥集　第 1030 册
53～成遺翰　第 1344 册
55～農奏議　第 480 册
71～馬文園集　第 1583 册
～馬法集解　第 959 册
～馬太師温國文正公年譜、後、遺事　第 552册

酌

50～中志　第 437 册

1762_7 邵

50～青門文録　第 1670 册

1771_0 乙

77～巳占　第 1049 册

1771_7 己

50～未詞科録　第 537 册

1780_1 翼

00～玄　第 1048 册

1812_2 珍

45～執宧文鈔、詩鈔　第 1475 册

1814_0 政

77～學録　第 755 册
～問録　第 880 册
88～餘筆録　第 1134 册

致

55～曲術、致曲圖解　第 1047 册
90～堂讀史管見　第 448—449 册

1818_1 旋

12～璣遺述　第 1033 册

1822_7 殤

77～服表　第 95 册

1824_0 攷

27～槃集文録　第 1497 册

1833_4 憨

22～山老人夢遊集　第 1377—1378 册

1865_1 群

88(新修絫音引證)～籍玉篇　第 229 册

1874_0 改

00～亭文録　第 1671 册

～亭詩集、文集　第1408册
～亭存稿、續稿　第1338册
07～設學堂私議、勸設學綴言　第831册
30～定元賢傳奇　第1760册

2010_4 壬

30～寅銷夏録　第1089—1090册
71～辰藁　第1354册

重

01～訂綴白裘新集合編十二集　第1779—1780册
～訂冠解助語辭　第195册
～訂直音篇　第231册
～訂穀梁春秋經傳古義疏、釋范、起起穀梁癈疾　第133册
～訂四書説叢　第163册
～訂賦役成規　第833册
～訂周易小義　第23册
02～刻張鳳逵傷暑全書　第1003册
～刻心齋王先生語録　第938册
～刻來瞿唐先生日録内篇、外篇　第1128册
～刻足本乾嘉詩壇點將録　第1705册
08～論文齋筆録　第1262册
～詳定刑統　第862册
12～刊訂正秋蟲譜　第1120册
～刊詳校篇海　第232册
～刊五色潮泉插科增入詩詞北曲勾欄荔鏡記　第1774册
～刊續武經總要　第959册
～刊增廣分門類林雜説　第1219册
23～編張仲景傷寒論證治發明溯源集　第986—987册
～編古筠洪城幸清節公松垣文集　第1320册
27～修正文對音捷要真傳琴譜大全　第1092册
～修兩淮鹽法志　第842—845册
(光緒)～修天津府志　第690—691册
(寶祐)～修琴川志　第698册
(光緒)～修安徽通志、補遺　第651—655册
(咸淳)～修毗陵志　第699册
30～定周易費氏學、敘録　第40册
32～添校正蜀本書林事類韻會　第1218—1219册
34～對玉梳記　第1763册
40～校正地理新書　第1054册
～校玉簪記　第1775册
～校宋竇太師瘡瘍經驗全書　第1012册
45～樓玉鑰　第1018册
80～鐫草堂外集　第1445册

2011_4 雌

40～木蘭　第1764册
～木蘭替父從軍　第1764册,第1766册

2022_7 彷

31～潛齋詩鈔　第1559—1560册

爲

18～政善報事類　第753册

肩

00～齋文集、詩集　第1532册

喬

00(新著)～府求計全曲　第1782册
44～夢符小令　第1738册
62～影　第1768册

傭

50～中人　第1767册

2024_1 辭

60～品、拾遺　第 1733 册

2024_7 愛

60～日吟廬書畫録　第 1088 册
～日吟廬書畫補録、續録、別録　第 1088 册
～日精廬藏書志、續志　第 925 册

2025_2 舜

12～水先生文集　第 1384—1385 册

2026_1 信

40～古餘論　第 943 册
76～陽子卓録、補遺　第 949 册

2033_1 焦

40～太史編輯國朝獻徵録　第 525—531 册
47～桐山詩集、文集　第 1384 册
50～書　第 944 册
72～氏説楛　第 1174 册
～氏澹園集、續集　第 1364 册
～氏澹園續集　第 1364—1365 册
～氏四書講録　第 162 册
～氏易林校略　第 1055 册
～氏筆乘、續集　第 1129 册
～氏類林　第 1189 册

2040_0 千

10～一録　第 1126 册
21～頃齋初集　第 1363 册
22～山詩集、補遺　第 1398 册
70～甓亭磚録、續録　第 1111 册
80～金記　第 1773 册

2040_7 孚

50～惠全書　第 846 册

季

34～漢官爵考　第 747 册
38～滄葦藏書目　第 920 册

雙

01(新著)～龍會全本　第 1782 册
12～烈記　第 1772 册
15～珠記　第 1768 册
16～硯齋詩鈔　第 1499 册
22～峯先生存藁　第 1318 册
31～江先生困辯録　第 939 册
34～池文集　第 1425 册
37～湖先生文集　第 1322 册
44～桂堂文録　第 1671 册
～桂堂稿、續編　第 1470 册
46～槐歲抄　第 1166 册
80(新著)～義節全本　第 1782 册
～合歡　第 1765 册
(新著)～合印全曲　第 1782 册
81～釘案　第 1767 册
99～鶯傳　第 1765 册

2041_4 雞

08～譜　第 1119 册
22～峯普濟方　第 1000 册

2042_7 禹

10～貢説(魏源)　第 55 册
～貢説(倪文蔚)　第 55 册
～貢三江考　第 55 册
～貢要註　第 54 册
～貢班義述　第 55 册

～貢集釋(附禹貢蔡傳正誤、禹貢錐指正誤)　第 55 册
～貢九州今地考　第 55 册
～貢古今合注、圖　第 55 册
～貢本義　第 55 册
～貢易知編　第 55 册
～貢圖説　第 54 册
～貢匯疏、圖經、神禹別録　第 54 册
～貢鄭注釋　第 55 册
～貢鄭氏略例　第 55 册

2043_0 天

42～桃紈扇　第 1765 册

2060_4 舌

88～鑑辨正　第 999 册

看

15～珠録　第 1112 册
83(新刊關目)～錢奴買冤家債主　第 1760 册
～錢奴買冤家債主雜劇　第 1762 册

2060_9 番

34～漢合時掌中珠　第 229 册

香

00～亭文稿　第 1451 册
10～石詩話　第 1706 册
22(光緒)～山縣志　第 713 册
30～宇集、拾遺　第 1354 册
44～蘇山館詩集　第 1489—1490 册
～葉草堂詩存　第 1453 册
50～囊記　第 1773 册
～囊怨　第 1765 册
60～國集文録　第 1671 册

2061_4 雒

77～閩源流録　第 536 册

2071_4 毛

04～詩(敦煌殘卷)　第 56 册
～詩序説　第 58 册
～詩音(敦煌殘卷)　第 56 册
～詩證讀、讀詩或問　第 64 册
～詩説　第 70 册
～詩説、詩蘊　第 64 册
～詩要義、譜序要義　第 56 册
～詩天文考　第 65 册
～詩重言　第 69 册
～詩雙聲疊韻説　第 69 册
～詩後箋　第 67 册
～詩傳義類　第 70 册
～詩傳箋殘字　第 184 册
～詩傳箋通釋　第 68 册
～詩傳箋異義解　第 73 册
～詩紬義　第 68 册
～詩釋地　第 73 册
～詩多識　第 72 册
～詩名物考　第 65 册
～詩名物圖説　第 62 册
～詩補疏　第 65 册
～詩禮徵　第 69 册
～詩通考　第 68 册
～詩古音參義　第 244 册
～詩古韻　第 247 册
～詩古韻雜論　第 247 册
～詩奇句韻攷　第 247 册
～詩草木鳥獸蟲魚疏　第 71 册
～詩草木鳥獸蟲魚釋　第 65—66 册
～詩故訓傳定本　第 64 册
～詩日箋　第 61 册

～詩異文箋 第 74 册
～詩吟訂 第 69 册
～詩原解 第 58 册
～詩鄭箋改字説 第 72 册
87～鄭詩釋 第 71 册
～鄭詩考正 第 63 册
～鄭異同考 第 63 册

2090_1 乘

78～除開方起例 第 1043 册

2090_4 采

10～石瓜洲斃亮記 第 423 册
20～香詞 第 1727 册
44～芝集、續集 第 1320 册
～菽堂古詩選、補遺 第 1590—1591 册

集

00～註草堂杜工部詩外集 第 1307 册
06～韻編雅 第 254 册
～韻考正 第 253 册
21～虚齋文録 第 1671 册
30～注太玄、太玄解 第 1048 册
40～古官印考、集古虎符魚符考 第 1109 册
41～帖目録 第 241 册
80～義軒詠史詩鈔 第 1542—1543 册
88～篆古文韻海 第 236 册

2091_4 纏

11(新鐫出像點板)～頭百練 第 1779 册

2093_2 絃

28～徽宣秘 第 1095 册
40～索備考 第 1096 册

穰

22～梨館過眼録、續録 第 1087 册

2108_6 順

10(光緒)～天府志 第 683—686 册

2110_0 上

37～湖紀歲詩編、上湖詩紀續編、上湖分類文編、上湖文編補鈔 第 1430 册

止

60～園筆談 第 1141 册

2111_0 此

00～庵講録 第 944 册
40～木軒雜著 第 1136 册

2121_0 仁

43～獄類編 第 973 册
77～學 第 953 册

2121_1 能

52～静居日記 第 560—564 册

2121_4 偃

21～師金石遺文補録 第 913 册

2121_7 虎

44～苑 第 1119 册

虚

00～庵李公奉使録 第 433 册
～齋名畫録、續録、補遺 第 1090—1091 册
20～受堂文集 第 1570 册
～受堂詩存 第 1570 册

27～舟集　第 1124 册
～舟題跋、原　第 1067 册
30～字説　第 195 册
56～損啓微　第 1006 册

盧

13～武陽集　第 1588 册

甑

21～甑洞續稿詩部、文部　第 1350—1351 册
～甑洞藁　第 1350 册

2122_0 何

07～記室集　第 1587 册
11～北山先生遺集　第 1320 册
33～心隱先生爨桐集　第 1355 册
40～希之先生雞肋集　第 1320 册
72～氏公羊解詁、論　第 131 册

2122_1 行

40～在陽秋　第 444 册
47～朝録　第 442 册

衎

10～石齋記事稾、續稾　第 1508—1509 册

衛

25～生家寶産科備要　第 1007 册
～生寶鑑　第 1019 册
44～花符　第 1765 册
(嘉慶)～藏通志　第 683 册

2122_7 儒

30～宗理要　第 944 册
44～林外史　第 1795 册
～林傳稿　第 537 册

2123_4 虞

32～淵沉　第 390 册
37～初新志　第 1783 册
～初續志　第 1783 册
～初志　第 1783 册
57～書命羲和章解　第 50 册
72～氏逸象考正、續纂　第 35 册
～氏易言　第 26 册
～氏易言補　第 26 册
～氏易象彙編　第 30 册
～氏易候　第 26 册
～氏易禮　第 26 册
～氏易事　第 26 册
～氏易消息圖説　第 28 册
～氏易義補注　第 35 册
80～兮夢　第 1767 册

2123_6 慮

26～得集　第 1122 册

2124_1 處

30～實堂集、續集、後集　第 1353 册

2124_6 便

30～宜行事虎頭牌雜劇　第 1761 册
77～民圖纂　第 975 册

2125_3 歲

30～寒詞　第 1725 册
64～時廣記　第 885 册

2128_6 須

10～賈大夫誶范叔雜劇　第 1762 册

頻

60～羅庵遺集　第 1445 册

顳

11～項曆考　第 1036 册

2133_1 熊

77～學士文集録　第 1669 册

2134_6 鯁

04～詩讖　第 1765 册

2140_6 卓

10～吾先生批評龍谿王先生語録鈔　第 943 册

2143_0 衡

00～齋算學　第 1045 册
55～曲塵談　第 1743 册

2155_0 拜

10～石山房詞鈔　第 1726 册
21～經樓詩話　第 1704 册
～經樓詩集、續編、再續編　第 1454 册
～經樓藏書題跋記　第 930 册
～經日記　第 1158 册
～經堂文集　第 1491 册
77(新刊關目閨怨佳人)～月亭　第 1760 册

2171_0 比

70～雅　第 192 册
72～丘尼傳　第 1285 册

2172_7 師

23～伏堂春秋講義　第 148 册
～伏堂駢文　第 1567 册
～伏堂詩草　第 1567 册
～伏堂筆記　第 1165 册
25～律　第 962 册
88～竹齋集　第 1475 册

2180_6 貞

10～一齋詩文稿　第 1323 册
～一齋詩説　第 1701 册
77～居詞　第 1723 册

2190_3 紫

26～峴山人全集　第 1443—1444 册
87～釵記　第 1769 册
88～竹山房文集　第 1670 册
～簫記　第 1772 册

2190_4 柴

72～氏古韻通(附正音切韻復古編)　第 244 册

2191_0 紅

10～豆樹館書畫記　第 1082 册
～雨樓題跋　第 923 册
22～梨記　第 1771 册，第 1781 册，第 1782 册
26～線女　第 1764 册(2)
43～朮軒紫泥法定本　第 1092 册
44～蓮債　第 1765 册
45～樓夢　第 1793—1794 册
47～櫚書屋詩集、雜體文稿　第 1460 册
50(新著)～書劍全本　第 1782 册
55～拂記　第 1769 册
76(新著)～陽塔全曲　第 1782 册

2191_1 經

04～讀考異、句讀敘述　第 173 册

06～韻樓集文録　第1671册
07～韵樓集　第1434—1435册
08～效産寶、續編　第1006册
11～玩　第172册
13～武淵源　第959册
24～德堂文集、别集、浣月山房詩集　第1541—1542册
(新編遵依司天臺)～緯曆書　第1036—1037册
25～傳釋詞　第195册
～傳褅祀通考　第109册
～傳小記　第173册
30～進東坡文集事略　第1314—1315册
33～述　第179册
44～考　第172册
50～史雜記　第1156册
～史避名彙考　第827册
(新校)～史海篇直音　第231册
～史質疑録　第1158册
～史答問　第1159册
55～典文字辨證書　第239册
～典文字辨正　第239册
～典集林　第1200册
～典釋文考證　第180册
～典釋文尚書(殘卷)　第41册
73～脉圖考　第996册
77～學危言　第173册
～學通論　第180册
～學博采録　第179册
～學歷史　第179册
80～義雜記　第172册
～義述聞　第174—175册
87～鉏堂雜誌　第1122册
88～籍佚文　第1211册
～籍考　第923册
～籍跋文　第923册
～籍籑詁　第198—200册
～籍籑詁補遺　第200—201册

2194_0 紆

10(張文定公)～玉樓集　第1336册

2201_0 胤

00～産全書　第1007册

2202_7 片

02～刻餘閒集　第1137册
10(萬氏秘傳)～玉心書　第1010册

2210_8 豐

35～清敏公遺事　第550册
44～草菴詩集、文集、寶雲詩集、禪樂府　第1403--1404册

2213_6 蠻

17～司合誌　第735册

2220_0 制

44～藝叢話、題名　第1718册
80～義科瑣記　第829册

劇

08～説　第1758—1759册

2220_7 岑

00～襄勤公年譜　第558册
40～嘉州詩　第1309册

2221_4 任

50～中丞集　第1587册

崔

00～府君斷冤家債主雜劇　第1762册

80～舍人玉堂類藁、西垣類藁　第1318册

2222_1 鼎

02～新圖像蟲經　第1120册
87～鍥幼幼集成　第1010—1011册
～鍥徽池雅調南北官腔樂府點板曲響大明春　第1778册

2222_7 嵩

50～書　第725册

2223_0 觚

79～賸、觚賸續編　第1177册

2223_4 嶽

10～雪樓書畫録　第1085册

2224_7 後

34～漢藝文志　第914册
～漢書辨疑　第272册
～漢書疏證　第271册
～漢書集解、續漢志集解　第272—273册
～漢書注補正　第272册
～漢書補注　第270册
～漢書考正　第265册
36～湘詩集、二集、續集　第1512—1513册
44～村長短句　第1723册
60～圃黄先生存集(附嚮明齋詩文)　第1325册
78～鑒録　第432册

2226_4 循

70～陔纂聞　第1138册

2227_0 仙

32(寶祐)～溪志　第660册
42～機武庫　第1098—1099册
44～苑編珠　第1293册
47～都志　第723册
77～屏書屋初集　第1521册

2232_7 鸞

86～鎞記　第1770册

2238_6 嶺

10～雲海日樓詩鈔、選外集　第1576册
40～内荔支譜　第1116册
～南詩集　第1449册
～南羣雅初集、二集、初補　第1693册

2240_7 變

70～雅堂文録　第1671册
～雅堂遺集　第1394册

2244_1 艇

00～齋詩話、校譌、續譌　第1694册

2245_3 幾

00～亭外書　第1133册
21～何原本　第1300册

2265_3 畿

53～輔水利議　第851册
～輔安瀾志　第848—849册
(光緒)～輔通志　第628—640册
～輔人物志　第540册

2271_1 崑

22～崙奴　第1764册
(至正)～山郡志　第696册
～山人物傳　第541册

2272_1 斷

76(新注朱淑真)～腸詩集、後集 第1316册

2277_0 山

00～齋客譚 第1268册
10(光緒)～西通志 第641—646册
17～歌 第1744册
38～海經箋疏、圖贊、訂譌、敘録 第1264册
～海關志 第718册
～遊詩、恒軒詩 第1401册
40～左訪碑録 第910册
～左金石志 第909—910册
～志 第1136册
～右石刻叢編 第907—908册
～木居士外集 第1452册
44～村遺稾、雜著、補遺 第1322册
50～中一夕話上集、下集 第1272册
～中白雲詞疏證 第1723册
～書 第367册
～東水利管窺略 第851册
～東考古録 第732册
52～静居畫論 第1068册
77～屋許先生事録 第1320册

幽

77～閨記 第1769册

豳

77～風廣義 第978册

丱

80～兮筆記 第1140册

2277_2 出

10～三藏記集 第1288册
25～使英法義比四國日記 第578册
～使日記續刻 第578—579册
～使美日秘國日記 第578册

2290_0 剩

00～言 第1132册

2290_1 崇

00～文總目輯釋 第916册
10～百藥齋文録 第1672册
31～禎五十宰相傳、年表 第537册
37～祀録 第1545册
70～雅堂文鈔、詩鈔、駢體文鈔、應制存稿、删餘詩 第1494册
～百藥齋文集 第1496—1497册
～百藥齋三集 第1497册
～百藥齋續集 第1497册
74～陵傳信録 第446册

2290_4 梨

60～園按試樂府新聲 第1739册

巢

21～經巢文集、詩集、後集、遺詩 第1534册
～經巢集經説 第176册
44～林筆談 第1177册
～林筆談續編 第1177册
77～民詩集、文集 第1399册

樂

00～府廣序、詩集廣序 第1590册
～府新編陽春白雪前集、後集 第1739册
(新刊分類出像陶真選粹)～府紅珊 第1778册
～府傳聲 第1758册
～府遺音 第1723册

～章集、續添曲子　　第 1722 册
07～記補説　　第 114 册
～記異文考　　第 116 册
21～經元義　　第 113 册
～經律吕通解　　第 115 册
～經或問　　第 114 册
25～律心得　　第 115 册
～律擬答　　第 116 册
～律明真立表　　第 116 册
～律明真解義　　第 116 册
～律明真明算　　第 116 册
～律纂要　　第 113 册
40～志堂文集、續集　　第 1528 册
～志堂詩集　　第 1528 册
50～書要録　　第 113 册
55～典　　第 113 册
66～器三事能言　　第 115 册
80～善録　　第 1266 册

2291_3 繼

44～世紀聞　　第 433 册

2291_4 種

00～痘新書　　第 1012 册
10～玉記　　第 1772 册
44～蓮集　　第 1286 册
～芋法　　第 1117 册
46～棉實驗説　　第 977 册
77～桑説、養蠶説　　第 978 册

2292_2 彩

10～雲乘新鐫樂府遏雲編　　第 1778 册

2294_7 稱

06～謂録　　第 1253 册

2297_7 稻

20～香吟館詩藁　　第 1477 册

2299_3 絲

26～絹全書　　第 835 册

2299_4 綵

00～毫記　　第 1770 册

2300_0 卜

21～歲恒言　　第 976 册
88～筮全書　　第 1059 册

2320_0 外

02～證醫案彙編　　第 1016 册
24～科證治全生（附金瘡鐵扇散方）
第 1013册
～科證治全書　　第 1016 册
（新刊）～科正宗　　第 1013 册
（新刊秘授）～科百效全書　　第 1013 册
～科灰餘集　　第 1016 册
38～海紀要　　第 860 册

2320_2 參

88～籌秘書　　第 1051—1052 册

2324_2 傅

07～鶉觚集　　第 1584 册
50～中丞集　　第 1584 册
50～青主女科（附産後編）　　第 1007 册
72～氏眼科審視瑤函、醫案　　第 1017 册

2325_0 戲

17～瑕　　第 1143 册

2344_0 弁

77～服釋例、表　第 109 册

2355_0 我

67～暇編　第 1179 册
77～聞室賸稿　第 1391 册

2360_0 台

32～州札紀　第 734 册
77～學統　第 545—546 册
～學源流　第 515 册

2375_0 峨

77～眉山志　第 726 册

2377_2 岱

50～史　第 722 册

2390_0 秘

25～傳花鏡、圖　第 1117 册
～傳眼科龍木醫書總論(附葆光道人秘傳眼科)　第 1017 册
～傳眼科全書　第 1018 册

2392_7 編

80～年通載　第 336 册
91～類運使復齋郭公敏行録　第 550 册

2393_2 稼

51～軒詞補遺　第 1723 册
～軒長短句　第 1723 册
60～圃輯　第 977 册
77～門文鈔、詩鈔　第 1464 册

2395_0 織

88～簾書屋詩鈔　第 1492 册

2396_1 稽

40～古緒論　第 1123 册

2397_2 嵇

50～中散集　第 1584 册

2420_0 射

00～鷹樓詩話　第 1706 册
50～書　第 1106 册
77～學指南　第 1106 册

2421_0 壯

90～懷堂詩二集、三集　第 1557 册
～懷堂詩初稿　第 1557 册
98～悔堂文集、遺稿、四憶堂詩集、遺稿　第 1405—1406 册
～悔堂文録　第 1669 册

2421_1 先

10～天集、山屋許先生事録　第 1320 册
50～秦韵讀　第 248 册
52～撥志始　第 437 册

佐

33～治芻言　第 1297 册
～治藥言、續　第 755 册

2422_1 倚

47～聲初集、前編　第 1729 册
65～晴樓詩餘　第 1726 册

2422_7 備

77～用良方　第 1011 册

2423_1 德

24～壯果公年譜　第 556 册
44～蔭堂集、年譜　第 1423 册

2423_8 俠

80～義傳　第 1797 册

2424_1 侍

21～衛瑣言、補　第 1181 册
37～郎葛公歸愚集　第 1317 册

2426_0 貓

20～乘　第 1119 册

2426_1 借

10～雲館曲譜　第 1096 册
47～根方法淺説　第 1046 册
77～閒生詩、詞　第 1519 册

牆

11～頭馬上　第 1763 册

2436_1 鮚

44～埼亭詩集　第 1429 册
　～埼亭集文録　第 1670 册
　～埼亭集外編　第 1429—1430 册
　～埼亭集、年譜　第 1428—1429 册

2440_0 升

44～菴長短句、續集　第 1723 册

2441_2 勉

21～行堂文集　第 1433 册
　～行堂詩集　第 1433 册

2451_0 牡

77～丹亭　第 1781 册，第 1782 册
　～丹亭還魂記　第 1774 册

2472_7 幼

24～幼新書、拾遺方　第 1008—1009 册
　(新刊萬氏家傳)～科發揮　第 1010 册
　～科鐵鏡　第 1010 册
77～學堂詩稿、文稿　第 1498—1499 册

2473_2 裝

34～潢志　第 1115 册

2490_0 科

46～場條貫　第 828 册

2492_7 納

50～書楹曲譜正集、續集、外集、補遺　第 1756—1757 册
　～書楹四夢全譜　第 1757 册

2495_6 緯

50～擄　第 184 册
77～學源流興廢考　第 184 册

2496_1 結

10～一宧駢體文　第 1693 册

2498_6 續

00～方言　第 193 册
　～方言疏證　第 194 册
　～方言補正　第 194 册
　～方言又補　第 194 册
　～高僧傳　第 1281—1282 册
　～高士傳　第 516 册

～廣博物志　第 1272 册
～廣雅　第 191 册
～文獻通考　第 761—767 册
02～新齊諧　第 1788 册
10～一切經音義　第 197 册
～三十五舉、再續三十五舉、重定續三十五舉　第 1091 册
(咸淳)～玉峰志　第 696 册
～丁記政録　第 438 册
～丙記政録　第 438 册
～震澤紀聞　第 1167 册
～西廂　第 1765 册
12～弘簡録元史類編　第 313 册
13(重刊)～武經總要　第 959 册
22～山東考古録　第 733 册
23～編綏寇紀略　第 390 册
26～泉匯、補遺　第 1113 册
27～修雲林寺志　第 719 册
～疑年録　第 517 册
～名馬記　第 1119 册
28～復古編　第 237 册
～綸扉奏草　第 482 册
30～家訓　第 1122 册
～宋宰輔編年録　第 748 册
31～江東白苧　第 1739 册
34～漢志集解　第 273 册
～漢書辨疑　第 272 册
35～清涼傳　第 718 册
～禮記集説　第 101—102 册
37～資治通鑑　第 343—346 册
～資治通鑑長編拾補　第 349 册
40～大唐内典録　第 1289 册
～友聲集　第 1627 册
～古文辭類纂　第 1610 册
～古文苑　第 1609 册
～古篆韻　第 237 册
42～栝蒼金石志　第 911—912 册
44～藏書　第 303 册
～耆舊　第 1682—1683 册
～世説　第 1166 册
45～隸經文　第 173 册
46～觀感録　第 1188 册
48～增刑案匯覽　第 871—872 册
50～夷堅志(附遺山年譜畧)　第 1266 册
～書法論　第 1068 册
60～墨客揮犀　第 1166 册
68～黔書　第 735 册
77～學古編　第 1091 册
～印人傳　第 1092 册
80～羊棗集　第 1127 册
～會稽掇英集　第 1682 册

2500_0 牛

40～奇章集　第 1588 册

2510_0 生

25～生篇　第 10 册

2520_6 仲

44～蔚先生集　第 1354 册
60～景傷寒補亡論　第 984 册
66～瞿詩録　第 1483 册

使

10～琉球録(夏子陽)　第 742 册
～琉球録(蕭崇業)　第 742 册
～琉球録(陳侃)　第 742 册
～西紀程　第 577 册
80～金録　第 423 册

2520_7 律

00～、律音義　第 861 册

02～話　第115册
04～詩拗體、古韻圖説　第1702册
22～例館校正洗冤録　第972册
60～易　第116册
～吕新書補註　第114册
～吕新書箋義、八音考略　第113册
～吕新義　第114册
～吕正論、律吕質疑辨惑　第114册
～吕元音　第116册
～吕通今圖説　第116册
～吕古誼　第115册
～吕臆説　第115册
～吕質疑辨惑　第114册
～吕賸言　第115册

2522_7 佛

37～祖統記　第1287册

倩

40～女離魂　第1763册

2523_0 佚

35～禮扶微　第110册

2524_0 健

88～餘先生文集　第1424册

2524_3 傳

21～經室文集　第1514册
～經堂詩鈔　第1444册
35～神秘要　第1068册
60～是樓書目　第920册
91～悟靈濟録　第997册

2590_0 朱

00～慶餘詩集　第1311册
～文端公文集　第1670册
～文肅公詩集　第1366册
～文肅公集　第1366册
17～子詩義補正　第62册
～子論語集注訓詁考　第157册
～子實紀　第550册
21～止泉先生朱子聖學考略、宗朱要法　第946册
27～魚譜　第1120册
40～九江先生集　第1535册
～太復文集、乙集　第1361—1362册
～太守風雪漁樵記雜劇　第1761册

2591_7 純

90～常子枝語　第1165册

秇

44～林伐山　第1143册

2592_7 綉

08～譜　第1115册
31～襦記　第1772册

2598_6 積

40～古齋鐘鼎彝器款識　第901册

績

40～幸存録　第440册
77～學堂文鈔、詩抄　第1413册

2599_0 秣

74～陵春傳奇　第1775册

2600_0 白

00～鹿書院志　第720册
10～雪齋選訂樂府吴騷合編、衡曲麈談、曲律

第 1743 册
～雪遺音　第 1745 册
～雪樓詩集　第 1345 册
～雨齋詞話　第 1735 册
～石山房文録　第 1671 册
～雲稾　第 1326 册
21～虎通疏證　第 1142 册
27～兔記　第 1773 册
39～沙先生至言　第 936 册
40～岙山人詩集、文集　第 1394 册
44～茅堂文録　第 1671 册
～蘇齋類集　第 1363 册
～華詩鈔　第 1448 册
～華後稿　第 1448 册
～華絳柎閣詩集　第 1559 册
～華前稿　第 1447—1448 册
47～鶴山房詩鈔、詞鈔、外集　第 1483 册
～鶴堂文録　第 1670 册
48～榆集　第 1359 册
60～田草堂文録　第 1671 册
67～喉條辨　第 1018 册
～喉治法忌表抉微　第 1018 册
～鷺洲主客説詩　第 61 册
88～敏中傷梅香　第 1763 册

自

44(新著)～焚摘星樓全本　第 1782 册
61～號録　第 1218 册

2610_4 皇

10～元風雅　第 1622 册
30～宋通鑑長編紀事本末　第 386—387 册
～宋十朝綱要　第 347 册
(增入名儒講義)～宋中興兩朝聖政、分類事目　第 348 册
35～清文穎續編　第 1663—1667 册
～清奏議、續編　第 473 册
47～朝謚法考、續編　第 827 册
～朝謚彙考　第 827 册
～朝續文獻通考　第 815—821 册
～朝藩部要略、皇朝藩部世系表　第 740 册
～朝兵制考略　第 858 册
～朝輿地韻編　第 294 册
～極經世觀物外篇釋義　第 1048 册
～極聲音文字通　第 254 册
67～明詞林人物考　第 532 册
～明詔制　第 457—458 册
～明詔令　第 457 册
～明疏議輯略　第 462—463 册
～明疏鈔　第 463—464 册
～明兩朝疏抄　第 465 册
～明平吴録　第 432 册
～明貢舉考　第 828 册
～明政要　第 424 册
～明經世文編、補遺　第 1655—1662 册
～明制書　第 788 册
～明名臣言行録前集、後集、續集　第 520 册
～明紀略　第 1167 册
～明從信録　第 355 册
～明續紀三朝法傳全録　第 357 册
～明法傳録嘉隆紀　第 357 册
～明通紀法傳全録　第 357 册
～明大政紀　第 353—354 册
～明嘉隆疏抄、嘉隆新例附萬曆　第 466—467 册
～明世説新語(附釋名)　第 1173 册
～明史竊　第 316—317 册
～明史概　第 428—431 册
～明青宫樂調　第 114 册
～明書　第 315—316 册

～明末造録　第 444 册
～明輔世編　第 524 册
～明典禮志　第 824 册
～明典故紀聞　第 428 册
～明馭倭録、寄語畧　第 428 册
～明留臺奏議　第 467 册
72～氏論語義疏參訂　第 153 册
78～覽　第 1212 册

2620_7 粤

38～海關志　第 834—835 册
50～中蠶桑芻言　第 978 册
～東金石略(附九曜石考)　第 913 册
71～匪紀略　第 446 册

2621_3 鬼

44～董　第 1266 册
80～谷子、篇目考　第 1121 册

2622_7 偶

00～齋詩草　第 1562—1563 册

2623_2 泉

40～南指譜重編　第 1096 册
～志　第 1112 册

2624_1 得

77～月藁　第 1325 册

2626_0 侶

22～山堂類辯　第 1028 册

2629_4 保

60～甲書　第 859 册

2633_0 息

00～齋筆記　第 1132 册

憩

60～園詞話　第 1734 册

2641_3 魏

00～文帝集　第 1583—1584 册
13～武帝集　第 1583 册
24～特進集　第 1588 册
26～伯子文録　第 1671 册
27～叔子文集外篇、日録、詩集　第 1408—1409 册
72～氏樂譜　第 1096 册
～氏家藏方　第 1000 册

2643_0 吴

00～文節公遺集　第 1520 册
04～詩集覽　第 1396—1397 册
10～下方言考　第 195 册
～下諺聯　第 1272 册
35～禮部詩話　第 1694 册
43～越所見書畫録　第 1068 册
44～蕈譜　第 1117 册
47～朝請集　第 1587 册
～鞠通先生醫案　第 1028 册
50～中人物志　第 541 册
～中判牘　第 1545 册
～書山先生遺集　第 1325 册
77～風録　第 733 册
～學士詩集、文集　第 1487 册
～醫彙講　第 1028 册
～興詩話　第 1705 册
(嘉泰)～興志　第 704 册
～興藝文補　第 1678—1680 册
～興金石記　第 911 册

2671_0 峴

20～嶕山房詩集　第 1559 册

2691_0 緄

00～齋詩談　第 1699 册
～齋論文　第 1714 册

2691_4 程

24～侍郎遺集　第 1511 册
40～志　第 938 册
63～賦統會　第 834 册
72～氏墨苑　第 1114 册

2692_2 穆

90～堂初稿、別稿　第 1421—1422 册

2694_1 緝

40～古算經攷注　第 1041 册

繹

40～志　第 945 册

釋

12～弧　第 1045 册
20～毛詩音　第 70 册
27～名疏證、續釋名、釋名補遺　第 189 册
～名疏證補、續釋名、釋名補遺　第190 册
40～大　第 191 册
44～范　第 133 册
～草小記　第 191 册
～楕　第 1045 册
47～穀　第 193 册
50～蟲小記　第 191 册
58～輪　第 1045 册
77～服　第 108 册
88～鑑稽古略續集　第 1288 册
90(新刻)～常談　第 1142 册

2710_0 血

02～證論、醫學--見能　第 1006 册

2712_7 歸

00～玄恭遺著、詩鈔　第 1401 册
42～樸齋詩鈔　第 1562 册
～樸龕叢稿、續編　第 1518 册
60～愚文録　第 1671 册
～愚詩鈔　第 1424 册
～愚詩鈔餘集　第 1424 册
～田詩話　第 1694 册
～田瑣記　第 1179 册

2713_2 黎

00～文僖公集　第 1330 册

2713_6 蠡

27～勺編　第 1155 册

2720_7 多

21～能鄙事　第 1185 册
～歲堂詩集、截賡集(附試律詩集、賦集)　第 1483 册

2721_0 佩

10～弦齋文存、駢文存、詩存　第 1565 册

2721_7 倪

00～高士年譜　第 552 册

鳧

72～氏爲鍾圖説　第 85 册

2722_0 勿

44～藥玄詮　第 1030 册
51～軒易學啓蒙圖傳通義　第 2 册

向

37～湖邨舍詩初集　第 1575 册

御

03～試備官日記　第 558 册
22～制大誥　第 862 册
～制大誥三編　第 862 册
～制大誥續編　第 862 册
～製耕織圖詩　第 975 册
78～膳單　第 1116 册

2722_2 修

00～文殿御覽　第 1212 册
37～潔齋閑筆　第 1144 册

2722_7 傷

48～梅香騙翰林風月雜劇　第 1762 册

鄉

00～言解頤　第 1272 册
60～園憶舊録　第 1180 册
90～黨圖考補證　第 157 册

嚮

67～明齋詩文　第 1325 册

2723_2 彖

25～傳論　第 22 册
27～象論　第 22 册

象

58～數一原　第 1047 册

2725_2 解

50～舂集文鈔、補遺、詩鈔　第 1418 册
60～圍元藪　第 1016 册
78～脱集　第 1367 册
96～愠編　第 1272 册

2725_7 伊

31～江筆録　第 1177 册

2729_4 條

44～麓堂集　第 1351 册

2730_3 冬

30～官旁求　第 85 册
33～心先生集　第 1424 册
～心先生續集、補遺、續補遺、三體詩、甲戌近詩　第 1424 册
～心先生自度曲　第 1739 册
50～青館甲集、乙集　第 1492 册

2731_2 鮑

23～參軍集　第 1585 册

2732_7 烏

26(乾隆)～程縣志　第 704 册

2733_6 魚

44～藏斂全本　第 1782 册
77～兒佛　第 1765 册

2733_7 急

03～就章考異　第 243 册

2742_7 鄒

28～徵君存稿　第 1547 册

50～忠介公奏疏 第481册
72～氏學脉 第938册

2744_0 舟

21～師繩墨 第967册

2744_9 彝

40～壽軒詩鈔、煙波漁唱 第1517册

2746_1 船

17～子和尚撥棹歌 第1722册
18～政 第878册
～政新書 第878册
22～山詩草、補遺 第1486册
～山師友記 第540册
～山先生詩稿 第1403册
～山公年譜 第553册

2748_1 疑

00～辨録 第171册
43～獄箋 第974册
80～年録 第517册

2750_7 争

47～報恩三虎下山雜劇 第1760册

2760_0 名

17～醫方論 第1002册
22～山游記 第737册
～山藏 第425—427册
42～媛詩話、續集 第1706册
71～馬記、續名馬記 第1119册
77～學 第1297册
80～公書判清明集 第973册

2760_1 響

26～泉集 第1451册

2760_3 魯

04～詩遺説考、叙録 第76册
11(新鐫工師雕斲正式)～班木經匠家鏡 第879册
30～之春秋、校勘記 第444册
35～禮禘祫義疏證 第112册
40～大夫秋胡戲妻雜劇 第1761册

2760_4 督

53～捕則例 第867册

2762_0 句

04～讀叙述 第173册
32～溪雜著 第176册

2771_2 包

01～龍圖智勘後庭花雜劇 第1761册
～龍圖智賺合同文字雜劇 第1761册
24～待制三勘蝴蝶夢雜劇 第1761册
～待制陳州糶米雜劇 第1760册
～待制智斬魯齋郎雜劇 第1761册
～待制智賺生金閣雜劇 第1762册
～待制智賺灰闌記雜劇 第1762册

2772_0 勾

77～股六術 第1047册
～股割圜記 第1045册
～股割圜全義圖 第1045册
～股尺測量新法 第1046册
～股算術 第1044册
～股算術細草 第1046册

2773_2 餐

44～菊齋棋評 第1102册

2780_6 負

44～苞堂詩選、文選　第 1361 册

2780_9 灸

34～法秘傳　第 997 册

2790_1 祭

77（新著）～風台全本　第 1782 册
～風臺　第 1782 册

禦

22～倭軍事條款　第 852 册

2790_4 槃

60～園集成　第 1782 册

彙

00（新鐫）～音妙悟全集　第 260 册
20～集雅俗通十五音　第 260 册
88～纂元譜南曲九宫正始　第 1748—1750 册
89～鈔三館字例　第 243 册

2791_7 紀

00～文達公文録　第 1670 册
～文達公遺集　第 1435 册
10～元編　第 826 册
71～曆撮要　第 975 册

絶

27～句衍義、辯體、唐絶增奇、唐絶搜奇、六言絶句、五言絶句　第 1590 册

2792_0 約

00～章成案匯覽　第 874—876 册

2793_2 緣

27～督廬日記抄　第 576 册

緑

10～天書舍存草　第 1483 册
34～漪草堂文集、外集、别集、詩集、研華館詞　第 1530—1531 册
88～筠書屋詩鈔　第 1444 册

2794_7 級

58～數回求　第 1047 册

綴

26（重訂）～白裘新集合編十二集　第 1779—1780 册

2795_4 絳

10～雲樓書目、補遺　第 920 册
29～綃記　第 1768 册
64～跗草堂詩集　第 1496 册

2796_2 紹

77～熙雲間志　第 687 册
～聞編　第 940 册

2796_4 洛

32～冰絲　第 1765 册

2821_1 作

60～邑自箴　第 753 册

2822_7 傷

24～科彙纂、圖注　第 1017 册
～科補要　第 1017 册
～科大成　第 1017 册

30～寒辯證　第 985 册
～寒六書　第 985 册
～寒論　第 985 册
(重編張仲景)～寒論證治發明溯源集　第 986—987 册
～寒論集注　第 985 册
～寒論後條辨　第 986 册
～寒論淺注補正　第 987 册
～寒論直解、傷寒附餘　第 987 册
～寒百問　第 984 册
(新鐫注解張仲景)～寒發微論　第984 册
～寒温疫條辯　第 1004 册
～寒九十論、校譌　第 984 册
～寒來蘇全集　第 986 册
60(重刻張鳳逵)～暑全書　第 1003 册

2824_0 微

90～尚齋詩集初編　第 1553 册
～尚齋詩續集、適適齋文集　第 1553 册

2824_1 併

00～音連聲字學集要　第 259 册

2824_7 復

00～齋先生龍圖陳公文集、拾遺　第1319 册
～齋日記　第 1170 册
30～淮故道圖説　第 848 册
34～社紀略　第 438 册
37～初齋詩集　第 1454—1455 册
～初齋文集　第 1455 册
44～莊詩問　第 1532—1533 册
～莊駢體文榷、二編　第 1533 册
70～辟録　第 433 册
90～堂詞　第 1727 册

2825_3 儀

31～顧堂集　第 1560 册
～顧堂題跋、續跋　第 930 册
35～禮(武威漢簡殘編)(附釋文九篇)　第 85 册
～禮正義　第 91—92 册
～禮經傳内編、外編　第 87 册
～禮經注一隅　第 93 册
～禮經注疏正譌　第 89 册
～禮紃解　第 88 册
～禮私箋　第 93 册
～禮釋例　第 88 册
～禮釋注　第 93 册
～禮釋官　第 89 册
～禮蠡測　第 89 册
～禮彙説　第 89 册
～禮注疏詳校　第 88 册
～禮通論　第 86—87 册
～禮古今文疏證　第 91 册
～禮古今文疏義　第 91 册
～禮古今文異同　第 90 册
～禮古今考　第 89 册
～禮喪服文足徵記　第 95 册
～禮圖　第 90—91 册
～禮肊測、叙録　第 89 册
～禮學　第 89 册
～禮節解、讀儀禮　第 85 册
～禮管見　第 88 册
～禮恒解　第 91 册
～禮精義、補編　第 90 册

2826_6 僧

10～王奏稿　第 508 册

2826_8 俗

17～務要名林(敦煌殘卷)　第 236 册
50～書證誤　第 236 册
77～用雜字　第 238 册

2828_1 從

18～政遺規　第 951 册
40～古堂款識學　第 902 册
67～野堂存稿　第 1373 册

2829_4 徐

00～文長文集　第 1354—1355 册
～文長佚草　第 1355 册
～文長傳　第 1355 册
～文長逸稿、畸譜　第 1355 册
22～僕射集　第 1587 册
60～愚齋自叙年譜　第 558 册
72～氏家藏書目　第 919 册

2846_8 谿

22～山臥游録　第 1082 册

2854_0 牧

00～齋初學集　第 1389—1390 册
～齋有學集、校勘記、補　第 1391 册
35～津　第 754 册
44～萊脞語、二藁　第 1320 册
80～令書輯要　第 755 册
88～鑑　第 753 册

2861_1 鹺

18～政全書　第 839 册

2892_7 綸

30～扉奏草　第 481—482 册

2896_1 繕

07～部紀略　第 878 册

2896_6 繪

50～事發微　第 1067 册
～事瑣言　第 1068 册

2921_2 倦

60～圃蒔植記、總論　第 1119 册

2922_7 倘

37～湖樵書　第 1195—1196 册

2998_0 秋

00～夜瀟湘雨　第 1763 册
～夜梧桐雨　第 1763 册
12～水庵花影集　第 1739 册
～水閣詩集、雜著　第 1472 册
16(坐隱先生精訂)～碧軒稿　第 1738 册
22～仙遺譜前集、後集(附棋經)　第 1097 册
24～佳軒詩餘　第 1723 册
30～室集　第 1476 册
～室學古録、梁園歸櫂録、憶漫庵賸稿　第 1460 册
～審實緩比較彙案　第 874 册
44～夢盦詞鈔、續、再續　第 1727 册
～林琴雅　第 1725 册
47～聲集　第 1323 册
50(重刊訂正)～蟲譜　第 1120 册
55～蟪吟館詩鈔　第 1554 册
62～影樓詩集　第 1421 册
80～盦遺稿　第 1466 册
88～笳集補遺　第 1412 册
92～燈叢話　第 1269 册

3010_1 空

50～青館詞稾　第 1727 册
90～堂話　第 1765 册

3010_4 塞

23～外草　第 731 册

3010_6 宣

10～西通　第 1035 册
20～統新疆圖志　第 649—650 册
26～和牌譜　第 1106 册
40～大山西三鎮圖説　第 739 册

3010_7 宜

29～秋山趙禮讓肥雜劇　第 1761 册
44～焚全稿　第 492 册

3011_3 流

30～寇志　第 442 册

3011_4 淮

30(乾隆)～安府志　第 699—700 册
37～軍平捻記　第 413 册
38～海英靈集　第 1682 册
　～海英靈續集　第 1682 册
40～南許注異同詁、補遺、續補　第 1121 册
　～南天文訓補注　第 1121 册
　～南水利考　第 851 册
　～南鴻烈閒詁　第 1121 册
　～南萬畢術　第 1121 册

3011_7 瀛

30～寰志略　第 743 册

3011_8 泣

63～賦眼兒媚　第 1763 册

3012_7 滂

40～喜齋藏書記　第 926 册

3013_7 濂

00～亭文集、遺文、遺詩　第 1544 册
32～溪志　第 550 册

3014_7 淳

34～祐玉峰志、咸淳續志　第 696 册
77～熙嚴州圖經　第 704 册

渡

44～花居東籬集　第 1116 册

3014_8 洨

33～濱先生語録　第 939 册

3019_6 涼

32～州異物志　第 732 册

3020_1 寧

10(嘉靖)～夏新志　第 649 册
40～古塔山水記　第 731 册
　～古塔紀略　第 731 册
　～壽鑑古　第 1107 册
60(嘉慶)～國府志　第 710—711 册

3020_2 寥

10～天一閣文、莽蒼蒼齋詩、遠遺堂集外文　第 1568 册

3021_2 宛

20～委山房集　第 1449 册

97～鄰集　第 1486 册

3022_7 禘

08～説　第 108 册
38～袷問答　第 110 册

3023_2 永

22～樂大典戲文三種　第 1768 册
30～定河志　第 850 册
35(乾隆)～清縣志　第 692 册
40(光緒)～嘉縣志　第 708—709 册
71～曆實録　第 444 册

家

01～語證僞　第 931 册
～語疏證　第 931 册
77～用膏丹丸散方　第 1016 册

宸

41～垣識略　第 730 册

3030_1 進

44～藏紀程　第 737 册

3030_2 適

10～可齋記言、記行　第 1565 册
30～適齋文集　第 1553 册
95～情雅趣　第 1105 册
～情録　第 1097 册

3030_3 寒

00～夜録　第 1134 册
22～山曲譜　第1750 册
～山堂新定九宫十三攝南曲譜　第 1750 册
48～松閣詞　第 1727 册
～松閣談藝瑣録　第 1088 册

3030_4 避

53～戎夜話　第 423 册

3032_7 寫

77～風情　第 1765 册

3033_6 意

00～齋集古録、釋文賸稿　第 903 册
～齋自省録　第 953 册

憲

00～章外史續編　第 353 册
～章録　第 352 册
44～世前編、憲世編　第 941 册

3034_2 守

00～意龕詩集　第 1474 册
17～柔齋詩鈔初集、續集　第 1530 册
～柔齋行河草　第 1530 册

3040_1 宰

50～惠紀略　第 884 册

準

00～齋心製几漏圖式　第 1031 册
07～望簡法、割圜弧矢補論、勾股割圜全義圖、方圜比例數表　第 1045 册

3040_4 安

10～正忘筌集　第 934 册
27～般簃詩續鈔　第 1565 册
28(光緒重修)～徽通志、補遺　第 651—655 册
～徽金石畧　第 912 册

37～禄山事迹、校記 第550册
44～楚録 第433册
60～愚齋集 第1467册
70～雅堂文集 第1404—1405册
～雅堂詩 第1404册
～雅堂稿 第1387—1388册
～雅堂未刻稿、入蜀集 第1405册
76～陽縣金石録、補遺 第913册
77～居金鏡 第1052册

3040_7 字

00～辨證篆 第240册
27～彙(附韻法直圖、韻法横圖) 第232—233册
～彙補 第233册
30～寶(敦煌殘卷) 第236册
44～林考逸、補本 第236册
77～學尋源 第242册
～學指南 第238册

3042_7 寓

00～庵集 第1322册
44～林集、詩 第1368—1369册
60～蜀草 第1526册
～圃雜記 第1170册

3060_4 客

00座贅語 第1260册
～塵醫話 第1029册
30～窗閒話 第1263册
77～問篇 第1133册
80～舍偶聞 第1175册

3060_8 容

00～齋詩集(附古香詞、補遺) 第1457册
～齋文鈔 第1457册
53～甫先生遺詩、補遺 第1465册

3060_9 審

00～音鑑古録 第1781—1782册

3062_1 寄

00～庵詩文鈔 第1473册
01～語畧 第428册
44～楮備談 第1181册
50～青霞館弈選、續編 第1103—1104册
60～園寄所寄 第1196—1197册
88～簃文存、枕碧樓偶存稿 第1563册

3071_7 宦

77～門子弟錯立身 第1768册

3073_2 良

71～辰樂事 第1739册

寰

30～宇訪碑録 第904册
～宇通衢 第586册

3077_2 密

00～庵卮言 第1132言
27～勿稿 第476册

窟

66～器説 第1111册

3077_7 官

17～子譜(林則徐輯) 第1101册
～子譜(陶式玉輯) 第1101册
20～爵志 第749册
48～塲現形記 第1800册

3080_1 定

10～正洪範集説　第 55 册
20～香亭筆談　第 1138 册
22～川遺書　第 1318 册
～山堂詩集、詩餘　第 1402—1403 册
～山堂古文小品　第 1403 册
71～曆玉衡　第 1040 册
80～盦詞　第 1726 册
～盦先生年譜　第 557 册

3080_6 賓

10～雲詩集　第 1404 册
44～萌集、外集、春在堂襍文、續編、三編、四編、五編、六編、補遺、詩編　第 1550—1551 册

實

18～政録　第 753 册
50～事求是齋經義　第 176 册

寶

00～慶四明志　第 705 册
01～顔堂訂正脉望　第 1128 册
02～訓　第 976 册
10～雲詩集　第 1404 册
26～泉新牘　第 838 册
28～綸堂文鈔、詩鈔　第 1428 册
～綸堂稿　第 1409—1410 册
34～祐重修琴川志　第 698 册
～祐仙溪志　第 660 册
40～奎堂集、篁村集、續編　第 1451 册
82(新編林沖)～劍記　第 1774 册

竇

43～娥冤　第 1764 册

3090_1 宗

25～朱要法　第 946 册
34～法論　第 108 册
～法小記　第 108 册
80～鏡録　第 1283—1285 册

察

00～病指南　第 998 册

3090_4 宋

04～詩紀事補遺、宋詩紀事小傳補正　第 1708—1709 册
～詩拾遺　第 1621 册
08～論　第 450 册
10～元舊本書經眼録　第 926 册
～元學案　第 518—519 册
～西事案　第 423 册
17～丞相崔清獻公全録　第 550、1319 册
～丞相李忠定公奏議　第 474—475 册
18～政和禮器文字考　第 243 册
21～貞士羅滄州先生集　第 1321 册
24～特進左丞相許國公奏議　第 475 册
27～名家詞六十一種　第 1719—1720 册
28～僧詩選補　第 1621 册
40～十五家詩選　第 1621 册
～左丞相陸公全書、續編　第 1321 册
～大夫集　第 1583 册
～太祖龍虎風雲會　第 1763 册
～存書室宋元秘本書目　第 927 册
44～黄宣獻公周禮説　第 78 册
47～朝大詔令集　第 456 册
50～中興學士院題名、中興東宫官寮題名、中興行在雜買務雜賣場提轄官題名　第 748 册
～史新編　第 308—311 册

～史翼　第 311 册
～史藝文志補　第 916 册
～忠肅陳了齋四明尊堯集　第 448 册
～東京考　第 734 册
56～提刑洗冤集録　第 972 册
60～四六話　第 1715 册
～四家詞選　第 1732 册
63～賦韵讀　第 248 册
77～賢事彙　第 1189 册
80～金元人詞十八種　第 1721 册
～會要　第 775—786 册

3111_0 江

10～西詩徵、補遺　第 1688—1690 册
～西詩社宗派圖録　第 1698 册
（光緒）～西通志　第 656—660 册
15～醴陵集　第 1586 册
30（嘉慶新修）～寧府志　第 695 册
～寧金石記　第 910 册
～寧金石待訪目　第 910 册
32～州司馬青衫淚　第 1760 册，第 1763 册
～州司馬青衫淚雜劇　第 1761 册
40～南製造局記　第 860 册
～南催耕課稻編　第 977 册
～南魚鮮品　第 1120 册
50～東白苧、續江東白苧　第 1739 册
～東十鑑　第 959 册
72～氏音學十書　第 248 册
80～令君集　第 1587 册

3111_1 沅

36～湘耆舊集　第 1690—1693 册
～湘耆舊集前編　第 1690 册

涇

22～川詩話　第 1701 册
44～林雜記、續記　第 1124 册
50～東小藁　第 1329 册
67～野先生文集　第 1337—1338 册
野先生禮問　第 108 册
～野先生春秋説志　第 133 册
～野先生周易説翼　第 5 册
～野先生尚書説要　第 43 册

3111_4 汪

17～子文録　第 1437 册
～子詩録　第 1437 册
～子二録、録後、三録　第 1437 册
～子中詮　第 941 册
48～梅村先生集、外集　第 1531 册
72～氏鑑古齋墨藪　第 1114 册

溉

90～堂詩集、文集、詩餘　第 1407 册

3112_0 河

21～上楮談　第 1128 册
27～紀　第 728 册
35～漕備考、歷代黄河指掌圖説　第 838 册
37～洛私見　第 936 册
～洛真數　第 1061 册
40～南府張鼎勘頭巾雜劇　第 1761 册
44～莊詩鈔　第 1487 册
50～東文録　第 1671 册
～東君尺牘、湖上草、我聞室賸稿　第 1391册
～東先生龍城録　第 1264 册
～東鹽政彙纂　第 839 册
60～圖洛書原舛編　第 40 册
70～防疏略　第 493 册
～防芻議　第 847 册

3112_7 馮

10～玉蘭夜月泣江舟雜劇　第 1762 册
55～曲陽集　第 1583 册

3114_0 汗

88～簡箋正目録　第 240 册

3116_0 酒

36～邊詞　第 1727 册
41～概　第 1115 册
80～人觴政　第 1106 册

3116_1 潛

00～庵先生遺稾文録　第 1669 册
～齋簡效方　第 1003 册
11～研堂文集、詩集、詩續集　第 1438—1439 册
～研堂文録　第 1670 册
～研堂金石文跋尾、續、又續、三續　第 891 册
21～虚述義(附攷異)　第 1048 册
30～室劄記　第 945 册
50～夫論　第 933 册
～書(附西蜀唐圃亭先生行畧)　第945 册

3126_6 福

00～康安奏疏　第 494 册

3128_6 顧

00～亭林先生詩箋注、校補　第 1402 册
～亭林先生年譜　第 553 册
02～端文公遺書　第 943 册
～端文公年譜　第 553 册
06～誤録　第 1759 册

3130_2 邇

00～言　第 195 册

3210_0 淵

70～雅堂全集　第 1480—1481 册

測

60～圜密率　第 1047 册
～圓海鏡細草　第 1042 册

劉

76～陽麻利述　第 977 册

3211_8 澄

44～蘭室古緣萃録　第 1088 册
90～懷書屋詩鈔　第 1507 册
～懷録　第 1188 册

3212_1 沂

50～東樂府　第 1738 册

漸

10～西村人初集　第 1565 册

3213_4 濮

76(新刻)～陽城全部　第 1782 册

3214_7 浮

22～山文集前編、後編、浮山此藏軒別集　第 1398 册
33～梁陶政志(附景鎮舊事)　第 1115 册
77～邱子　第 952 册

叢

44～桂堂文録　第 1671 册

3215_7 淨

40～土聖賢録、續編、種蓮集　第 1286 册

3216_4 活

24～幼心法　第 1011 册
（新刊演山省翁）～幼口議　第 1009 册
80～人書　第 984 册

3216_9 潘

17～子求仁録輯要　第 950 册
40～太常集　第 1584 册
44～黄門集　第 1584 册
60～景齋弈譜約選　第 1105 册

3219_4 灤

31～源問答　第 1164 册

3220_0 剶

54（新著）～蟒台全曲　第 1782 册

3224_0 祇

10～平居士集　第 1430 册

3230_1 逃

21～虚子詩集、續集、類稿、道餘録、補遺　第 1326 册

3230_2 近

32～溪子明道録　第 1127 册
～溪羅先生一貫編　第 1126 册
60～思録集解　第 934 册
～思録補注　第 934—935 册

3230_3 巡

40～臺録　第 881 册

3230_6 遁

60～甲符應經　第 1060 册

3230_9 遜

77～學齋詩鈔、續鈔　第 1544 册
～學齋文鈔、續鈔　第 1544 册

3260_0 割

60～圜弧矢補論　第 1045 册
～圜密率捷法　第 1045 册
～圜連比例術圖解　第 1047 册

3300_0 心

00（重刻）～齋王先生語録　第 938 册
13～武殘編　第 1105 册
25～傳要訣　第 1055 册
60～日齋詞集　第 1726 册
86～知堂詩稿　第 1502 册

3311_1 浣

29～紗記　第 1769 册
77～月山房詩集　第 1542 册

3312_7 浦

31～江鄭氏家範　第 935 册
37～泖農咨　第 976 册

3313_2 泳

00～齋近思録衍註　第 934 册

浪

60～跡叢談　第 1179 册
～跡續談　第 1179 册
～跡三談　第 1179 册

3314_7 浚

22～川内臺集　第 1335 册

3316_0 冶

80～金録　第 1300 册

治

08～譜、續集　第 753 册
10～平通議　第 952 册
　～平勝算全書　第 967 册
28～鮮集　第 880 册
31～河通考　第 847 册
　～河全書　第 847 册
33～心齋琴學練要　第 1095 册
40～臺必告録　第 882 册
44～世餘聞録　第 433 册

3322_7 補

10～五代史藝文志　第 916 册
　～晉書藝文志、補遺　第 914 册
12～刊震川先生集　第 1353 册
24～續高僧傳　第 1283 册
　～續全蜀秇文志　第 1677 册
27～修宋占天術　第 1045 册
　～修宋奉元術　第 1045 册
　～疑年録　第 517 册
30～寰宇訪碑録、失編　第 904 册
34～遼金元藝文志　第 916 册
44～勤詩存、續編　第 1548 册
88～餘堂四書問答　第 169 册

3330_3 邃

70～雅堂文録　第 1672 册
　～雅堂集　第 1482 册
　～雅堂文集續編　第 1482 册
90～懷堂全集　第 1515 册

3330_9 述

00～庵先生年譜　第 1438 册
13～職吟　第 1457 册
25～朱質疑　第 952 册
47～均　第 249 册
77～學(附春秋述義)　第 1465 册

3390_4 梁

10～元帝御製集　第 1586 册
13～武帝御製集　第 1585—1586 册
21～上眼　第 1767 册
22～山泊李逵負荊雜劇　第 1762 册
31～江文通集　第 1304 册
60～園歸櫂録　第 1460 册
　～園風雅　第 1680 册
67～昭明太子集　第 1586 册
80～會要　第 772—773 册
88～簡文帝御製集　第 1586 册

3410_0 對

58～數探源　第 1047 册
　～數尖錐變法釋　第 1047 册

3411_1 洗

37～冤録詳義　第 972 册
　～冤録摭遺、補　第 972 册

湛

60～園未定稾文録　第 1670 册

3411_2 沈

24～侍中集　第 1587 册
72～隱侯集　第 1586 册
　～氏弋説　第 1131 册

～氏日旦　第 1131 册
88～筤村選抄印學四種　第 1092 册

3411_4 灌

60～園記　第 1772 册
～園草木識　第 1119 册

3412_7 滿

32～洲四禮集　第 824 册

瀟

16～碧堂集　第 1367 册
36～湘聽雨録　第 1138 册
～湘怨詞　第 1724 册

3413_1 法

00～意　第 1298—1299 册
～言義疏　第 933 册
50～書通釋　第 1065 册

3413_4 漢

00（新刊關目）～高皇濯足氣英布　第 1760 册
～高皇濯足氣英布雜劇　第 1762 册
10～三統術　第 1045 册
～元帝孤鴈漢宫秋　第 1763 册
～晋迄明謚彙考、皇朝謚彙考　第 827 册
16～碑隸體舉要　第 1068 册
～碑用字　第 238 册
21～儒傳易源流　第 35 册
～儒通義　第 952 册
26～魏音　第 245 册
～魏石經考　第 184 册
～魏遺書鈔　第 1199—1200 册
28～儀　第 746 册
30～官　第 746 册
～官六種　第 746 册
～官解詁　第 746 册
～官儀（應　劭撰）　第 746 册
～官儀（劉　攽撰）　第 1106 册
～官典職儀式選用　第 746 册
～官答問　第 746 册
32～州郡縣吏制考　第 746 册
～溪書法通解　第 1067 册
40～太初曆考　第 1036 册
44～甘泉宫瓦記　第 1111 册
～舊儀、補遺　第 746 册
45～隸辨體　第 243 册
～隸異同　第 240 册
48～乾象術　第 1045 册
50～書辨疑　第 267 册
～書疏證（佚名）　第 265 册
～書疏證（沈欽韓）　第 266—267 册
～書西域傳補注　第 270 册
～書注校補　第 267 册
～書補注　第 268—270 册
～書考正、後漢書考正　第 265 册
～書藝文志條理　第 914 册
～書藝文志拾補　第 914 册
60～四分術　第 1045 册
77～學商兑　第 951 册
～學諧聲、説文補考、説文又考　第 245 册
80～孳室文鈔、補遺　第 1567 册

3414_0 汝

40～南圃史　第 1119 册

3416_0 沽

31～酒遊春　第 1764 册

3416_1 浩

23～然堂詩集　第 1384 册

3418_1 洪

00～文安公遺集　　第 1317 册
72～氏集驗方　　第 1000 册
88～範政鑒　　第 1060 册
　～範淺解　　第 1060 册

滇

40～南礦廠圖略　　第 880 册
（天啓）～志　　第 681—682 册

3421_0 社

80～會通詮　　第 1300 册

3430_3 遠

22～山戲　　第 1764 册
　～山堂文稿　　第 1385 册
　～山堂詩集　　第 1385 册
　～山堂劇品、曲品　　第 1758 册
35～遺堂集外文　　第 1568 册

3430_4 達

00～齋詩説　　第 73 册
　～齋書説　　第 50 册
　～齋春秋論　　第 148 册
25～生編　　第 1008 册

違

16～碍書目　　第 921 册

3430_6 造

80～命宗鏡集　　第 1059—1060 册

3430_9 遼

04～詩話　　第 1710 册
50～史紀事本末　　第 388 册
　～史拾遺補　　第 292 册
　～東行部志　　第 731 册
（嘉靖）～東志　　第 646 册

3510_6 冲

00～庵顧先生撫遼奏議　　第 478 册
21～虚至德真經四解　　第 958 册

3512_7 清

10～平山堂話本二十七種　　第 1784 册
23～獻堂文録　　第 1670 册
　～代禁毁書目四種　　第 921 册
　～秘述聞　　第 1178 册
　～秘述聞續、補　　第 1178 册
31～河集　　第 1323 册
40～嘉録　　第 1262 册
44～夢盦二白詞　　第 1726 册
　～芬樓遺藁　　第 1424 册
　～權堂集　　第 1377 册
50～史稿　　第 295—300 册
　～史紀事本末　　第 390 册
　～忠譜正案　　第 1767 册

3514_7 溝

37～洫疆理小記　　第 80 册

3516_6 漕

31～河圖志　　第 835 册
37～運通志　　第 836 册

3519_6 涑

44～蘇秦衣錦還鄉雜劇　　第 1761 册

3520_6 神

00～廟留中奏疏彙要　　第 470—471 册
20～禹別録　　第 54 册

27～灸經綸　第 997 册
28～僧傳　第 1285 册
38～道大編象宗華天五星　第 1031 册
～道大編曆宗通議　第 1036 册
～道大編曆宗算會　第 1043 册
47～奴兒大鬧開封府雜劇　第 1761 册
55～農本草經讀　第 995 册

3521_8 禮

07～記章句(王夫之)　第 98 册
～記章句(任啓運)　第 99 册
～記章句(汪　紱)　第 100 册
～記章義　第 98 册
～記訓纂　第 105 册
～記識　第 106 册
～記要義　第 96 册
～記子思子言鄭注補正　第 932 册
～記集解　第 103—104 册
～記偶箋　第 98 册
～記釋注　第 106 册
～記疑義　第 99—100 册
～記補疏　第 105 册
～記補注　第 103 册
～記通解、讀禮記　第 97 册
～記鼇編　第 103 册
～記思　第 97 册
～記質疑　第 106 册
～記附記　第 103 册
～記鄭讀考(陳壽祺)　第 106 册
～記鄭讀考(俞　樾)　第 106 册
～記箋　第 104 册
～記恒解　第 105 册
08～説(淩　曙)　第 110 册
～説(黄以周)　第 112 册
21～經釋例　第 90 册
～經宫室答問　第 110 册
～經校釋　第 94 册
～經凡例(附容經學凡例)　第 93 册
～經學　第 94 册
50～書通故、校文　第 111—112 册
77～學卮言　第 110 册
88～箋　第 109 册

3530_0 連

10～雲書屋存稿　1482 册
16～環記　第 1774 册

3530_7 遣

29～愁集　第 1273 册

3530_8 遺

22～山先生新樂府　第 1723 册

3610_0 汨

60～羅江　第 1765 册

泊

77～鷗山房集　第 1441—1442 册

洄

32～溪醫案　第 1027 册

湘

00～麋閣遺詩　第 1567 册
11～瑟詞　第 1725 册
24～綺樓全集　第 1568—1569 册
31(新著)～江會曲文全本　第 1782 册
(光緒)～潭縣志　第 712 册
37～軍記　第 413 册
～軍志　第 413 册
40～真閣稿　第 1388 册
47～帆堂文録　第 1669 册

3611_7 温

24～侍讀集　第 1588 册
32～州經籍志、外編、辨誤　第 918 册
40～太真玉鏡臺　第 1763 册
　～太真玉鏡臺雜劇　第 1760 册
45～熱經緯　第 1005 册
　～熱逢源　第 1005 册
　～熱暑疫全書　第 1004 册

3612_7 湯

38～海若問棘郵草　第 1363 册

3613_3 濕

45～熱條辨　第 1005 册

3614_1 澤

10～雅堂文集　第 1560 册
　～雅堂詩集　第 1560 册
　～雅堂詩二集　第 1560 册

3614_7 漫

90～堂説詩　第 1699 册
　～堂年譜　第 554 册

3621_0 祝

17～子志怪録　第 1266 册
　～子罪知録　第 1122 册

視

77～學　第 1067 册

3624_0 裨

55～農最要　第 978 册

3625_6 襌

22～樂府　第 1404 册
31～源諸詮集都序　第 1279 册
44～林寶訓　第 1281 册

3630_0 迦

74～陵詞全集　第 1724 册

3630_1 逞

77～風流王焕百花亭雜劇　第 1762 册

3630_2 遏

10～雲閣曲譜　第 1757—1758 册

邊

18～政考　第 738 册

3630_3 還

16～硯齋易漢學擬旨　第 34 册
　～硯齋周易述　第 34 册
　～魂記　第 1769 册，第 1771 册

3710_9 鑿

55～井圖經　第 1052 册

3711_4 濯

26～纓亭筆記(附禮記集説辯疑)　第 1170 册

3712_0 洞

00～庭湖柳毅傳書　第 1763 册
　～庭湖柳毅傳書雜劇　第 1762 册
10～天奥旨、圖　第 1013 册
22～山九潭誌　第 724 册
41～垣全書脉訣闡微　第 1023—1024 册

湖

11～北詩徵傳略　第 1707 册

(嘉慶)～北通志檢存稿、未成稿　第 660 册
～北金石志　第 913 册
21～上集　第 1351 册
～上草　第 1391 册
22～山勝概　第 721 册
38～海文傳　第 1668—1669 册
～海新聞夷堅續志前集、後集　第 1266 册
～海詩傳　第 1625—1626 册
40(光緒)～南通志　第 661—668 册
45～樓筆談　第 1162 册
71～蠶述　第 978 册

潤

32～州先賢録　第 541 册

澗

10～于集　第 1566 册
80～谷遺集　第 1320 册

3712_7 湧

40～幢小品　第 1172—1173 册

滑

23(坐隱先生精訂)～稽餘韻　第 1738 册

鴻

83～猷録　第 389 册

3713_4 澳

77～門紀略　第 676 册

3713_6 漁

38～洋山人自撰年譜註補　第 554 册
76～陽三劃　第 1764 册

3714_7 汲

37～冢紀年存真、周年表　第 336 册
40～古閣説文訂　第 204 册
～古閣珍藏秘本書目　第 920 册

3716_1 澹

25～生堂藏書目、藏書約、庚申整書小記、庚申整書例略　第 919 册
26～泉筆述　第 1171 册
38～游集　第 1622 册
52～静齋文鈔、外篇、詩鈔　第 1474 册

3716_4 洛

12～水悲　第 1764 册
77～學編　第 515 册

潞

12～水客談　第 851 册
44～藩輯纂萬彙仙機棊譜　第 1099—1100 册

3718_2 漱

10～玉詞、補遺　第 1722 册

3719_4 深

00～衣釋例　第 107 册
～衣解　第 107 册
10～雪偶談　第 1694 册

3721_0 祖

90～堂集　第 1285 册

3722_0 初

31～潭集　第 1188—1189 册
77～月樓古文緒論　第 1714 册

3730_1 逸

17～孟子　第158册
44～老堂詩話　第1695册

3730_2 迎

22～鑾日記　第559册

通

10～天臺　第1765册
22～制條格存　第787册
27～紀　第336册
28～俗編　第194册
　～俗字林辨證　第241册
40～志堂集　第1419册
50～惠河志　第850册
53～甫類藁、續編、通父詩存、詩存之餘　第1532册
77～屬種棉述畧　第977册
80～介堂經説　第177册
　～父詩存、詩存之餘　第1532册
　～義堂文集　第1546册
　～義堂集　第177册
88～鑑注商　第342册
　～鑑注辨正　第342册

過

00～庭録　第1157册
10～夏雜録、續録　第1154册
　～雲樓書畫記　第1085册
26～伯齡先生四子譜　第1102册

3730_3 退

00～庵隨筆　第1197册
28～復軒詩　第1554册
33～補齋詩存、文存　第1552册
　～補齋詩存二編、文存二編　第1552册
44～菴詩存　第1499册
60～思易話　第24册

3730_4 運

25～使復齋郭公言行録　第550册
70～甓記　第1770册
80～氣易覽　第983册

3742_7 鵓

07～鵓譜全集　第1119册

3750_6 軍

18～政備例　第852册
　～政條例類考　第852册
　～政事宜　第852册

3772_7 郎

31～潛紀聞、二筆、三筆　第1182册

3780_0 冥

47～報記　第1264册

3780_6 資

33～治通鑑補　第336—341册
　～治通鑑地理今釋　第342册
44～世通訓　第935册

3812_7 汾

21～上續談　第1128册
32(乾隆)～州府志　第692册

3813_2 淞

48～故述　第730册

3813_4 渼

74～陂集、續集　第1334册

3813_7 冷

00～廬雜識、續編　第 1140 册
～廬醫話　第 1029 册

3814_1 洴

30～澼百金方　第 967 册

3814_7 游

22～仙窟　第 1783 册
44～藝塾文規　第 1718 册
～藝塾續文規　第 1718 册

3815_7 海

21～上見聞録定本　第 445 册
～虞詩話　第 1706 册
22～崖文録　第 1671 册
23～外紀事　第 744 册
27～島算經細草圖說　第 1041 册
～峰文集、詩集　第 1427 册
～峰先生文集　第 1670 册
29～秋詩集　第 1529 册
30～寧經籍志備考　第 918 册
32～沂子　第 1125 册
～浮山堂詩稿、文稿　第 1345 册
～浮山堂詞稿　第 1738 册
37～運續案　第 838 册
40(新鐫)～内奇觀　第 721 册
50～東逸史　第 444 册
60～國圖志　第 743—744 册
～國勝遊草、天外歸帆草　第 1532 册
70～防要覽　第 969 册
～防奏疏、撫畿奏疏、計部奏疏　第 480 册
～防纂要、圖　第 739—740 册
84～錯百一録　第 1120 册

3816_7 滄

33～浪軒詩集　第 1324 册

3824_0 啟

31～禎兩朝剥復録　第 438 册

3830_3 遂

37～初草廬詩集　第 1498 册
～初堂詩集、文集、别集　第 1417—1418 册

3830_4 遵

80(道光)～義府志　第 715—716 册

3830_6 道

10～一編　第 936 册
14～聽録　第 1132 册
24～德玄經原旨、玄經原旨發揮　第 954 册
～德經論兵要義述　第 954 册
～德真經廣聖義　第 1290—1291 册
～德真經取善集　第 954 册
～德真經傳　第 954 册
～德真經藏室纂微篇　第 1291 册
～德真經指歸　第 954 册
40～南源委録　第 515 册
～古録　第 1127 册
～古堂文集、詩集、集外文、集外詩　第 1426—1427 册
41～樞　第 1293 册
48～教義樞　第 1293 册
53～咸同光四朝詩史甲集、乙集　第 1628 册
80～命録　第 517 册
90～光廣東通志　第 669—675 册
～光遵義府志　第 715—716 册

～光肇慶府志　第713—714册

3850_7 肇

00(道光)～慶府志　第713—714册
08～論中吴集解　第1274册
43～域志　第586—595册

3912_0 沙

32～州圖經　第732册
33(新著)～沱頒兵程敬思解寶曲文全本　第1782册
77～門島張生煮海雜劇　第1762册

3912_7 消

60～暑録　第1161册

3930_2 逍

37～遙遊　第1765册

3930_9 迷

50～青瑣倩女離魂　第1763册
～青瑣倩女離魂雜劇　第1761册

4000_0 十

00～六長樂堂古器款識攷　第901册
10～一家注孫子　第959册
～三經注疏校勘記　第180—183册
～三經注疏校勘記識語　第183册
～五貫　第1775册
17～翼後録　第36—37册
30～家注孫子遺説　第959册
～字坡　第1767册
40～七史商榷　第452—453册
46～駕齋養新録、餘録　第1151册
60～四經發揮　第995册
80～八家詩鈔　第1592—1593册

4001_1 左

00～文襄公文集、詩集、聯語　第1541册
～文襄公年譜　第557册
25～傳經世鈔　第120册
～傳釋地　第125册
～傳官名考　第123册
～傳通釋　第123册
～傳札記　第128册
～傳杜解集正　第128册
～傳杜注辨證　第125册
37～通補釋　第123册
38～海文集、乙編、絳跗草堂詩集　第1496册
～海文録　第1672册
～海經辨　第175册
50～忠毅公集　第1370册
72～氏條貫　第121册
～氏古義　第125册
～氏摘奇　第118册
～氏春秋集説　第120册
～氏春秋考證　第125册
～氏春秋鐫　第119册
97～恪靖侯奏稿初編、續編、三編　第502—504册

4001_6 尳

00～言六十三篇　第953册

4001_7 九

00～章詳註比類算法大全、乘除開方起例　第1043册
～章筭經　第1041册
～章算術細草圖説　第1041册
08～旗古義述　第85册
10～正易因　第9册

21～經疑難　第 171 册
27～峰先生集　第 1320 册
30～家逸象辨證　第 35 册
～宫新式　第 1068 册
（新定）～宫大成南北詞宫譜、閏　第 1753—1756 册
40～十九淀考　第 851 册
44～勢碎事　第 1068 册
48～梅村詩集　第 1539 册
60～國志、拾遺　第 333 册
67～曜石考　第 913 册
80～公山房易問　第 16 册
88～籥集　第 1373—1374 册
～籥别集　第 1374 册
91～煙先生遺集　第 1399 册

4003_0 大

00～方廣佛華嚴探玄記　第 1276—1278 册
～唐郊祀録　第 821 册
～唐大慈恩寺三藏法師傳　第 1286 册
～唐内典録　第 1289 册
04～誥武臣　第 862 册
10～元至元辨僞録　第 1289 册
～元聖政國朝典章、新集至治條例　第 787 册
～元官制雜記　第 748 册
～元海運記　第 835 册
～雲山房文稾　第 1482 册
20（新著）～香山全本　第 1782 册
～乘百法明門論疏　第 1274 册
～乘起信論義記、别記　第 1279 册
～統曆註　第 1036 册
22～樂律吕元聲、考注　第 113 册
24～德南海志　第 713 册
25（增廣）～生要旨　第 1008 册
30～定新編　第 1059 册
～宋僧史略　第 1286 册
35～清詔令　第 458 册
～清一統志　第 613—624 册
～清律集解附例、續纂條例、例校正條款　第 863 册
～清太祖承天廣運聖德神功肇紀立極仁孝武皇帝實録　第 368 册
～清時憲書箋釋　第 1040 册
36～還閣琴譜、谿山琴況　第 1094 册
43～戴禮記正誤　第 107 册
～戴禮記解詁　第 107 册
～戴禮記注補　第 107 册
～戴禮記補注、序録　第 107 册
～戴禮記斠補　第 107 册
44～藏字母九音等韻　第 257 册
46～觀録　第 1066 册
～駕北還録　第 433 册
47～都新刊關目的本東窗事犯　第 1760 册
～都新編楚昭王疎者下船　第 1760 册
～都新編關張雙赴西蜀夢　第 1760 册
～都新編關目公孫汗衫記　第 1760 册
50～書長語　第 1065 册
～秦景教三威蒙度讚　第 1296 册
53～成樂律全書　第 114 册
60～易則通、閏　第 17 册
61～毗盧遮那成佛經疏　第 1280 册
67～明高僧傳　第 1285 册
～明一統文武諸司衙門官制　第 748 册
～明律釋義　第 863 册
～明律、條例　第 862 册
～明清類天文分野之書　第 585—586 册
～明會典　第 789—792 册
77～同書　第 953 册
～學意、中庸意、大學説、中庸説、語孟説略　第 162 册
～學章句質疑　第 159 册

～學辨　第159册
～學辨業　第159册
～學説　第159册
～學疏略　第159册
～學偶言　第159册
～學古本傍釋、古本問　第159册
～學古義　第159册
～學古義説　第159册
～學困學録　第159册
～學知本圖説　第159册
80～谷山堂集　第1438册

太

00～音大全集　第1092册
～玄解　第1048册
～玄闡秘、外編、附編　第1048册
10～霞新奏　第1744册
～平詔書　第458册
～平天日　第445册
～平寰宇記補闕　第585册
～平金鏡策　第475册
～函集　第1346—1348册
17～乙統宗寶鑑　第1061册
～乙舟文集　第1493册
～乙舟詩集　第1493册
～乙神鍼心法　第996册
22～山藁　第1354册
25～律、外篇　第114册
26～保費文憲公摘稿　第1331册
～和正音譜　第1747册
30～宗皇帝實録　第348册
40～古正音琴經、琴譜　第1093册
41～極圖説　第936册
～極圖説論　第933—934册
50～史楊復所先生證學編、證學論、策　第1129册
60～易鉤玄　第3册
77～學新編黼藻文章百段錦　第1717册
～學新增合璧聯珠聲律萬卷菁華前集、後集　第1214—1216册
～醫院經驗奇效良方大全　第1001—1002册
～醫院志(附同寅録)　第1030册
90～常因革禮　第821册
～炎文録初編、補編　第1577册

4010_0 士

35～禮居藏書題跋記　第923册
80～人家儀考　第826册

4010_4 臺

32(康熙)～灣府誌　第712册
～灣隨筆　第734册
～灣鄭氏始末　第390册
90～省疏稿　第478册

4010_6 查

50～東山先生年譜　第553册

4010_7 直

00～音傍訓毛詩句解　第57册
(重訂)～音篇　第231册
01～語補證、日貫齋塗説、筆史　第194册
45(嘉慶)～隸太倉州志　第697—698册

壺

10～天録　第1271册
50～史　第1106册
60～園詩外集　第1516册
～園詩鈔選、五代新樂府　第1516册
～園賦鈔　第1516册

4010_8 壹

00～齋集　第1475册

4012_7 坊

07～記新解　第107册

4016_1 培

34～遠堂文録　第1671册
44～蔭軒詩集、文集、雜記　第1447册

4020_0 才

07～調集補注　第1611册

4021_1 堯

22～山堂外紀　第1194—1195册

4021_4 在

30～官法戒録　第951册
60～園雜志　第1137册

4021_6 克

00～庵先生尊德性齋小集、補遺　第1318册

4022_7 内

21～經運氣病釋(附内經遺篇病釋)　第983册
～經博議　第982册
40～臺集　第1335册
62～則章句　第107册
77～閣志　第751册
～閣藏書目録　第917册
～閣奏題稿　第479册
～閣小志、故事　第751册

布

00～衣陳先生存稿　第1330册
23～袋和尚忍字記雜劇　第1761册

希

40～古堂集　第1564册

有

10～正味齋詩集、續集、駢體文、續集　第1468—1469册
～正味齋詞集、詞續集、外集　第1725册
95～情癡　第1765册

南

00～病别鑑(附節録辨證要略)　第1005册
～庄類稿文録　第1670册
～廱志　第749册
～唐二主詞　第1722册
～唐書注　第333册
～音三籟　第1744册
07(新編)～詞定律　第1751—1753册
～詞叙録　第1758册
10～雷文定　第1397册
～雷文定五集　第1397册
～雷文録　第1669册
～雷詩曆　第1397册
～雷集外文　第1397册
11～北詞廣韻選　第1742—1743册
～北派十三套大曲琵琶新譜　第1096册
北史表　第283册
～北史合注　第278—282册
～疆逸史、跋　第332册
22～嶽總勝集　第725册
～山集、補遺　第1419册
～山集偶鈔　第1418册

26～臯鄉先生會語合編、講義合編　第 942 册
27～船紀　第 878 册
30～濠居士文跋　第 922 册
～渡録　第 443 册
～宫奏議　第 476 册
31～江文鈔、詩鈔　第 1463 册
～江札記　第 1152 册
～河志　第 728 册
～河全考　第 729 册
～滑梏語　第 1161 册
32～州草堂集　第 1415 册
34～漢紀　第 334 册
～漢書、考異、叢録、文字略　第 334 册
37～澗文集　第 1449 册
～潯鎮志　第 717 册
38～海寄歸内法傳　第 1286 册
(大德)～海志　第 713 册
40（廣輯詞隱先生增定）～九宫詞譜　第 1747—1748 册
～臺舊聞　第 746 册
41～柯記　第 1770 册
44～薰殿圖像考　第 1082 册
～華發覆　第 957 册
～華經解　第 957 册
～華真經旁注　第 956 册
～華真經副墨、讀南華真經雜説　第 1291 册
～華真經循本　第 956 册
～華真經注疏　第 955 册
～村草堂文鈔　第 1501 册
～村隨筆　第 1137 册
45～樓月　第 1765 册
47～朝宋會要　第 767—769 册
～朝會要　第 775 册
55～耕詞、歲寒詞　第 1725 册
70～陔遺草　第 1474 册
76(新著)～陽關全曲　第 1782 册
77～屏山人集　第 1441 册
～屏净慈寺志　第 719 册
～學製墨劄記　第 1115 册

4024_7 存

10～吾文集録　第 1672 册
～吾文稿　第 1456 册
28～復齋文集　第 1324 册
～復齋續集　第 1324 册
30～審軒詞　第 1726 册
33～治編　第 947 册
50～素堂文集、續集　第 1476 册
～素堂詩初集録存　第 1476 册
77～學編　第 946 册
80～人編　第 947 册
95～性編　第 946 册
98～悔齋集、外集　第 1485—1486 册

4033_1 志

34～遠齋史話　第 451 册

赤

70～壁遊　第 1765 册

4040_0 女

16～彈詞　第 1767 册
23～狀元　第 1764 册
～狀元辭凰得鳳　第 1766 册
24～科百問、産寶雜録　第 1007 册
～科經綸　第 1007 册
～科輯要　第 1007 册

4040_1 幸

40～存録、續幸存録　第 440 册

4040_7 李

00～文襄公奏議、奏疏、年譜、別録　第 493 册
～文襄公年譜　第 554 册
～文恭公遺集、行述　第 1523—1525 册
～文忠公奏稿　第 505—508 册
～文忠公朋僚函稿　第 1553—1554 册
04～詩選註、辯疑　第 1305—1306 册
10～亞僊花酒曲工池　第 1763 册
～亞仙花酒曲江池雜劇　第 1760 册
～雲英風送梧桐葉　第 1763 册
～雲英風送梧桐葉雜劇　第 1762 册
17～丞相詩集　第 1313 册
20～秀成自述原稿　第 445 册
21～卓吾先生批評西遊記　第 1792—1793 册
～卓吾先生批評忠義水滸傳　第 1791—1792 册
～師師外傳　第 1783 册
22～嶠雜詠　第 1305 册
30～密投唐　第 1782 册
34～逵負荆　第 1764 册
36～温陵集　第 1352 册
40(古杭新刊關目的本)～太白貶夜郎　第 1760册
～太白匹配金錢記　第 1763 册
～太白匹配金錢記雜劇　第 1760 册
44(新雕)～燕陰陽三命　第 1059 册
46～恕谷先生年譜　第 554 册
50～中麓閒居集　第 1340—1341 册
～素蘭風月玉壺春雜劇　第 1761 册
71～長吉詩歌彙解、外集　第 1311 册
～長吉昌谷集句解定本　第 1311 册
72～氏音鑑　第 260 册
～氏樂書六種　第 114 册
～氏續焚書　第 1352 册
～氏遺書十一種　第 1045—1046 册
～氏易傳校　第 38 册
～氏易解賸義　第 27 册
80～義山詩解　第 1701 册
90～懷州集　第 1588 册

友

47～聲集　第 1627 册
80～會談叢　第 1260 册

支

38～道林集、外集　第 1304 册
70～雅　第 193 册

4046_5 嘉

00～慶廬州府志　第 709—710 册
～慶廣西通志　第 677—680 册
～慶廣陵事略　第 699 册
～慶新修江寧府志　第 695 册
～慶延安府志　第 693 册
～慶衛藏通志　第 683 册
～慶寧國府志　第 710—711 册
～慶湖北通志檢存稿、未成稿　第 660 册
～慶直隸太倉州志　第 697—698 册
～慶松江府志　第 687—689 册
～慶東流縣志　第 712 册
～慶鳳臺縣志　第 710 册
05～靖倭亂備抄　第 434 册
～靖寧夏新志　第 649 册
～靖遼東志　第 646 册
～靖大政類編　第 433 册
20～禾徵獻録、外紀　第 544 册
30～定鎮江志　第 698 册
50～泰吴興志　第 704 册
60～量算經、問答　第 1044 册

77～隆新例附萬曆　第467册

4051_4 難

21～經正義、圖　第983册
～經經釋　第983册
～經懸解　第983册
30～字直音　第251册

4060_0 古

00～文矜式　第1713册
～文辭類纂　第1609—1610册
～文孝經(敦煌殘卷)　第151册
(增注東萊吕成公)～文關鍵　第1602册
～文周易參同契註　第1292册
～文尚書　第41册
～文尚書商是　第50册
～文尚書辨僞　第46册
～文尚書辨惑　第50册
～文尚書釋難　第50册
～文尚書條辨　第46册
～文尚書冤詞補正　第45册
～文尚書析疑　第50册
～文尚書考　第44册
～文尚書撰異　第46册
～文尚書鄭氏注箋釋　第53—54册
～言　第1123册
～音諧　第246册
～音輯略、備考　第249册
～音類表　第248册
～雜劇　第1763册
04～詩歸　第1589册
～詩賞析　第1591—1592册
06～韻譜　第245册
～韻發明　第247册
～韻通説　第248册
07～謠諺　第1601—1602册
10～三墳書　第40册
～玉圖考　第1107册
16～碑目録　第241册
20～香詞　第1457册
22～山樂府　第1723册
～樂筌蹄　第114册
26～泉滙　第1112册
28～微堂詩集　第1522册
～微堂集　第1522册
～俗字略、漢碑用字、俗用雜字　第238册
31～迂陳氏家塾尹文子　第1121册
35～清涼傳、廣清涼傳、續清涼傳　第718册
37～逸民先生集　第1321册
40～太極測　第1048册
～杭新刊的本尉遲恭三奪搠　第1760册
～杭新刊的本關大王單刀會　第1760册
～杭新刊的本關目風月紫雲庭　第1760册
～杭新刊關目霍光鬼諫　第1760册
～杭新刊關目的本李太白貶夜郎　第1760册
～杭新刊關目輔成王周公攝政　第1760册
～杭新刊小張屠焚兒救母　第1760册
43(新刻全像)～城記　第1775册
50～史紀年　第336册
～史考年異同表、後説　第336册
～本難經闡注　第984册
～本董解元西廂記　第1738册
～奏議　第461册
～書疑義舉例　第1162册
60～易音訓　第2册
～易匯詮　第22册
77～周髀算經　第1031册

～印考略　第 1091 册
80～金待問録、餘、補遺　第 1109 册
～金録　第 1109 册
～今文字通釋　第 236 册
～今雜劇三十種　第 1760 册
～今譚概　第 1195 册
～今詞話　第 1733 册
～今詞統、雜説　第 1728—1729 册
～今樂律工尺圖　第 115 册
～今釋疑　第 1145 册
～今名扇録　第 1111 册
～今鹺略、補　第 839 册
～今官制沿革圖　第 746 册
～今治平畧　第 756—757 册
～今法制表　第 761 册
～今游名山記、總録　第 736 册
～今聲律定宫　第 116 册
(新鐫)～今事物原始全書　第 1237—1238 册
～今推步諸術考　第 1041 册
～今醫史、續增　第 1030 册
～今印説補　第 1092 册
～今印制　第 1091 册
～今印史　第 1091 册
～今小説　第 1784 册
88～籀拾遺(坿宋政和禮器文字考)　第 243 册,第 904 册
～籀餘論　第 243 册,第 904 册

右

23～台仙館筆記　第 1270 册
～編補　第 460 册

4060_1 吉

44～林外記　第 731 册
(光緒)～林通志、圖　第 647—648 册

4060_9 杏

44～花邨志　第 717 册

4062_1 奇

22～觚廎文集、外集　第 1575 册
～觚廎詩集、前集、補遺　第 1575 册
～觚室吉金文述　第 903 册
30～字名　第 191 册
49～妙全相注釋西廂記　第 1765 册

4064_1 壽

42～櫟廬儀禮奭固　第 93 册
～櫟廬儀禮奭固禮事圖　第 94 册
～櫟廬儀禮奭固禮器圖　第 93 册
44 (新編)～世傳真　第 1030 册
(新刊醫林狀元)～世保元　第 1021 册
～世青編　第 1030 册

4071_0 七

18～政臺曆　第 1040 册
21～經樓文鈔　第 1541 册
27～修續稿　第 1123 册
～修類稿　第 1123 册
40～十二候考　第 885 册
～十二家集　第 1583—1588 册
～十家賦鈔　第 1611 册
67～略佚文　第 916 册
～略别録佚文　第 916 册
81～頌堂詞繹　第 1733 册
87～録齋詩文合集　第 1387 册
～録齋詩鈔、文鈔　第 1445—1446 册

4071_6 奁

50～史、拾遺　第 1251—1252 册

4073_1 去

26～吴七牘　第 1367 册

4073_2 喪

35～禮吾説篇　第 95 册
77～服經傳補疏　第 95 册
　～服表、殤服表　第 95 册
　～服會通説　第 95 册
　～服鄭氏學　第 96 册

袁

72～氏義父　第 1764 册

4080_1 走

10(新著)～雪全曲　第 1782 册

真

26～傀儡　第 1764 册(2)
48～松閣詞　第 1726 册

4090_0 木

04～訥齋文集　第 1324 册
10～石居精校八朝偶雋　第 1714 册
46～棉譜　第 977 册

4090_8 來

17(重刻)～翟唐先生日録内篇、外篇　第 1128册

4091_6 檀

17～弓辨誣　第 107 册

4091_7 杭

32(乾隆)～州府志　第 701—703 册
　～州八旗駐防營志略　第 859 册

4092_7 柹

44～葉軒筆記　第 1158 册

4093_1 樵

17～歌　第 1722 册
77～風樂府　第 1727 册

4094_8 校

10～正元聖武親征録　第 423 册
　～正孔氏大戴禮記補注　第 108 册
12～刊目經大成　第 1018 册
20～讎通義　第 930 册
21～經廎文稾　第 1489 册
27～鄉黨圖考補證札記　第 157 册
35～禮堂文集　第 1480 册
　～禮堂詩集　第 1480 册
44～蔡中郎集疏證、外集疏證　第 1303 册
87～邠廬抗議　第 952 册

4121_4 狂

44～鼓史漁陽三弄　第 1764 册,第 1766 册

4122_7 獅

62～吼記　第 1772 册

㹳

81～缸笑　第 1767 册

4154_6 鞭

17～歌妓　第 1764 册(2)

4191_6 樞

41～垣記略　第 751 册
　～垣題名　第 751 册

4192_0 柯

17～子答問 第939册
30～家山館詞 第1725册
～家山館遺詩 第1507册

4192_7 樗

00～齋漫録 第1133册
44～繭譜 第978册
60～園銷夏録 第1179册

4194_7 板

42～橋雜記 第733册,第1272册
～橋集 第1425册

4196_1 梧

77～門詩話(附八旗詩話) 第1705册

楷

34～法溯源、古碑目録、集帖目録 第241册

4196_4 栖

16～碧先生黄楊集、補遺 第1325册
40～真館集 第1360册

4199_1 標

17～孟 第157册

4240_0 荆

22～川先生右編 第459册
32～州駐防八旗志 第859册
44～楚臣重對玉梳 第1763册
～楚臣重對玉梳記雜劇 第1762册
87～釵記 第1768册,第1781册

4241_3 姚

02～端恪公文録 第1671册
31～江學辨 第952册
72～氏易敎闡元 第31册

4291_0 札

37～迻 第1164册
42～樸 第1156册

4291_3 桃

31～源三訪 第1763册
32～溪客語 第1139册
44～花泉奕譜 第1101册
～花扇傳奇 第1776册
(新著)～花洞全曲 第1782册
～花女破法嫁周公雜劇 第1761册
～花人面 第1764册

4292_1 析

27～疑待正 第1136册

4292_7 橋

10～西雜記 第1181册

4293_4 樸

77～學齋文録 第1504册

4294_7 桴

00～亭先生文集、補遺、詩集 第1398册

4296_4 栝

44～蒼金石志、續栝蒼金石志 第911—912册

4304_2 博

27～物要覽 第1186册

～物典彙　　第 1246 册
47～趣齋藁　　第 1331 册
88(新刻)～笑記　　第 1774 册

4310_0 式

48～敬編　　第 974 册

卦

50～本圖考　　第 28 册
80～義一得　　第 17 册
～氣解　　第 23 册
～氣直日考　　第 34 册
～氣表、卦氣證　　第 32 册

4313_2 求

10～一術通解　　第 1047 册
～一算術　　第 1045 册
40～古録禮説、補遺、校勘記　　第 110 册
(新著)～壽全曲　　第 1782 册
50～表捷術　　第 1047 册
60～是堂文集、駢體文　　第 1500 册
～是堂詩集　　第 1500 册
77～聞過齋文集　　第 1501 册
～聞過齋詩集　　第 1501 册
～闕齋讀書録　　第 1161 册
～闕齋日記類鈔　　第 559 册
～闕齋弟子記　　第 551 册
80～益齋文集　　第 1553 册

4315_0 城

40～南寺　　第 1765 册

4355_0 截

00～賡集(附試律詩集、賦集)　　第 1483 册

4373_2 裘

00～文達公文集、詩集　　第 1441 册

4380_5 越

01～語肯綮録　　第 194 册
26～縵堂文集　　第 1559 册
～縵堂詩續集　　第 1559 册
50～中園亭記　　第 718 册

4385_0 戴

50～東原集　　第 1434 册
72～氏注論語　　第 157 册

4394_7 梭

22～山農譜　　第 976 册

4395_0 栽

44～苎麻法略　　第 977 册

4396_8 榕

43～城詩話　　第 1701 册
44～村字畫辨訛　　第 239 册
～村全集文録　　第 1669—1670 册
60～園詞韻　　第 1737 册
78～陰新檢　　第 547 册

4399_1 棕

00～亭古文鈔、駢體文鈔　　第 1442 册
～亭詩鈔　　第 1442 册

4402_7 協

25～律鈎玄、外集　　第 1311 册

4410_0 封

37～泥考略　　第 1109—1110 册

4410_1 芷

60～園臆草存案　第 1027 册

4410_4 董

00～方立文甲集、乙集　第 1518 册
77～膠西集　第 1583 册

4410_6 薑

00～齋文集、補遺　第 1403 册
～齋詩話　第 1698 册

4411_2 地

12～水師　第 852 册
13～球圖説、補圖　第 1035 册
16(重校正)～理新書　第 1054 册
60～圜説　第 1035 册

范

00～文正公文集　第 1313 册
～文正公年譜　第 552 册
10～石湖詩集注　第 1318 册
11～張雞黍　第 1763 册
26～伯子詩集　第 1568 册

4411_8 菹

18～政八箴　第 834 册

4412_7 勤

88～餘文牘、續編　第 1548 册

4413_2 菉

40～友蛾術編　第 1159 册

4414_7 鼓

11～琴八則　第 1095 册

41～棹初集、二集、瀟湘怨詞　第 1724 册

4416_4 落

47～帆樓文集、補遺　第 1525 册

4420_7 考

00～亭淵源録　第 517 册
10～工記鳥獸蟲魚釋　第 85 册
～工記析疑　第 79 册
～工記考辨　第 85 册
～工記考、圖　第 85 册
～工記車制圖解　第 85 册
～工記圖　第 85 册
～工創物小記　第 85 册
20～信録　第 455 册

夢

21～占逸旨　第 1064 册
～占類考　第 1064 册
27～幻緣　第 1765 册
～幻居畫學簡明、續、又　第 1086 册
44～林玄解　第 1063—1064 册
45～樓詩集　第 1450 册
60～園書畫録　第 1086 册
71～厂雜著　第 1269 册
77(新鍥徽郡原板)～學全書　第 1064 册

4421_1 荒

18～政要覽　第 846 册

麓

40～臺題畫稿　第 1066 册

4421_4 花

07～部農譚　第 1759 册
20～傭月令　第 1119 册

～舫緣　第 1764 册
23～外集　第 1723 册
30～宜館詩鈔、續存、無腔村笛　第 1521 册
40～木小志　第 1117 册
44～草蒙拾　第 1733 册
50～史　第 1116 册
～史左編　第 1117 册
77～間四友東坡夢雜劇　第 1762 册
80～前一笑　第 1763 册
90～當閣叢談　第 1175 册

莊

17～子集釋　第 957—958 册
～子集解　第 958 册
～子通　第 956 册
～子通義　第 955—956 册
31～渠先生門下質疑録　第 938 册

薩

40～真人夜斷碧桃花雜劇　第 1762 册

4421_7 蘆

44（新著）～花河全曲　第 1782 册
～花絮　第 1767 册

4422_1 荷

40～塘詩集　第 1457 册

蘅

44～華館詩録(附存)　第 1558 册
～華館日記　第 576 册

4422_2 茅

00～鹿門先生文集　第 1344—1345 册
22～山志　第 723 册

4422_7 芬

73～陀利室詞話　第 1735 册
～陀利室詞集　第 1726 册

芳

32～洲文集、詩集　第 1327 册
～洲文集續編　第 1328 册

帶

21～經堂詩話　第 1698—1699 册
～經堂詩集　第 1414—1415 册
～經堂集文録　第 1669 册
55～耕堂遺詩、崇祀録、吴中判牘　第 1545 册

莆

76～陽文獻、列傳　第 548 册
～陽比事　第 734 册

蒿

00～庵閒話　第 1136 册

蕭

21(新刊關目全)～何追韓信　第 1760 册
32～冰崖詩集拾遺　第 1321 册
37～淑蘭　第 1763 册
～淑蘭情寄菩薩蠻　第 1763 册
～淑蘭情寄菩薩蠻雜劇　第 1762 册
40～爽齋樂府　第 1738 册
77～閑老人明秀集注　第 1723 册

蘭

00～亭志　第 718 册
～亭會　第 1765 册
10～雪堂古事苑定本　第 1247 册

31～汀存藁　第 1348 册
60～易、蘭史　第 1116 册

勸

07～設學綴言　第 831 册
08～施迂談　第 481 册
22～種洋棉説　第 977 册
55～農書　第 975 册
77～學篇　第 953 册

4422_8 芥

27～舟學畫編　第 1068 册

4423_2 蒙

40～古字韻　第 259 册
～古通鑑長編(附編)　第 350 册
～古游牧記　第 731 册
43～求　第 1213 册
44～韃備録校注　第 423 册

藤

20～香館詞　第 1727 册
44～花亭鏡譜　第 1111 册
78～陰雜記　第 1177 册
～陰劄記　第 944 册

4423_7 蒹

44～葭堂稿　第 1354 册

4424_1 薜

44～荔山房藏稿　第 1359 册
88～簶吟館鈔存、賦　第 1521 册

4424_7 蔣

72～氏游藝秘録九種　第 1068 册

4425_3 藏

22～山閣集(詩存、文存)、田間尺牘　第 1400—1401 册
30～密齋集　第 1374—1375 册
50～書　第 301—302 册

4428_6 蘋

32～洲漁笛譜、集外詞　第 1723 册

4429_4 葆

35～沖書屋集、外集　第 1476 册

4430_4 蓮

17～子居詞話　第 1734 册
44～坡詩話　第 1701 册
80～谷先生讀易索隱　第 6 册
90～堂詩話、校譌、續校　第 1694 册

蓬

00～廬文鈔　第 1449 册
30～室偶吟　第 1486 册
～窗日録　第 1125 册
～窗類紀　第 1271 册

4430_7 芝

60～園外集　第 1123 册

4433_1 熱

31～河志略　第 730 册

燕

22～樂考原　第 115 册
30～寢考　第 110 册
34～對録　第 433 册
40～在閣知新録　第 1146—1147 册

50～青博魚 第1764册
77～閒四適 第1186册
～丹子 第1260册

蕉

00～鹿夢 第1765册
～廊脞録 第1264册
30～窗九録 第1185册
46～帕記 第1772册
51～軒續録 第1141册
～軒隨録 第1141册

4433_3 蕙

46～櫋襍記 第1158册
77～風詞 第1727册
～風詞話 第1735册

4439_4 蘇

00～齋題跋(附銕函齋書跋補) 第1068册
～文忠公詩編註集成 第1315—1316册
40～臺麋鹿記 第446册
48～松歷代財賦考、請減蘇松浮糧疏稿、居官備覽 第833册
60～園翁 第1765册

4440_0 艾

00～庵密箴、河洛私見、太極圖説 第936册

4440_6 草

00～亭先生集、年譜 第1416册
40～木疏校正 第64册
90(增修箋註妙選羣英)～堂詩餘前集、後集 第1728册
(類選箋釋)～堂詩餘、續選 第1728册
(重鐫)～堂外集 第1445册

4440_7 孝

21～經 第151册
～經詳説 第152册
～經翼 第151册
～經集證 第152册
～經集解 第152册
～經贊義 第151册
～經總類 第151册
～經述注 第152册
～經大全、或問、孝經翼 第151册
～經内外傳、正文 第152册
～經本義 第151册
～經學 第152册
～經義疏補 第152册
～經精義、後録、或問、原孝、餘論 第152册
80～義真蹟珍珠塔 第1745册

孽

38～海花 第1800册

4442_7 荔

44～村草堂詩續鈔 第1564册
～村草堂詩鈔 第1564册
72～隱山房文略 第1561册
～隱山房詩草 第1561册
80(重刊五色潮泉插科增入詩詞北曲勾欄)～鏡記 第1774册

萬

27～峰閣指法閟箋 第1094册
34(新刻)～法歸宗 第1064册
44～世玉衡録 第949册
50～青閣詩餘 第1724册
60～國公法 第1299册

71～曆辛亥京察記事始末　第 435 册
～曆三大征考、東夷考畧、東事答問　第 436 册
～曆疏鈔　第 468—469 册
～曆武功録　第 436 册
～曆會計録　第 831—833 册
72～氏秘傳片玉心書　第 1010 册
～氏家傳育嬰　第 1010 册
～氏女科　第 1007 册
80～善花室文藁　第 1516 册
90～卷堂書目　第 919 册

4443_0 樊

22～川文集夾註、外集　第 1312 册
～川詩集、别集、外集、補遺　第 1312 册
～山集　第 1574 册
～山續集　第 1574—1575 册
27～紹述集　第 1311 册
40～南文集詳註　第 1312 册
～南文集補編　第 1312 册

4444_1 葬

21～經箋註、圖説　第 1054 册

4444_3 莽

44～蒼蒼齋詩、補遺　第 1568 册

4445_6 韓

00～文類譜　第 552 册
04～詩遺説考、叙録、補遺　第 76 册
～詩内傳徵、補遺、疑義、叙録　第 75 册
11～非子集解　第 972 册
20～集箋正、年譜　第 1310 册
22～山人詩集、續集　第 1325 册
40～大中丞奏議　第 498 册
43(乾隆)～城縣志　第 693 册
60～昌黎詩集編年箋注　第 1310 册
77～門綴學、續編、談書録　第 1147 册

4446_0 姑

44～蘇名賢小紀　第 541 册

4450_2 攀

40～古樓彝器款識　第 903 册
～古小廬雜著　第 1160 册

4450_4 華

22～嶽全集　第 722 册
50～夷譯語(附高昌館來文、譯文備覽)　第 230 册
～夷花木鳥獸珍玩考　第 1185 册
72～氏中藏經　第 1018 册
76～陽陶隱居内傳　第 1294 册

4450_6 革

78～除遺事　第 432 册

4453_0 芙

44～蓉山館全集　第 1477 册

英

40～雄志　第 1782 册
～雄報　第 1766 册
～雄成敗　第 1765 册
57～軺日記　第 583 册

4454_1 擇

10～石齋詩集、文集　第 1443 册

4460_1 砉

21～經(殘)　第 1097 册

4460_7 茗

20～香堂史論　第 450 冊
41～柯文編　第 1488 冊
　～柯文補編、外編　第 1488 冊
　～柯詞　第 1725 冊
50～史　第 1115 冊

蒼

10～雪和尚南來堂詩集　第 1393 冊
26～峴山人文録　第 1671 冊
41～梧詞　第 1725 冊

4460_8 蓉

40～塘詩話　第 1695—1696 冊
48～槎蠡説　第 1137 冊

4462_7 荀

17～子評注三十二篇　第 932 冊
　～子集解、考證　第 932 冊
　～子微言　第 932 冊
　～子考異　第 932 冊
60～勗笛律圖注　第 115 冊

4471_1 老

13～殘游記、二編、外編(殘稿)　第 1800 冊
17～子　第 954 冊
　～子章義　第 954 冊
　～子集解、考異　第 954 冊
　～子鬳齋口義　第 954 冊
　～子道德經　第 954 冊
　～子道德經古本集注　第 954 冊
　～子想爾注　第 1290 冊
　～子本義　第 954 冊
60～圃良言　第 976 冊

4471_4 耄

88～餘詩話　第 1700 冊

4471_7 世

00～廟識餘録　第 433 冊
50～本　第 301 冊
80～善堂藏書目録　第 919 冊

4472_2 鬱

44～華閣遺集　第 1567 冊
58～輪袍　第 1764 冊(2)
77～岡齋筆麈　第 1130 冊

4472_7 劫

88～餘詩選　第 1531 冊

4473_1 芸

77～居乙藁　第 1318 冊
88～簏偶存　第 1462 冊

藝

00～麻輯要　第 977 冊
27～舟雙楫　第 1082 冊
44（新刻增補）～苑巵言　第 1695 冊
　～菊志　第 1116 冊
71～槩　第 1714 冊
77～風堂文集、外篇　第 1574 冊
　～風堂文續集、外集　第 1574 冊

4474_1 薛

00～文清公要言　第 935 冊
　～文清公行實録　第 551 冊
17～子庸語　第 940 冊
　～司隸集　第 1588 冊
21（新刊的本）～仁貴衣錦還鄉　第 1760 冊

(新著)～仁貴回窑全曲　第 1782 册
～仁貴榮歸故里雜劇　第 1760 册
50(新著)～蛟觀畫曲文全本　第 1782 册

4474_7 菽

22～崖考古録　第 1156 册

4477_0 廿

10～二史考異　第 454 册
～二史劄記、補遺　第 453 册

甘

26～泉鄉人稿、餘稿、年譜　第 1519 册
90～棠小志　第 716 册

4477_7 舊

00～唐書逸文　第 285 册
～唐書校勘記　第 283—284 册
10～五代史考異　第 290 册

4480_1 楚

07～望閣詩集　第 1577 册
～詞釋　第 1302 册
20～辭新集註(附楚懷襄二王在位事蹟考)　第 1302 册
～辭韵讀　第 248 册
～辭疏、讀楚辭語、屈原傳、楚辭雜論　第 1301 册
～辭聽直、合論　第 1301 册
～辭集解、大序、小序、蒙引、考異　第 1301 册
～辭通釋　第 1302 册
～辭箋註　第 1302 册
30～寶、總論　第 548—549 册
55(新鐫)～曲十種　第 1782 册
67(大都新編)～昭王疎者下船　第 1760 册
～昭公疎者下船雜劇　第 1760 册

4480_6 黄

00～帝龍首經　第 1054 册
～帝内經靈樞注證發微　第 980 册
～帝内經太素　第 979 册
～帝内經素問(吴　崑注)　第 980 册
～帝内經素問(張志聰集注)　第 980—981 册
～帝内經素問注證發微、補遺　第 979 册
～帝素問直解　第 982 册
～帝授三子玄女經　第 1054 册
～帝陰符經註　第 1290 册
～帝陰符經集解　第 1290 册
～帝陰符經注　第 1290 册
(王翰林集注)～帝八十一難經　第983 册
～帝金匱玉衡經　第 1054 册
10～石齋先生文集　第 1384 册
17～子年譜　第 553 册
22～山志定本　第 723—724 册
27～鵠山人詩初鈔　第 1548 册
～梨洲先生年譜　第 553 册
41～孅餘話　第 1138 册
44～蕘圃先生年譜　第 557 册
47～鶴樓　第 1765 册
50～書　第 945 册
70～檗山寺志　第 719 册
72～氏集千家註杜工部詩史補遺　第 1307 册
～氏逸書考　第 1206—1211 册

4480_9 焚

20～香記　第 1768 册
47～椒録　第 423 册

4490_0 樹

21～經堂詩初集、續集、文集　第 1458 册

44～藝篇　　第 977 册

4490_1 禁

50～書總目　　第 921 册
77～毁書目　　第 921 册

蔡

50～中郎文集補　　第 1303 册
～中郎集　　第 1583 册

4490_4 茶

08～譜　　第 1115 册
20～香室經説　　第 177 册
～香室叢鈔、續鈔、三鈔、四鈔　　第 1198—1199 册
～乘、拾遺　　第 1115 册
22～山老人遺集　　第 1325 册
44～花譜、總説、茶花詠　　第 1116 册
50～史、補　　第 1115 册
88～餘客話　　第 1138 册

菜

47～根譚前集、後集　　第 1133 册

藥

10(新著)～王傳全曲　　第 1782 册
44～地炮莊、總論　　第 957 册
60～品化義　　第 990 册
95～性通考　　第 994 册

葉

00～文莊公奏議　　第 475 册
～文敏公集　　第 1410 册
23～戲原起　　第 1106 册

4491_0 杜

04～詩言志　　第 1700 册
～詩附記　　第 1704 册
～詩闡　　第 1308 册
10～工部集、年譜、諸家詩話、唱酬題詠附録　　第 1308 册
～工部草堂詩箋、詩話、年譜　　第 1307 册
28～牧之詩酒揚州夢　　第 1760 册
～牧之詩酒揚州夢雜劇　　第 1761 册
44～蘂娘智賞金線池　　第 1763 册
～蘂娘智賞金線池雜劇　　第 1762 册
70～臆(附管天筆記外編)　　第 1307 册

4491_2 枕

16～碧樓偶存稿　　第 1563 册

4491_4 桂

32～洲詩集　　第 1339 册
47～馨堂集　　第 1491 册
51～軒續稿　　第 1330 册
～軒藁　　第 1330 册
77～留山房詩集(附詞集)　　第 1516 册

榷

18～政紀略、奏疏、莅政八箴　　第 834 册

權

43(新刊)～載之文集、補刻　　第 1309 册

蘿

44～摩亭札記　　第 1159 册

4491_7 植

27～物名實圖考　　第 1117—1118 册

藴

95～愫閣文集　第1494册
　～愫閣詩集　第1493册
　～愫閣詩續集　第1493册
　～愫閣别集　第1493册

4492_7 菊

08～譜(葉天培)　第1116册
　～譜(周履靖)　第1116册
44～坡叢話　第1695册

橢

60～圓新術　第1047册
　～圓正術解　第1047册
　～圓拾遺　第1047册

4498_1 棋

21～經　第1097册
　～經注　第1098册

4498_6 横

10～雲山人集　第1416—1417册

4499_0 林

00～文忠公政書三集、蒐遺　第500册
10～下詞選　第1729册
　～石逸興　第1739册
37～汲山房遺文　第1449册
　～初文詩文全集　第1358册
77～屋山人漫藁　第1321册
　～居漫録前集、别集、畸集、多集　第1172册

楙

44～花盦詩、外集　第1519册

4541_0 姓

27～解　第1213册

4541_7 執

00～齋先生文集　第1334册

4593_2 隸

06～韻、碑目　第236册
　～韻考證、碑目考證　第236册
21～經文、續隸經文　第173册
37～通　第241册
48～樣　第242册
50～書正譌　第238册
80～八分辨　第239册
88～篇、續、再續　第241—242册

4594_4 樓

22～山堂集、遺文、遺詩　第1388—1389册

棲

10～霞長春子丘神仙磻溪集　第1322册

4596_0 柚

90～堂筆談　第1154册

4599_6 楝

00～亭詩鈔、詩别集、詞鈔、詞鈔别集、文鈔　第1419册

4600_0 加

33～減乘除釋　第1045册

4611_0 坦

00～庵樂府黍香集　第1739册

觀

90(張文定公)～光樓集　第1336册

4611_4 埋

10～憂集、續集 第1271册

4614_0 埤

70(增修)～雅廣要 第1271册

4621_0 觀

27～象玩占 第1049册
～象居易傳箋 第22册
92(新著)～燈全曲 第1782册

4622_7 獨

16～醒子 第943册
30～漉堂詩集、文集、續編 第1413册
60～異志 第1264册
77～學廬初稿、二稿、三稿、四稿、五稿、餘稿、文稿 第1466—1467册
88～笑齋金石攷略 第901册

4633_0 恕

80～谷後集 第1420册
～谷中庸講語 第159册

4640_0 如

25～積引蒙 第1046册

4643_4 娱

06～親雅言 第175册,第1158册

4651_7 韞

22～山堂文録 第1672册

4680_6 賀

00～方回詞 第1722册
24～先生文集 第1567册

4690_0 柏

46～梘山房全集 第1513—1514册
90～堂師友言行記 第540册

相

34～法十六篇 第1059册
60～國寺公孫合汗衫雜劇 第1760册
～思譜 第1765册

4691_3 槐

00～廳載筆 第1178册
67～野先生存笥稿 第1344册

4691_4 檉

44～華館全集 第1509册

4692_7 棉

32～業圖説 第977册
50～書 第977册

楞

26～伽師資記(殘) 第1281册

楊

00～文弱先生集 第1372—1373册
～文定公詩集 第1326册
～文恪公集 第1332—1333册
～襄毅公本兵疏議 第477册
17～子折衷 第938册
24～侍郎集 第1583册
27～叔嶠先生詩集、文集 第1568册
40～太真外傳 第1783册
48～救貧先師宅寶經 第1052册
50～忠烈公文集 第1371册
～東來先生批評西游記 第1766册

60(新著)～四郎探母全曲　第 1782 册
～園先生詩文　第 1399 册
72～氏女殺狗勸夫雜劇　第 1760 册
80～全甫諫草　第 482 册
～公來路玄空烟火活法　第 1052 册
97～輝算法、札記　第 1042 册

4694_4 櫻

42～桃宴　第 1765 册
～桃園　第 1765 册

4712_0 均

44～藻　第 1232 册

4712_7 鄞

72(乾隆)～縣志　第 706 册

4719_4 垛

25～積比類　第 1047 册

4722_7 鶴

26～泉文鈔　第 1462 册
～泉文鈔續選　第 1462 册

4740_1 聲

06～韻攷、聲類表　第 244 册
～韻襍箸、文韻攷衷六聲會編　第 255 册
08～説　第 249 册
～譜　第 249 册
25～律通考　第 116 册
～律關鍵　第 1717 册
50～表三十表　第 255 册

4742_0 朝

28～鮮紀事　第 744 册
67～野新聲太平樂府　第 1739 册

4742_7 婦

24～科玉尺　第 1008 册

4744_0 娵

76～隅集　第 1436 册

4744_7 好

31(新刊關目)～酒趙元遇上皇　第 1760 册

4752_0 鞠

37～通樂府　第 1739 册

4760_1 磬

52～折古義　第 85 册

4762_0 胡

00～文忠公遺集　第 1539—1540 册
02～刻通鑑正文校宋記　第 342 册
17～子衡齊　第 939 册
～子易演　第 7 册
44～林翼奏議　第 505 册
72～氏書畫考三種　第 1082 册
90～少師總集　第 1317 册

4762_7 都

12～孔目風雨還牢末雜劇　第 1762 册
80～公譚纂　第 1266 册

4772_0 切

06～韻攷　第 258 册
～韻求蒙　第 253 册
～韻考、外篇　第 253 册
07～韵表　第 253 册
77～問齋文録　第 1671 册

4772_7 邯

67～鄲記 第1770册
～鄲道省悟黄梁夢雜劇 第1761册

4780_1 起

47～起穀梁癈疾 第133册

4791_7 楹

12～聯續話 第1254册
～聯叢話 第1254册
50～書隅録、續編 第926—927册

4792_0 柳

00～亭詩話 第1700册
07～毅傳書 第1763册
20～集點勘 第1311册
36～邊紀略、塞外草 第731册
37～選四家醫案 第1028册
40～南隨筆、續筆 第1147册
44(新鐫古今名劇)～枝集 第1763册
71～蠶新編 第978册

桐

31～江集 第1322册
43～城吴先生文集、詩集 第1563册
～城耆舊傳 第547册
78～陰論畫、畫訣、續 第1085册
～陰論畫二編、三編 第1085册

4792_7 橘

08～譜 第1116册
32～洲文集 第1318册
50～中秘 第1105册

4793_2 橡

44～繭圖説 第978册

4794_7 殺

47～狗記 第1773册

穀

22～山筆麈 第1128册
33～梁廢疾申何 第132册
～梁禮證 第132册
～梁大義述 第132册
～梁申義 第133册
(重訂)～梁春秋經傳古義疏 第133册

4796_4 格

18～致總學啓蒙 第1300册
40(新增)～古要論 第1185册

4814_0 救

23～偏瑣言、備用良方 第1011册
44～荒活民類要 第846册
～荒事宜 第481册
～荒野譜 第977册
～荒簡易書 第976册
～孝子賢母不認屍雜劇 第1761册

4816_6 增

00～廣大生要旨 第1008册
～廣鐘鼎篆韻 第237册
～廣箋注簡齋詩集、無住詞、胡學士續添簡齋詩箋正誤、簡齋先生年譜 第1317册
01～訂端溪硯坑志 第1113册
～訂春秋世族源流圖考 第148册
27～修雲林寺志 第719册

～修埤雅廣要　第 1271 册
～修箋註妙選羣英草堂詩餘前集、後集　第 1728 册
30～注東萊吕成公古文關鍵　第 1602 册
～注周易神應六親百章海底眼前集、後集　第 1055 册
～定本草備要　第 993 册
～定盛世危言新編　第 953 册
33～補貢舉考略　第 830—831 册
63～默菴詩遺集　第 1510 册
80～入名儒講義皇宋中興兩朝聖政、分類事目　第 348 册

4824_0 散

30（新刊的本）～家財天賜老生兒　第 1760 册
～家財天賜老生兒雜劇　第 1760 册
71～原精舍詩　第 1576 册

4826_6 獪

60～園　第 1267 册

4841_7 乾

27～象通鑑　第 1050—1051 册
37～初先生遺集、外編　第 1394—1395 册
38～道四明圖經　第 704 册
40（重刻足本）～嘉詩壇點將録　第 1705 册
77～隆府廳州縣圖志　第 625—627 册
～隆三水縣志　第 693 册
～隆元和縣志　第 696 册
～隆西藏誌　第 682 册
～隆瓊州府志　第 676 册
～隆烏程縣志　第 704 册
～隆淮安府志　第 699—700 册
～隆永清縣志　第 692 册
～隆汾州府志　第 692 册
～隆杭州府志　第 701—703 册
～隆韓城縣志　第 693 册
～隆鄞縣志　第 706 册
～隆歷城縣志　第 694 册

4842_7 翰

44～林集　第 1313 册
～林風月　第 1763 册
～林學士集（存零本一卷）　第 1611 册

4844_0 教

10～要序論　第 1296 册
23～稼書　第 975 册
40～女遺規　第 951 册

4860_1 警

44～世通言　第 1784—1785 册

4864_0 敬

10～一堂詩鈔　第 1418 册
20～孚類藁　第 1560—1561 册
27～修堂講録　第 172 册
50～事草　第 479—480 册、第 1358 册
～由編　第 974 册

4891_1 柞

71～蠶雜誌、問答　第 978 册
～蠶彙誌　第 978 册

4892_1 榆

32～溪文録　第 1671 册

4893_2 松

22～崖文鈔　第 1427 册
26～泉文録　第 1671 册
27～峰説疫　第 1004 册

30～窗百説　第 1122 册
31(嘉慶)～江府志、圖經　第 687—689 册
33～心詩録　第 1496 册
40～壺畫憶　第 1068 册
～壽堂詩鈔　第 1577 册
41(重編古筠洪城幸清節公)～垣文集　第 1320 册
44～夢寮詩稿　第 1559 册
47～鶴山房詩集、文集　第 1415—1416 册
60～圓詩老小傳　第 1386 册
～圓浪淘集、偈庵集　第 1385 册
74～陵文獻　第 541 册
77～風閣詩鈔、歸樸龕叢稿、續編　第 1518 册
80～龕先生文集、詩集　第 1523 册

4894_0 枚

27～叔集　第 1303 册

4895_7 梅

01～龍鎮　第 1767 册
17～礀詩話　第 1694 册
22～崖居士集文録　第 1671 册
44～花百咏　第 1325 册
～花草堂集　第 1380 册
～莊文録　第 1671 册
～莊詩鈔　第 1533 册
～村詩話　第 1697 册
～村家藏藁、補遺、世系、年譜　第1396 册
47～妃傳　第 1783 册
60～里詞　第 1724 册
～里志　第 716 册

4942_0 妙

20～香齋詩集　第 1485 册
77～貫堂餘譚　第 1136 册

4980_2 趙

30～寶峰先生文集　第 1321 册
44～恭毅公自治官書類集　第 880—881 册
50～忠毅公文録　第 1671 册
68～盼兒風月救風塵雜劇　第 1760 册
72～氏孤兒　第 1760 册，第 1764 册
～氏孤兒大報讐雜劇　第 1762 册

4995_0 柈

37～湖文集　第 1534 册

5000_6 中

00～庸意、中庸説　第 162 册
～庸章句質疑　第 159 册
～庸説要　第 159 册
～庸疏略　第 159 册
～庸傳注、中庸傳注問　第 159 册
～庸補注　第 159 册
～庸札記　第 159 册
～庸困學録　第 159 册
08～説考　第 933 册
10～西紀事　第 402 册
～西匯通醫經精義　第 982 册
～西兵略指掌　第 969 册
22～山傳信録(附中山贈送詩文)　第745 册
～山狼　第 1764 册(2)
26～白詞　第 1727 册
28～復堂遺稿、續編　第 1513 册
32～州音韻輯要　第 1747 册
～州樂府音韻類編　第 1739 册
～州全韻　第 1747 册
～州金石記　第 912 册
～州金石攷　第 912 册
37～郎女　第 1765 册
44～麓畫品　第 1065 册

46～觀論疏(附中論科判) 第1274册
50～書典故彙紀 第746册
77～風論 第1006册
～興行在雜買務雜賣場提轄官題名 第748册
～興禮書 第822—823册
～興禮書續編 第823册
～興東宮官寮題名 第748册

史

03～詠詩集 第1321册
07～記 第261—262册
～記疏證 第264册
～記志疑 第262—263册
～記考證 第263册
～記探源 第264册
37～通評釋 第447册
～通訓故 第447册
～通訓故補 第447册
～通削繁 第448册
43～載之方 第999册
44～林測義 第451册
50～忠正公集 第1387册
83～鉞 第449册

吏

33～治輯要 第755册
77～學指南 第973册

串

70～雅 第1003册

車

22～制考 第85册
99～營叩答合編 第962册

5000_7 事

00～文標異 第1136册
(新編)～文類要啓劄青錢前集、後集、續集、別集、外集 第1221册
(新編)～文類聚翰墨全書 第1219—1221册
27～物考 第1232册
～物異名録 第1252—1253册
91(重添校正蜀本書林)～類韻會 第1218—1219册

5001_4 推

21～步法解 第1032册
50～春秋日食法 第147册
80～拿廣意 第997册
88～篷寤語、餘録 第1128册

5002_7 摛

86(新刊徽板合像滾調樂府官腔)～錦奇音 第1778册

5003_2 夷

27～艘入寇記 第445册
30～牢溪廬文鈔 第1567册
～牢溪廬詩鈔 第1567册
77～堅志 第1264—1266册
80～氛聞記 第445册

攘

50～書 第953册

5009_4 擽

40～古録 第895册
～古録金文 第902册

5010_6 晝

30～永編　第 1124 册

畫

08～論　第 1067 册
　～譜　第 1065 册
22～繼補遺　第 1065 册
77～眉筆談　第 1120 册
　～學心印　第 1085 册
88～筌　第 1066 册
　～筌析覽　第 1083 册

5013_2 泰

10～西新史攬要　第 1297 册
　～雲堂集　第 1495 册
30～定養生主論　第 1029 册
44(新刊的本)～華山陳搏高卧　第 1760 册
51～軒易傳　第 2 册

5013_6 蟲

44～薈　第 1120 册

5022_7 青

07～郊詩存　第 1576 册
10～石嶺　第 1782 册
32～溪寇軌　第 423 册
　～溪舊屋文集　第 1517 册
　～溪暇筆　第 1167 册
　～衫記　第 1772 册
　～衫淚　第 1763 册
37～泥蓮花記　第 1271 册
38～海誌　第 649 册
44～芝山館集　第 1490 册
　～芙蓉閣詩鈔　第 1475 册
45～樓集　第 1758 册

5023_0 本

21～經疏證、續疏、序疏要　第 993 册
　～經逢原　第 994 册
44 (新修)～草　第 989 册
　～草集要　第 990 册
　～草衍義　第 990 册
　～草經解要(附餘)　第 995 册
　(增定)～草備要　第 993 册
　～草彙言　第 992 册
　～草綱目拾遺、正誤　第 994—995 册
　～草從新　第 994 册
　～草通玄　第 993 册
　～草求真　第 995 册
　～草蒙筌　第 991 册
　～草品彙精要、續集、脉訣　第 990—991 册
　～草原始　第 992—993 册
47～朝分省人物考　第 533—536 册
50～事詩　第 1699 册

5033_3 惠

72～氏讀説文記　第 203 册

5033_6 忠

00～文王紀事實録　第 550 册
13～武公年譜　第 557 册
21～經詳解　第 933 册
23～獻韓魏王家傳、别録、遺事　第 550 册
70～雅堂文集　第 1436—1437 册
　～雅堂文録　第 1670 册
　～雅堂詩集(附銅絃詞)　第 1436 册
88～節吴次尾先生年譜(附録樓山遺事)　第 553 册
　～節録　第 537 册

5034_3 專

33～治血症經驗良方論　第1006册

5043_0 奏

24～牘　第493册

5050_3 奉

10～天録　第423册
12～廷筑　第1765册

5060_0 由

00～庚堂集　第1356—1357册
90～拳集　第1360册

5060_1 書

00～序述聞　第48册
～文音義便考私編、難字直音　第251册
20～集傳、或問　第42册
21～經要義　第43册
～經參義　第43册
～經注　第42册
25～傳補商　第50册
27～疑　第42册
34～法論　第1068册
～法約言　第1065册
40～古文訓　第42册
～古微　第48册
44～林外集　第1324册
50～畫記　第1066册
～畫説鈐　第1068册
～畫鑑影　第1085—1086册
60～目答問、叢書目、別録、國朝箸述諸家姓名略　第921册
72～隱叢説　第1137册
77～學正韻　第250—251册
88～笑　第1273册

5060_3 春

15～融堂集、述庵先生年譜　第1437—1438册
26～泉聞見録　第1177册
29～秋詩話　第1702册
～秋説略、春秋比　第144册
～秋三發　第136册
～秋三傳比　第144册
～秋三傳通經合纂　第134册
～秋三傳異文釋　第144册
～秋三傳異同考　第139册
～秋三家異文覈　第148册
～秋正辭、舉例、要指　第141册
～秋平議　第148册
～秋列國官名異同考　第144册
～秋取義測　第140册
～秋翼附　第135册
～秋集傳(張　洽)　第133册
～秋集傳(汪　紱)　第140册
～秋經傳集解考正　第142—143册
～秋經傳比事　第147册
～秋經傳日月考　第148册
～秋亂賊考　第148册
～秋私考　第134册
～秋傳　第140册
～秋傳注　第139册
～秋傳注、提綱　第137—138册
～秋傳禮徵　第128册
～秋傳服氏注　第117册
～秋釋　第148册
～秋歸義　第136册
～秋條貫篇　第139册
～秋疑問　第135册
～秋名字解詁補義　第128册

～秋復始　第 131 册
～秋家説　第 139 册
～秋決事比　第 129 册
～秋通論、論旨、春秋無例詳考　第 139 册
～秋左傳註解辯誤、補遺　第 119 册
～秋左傳識小録　第 125 册
～秋左傳詁　第 124 册
～秋左傳讀叙録、鐂子政左氏説　第 128 册
～秋左傳正義　第 117—118 册
～秋左傳釋人　第 124 册
～秋左傳補疏　第 124 册
～秋左傳補注　第 124 册
～秋左傳杜注　第 121 册
～秋左傳杜注校勘記　第 128 册
～秋左傳杜氏集解辨正　第 128 册
～秋左傳姓名同異考　第 121 册
～秋左傳典略　第 119 册
～秋左傳會要　第 123 册
～秋左傳類解　第 119 册
～秋左氏傳賈服注輯述　第 125 册
～秋左氏傳補注　第 125 册
～秋左氏傳地名補注　第 125 册
～秋左氏傳舊注疏證　第 126—127 册
～秋左氏古經　第 123 册
～秋直解　第 140 册
～秋直解、讀春秋　第 136 册
～秋内傳古注輯存　第 122 册
～秋女譜　第 148 册
～秋古經説　第 148 册
～秋世族譜拾遺　第 148 册
(增訂)～秋世族源流圖考　第 148 册
～秋世族輯略、列國輯略　第 124 册
～秋世系表　第 149 册
～秋穀梁經傳補注　第 132 册
～秋日南至譜　第 148 册
～秋日食辨正　第 148 册
～秋日食集證　第 148 册
～秋日食質疑　第 144 册
～秋四傳私考　第 135 册
～秋圖表　第 148 册
～秋異文箋　第 144 册
～秋異地同名考　第 128 册
～秋凡例　第 120 册
～秋屬辭辨例編　第 145—146 册
～秋義存録　第 139 册
～秋公羊經何氏釋例、後録　第 129 册
～秋公羊傳曆譜　第 131 册
～秋公羊傳箋　第 131 册
～秋公羊注疏質疑　第 129 册
～秋公羊禮疏　第 129 册
～秋公羊問答　第 129 册
～秋朔至表　第 148 册
～秋朔閏至日考　第 148 册
～秋朔閏表發覆　第 147 册
～秋朔閏異同　第 147—148 册
～秋繁露注　第 150 册
～秋繁露義證　第 150 册
～秋小學　第 144 册
～秋慎行義、刑法義、使師義　第 144 册
34～波影　第 1764 册
40～在堂襍文、續编、三编、四编、五编、六编、補遺、詩编　第 1550—1551 册
～在堂隨筆　第 1141 册
44～蕪記　第 1770 册
～草堂集　第 1507 册
67～暉閣詩選　第 1541 册
77～風慶朔堂　第 1763 册

5090_0 末

80～谷詩集　第 1458 册

5090_2 棗

44～林雜俎　第 1134—1135 册
～林外索　第 1135 册

5090_3 素

10～靈微蘊　第 982 册
48～梅玉蟾　第 1765 册
51～軒集　第 1329 册
60～園石譜　第 1112 册
77～問六氣玄珠密語　第 1049 册

5090_4 秦

17(新著)～瓊戰山曲文全本　第 1782 册
22～川焚餘草、補遺　第 1537 册
27～脩然竹塢聽琴　第 1763 册
～脩然竹塢聽琴雜劇　第 1762 册
34～漢瓦圖記、補遺　第 1111 册
～漢書疏　第 462 册

5090_6 東

00～方大中集　第 1583 册
～方兵事紀略　第 446 册
～方朔探春曆記　第 975 册
05～塾讀書記　第 1160 册
～塾集　第 1537 册
07～郭記　第 1775 册,第 1768 册
10～三省輿地圖説　第 646 册
～西均　第 1134 册
22～川羅先生潛心語録、羅東川公内稿、外稿　第 938 册
～川劉文簡公集　第 1332 册
～山詞　第 1722 册
26～皋先生詩集　第 1324 册
30(嘉慶)～流縣志　第 712 册
(大都新刊關目的本)～窗事犯　第 1760 册
32～洲草堂文鈔　第 1529 册
～洲草堂詩鈔、詩餘　第 1528—1529 册
～洲几上語、枕上語　第 1122 册
37～湖叢記　第 1162 册
～溟文集、外集、文後集、文外集、後湘詩集、二集、續集、中復堂遺稿、續編　第 1512—1513 册
38～海漁歌　第 1726 册
40～南紀事　第 332 册
～嘉録　第 547 册
43～越文苑　第 547 册
44～莊論畫　第 1067 册
～華續録(咸豐朝)　第 376—378 册
～華續録(同治朝)　第 379—382 册
～華續録(光緒朝)　第 383—385 册
～華録　第 368 册
～華録、續録　第 369—375 册
～萊先生分門詩律武庫、後集　第 1216 册
～林事畧　第 438 册
～林書院志　第 721 册
50～事答問　第 436 册
～夷考畧　第 436 册
60～園客談　第 1166 册
71～甌金石志　第 911 册
77～鷗草堂詞　第 1727 册
88～籬中正(附渡花居東籬集)　第 1116 册
90～堂老　第 1764 册
～堂老勸破家子弟雜劇　第 1760 册

5106_1 指

11～頭畫説　第 1067 册

5111_4 虹

12～孫鑑　第 1120 册

5114_6 蟫

20～香館使黔日記　第 582—583 册
50～史集　第 1237 册

5202_1 折

43～獄新語　第 972 册
～獄龜鑑補　第 973 册
50～中曆法　第 1039 册
74～肱漫録　第 1028 册

蚚

44(新著)～黄袍全本　第 1782 册

5204_7 授

64～時曆故　第 1040 册
90～堂文鈔、續集、詩鈔　第 1466 册
～堂金石文字續跋　第 892 册

援

07～鶉堂筆記　第 1148—1149 册

5206_4 括

09～談　第 1181 册
60～異志　第 1264 册

5207_2 拙

44～菴韻悟　第 257 册
80～尊園叢稿　第 1561 册

5209_4 採

10～硫日記　第 559 册

5211_0 虬

72～髯翁　第 1765 册

5225_7 靜

00～庵文集、詩稿　第 1577 册
～齋至正直記　第 1166 册
～廉齋詩集　第 1440 册
21～虛齋惜陰録　第 1122 册
40～志居詩話　第 1698 册
46～娱亭筆記　第 1181—1182 册
51～軒先生文集　第 1331 册
57～歡齋遺文　第 1381 册
65～嘯齋存草　第 1381 册
71～厓詩初稿、後稿、續稿　第 1472 册
93～怡齋約言録　第 946 册

5302_7 輔

53(古杭新刊關目)～成王周公攝政　第 1760 册

5304_4 按

34～遼疏稿　第 491 册

5310_7 盛

00～京典制備考　第 882 册
44(增定)～世危言新編　第 953 册
67～明雜劇二集　第 1765 册
～明雜劇初集　第 1764 册

5315_0 蛾

21～術編　第 1150—1151 册

5320_0 戊

53～戌政變記　第 446 册
～戌奏稿　第 511 册
～戌履霜録　第 446 册

成

00～方切用　第1002—1003册
24～化丁亥重刊改併五音類聚四聲篇海　第229册
60～唯識論述記　第1274—1275册

戚

90～少保年譜耆編　第553册

咸

30～淳重修毗陵志　第699册
～淳續(玉峰)志　第696册
～賓録　第736册

5333_0 感

10～天動地竇娥冤雜劇　第1762册

5340_0 戎

50～事類占　第1051册

戒

44～菴老人漫筆　第1173册

5419_4 蝶

77～几譜　第1111册

5500_0 井

31～福堂文稿　第1472册

5503_0 扶

44～荔詞　第1724册

5504_3 轉

10～天心　第1766册
30～注古義考　第204册
35～漕日記　第559册

5505_3 捧

78～腹編　第1273册

5506_0 抽

77～毀書目　第921册

5523_2 農

18～政發明、耕心農話　第976册
27～候雜占　第976册
50～書　第975册
77～具記　第976册
～桑輯要　第975册
～桑易知録　第975册

5560_0 曲

25～律(王驥德撰)　第1758册
～律(張楚叔輯)　第1743册
31～江春　第1765册
60～品　第1758册

5560_6 曹

17～子建集、逸文　第1303册
20～集考異　第1303册
32～州牡丹譜　第1116册
40～大理集、石倉文稿　第1367册

5580_6 費

72～隱與知録　第1140册
～氏古易訂文　第40册

5590_0 耕

33～心農話　第976册

5600_0 拍

30～案驚奇　第 1786 册

5602_7 揚

32～州畫舫録　第 733 册
～州畫苑録　第 1087 册

5608_1 提

30～牢備考　第 867 册

5608_6 損

28～傷科　第 1016 册

5692_7 耦

55～耕堂集詩、文　第 1386 册

5701_2 抱

15～珠軒詩存　第 1423 册
21～經堂文集　第 1432—1433 册
35～沖齋詩集(附眠琴僊館詞)　第 1508 册
37～潤軒文集　第 1575 册
40～真書屋詩鈔　第 1532 册

5702_0 捫

17～蝨新話　第 1122 册

5702_7 邦

22～畿水利集説、九十九淀考　第 851 册

掃

21～紅亭吟稿(附題詞)　第 1491 册
42～垢山房詩鈔　第 1459 册
44～葉莊一瓢老人醫案　第 1027 册

5704_7 投

40～壺考原　第 1106 册
43～梭記　第 1771 册
88～筆集箋註　第 1391 册

搜

35(新刻出像增補)～神記　第 1264 册
～神秘覽　第 1264 册

輟

51～耰述　第 1125 册

5712_0 蝴

54(新著)～蝶媒全曲　第 1782 册

5715_4 蜂

21～衙小記　第 1120 册

5743_0 契

00～文舉例　第 906 册
80～翁中説録　第 937 册

5790_3 繫

20～辭傳論　第 22 册

5798_6 賴

40～古堂集　第 1400 册

5802_7 輪

77～輿私箋、圖　第 85 册

5803_1 撫

17～郡農産攷畧　第 977 册
22～畿奏疏　第 480 册
30(光緒)～寧縣志　第 691 册
～安東夷記　第 433 册

5806_1 拾

35～遺備考　第 871 册

70～雅　第 192 册
88～籜餘閒　第 1177 册

輶

51～軒使者絶代語釋别國方言箋疏　第 193 册
～軒使者絶代語釋别國方言疏證補　第 193 册

5815_3 蟻

21～術詩選　第 1324 册
～術詞選　第 1723 册

5821_4 釐

10～正按摩要術　第 997 册

5844_0 數

21～術記遺　第 1041 册

5871_7 鼇

27～峰集　第 1381 册

5894_0 敕

27～修兩浙海塘通志　第 851 册
～修百丈清規　第 1281 册

6010_0 日

34～法朔餘彊弱攷　第 1045 册
50～本訪書志　第 930 册
～本訪書志補　第 930 册
～本考　第 744 册
～本國志　第 745 册
77～貫齋塗説　第 194 册
80～食通軌　第 1031 册
86～知録集釋、刊誤、續刊誤　第 1143—1144 册
～知録之餘　第 1144 册

6010_1 目

35(新編)～連救母勸善戲文　第 1774 册

6010_4 里

20～乘　第 1270 册
90～堂家訓　第 951 册
～堂學算記五種　第 1045 册

星

48～槎勝覽　第 742 册

墨

17～子閒詁、後語　第 1121 册
27～緣彙觀録　第 1067 册
48～梅人名録　第 1068 册
55～井畫跋　第 1066 册

6010_7 疊

70～雅　第 193 册

6011_1 罪

90～惟録　第 321—323 册

6011_3 晁

72～氏寶文堂書目　第 919 册
77～具茨先生詩集　第 1317 册

6012_7 蜀

10～石經殘字三種　第 184 册
～石經左傳殘字　第 184 册
12～水經　第 728 册
16～碧　第 442 册
17～丞相諸葛亮文集　第 1303 册
47～都雜抄　第 735 册

55～典　第735册

6014_7 最

02～新清國文武官制表　第753册

6015_3 國

01～語正義　第422册
～語翼解　第422册
17～子監志　第751—752册
44～榷　第358—363册
47～朝文匯甲前集、甲集、乙集、丙集、丁集、姓氏目録　第1672—1676册
～朝文録　第1669—1670册
～朝文録續編(附邁堂文畧)　第1671—1672册
～朝詩人徵略　第1712—1713册
～朝詩人徵略二編　第1713册
～朝詩鐸　第1627—1628册
(類編箋釋)～朝詩餘　第1728册
～朝詞綜、二集　第1731册
～朝詞綜續編　第1731册
～朝詞綜補　第1732册
(新刊)～朝二百家名賢文粹　第1652—1654册
～朝列卿紀　第522—524册
～朝畿輔詩傳　第1681册
～朝先正事略　第538—539册
～朝先正事略補編　第539册
～朝御史題名、滿洲蒙古御史題名　第751册
～朝宫史續編　第824—825册
～朝漢學師承記　第179册
～朝大事記　第390册
～朝畫識　第1081册
～朝畫徵補録　第1067册
～朝畫徵録續録　第1067册
～朝奏疏　第471—472册
～朝書人輯略　第1089册
～朝院畫録　第1082册
～朝閨閣詩鈔　第1626册
～朝駢體正宗　第1668册
～朝駢體正宗續編　第1668册
～朝箸述諸家姓名略　第921册
～朝常州駢體文録(附結一宦駢體文)　第1693册
50～史經籍志　第916册
～史考異　第452册
～史唯疑　第432册
72～脈民天　第976册
88～策編年　第422册
～策地名考　第422—423册

6021_0 見

60～羅先生書　第941册
77～聞雜紀　第1171册
～聞續筆　第1181册
～聞紀訓　第1266册
～聞隨筆　第1181册
～聞録　第1268册

四

00～庫未收書提要　第921册
～庫全書辨正通俗文字　第239册
～率淺説　第1046册
～六叢話(附選詩叢話)　第1715册
06～譯館增訂館則、新增館則　第749册
08～診抉微、管窺附餘　第999册
～診脉鑑大全　第999册
10(新編)～元玉鑑　第1042册
～元玉鑑細草　第1043册
～元解　第1047册
～百三十二峯草堂詩鈔　第1471册

16～聖心源　第 1025 册
～聖圖解　第 114 册
17～丞相高會麗春堂雜劇　第 1761 册
22～川鹽法志　第 842 册
35～禮翼　第 108 册
40（張文定公）～友亭集　第 1337 册
～友齋叢説　第 1125 册
～喜記　第 1771 册
47～聲韻譜　第 253 册
～聲猿　第 1766 册
～聲均和表、示兒切語　第 258 册
～聲切韻表　第 253 册
48～教義　第 1279 册
50～書辨疑辨　第 170 册
～書評　第 161 册
～書説約　第 162 册
（重訂）～書説叢　第 163 册
～書説苑、補遺、續遺　第 170 册
～書疏記　第 169 册
～書改錯　第 165 册
～書經注集證　第 168 册
～書待問　第 159 册
～書緯　第 170 册
～書續談内編、補、外編、補　第 169 册
～書偶談内編、外編、續編内編、外編　第 168 册
～書稗疏（附考異）　第 164 册
～書釋地辨證　第 170 册
～書釋地補、續補、又續補、三續補　第 170 册
～書解瑣言、補編　第 170 册
～書約説、題説　第 164 册
～書近語　第 160 册
～書温故録　第 166 册
～書湖南講　第 163 册
～書古人典林　第 166 册
～書地理考　第 170 册
～書考異　第 167 册
～書按稿　第 166 册
～書典故辨正　第 167 册
～書典故辨正續　第 167 册
～書典故覈　第 169 册
～書典故考辨　第 169 册
～書輯釋　第 160 册
～書反身録、續録　第 165 册
～書箋解　第 164 册
～書箋義纂要、補遺、續遺　第 159 册
64～時氣候集解　第 885 册
～時纂要　第 975 册
67～明山志　第 723 册
（至正）～明續志　第 705 册
（開慶）～明續志　第 705 册
（寶慶）～明志　第 705 册
（乾道）～明圖經　第 704 册
～照堂文録　第 1669 册
77～賢記　第 1773 册
86～知堂文録　第 1671 册
88～餘通軌　第 1031 册
90～憶堂詩集、遺稿　第 1406 册

6022_7 吊

77～脚痧方論　第 1005 册

易

00～齋稾　第 1326 册
～廣記　第 27 册
～意參疑首編、外編　第 10 册
～章句　第 27 册
02～話　第 27 册
08～説（王　育）　第 15 册
～説（吴汝綸）　第 38 册
～説、便録　第 26 册

10～互　第21册
12～水寒　第1765册
21～經旁訓　第5册
～經訓解　第2册
～經正義　第8册
～經象類　第31册
～經解　第1册
～經解醒　第16册
～經徵實解　第19册
～經古本　第40册
～經如話　第21册
～經增註、易考　第14册
～經本意　第33册
～經揆一、易學啓蒙補　第23册
～經圖釋　第5册
～經異文釋　第27册
22～例輯略　第28册
24～緯通義　第40册
～緯略義　第40册
26～觸　第18册
～釋　第30册
27～象集解　第35册
～象彙解　第8册
～象通義　第33册
～象管窺　第11册
30～守、易卦總論　第24册
32(新刻)～測　第11册
34～漢學師承表　第39册
～漢學考　第39册
～漢學舉要、訂誤　第39册
37～通　第20册
～通釋　第27册
40～大義　第159册
～内傳、易傳外篇　第18册
～古訓　第30册
43～卦圖說　第24册
44～考、易續考　第24册
～林註　第1054—1055册
～林釋文　第1055册
60～圖親見　第17册
～圖解　第19册
～圖條辨　第26册
～圖存是　第26册
～圖略　第27册
71～牙遺意　第1115册
～原　第10册
77～用　第29册
～學　第10册
～學象數舉隅　第5册
～學四同　第6册
～學四同別録　第6册
～學圖說會通、續聞　第21册
～學節解　第38册
～學管窺、易文言傳　第29册
～貫　第34册
88～筌(附論)　第11册
～簡齋詩鈔　第1460册

6023_2 園

33～冶　第879册

6032_7 罵

55(新著)～曹全曲　第1782册

6033_0 思

00～文大紀　第444册
26～伯子堂詩集　第1526—1527册
30～適齋集　第1491册
51～軒文集　第1329册
77～問録内篇、外篇　第945册
80～益堂集　第1540—1541册
～益堂日札　第1161册

恩

31～福堂筆記　第1178册
88～餘堂輯稿　第1447册

6033_1 黑

01～龍江外記　第731册
～龍江述略　第731册
08～旋風雙獻功雜劇　第1761册
～旋風仗義疎財　第1764册
44～韃事畧　第423册

6033_2 愚

00～齋存稾　第1571—1573册
21～慮録　第1165册
22～山先生文録　第1669册
80～谷文存　第1454册
～谷文存續編　第1454册

6034_3 團

44～花鳳　第1764册

6040_0 田

00～亭草　第1356册
30～家五行、拾遺、東方朔探春曆記、紀曆撮要　第975册
～家占候集覽　第976册
77～間文集、詩集　第1401册
～間尺牘　第1401册

6041_6 冕

77～服考　第109册

6042_7 男

10～王后　第1764册

6043_0 因

30～寄軒文初集、二集、補遺　第1504册
44～樹屋書影　第1134册
47～柳閣讀書録　第1140册
60(新著)～果報全部　第1782册

昊

10～天塔孟良盜骨雜劇　第1761册

6050_0 甲

17～乙記政録、續丙記政録、續丁記政録、新政　第438册
～乙事案　第443册
50～申傳信録　第440册
80～午藁　第1354册

6050_6 圍

91～爐詩話　第1697册

6060_0 回

32～溪先生史韻　第1216册
60～回曆法　第1036册
～回曆法釋例　第1036册
80～谷先生人倫廣鑑集説　第1059册

吕

17～子評語正編、餘編　第948册
31(新刻)～涇野先生校正中秘元本　第1214册
37～洞賓度鐵拐李岳雜劇　第1761册
～洞賓三度城南柳雜劇　第1762册
～洞賓三醉岳陽樓雜劇　第1761册
67～晚村詩、研銘　第1411册
～晚村先生文集、續集　第1411册
～晚村先生四書講義　第165册

72～氏鄉約、鄉儀　第 934 册

昌

10～平山水記　第 721 册
27(新刊經進詳註)～黎先生文集、外集、遺文、韓文公志　第 1309—1310 册

6060_4 圖

30～注脉訣辨真、脉訣附方　第 998 册
～注八十一難經辨真　第 983 册

6066_0 品

30～官家儀考、士人家儀考　第 826 册

6071_1 毘

74～陵人品記　第 541 册

6073_1 曇

10～雲閣集　第 1514 册
44～花記　第 1773 册

6073_2 畏

00～齋薛先生緒言　第 1124 册
～齋薛先生藝文類稿、續集　第 1340 册
～齋書經客難　第 44 册
～齋周禮客難　第 79 册
～齋周易客難　第 22 册
60～壘筆記　第 1145 册

6080_1 是

26～程堂二集　第 1517 册
～程堂集　第 1517 册

6080_6 圓

00～音正考　第 254 册
77～覺經略疏之鈔　第 1279 册

6090_4 困

77～學紀聞注　第 1142—1143 册
～學纂言　第 1188 册

果

00～贏轉語記　第 191 册
90～堂文録　第 1671 册

6090_6 景

00～文堂詩集　第 1462 册
24～德傳燈録、西來年表　第 1282 册
～德鎮陶録　第 1111 册
34～祐太乙福應經　第 1061 册
～祐乾象新書　第 1050 册
48～教流行中國碑頌　第 1296 册
50～泰雲南圖經志書　第 681 册
72～岳新方歌　第 1016 册

6091_4 羅

32～浮山志會編　第 725 册
～浮偫鶴山人詩草、外集　第 1570 册
40～李郎大鬧相國寺雜劇　第 1762 册
50～東川公内稿、外稿　第 938 册

6101_0 毗

74(咸淳重修)～陵志　第 699 册

6101_1 曬

50～書堂集　第 1481 册

6136_0 點

44～蒼山人詩鈔　第 1483 册

6138_6 顯

40～志堂稿(附夢柰詩稿)　第 1535—

1536 册

6207_2 咄

62～咄吟　　第 1536 册

6240_0 別

10～下齋書畫録、補闕　　第 1084 册
70～雅訂　　第 193 册

6280_0 則

40～古昔齋算學十三種　　第 1047 册

6292_2 影

48～梅庵憶語　　第 1272 册

6301_2 咙

00～言　　第 941 册

6311_4 蹴

67～踘譜　　第 1106 册

6355_0 戰

23(新著)～皖城全曲　　第 1782 册
60～國紀年、地輿、年表　　第 347 册
～國策補釋　　第 422 册

6363_4 獸

21～經　　第 1119 册

6384_0 賦

02～話　　第 1715 册
27(重訂)～役成規　　第 833 册
80～鏡録、明賦考　　第 834 册

6385_0 賊

95～情彙纂　　第 445 册

6401_1 曉

04～讀書齋雜録　　第 1155 册

6404_1 時

00～病論　　第 1005 册
～疫白喉捷要　　第 1018 册
17～務通考　　第 1254—1259 册

疇

00～齋文稿　　第 1324 册
80～人傳　　第 516 册
～人傳三編　　第 516 册
～人傳四編　　第 516 册

6486_0 賭

44～棋山莊詞話、續編　　第 1735 册
～棋山莊所著書　　第 1545 册

6502_7 睛

22～川蟹録、後蟹録、續蟹録　　第 1120 册

嘯

00～亭雜録、續録　　第 1179 册
40～古堂詩集、遺集　　第 1535 册
88～餘譜　　第 1736 册

6509_0 味

12～水軒日紀　　第 558 册
20～雋齋史義　　第 451 册
21～經山館文鈔　　第 1545 册
～經山館詩鈔、評語　　第 1545 册

6600_0 咽

67～喉脈證通論　　第 1018 册

6603_2 曝

50～書亭集詞註　第 1724 册
～書雜記　第 926 册

6606_0 唱

12～酬題詠　第 1308 册

6621_4 瞿

50～忠宣公集　第 1375 册

6624_8 嚴

17(新刊關目)～子陵垂釣七里灘　第 1760 册
32(淳熙)～州圖經　第 704 册
50～東有詩集　第 1450 册

6640_4 嬰

00～童百問　第 1009 册

6666_8 囂

66～囂子曆鏡　第 1040 册

6682_7 賜

24～綺堂集　第 1484 册

6701_6 晚

17～翠軒集、補遺、外集、遺札　第 1568 册
50～書訂疑　第 44 册
57～邨先生家訓真蹟　第 948 册
65～晴簃詩匯　第 1629—1633 册
77～學集、未谷詩集　第 1458 册

6702_0 明

01～語林、補遺　第 1175 册
03～誠堂詩集　第 1384 册
04～詩紀事　第 1710—1712 册
07～詞綜　第 1730 册
15～珠記　第 1769 册
20～季北略　第 440 册
～季遺聞　第 442 册
～季南略　第 443 册
～季甲乙兩年彙略　第 441 册
27～名臣言行録　第 520—521 册
37～通鑑、前編、附編　第 364—366 册
40～李文正公年譜　第 553 册
50～史紀事本末補遺　第 390 册
～史十二論　第 450 册
～史考證擴逸　第 294 册
～史、目録　第 324—331 册
～史鈔略　第 323 册
～夷待訪録　第 945 册
～畫録　第 1065 册
53～成化説唱詞話十六種、傳奇　第 1745 册
63～賦考　第 834 册
72～氏實録　第 350 册
80～善堂詩集、文集　第 1444—1445 册
～會要　第 793 册
90～堂大道録　第 108 册
～堂考　第 110 册

6702_7 鳴

10～玉堂稿　第 1348 册
77～鳳記　第 1771 册,第 1774 册,第 1781 册

6703_2 喙

67～鳴文集、詩集、敬事草　第 1357—1358 册

眼

77～兒媚　第 1765 册

6703_4 喉

24～科秘本(附方)　第 1018 冊
～科指掌　第 1018 冊

6704_7 暇

44～老齋雜記　第 1133 冊

6706_2 昭

17～君出塞　第 1764 冊
～君夢　第 1765 冊
23～代武功編　第 389 冊
～代典則　第 351 冊
65～昧詹言、續、續録　第 1705 冊

6708_2 吹

27～網録　第 1163 冊
60～景集　第 1134 冊

6712_2 野

01～語　第 1180 冊
20～航史話　第 1133 冊
37～鴻詩的　第 1701 冊
44～獲編、補遺　第 1174 冊
～菜贊　第 977 冊
71～蠶録　第 978 冊

6722_7 鄂

10～爾泰奏稿　第 494 冊

6742_7 鸚

17～鵡洲　第 1765 冊

6752_7 鴨

31～江行部誌　第 731 冊

6762_7 郘

00～亭遺文　第 1537 冊
～亭遺詩　第 1537 冊

6778_2 歇

44～菴集　第 1365 冊

6792_7 黟

40～壞封疆録　第 537 冊

6801_1 昨

11～非庵日纂、二集、三集　第 1193 冊
～非集　第 1543 冊

6802_7 吟

77～風閣　第 1768 冊

6805_7 晦

00～庵先生校正周易繫辭精義　第 2 冊
67～明軒稿　第 1570 冊

6886_6 贈

50～書記　第 1773 冊

7010_3 璧

12～水群英待問會元　第 1217—1218 冊

7021_4 雅

10～雨堂詩集、文集、雅雨山人出塞集　第 1423 冊
22～樂發微　第 113 冊
28～倫　第 1697 冊
33～述　第 938 冊
77～學攷　第 189 冊
88～笑　第 1272 冊

雎

44～菰集　第1489册
～菰集文録　第1672册
72～丘雜録　第1135册

7022_7 防

31～河奏議　第494册
38～海紀略　第445册

7028_2 陔

88～餘叢考　第1151—1152册

7031_4 駐

27～奥八旗志　第859—860册

7034_8 駮

60～四書改錯　第169册

7064_1 辟

00～雍紀事、考、紀事原始、軼事　第828册

7113_6 蠶

50～事要略　第978册
77～桑説　第978册
～桑備要、醫蠶病方　第978册
～桑輯要(高　銓)　第978册
～桑輯要(沈秉成)　第978册
～桑輯要(鄭文同)　第978册

7121_1 歷

23～代帝王曆祚考、音釋、歷代紹運國系之圖、歷代紹統年表、歷代年號考同　第826册
～代諱名考　第828册
～代三寶紀　第1288册
～代石經略　第183册
～代刑法考　第877册
～代武舉考　第859册
～代職源撮要　第746册
～代名臣奏疏　第461册
～代名醫蒙求、釋音　第1030册
～代紀元彙考　第826册
～代紀年　第826册
～代宰輔彙考　第746册
～代宫殿名　第718册
～代道學統宗淵源問對　第936—937册
～代内侍考　第517册
～代地理志韻編今釋、皇朝輿地韻編　第294册
～代地理指掌圖　第585册
～代蒙求　第1218册
～代黄河指掌圖説　第838册
～代畫史彙傳　第1083—1084册
～代賦話、續集(附復小齋賦話)　第1716册
～代馬政志　第859册
～代長術輯要、古今推步諸術考　第1041册
～代錢法備考　第838册
43(乾隆)～城縣志　第694册
44～世真仙體道通鑑、續篇、後集　第1294—1295册
47～朝茶馬奏議　第461册

阮

21～步兵集　第1584册
72～氏七録(附考)　第919册

7121_2 陑

51～軒詩　第1403册

7122_0 阿

00～文成公年譜　第554—555册

7122_7 隔

31～江闘智 第 1764 册

鴈

77～門集 第 1324 册

7124_7 反

10(新著)～西凉全曲 第 1782 册
47～切定譜 第 253 册

厚

24～德録 第 1266 册
77～岡文集 第 1670 册

7126_9 曆

04～誌 第 1037—1039 册
27～象本要 第 1040 册
32～測(附曆元布算法) 第 1039 册
34(類編)～法通書大全 第 1062 册
77～學假如 第 1040 册

7128_6 願

77～學編 第 938 册

7129_6 原

04～詩 第 1698 册
30～富 第 1297 册
80～善、緒言 第 951 册

7132_7 馬

10～王堆帛書五星占 第 1049 册
～王堆帛書天文氣象雜占 第 1049 册
～王堆帛書周易經傳釋文 第 1 册
18～政志 第 859 册
72～氏等音 第 257 册
77～丹陽度脱劉行首雜劇 第 1762 册
(新刊關目)～丹陽三度任風子 第 1760 册
～丹陽三度任風子雜劇 第 1762 册
80～首農言、校勘記 第 976 册

7144_7 㪍

44～藝齋文存、詩存 第 1534 册

7171_7 臣

54～軌 第 753 册

甌

11～北詩話 第 1704 册
～北集 第 1446—1447 册

7173_2 長

00～文襄公自定年譜 第 557 册
25～生殿 第 1781 册,第 1782 册
～生殿傳奇 第 1775 册
～生殿補闕 第 1767 册
30(類編)～安志 第 732 册
～安獲古編、補遺 第 906 册
39～沙府嶽麓誌 第 720 册
41(新著)～板坡全本 第 1782 册
44～蘆鹽法志、援證 第 840 册
50～春道教源流 第 1295 册
～春真人游記 第 736 册
80～公妹 第 1765 册

7174_7 㱿

50～蠱燃犀録 第 1006 册

7178_6 頤

22～綵堂文集、劍舟律賦 第 1458 册
～綵堂文録 第 1672 册
～綵堂詩鈔 第 1458 册

38～道堂詩選、詩外集、文鈔　第 1504—1506 册
40～志齋文鈔、感舊詩　第 1523 册
60～園論畫　第 1088 册
90～堂先生文集　第 1317 册

7210_0 劉

00～庶子集　第 1587 册
～文清公遺集、應制詩集　第 1433 册
17～孟塗集　第 1510 册
～豫章集　第 1587 册
～豫事跡　第 550 册
22～繼莊先生廣陽雜記　第 1176 册
23～秘書集　第 1587 册
25～仲修先生詩文集　第 1326 册
30～户曹集　第 1587 册
～寄庵文録　第 1670 册
35～禮部集　第 1501 册
36～涓子鬼遺方　第 1012 册
60～晨阮肇悮入天台　第 1760 册
～晨阮肇悮入桃源雜劇　第 1762 册
72～氏鴻書　第 1238—1239 册
～氏類山　第 1237 册
86～知遠諸宫調　第 1738 册
90～尚賓文集、文續集　第 1326 册

7222_1 所

40～南翁一百二十圖詩集、文集　第 1320 册
86～知録　第 444 册

7226_4 盾

60～墨　第 445 册
～墨拾餘　第 1576 册

7240_0 删

01～訂唐詩解　第 1612 册

7260_4 昏

35～禮辨正　第 95 册

7277_2 岳

12(新編)～孔目借錢楞李還魂　第 1760 册

7280_1 兵

77～學新書　第 969 册
80～鏡、兵鏡吳子十三篇綱目　第 966 册

7290_4 髤

88～飾録、箋證　第 1115 册

7323_2 脉

05～訣彙辨　第 999 册
(新刻校定)～訣指掌病式圖説　第 998 册
～訣附方　第 998 册

7326_0 胎

00～産心法　第 1008 册

7331_1 駝

21～經　第 1030 册

7412_7 助

01(重訂冠解)～語辭　第 195 册
30～字辨略　第 195 册

7420_0 尉

37(古杭新刊的本)～遲恭三奪搠　第 1760 册
～遲恭單鞭奪槊雜劇　第 1762 册

7421_4 陸

10～平原集　第 1584 册

17～子學譜　第 950 册
23～稼書先生年譜定本　第 554 册
30(註)～宣公奏議　第 474 册
35～清河集　第 1585 册
40～太常集　第 1587 册
～士衡文集　第 1304 册
～右丞蹈海録　第 550 册
72～氏家制　第 935 册
～氏草木鳥獸蟲魚疏疏　第 65 册
90～堂詩學、讀詩總論　第 62 册
～堂易學　第 19 册

7422_1 隋

90～堂摘藁　第 1342 册

7422_7 隋

10～天台智者大師別傳　第 1285 册
35～遺録　第 1783 册
50～書經籍志考證　第 915—916 册
～書地理志考證、補遺　第 283 册
90～煬帝集　第 1588 册

7423_2 隨

21～何賺風魔蒯通雜劇　第 1760 册
22～山館猥藁、續藁、叢藁、尺牘　第 1557—1558 册
26～息居重訂霍亂論　第 1005 册
60～園詩話、補遺　第 1701 册
～園隨筆　第 1148 册
～園食單　第 1115 册

7434_0 駁

10～五經異義疏證　第 171 册
30～案新編　第 873—874 册
～案續編　第 874 册
～案彙編　第 873—874 册
50～春秋名字解詁　第 128 册

7529_6 陳

00～文正公文集　第 1317 册
07～記室集　第 1584 册
20(新刊關目)～季卿悟道竹葉舟　第 1760 册
～季卿悮上竹葉舟雜劇　第 1761 册
22～後主集　第 1587 册
40～太史無夢園初集　第 1381—1383 册
44～恭介公文集　第 1352—1353 册
60～思王集　第 1584 册
72～氏荷華山房詩稿　第 1368 册
～氏易説　第 34 册
77～眉公重訂瓶史　第 1116 册
～眉公集　第 1380 册
～眉公考槃餘事　第 1185 册
～學士吟窓雜録　第 1694 册
80～會要　第 774 册

7621_4 臞

22～仙神奇秘譜　第 1092 册

7622_7 陽

30～宅神搜經心傳秘法　第 1052 册
～宅大全　第 1052 册
～宅真訣　第 1052 册
50～春集　第 1722 册
～春白雪、外集　第 1728 册
67～明先生道學鈔　第 937 册
～明先生則言　第 937 册
80～羨名陶録、續録　第 1111 册

7623_3 隰

10～西草堂詩集、文集、拾遺、遯渚唱和集　第 1394 册

7680_8 咫

77～聞録　　第 1270 册

7710_4 堅

42～瓠集、續集、廣集、補集、秘集、餘集
　第 1260—1262 册

7713_6 閩

04～詩録甲集、乙集、丙集、丁集、戊集
　第 1687 册
07～部疏　　第 734 册
22～川閨秀詩話　　第 1705 册
38～海紀畧　　第 445 册
50～中荔支通譜　　第 1116 册
　～中書畫録　　第 1068 册
　～中金石志　　第 912 册
90～小紀　　第 734 册

7721_0 風

10～雨像生貨郎旦雜劇　　第 1762 册
　(新著)～雲會全本　　第 1782 册
12～水怯惑　　第 1054 册
27～角書　　第 1052 册
28～俗通義校正、補逸　　第 1121 册
30～流塚　　第 1765 册
40～希堂詩集、文集　　第 1471 册
70～雅遺音　　第 62 册
77(古杭新刊的本關目)～月紫雲庭
　第 1760 册
　～月牡丹僊　　第 1763 册
　～月牡丹仙　　第 1765 册
88～箏誤傳奇　　第 1775 册

鳳

22～川子克己示兒編　　第 938 册
40(嘉慶)～臺縣志　　第 710 册

7721_2 胞

77～與堂丸散譜　　第 1002 册

7721_6 閱

28～微草堂筆記　　第 1269 册
44～藏知津、總目　　第 1290 册
50～史郄視、續　　第 450 册

覺

11～非齋文集　　第 1327 册
　～非盦筆記　　第 1154 册
22～山先生緒言　　第 1124 册
41～顛冥齋内言　　第 1568 册

7721_7 兒

12～孫福　　第 1781 册
40～女英雄傳　　第 1796—1797 册

7722_0 月

00(新刊重訂出相附釋標註)～亭記
　第 1774 册
20～季花譜　　第 1116 册
　(坐隱先生精訂)～香亭稿　　第 1738 册
22～山詩話　　第 1702 册
34～滿樓詩集、別集、文集　　第 1459 册
67～明和尚度柳翠　　第 1763 册
　～明和尚度柳翠雜劇　　第 1762 册
80～令纂言　　第 885 册
　～令粹編　　第 885 册
　～食通軌　　第 1031 册

同

00～度記　　第 1045 册
　～文鐸　　第 252 册

～文尚書　第47册
～音字辨　第260册
22～樂院燕青博魚雜劇　第1760册
60～甲會　第1765册

周

10～天星位經緯宿度考　第1033册
17～子通書訓義　第934册
20～季編略　第347册
30～官辨　第79册
～官辨非　第78册
～官記　第80册
～官説、補　第80册
～官心解　第80册
～官析疑、考工記析疑　第79册
～官故書考　第81册
～官指掌　第81册
～官肊測　第80册
～官恒解　第81册
35～禮序官考　第81册
～禮正義　第82—84册
～禮夏官殘字校記　第184册
～禮畿内授田考實　第81册
～禮釋注　第81册
～禮注疏小箋　第81册
～禮完解　第78册
～禮補注　第81册
～禮漢讀考　第80册
～禮軍賦説　第80册
～禮古義　第79册
～禮札記　第81册
～禮故書疏證　第81册
～禮故書考　第81册
～禮摘箋　第80册
～禮輯義　第78册
～禮撮要　第80册
～禮因論　第78册
～禮質疑　第79册
～禮學(王聘珍)　第81册
～禮學(沈夢蘭)　第81册
～禮問　第78册
44～莊鎮志　第717册
46～賀詩集　第1311册
50～中丞疏稿、救荒事宜、勸施迂談　第481册
～忠毅公奏議　第492册
～書集訓校釋、逸文　第301册
～書斠補　第301册
60～易　第4册
～易旁注、卦傳、前圖　第4册
～易辯占　第28册
～易訂疑　第3册
～易證籤　第23册
～易新講義　第1册
～易諸卦合象考　第31册
～易説　第40册
～易説略　第17册
～易詳説　第22册
～易議卦　第6册
～易二閭記　第23册
～易正解、讀易　第11册
～易正義　第1册
～易互體詳述　第30册
～易互體徵　第34册
～易互體卦變考　第31册
～易疏略　第19册
～易疏義　第14册
～易可説　第13册
～易不我解　第7册
～易引經通釋　第25册
～易集解纂疏　第30册
～易集義　第39册

～易虞氏消息　第 26 册
～易虞氏略例　第 28 册
～易虞氏義　第 26 册
～易虞氏義箋　第 32 册
～易經疑　第 4 册
～易經典證略　第 38 册
～易經典釋文殘卷　第 1 册
～易參同契解箋　第 1292 册
～易倚數録(附圖)　第 34 册
～易贊義　第 5 册
～易傳義補疑　第 8 册
～易釋貞　第 40 册
～易釋爻例　第 34 册
～易象通　第 12 册
～易象考、辭考、占考　第 23 册
～易象義、讀易雜記　第 9 册
～易象纂　第 28 册
～易解　第 21 册
～易解故　第 31 册
～易注　第 39 册
～易注疏　第 1 册
～易注疏賸本　第 35 册
～易宗義　第 14 册
～易補疏　第 27 册
～易補注、例表　第 39 册
～易述翼　第 31 册
～易述傳、續録　第 31 册
～易述補(江　藩)　第 27 册
～易述補(李林松)　第 26 册
～易述聞　第 39 册
～易漢讀考　第 39 册
～易漢學通義、略例　第 31 册
(增注)～易神應六親百章海底眼前集、後集　第 1055 册
～易禪解　第 15 册
～易通論月令　第 30 册
～易通解、釋義　第 28 册
～易通略　第 5 册
～易通義　第 38 册
～易通義、發例、識蒙、或問　第 2 册
～易消息　第 34 册
～易消息升降爻例　第 39 册
～易大象解　第 18 册
～易内傳、内傳發例、外傳　第 18 册
～易爻物當名　第 16 册
～易爻辰申鄭義　第 34 册
～易古文鈔　第 13 册
～易古本全書彙編　第 12 册
～易校字　第 28 册
～易姚氏學　第 30 册
～易卦變舉要　第 30 册
～易卦象集證　第 30 册
～易卦象彙參　第 24 册
～易考異(徐　堂)　第 33 册
～易考異(宋翔鳳)　第 28 册
～易舊疏考正　第 34 册
～易故訓訂　第 35 册
～易推　第 32 册
～易本義辨證　第 21 册
～易本義辨證補訂　第 34 册
～易本義註　第 19 册
～易本義爻徵　第 17 册
～易本義拾遺、序例、拾遺　第 19 册
～易揆　第 13 册
(重定)～易費氏學　第 40 册
～易擇言　第 28 册
～易易解、示兒録、説餘　第 38 册
～易圖賸　第 28 册
～易時論合編　第 15 册
～易略解　第 25 册
～易屬辭、通例、通説　第 32 册
～易義叢　第 7 册

～易鄭注、叙録　第1册
～易鄭荀義　第26册
～易篇第　第24册
～易繁露　第40册
(重訂)～易小義　第23册
～易半古本義　第28册
～易恒解　第26册
76～髀算經　第1031册
～髀算經音義　第1031册
～髀算經校勘記　第1031册
80～人經説　第173册
97～懶予先生圍碁譜　第1103册

陶

00～廬雜録　第1177册
～齋臧石記　第905册
～齋吉金續録、補遺　第904册
～齋吉金録　第904册
～文毅公全集　第1502—1504册
05～靖節先生詩注、補注　第1304册
08～説　第1111册
10～雲汀先生奏疏　第498—499册
22～山文録　第1478册
～山詩前録、詩録　第1478册
32～淵明詩、雜文　第1304册
40～士升先生英江文録　第1670册
42～彭澤集　第1585册
44～菴夢憶　第1260册
45～樓文鈔　第1552—1553册
72～隱居集　第1587册
77～學士醉寫風光好雜劇　第1761册

7722_7 鴉

22～片事畧　第445册

闖

31(新著)～江州全本　第1782册
77～門神　第1765册

閒

30～適劇談　第1127册
95～情偶寄　第1186册

7724_7 履

27～巉巖本草　第990册
60～園叢話　第1139册

7726_4 居

30～家必用事類全集　第1184册
～官備覽　第833册
32～業齋文録　第1670册
～業堂文集　第1418册
40～士傳　第1286册
60～易初集　第1564册
～易堂詩集　第1453册
～易堂集　第1404册

7727_2 屈

20～辭精義　第1302册
63～賦微　第1302册
71～原傳　第1301册
～原賦戴氏注、通釋、音義　第1302册
77～騷指掌　第1302册

7727_7 尸

17～子存疑　第1121册

7733_1 熙

47～朝新語　第1178册
～朝樂事　第885册

～朝名臣實録　第 532 册

7736_4 駱

78～臨海集　第 1305 册

7740_1 聞

00～音室詩集、遺文附刻　第 1447 册
71～雁齋筆談　第 1131 册
80～人氏痘疹論　第 1011 册

7740_7 學

04～詩詳説、正詁　第 72 册
～詩毛鄭異同籤　第 71 册
07～記箋證　第 107 册
20～統　第 513—514 册
27～的　第 936 册
30～宋齋詞韻　第 1737 册
～案小識　第 539 册
31～福齋文録　第 1672 册
～福齋集、詩集　第 1428 册
33～治臆説、續説、説贅　第 755 册
35～禮闕疑　第 108 册
～禮管釋　第 93 册
40～古編　第 1091 册
44～蔀通辨前編、後編、續編、終編　第 939 册
50～畫雜論　第 1068 册
～書雜論　第 1068 册
～春秋理辯　第 148 册
～春秋隨筆　第 139 册
56～規類編　第 948—949 册
60～易記　第 6 册
～易五種　第 28 册
～易慎餘録　第 24 册

7744_0 丹

22～崖集　第 1326 册
24～魁堂詩集　第 1517 册
32～溪先生胎産秘書　第 1007 册
44～桂鈿合　第 1765 册
77～邱生集　第 1324 册

7744_1 開

00～立方説　第 1044 册
～方説　第 1046 册
～方通釋　第 1045 册
～慶四明續志　第 705 册
01～顔集　第 1272 册
10～平方説　第 1044 册
34～禧重修尚書吏部侍郎右選格　第 861 册
～禧德安守城録　第 423 册

7744_7 段

72～氏説文注訂　第 213 册

7748_2 闕

60～里文獻考　第 512 册

7760_1 醫

00～方論　第 1003 册
～方集解　第 1002 册
10～醇賸義　第 1006 册
13～碥　第 1025 册
21～經正本書　第 1028 册
～經原旨　第 982 册
30～宗必讀　第 1022 册
～案　第 1026 册
44～林改錯　第 1026 册
48～故　第 1030 册

50～史　第1030册
71～蠶病方　第978册
77～門棒喝　第1029册
～門棒喝二集傷寒論本旨　第987—988册
～學讀書記、續記（附靜香樓醫案）　第1027册
～學一見能　第1006册
～學三字經　第1026册
（新編）～學正傳　第1019册
～學發明　第1005册
～學綱目四　第1020—1021册
～學心悟（附華佗外科十法）　第1024册
～學啓源　第1019册
～貫　第1019册
～貫砭　第1028册
92～燈續焰　第998册

7760_2 留

50～青日札　第1129册
～春草堂詩鈔　第1475册

7760_7 間

10～天亭放言　第1176册
33～心堂温病條辨　第1004册
40～奇集　第238册

7771_7 巴

40～塘詩鈔　第1475册

鼠

00～疫抉微　第1005册
40～壤餘蔬　第1535册

7772_0 印

00～章要論　第1091册
～章集説　第1091册
～章考　第1091册
～辨　第1091册
～言　第1092册
08～説（沈清佐輯）　第1092册
～説（陳　鍊）　第1092册
～譜摘要　第1092册
21～旨　第1091册
～經　第1091册
33～述　第1091册
40～存玄覽　第1091册
40～存初集　第1091册
53～箋説　第1091册
77～學管見　第1092册
80～人傳　第1092册
82～鐙牋　第1092册

7772_7 鷗

74～陂漁話　第1163册

7773_2 艮

00～齋雜説　第1136册
30～宧易説　第34册

7774_7 民

71～曆鋪注解惑　第1040册

7777_2 關

11（大都新編）～張雙赴西蜀夢　第1760册
17～尹子文始真經　第1292册
～尹子闡玄　第958册
40（古杭新刊的本）～大王單刀會　第1760册
50～中石刻文字新編　第909册
～中陵墓志　第720册
～中金石文字存逸考　第908册

～中金石記　第 908 册
72～氏易傳　第 1 册
77～學編　第 515 册

7777_7 閻

31～潛丘先生年譜　第 554 册

7780_1 與

23～稽齋叢稿　第 1463 册
40～古齋琴譜、補義　第 1095 册

巽

00～齋先生四六　第 1321 册

興

22～樂要論　第 114 册
28～復哈密記　第 433 册

輿

44～地紀勝　第 584—585 册

7780_7 尺

77～岡草堂遺集　第 1547 册
88～算日晷新義　第 1046 册

7790_4 桑

40～志　第 978 册
71～蠶提要、桑蠶説　第 978 册

閑

30～窗括異志　第 1264 册
50～中今古　第 1122 册

7810_7 鹽

18～政志　第 839 册

7821_6 脱

50～囊穎　第 1765 册

7823_1 陰

02～證略例　第 985 册
76(新刊)～陽寶鑑剋擇通書前集、後集　第 1061—1062 册
88～符經玄解正義　第 1290 册

7826_1 膳

50～夫經手録　第 1115 册

7834_1 駢

21～儷文　第 1476 册
30～字分箋　第 192 册
70～雅訓纂　第 192 册
75～體文鈔　第 1610 册

7876_6 臨

00～症辨似(附察舌辨症歌)　第 999 册
02～證指南醫案　第 1027 册
22～川夢　第 1776 册
30～潼鬬寶　第 1782 册
31～江驛瀟湘夜雨　第 1763 册
～江驛瀟湘秋夜雨雜劇　第 1760 册
(新著)～江闗全本　第 1782 册
50～春閣　第 1765 册

7923_2 滕

10～王閣　第 1765 册

7929_6 隙

90～光亭雜識　第 1146 册

8000_0 八

17～瓊室金石補正續編　第 899—901 册
～瓊室金石補正、札記、祛僞、元金石偶存　第 896—899 册
20～千卷樓書目　第 921 册
23～代詩選　第 1593 册
～編類纂、圖、六經圖　第 1240—1246 册
30～宅四書　第 1052 册
40(新刊勿聽子俗解)～十一難經　第 983 册
43～卦觀象解、卦氣解　第 23 册
～卦餘生　第 5 册
51～指頭陀詩集、續集、襍文　第 1575 册
75～陣合變圖説　第 959 册
80～義記　第 1771 册

人

38～海記　第 1177 册
40～境廬詩草　第 1566 册
77～間詞話　第 1735 册

入

47～聲表　第 248 册
60～蜀集　第 1405 册

8010_4 全

00～唐文紀事　第 1716—1717 册
04～謝山先生經史問答　第 1147 册
21～上古三代秦漢三國六朝文　第 1603—1608 册
24～幼心鑑　第 1010 册
32～浙詩話　第 1703 册
36～邊略記　第 738 册
77～閩詩話　第 1702 册
～毁書目　第 921 册

8010_7 益

40～古演段　第 1042 册

8010_9 金

00～文靖公北征録　第 433 册
～文通公集、奏疏、詩集、外集　第 1392—1393 册
～文最　第 1654 册
～文最拾遺　第 1654 册
10～石文字辨異　第 239—240 册
～石三跋、授堂金石文字續跋　第 892 册
～石後録　第 892 册
～石續編　第 893 册
～石索　第 894 册
～石苑　第 894—895 册
～石萃編　第 886—891 册
～石萃編補正　第 891 册
～石萃編補略　第 891 册
～石萃編未刻稿　第 891 册
～石學録　第 894 册
～石學録補　第 901 册
～石録補、續跋　第 901 册
～栗齋先生文集　第 1342 册
～粟山房詩鈔　第 1564 册
～粟箋説　第 1115 册
12～水橋陳琳抱粧盒雜劇　第 1762 册
27～魚圖譜　第 1120 册
40～壺七墨　第 1183 册
～奩集　第 1728 册
44～蓮記　第 1771 册
～華徵獻略　第 547 册
～華黄先生文集　第 1323 册
～薯傳習録　第 977 册
50～史詳校　第 293 册
～史紀事本末　第 388—389 册

60～罍子　第 1124 册
71～匱玉函經　第 984 册
～匱玉函經二注　第 989 册
～匱要略　第 983 册
～匱要略方論本義　第 989 册
～匱要略廣注　第 989 册
～匱要略编注　第 988 册
～匱要略直解　第 988 册
～匱翼　第 1006 册
～匱心典　第 989 册
～匱懸解　第 988 册
74～陵玄觀志　第 719 册
～陵癸甲紀事略　第 446 册
～陵褉事詩　第 1565 册
～陵梵刹志　第 718—719 册
77～屑编　第 1131 册
～丹正理大全諸真玄奥集成　第 1295 册
～門戟　第 1765 册
80～鏡内臺方議　第 985 册
83～錢記　第 1763 册
90～雀記　第 1768 册

8011_4 鐘

22～鼎款識　第 901 册
(增廣)～鼎篆韻　第 237 册

8011_6 鏡

44～花緣　第 1795—1796 册

8012_7 鐫

33～補雷公炮製藥性解　第 990 册
44～地理參補評林圖訣全備平沙玉尺經　第 1054 册

翁

00～文恭公日記　第 565—575 册
22～山文外　第 1412 册
～山詩外　第 1411 册

8020_7 今

00～文檢字　第 227 册
～文周易演義　第 9 册
～文尚書經説考、叙録　第 49 册
～文尚書考證　第 51 册
～言　第 425 册
07～詞初集　第 1729 册
12～水經、表　第 727 册
22～樂攷證　第 1759 册
26～白華堂文集　第 1498 册
～白華堂詩録、詩集　第 1498 册
～白華堂詩録補　第 1498 册
40～古學考　第 179 册
44～世説　第 1175 册

8022_0 介

00～亭文集、外集、詩鈔　第 1453 册
～庵經説、經説補　第 176 册

8022_1 前

00～塵夢影録　第 1186 册

8022_7 分

77～門瑣碎録　第 975 册
～門集註杜工部詩、年譜　第 1306 册

剪

29～綃集　第 1321 册
47～桐載筆　第 1260 册
92(新增補相)～燈新話大全　第 1787 册
(新增全相湖海新奇)～燈餘話大全　第 1787 册

8033_1 無

10～不宜齋未定稿　第 1441 册
20～住詞　第 1317 册
～絃琴譜　第 1723 册
21～上祕要　第 1292—1293 册
37～寃録　第 972 册
44～夢園遺集　第 1383 册
47～聲詩史　第 1065 册
50～事爲福齋隨筆　第 1181 册
73～腔村笛　第 1521 册
77～邪堂答問　第 1164 册
～聞集　第 1461 册

8033_2 愈

60～愚録　第 1156 册

8033_7 兼

22～山堂弈譜　第 1100 册

8034_6 尊

12～水園集畧、補遺　第 1392 册
77～聞居士文録　第 1671 册
～聞居士集、遺稿　第 1453 册

8040_0 午

00～亭文録　第 1669 册
30～窗隨筆　第 1165 册
60～日吟　第 1765 册
77～風堂集、叢談　第 1462 册

8040_4 姜

29(新著)～秋蓮撿蘆柴曲文全本　第 1782 册
72～氏秘史　第 432 册

8042_7 禽

50～蟲述　第 1120 册

8044_6 弇

32～州山人年譜　第 553 册

8055_3 義

24～俠記　第 1772 册
77～門先生集　第 1420 册
～興藁　第 1354 册

8060_1 合

77～肥學舍札記　第 1157 册

普

73～陀山志　第 723 册

善

22～樂堂音韻清濁鑑　第 257 册
50～本書室藏書志　第 927 册

8060_6 曾

00～文正公詩集、文集　第 1537 册
～文正公家訓　第 952 册
～文正公奏稿　第 500—501 册
～文正公書札　第 1538 册
～文正公年譜　第 557 册
17～子注釋、叙録　第 932 册
～子家語　第 932 册
～子問講録　第 108 册
50～惠敏公文集、歸樸齋詩鈔　第 1562 册
～惠敏公使西日記　第 577 册
～惠敏公奏疏　第 510 册
～忠襄公文集、批牘、書札　第 1554—1555 册

8060_7 含

21～經堂集、别集　第1413册

倉

41～頡篇、輯本、續本、補本　第243册

8060_8 谷

88～簾先生遺書　第1134册

8073_2 公

12～孫龍子注、篇目考　第1121册
（大都新編關目）～孫汗衫記　第1760册
80～羊經傳異文集解　第129册
～羊逸禮考徵　第129册
～羊春秋經傳通義　第129册
～羊墨史　第128册
～羊義疏　第130册
88～餘集　第1457册

養

10～一齋文集、補遺、續編、詩集　第1495册
～一齋文録　第1672册
～一齋詩話　第1706册
～一齋集　第1510—1511册
～正遺規、補編　第951册
～正圖解　第943册
25（新刊萬氏家傳）～生四要　第1030册
～生類纂、月覽　第1029册
33（張文定公）～心亭集　第1337册
34～浩齋詩稿、續稿、惇裕堂文集　第1510册
40～吉齋叢録、餘録　第1158册
50～素居畫學鉤深　第1068册
～素堂文集　第1506—1507册
～素堂詩集　第1506册
63～默山房詩藁　第1511—1512册
71～蠶秘訣　第978册
86～知書屋詩集、文集　第1547册
95～性延命録　第1292册

8077_2 缶

00～廬詩、别存　第1570册

盦

22～山集、續集、再續集　第1400册

8090_4 余

00～文敏公文集　第1352册

8114_6 鐔

41～墟堂摘稿　第1342册

8128_6 頒

21～行詔書　第458册

8141_7 瓶

00～廬詩稿　第1559册
44～花齋集　第1367册
50（眉公重訂）～史　第1116册

8178_6 頌

10～天臚筆　第439册

8211_4 鍾

22～山札記　第1149册

8211_8 鐙

30～窗叢録、補遺　第1139册

8280_0 劍

27～舟律賦　第1458册

8315_0 鍼

27～灸聚英　第 996 册

鐵

00～立文起　第 1714 册
10～雲藏龜　第 906 册
11～琴銅劍樓藏書目録　第 926 册
22～崖樂府註、詠史註、逸編註　第 1325 册
　～崖賦藁　第 1325 册
37～冠圖　第 1781 册，第 1782 册
42～橋漫稿　第 1488—1489 册
56～拐李　第 1764 册
　～拐李度金童玉女雜劇　第 1762 册

8315_3 錢

00～文敏公全集　第 1442—1443 册
38～遵王述古堂藏書目録　第 920 册
40～大尹智寵謝天香雜劇　第 1760 册
　～大尹智勘緋衣夢　第 1763 册
　～南園先生遺集　第 1461 册
　～志新編　第 1113 册
47～穀視成　第 834 册
　～穀金針　第 834 册
98～幣芻言、續刻、再續　第 838 册

8375_0 餓

00～方朔　第 1765 册

8376_0 飴

22～山文録　第 1671 册
　～山詩餘　第 1725 册

8410_0 針

00～方六集　第 996 册
27～灸大成　第 996 册

8416_1 錯

55～轉輪　第 1765 册

8418_1 鎮

31（至順）～江志　第 698 册
　（嘉定）～江志　第 698 册
38（光緒）～海縣志　第 707 册

8490_0 斜

22～川集、訂誤、補遺、續鈔　第 1317 册

8511_7 鈍

00～齋詩選　第 1405 册

8612_7 錦

00～衣志　第 749 册
10～雲唐暗定連環計雜劇　第 1762 册
11～瑟詞　第 1725 册
25～繡萬花谷別集　第 1217 册
47～帆集、去吴七牘　第 1367 册
88～箋記　第 1772 册

8640_0 知

11～非齋易釋　第 38 册
　～非齋易注　第 38 册
13～恥齋文録　第 1670 册
16～聖篇　第 953 册
21～止齋詩集　第 1519 册
60～足齋詩集、續集、文集、進呈文稿、年譜　第 1451—1452 册

8660_0 智

44～勘魔合羅　第 1764 册
90～賞金線池　第 1763 册

8664_7 䊵

84～飢亭集、後集　第 1521—1522 册

8712_0 釣

12～磯詩集　第 1321 册

鈞

10～天樂　第 1775 册

銅

18～政便覽　第 880 册
33～梁山人詩集、芸簏偶存　第 1461—1462 册
40～壺漏箭制度　第 1031 册
44～鼓書堂遺稾　第 1431 册
74～熨斗齋隨筆　第 1158 册
80～人腧穴鍼灸圖經(附穴腧都數、修明堂訣式、避鍼灸訣)　第 995 册

8713_2 録

26～鬼簿、續編　第 1759 册
60～異記　第 1264 册

8716_2 鎦

17～子政左氏説　第 128 册

8718_2 欽

30～定工部軍需則例　第 857 册
～定王公處分則例　第 866 册
～定平定教匪紀略　第 401—402 册
～定天文正義　第 1033—1034 册
～定天禄琳琅書目後編　第 917 册
～定重修兩浙鹽法志　第 840—841 册
～定剿平三省邪匪方畧正編、續編、附編、表文　第 391—400 册
～定科場條例　第 829—830 册
～定勦平粵匪方略、表文　第 403—412 册
～定續纂外藩蒙古回部王公表、傳　第 537 册
～定鳥譜　第 1119 册
～定儀象考成續編　第 1035 册
～定户部漕運全書　第 836—838 册
～定户部軍需則例、續、欽定兵部軍需則例、欽定工部軍需則例　第 857 册
～定福建省外海戰船則例　第 858 册
～定祕殿珠林三編、石渠寶笈三編　第 1075—1081 册
～定祕殿珠林續編、石渠寶笈續編　第 1069—1074 册
～定清涼山志　第 722 册
～定軍器則例　第 857 册
～定大清現行新律例　第 864—865 册
～定大清會典　第 794 册
～定大清會典事例　第 798—814 册
～定大清會典圖　第 795—797 册
～定中樞政考　第 853—855 册
～定中樞政考續纂　第 857 册
～定吏部銓選則例　第 750 册
～定授衣廣訓　第 977 册
～定兵部處分則例、續纂　第 856 册
～定兵部軍需則例　第 857 册
～定學政全書　第 828 册
～定全唐文、總目　第 1634—1650 册

歈

16～硯輯考　第 1113 册

8722_7 邠

32～州石室録　第 909 册

8742_0 朔

00～方備乘札記　第742册
～方備乘、圖　第740—742册

8742_7 鄭

02～端簡公奏議　第476—477册
12～孔目風雪酷寒亭雜劇　第1761册
40～志疏證、鄭記考證、答臨孝存周禮難　第171册
52～靜庵先生文録　第1669册
60～易小學、馬氏學、京氏學　第38册
72～氏詩譜考正　第71册
～氏爻辰補　第33册
～氏箋考徵　第70册
77～學録　第515册
88～節度殘唐再創　第1764册
90～堂讀書記　第924—925册
～堂札記　第1158册

8762_2 舒

44～蓺室雜箸、賸稟、鼠壤餘蔬　第1535册
～蓺室詩存、續存　第1535册
～蓺室續筆　第1164册
～蓺室隨筆　第1164册
～蓺室餘筆　第1164册
47～嬾堂詩文存、補遺　第1316册

8762_7 鴿

21～經　第1119册

8778_2 飲

78～膳正要　第1115册

8782_0 劍

28～谿説詩、又編　第1701册

44～莢　第1110册

8810_4 坐

72～隱先生精訂梨雲寄傲、秋碧軒稿、可雪齋稿、月香亭稿、滑稽餘韻　第1738册
～隱先生精訂草堂餘意　第1723册

篁

44～村集、續編　第1451册

8811_4 銓

55～曹儀注　第749册

8811_7 鑑

21～止水齋文録　第1672册
～止水齋集　第1492册

8812_7 鈐

22～山堂集　第1336册

筠

00～齋漫録、續集、别集　第1127册
35～清館金石文字　第902册
51～軒文鈔　第1489册

8822_0 竹

08～譜　第1117册
20～香齋文録　第1672册
～香齋象戲譜　第1105—1106册
22～巖集、補遺、續補遺　第1329册
37～初詩鈔、文鈔　第1460册
44～坡類藁　第1320册
～葉亭雜記　第1139册
～葉庵文集　第1449册
～林寺女科秘傳　第1008册
47～塢聽琴　第1763册

50～書紀年集證、集説、叙略　第 335 册
51～軒詩稿　第 1458 册

8822_7 笏

00～庵詩　第 1514 册

第

10～一樓叢書坿考　第 227 册

篇

38（重刊詳校）～海　第 232 册
～海類編　第 229—230 册

箐

00～齋讀書録　第 1143 册

簡

00（增廣箋注）～齋詩集　第 1317 册
（胡學士續添）～齋詩箋正誤　第 1317 册
～齋先生年譜　第 1317 册
44～莊文鈔、續編、河莊詩鈔　第 1487 册
～莊疏記　第 1157 册
48～松草堂文集、詩集　第 1471 册
67～明中西匯參醫學圖説　第 1026 册
77～學齋詩存、詩删　第 1512 册

8823_2 篆

02～刻十三略　第 1091 册
～刻鍼度　第 1091 册
77～學瑣著三十種　第 1091—1092 册
～學指南　第 1091 册
～印發微　第 1091 册
85～鏤心得　第 1091 册

8824_8 筱

60～園詩話　第 1708 册

8826_1 簷

66～曝雜記　第 1138 册

8830_4 篷

00～底浮談　第 1126 册
30～窗隨録、續録　第 1197—1198 册

8834_1 等

06～韻學　第 258 册
～韻精要　第 258 册
07～韵叢説　第 248 册
47～切元聲　第 258 册

8843_0 笑

88～笑録　第 1273 册

8844_6 算

34～法　第 1043 册
（新編直指）～法統宗　第 1044 册
～法全能集　第 1043 册
38～海説詳　第 1044 册
40～七政交食凌犯法　第 1040 册
77～學源流　第 1041 册
（新編）～學啓蒙、總括　第 1043 册

8846_3 笳

77～騒　第 1767 册

8850_3 箋

30～注陶淵明集　第 1304 册

8850_7 筆

44～花醫鏡　第 1025 册
50～史　第 194 册，第 1115 册
88～算説畧、籌算説畧　第 1047 册

8851_2 範

21～衍　第 1048 册
50～東文集　第 1339 册
60(新刊)～圍數　第 1059 册

8854_0 敏

00～齋詩草、巴塘詩鈔　第 1475 册
43～求機要　第 1218 册

8856_2 籀

00～廎述林　第 1164 册
～廎遺文　第 1567 册
21～經堂類藁　第 1522—1523 册

8860_1 答

77～問　第 945 册
78～臨孝存周禮難　第 171 册

簪

44～花髻　第 1764 册

8862_7 笥

31～河文集　第 1440 册
～河文鈔　第 1440 册
～河詩集　第 1439 册

8864_1 籌

00～辦夷務始末　第 414—421 册
50～表開諸乘方捷法　第 1046 册
88～算説畧　第 1047 册

8871_3 篋

50～中詞、續　第 1732—1733 册

8872_7 節

00～序日考　第 885 册
24～俠記　第 1773 册

8874_1 餅

12～水齋詩集、詩別集、詩話　第 1486—1487 册

8877_7 管

17～子集注　第 971 册
～子校正　第 970 册
～子地員篇注　第 970 册
～子榷　第 970 册
～子義證　第 970 册
27～色考　第 115、1096 册
30～窺附餘　第 999 册
60～見所及、補遺　第 1181 册
～見舉隅　第 1159 册
72～氏指蒙　第 1052 册

8880_6 篔

80～谷詩鈔、文鈔　第 1494 册

8890_4 築

41～圩圖説　第 976 册
60～圍説　第 975 册

8912_0 鈔

98～幣論　第 838 册

9000_0 小

04～謨觴館詩文集、續集　第 1492 册
10～爾雅廣注　第 189 册
～爾雅訓纂　第 189 册
～爾雅疏　第 189 册

～爾雅疏證　第 189 册
～爾雅約注　第 189 册
～爾雅義證、補遺　第 189 册
～石渠閣文集　第 1530 册
11(古杭新刊)～張屠焚兒救母　第 1760 册
12～孫屠古　第 1768 册
17～司馬奏草　第 478 册
20～重山房詩詞全集　第 1513 册
22～山詩餘　第 1725 册
26～峴山人詩文集　第 1464—1465 册
29～倦遊閣集　第 1500 册
40～木子詩三刻　第 1452 册
44～草齋集　第 1366—1367 册
～草齋續集　第 1367 册
47～匏庵詩話　第 1707 册
～匏庵詩存　第 1548 册
74～尉遲將鬬將認父歸朝雜劇　第 1761 册
75～腆紀傳、補遺　第 332—333 册
～腆紀年附考　第 367—368 册
77(新刻)～兒推拿方脈活嬰秘旨全書　第 997 册
～學稽業　第 947 册
～學考　第 922 册
～學駢支　第 193 册
～學鉤沈　第 201 册
～學鉤沈續編　第 201 册
80～倉山房文録　第 1671 册
～倉山房詩集、文集、外集　第 1431—1432 册

9001$_4$ 惟

35～清齋全集、年譜　第 1476 册

9003$_2$ 懷

20～香記　第 1770 册
34～遠堂批點燕子箋　第 1775 册
40～古田舍詩節鈔　第 1518 册
74～陵流寇始終録　第 441—442 册

9003$_6$ 憶

10～雲詞、刪存　第 1726 册
22～山堂詩録　第 1504 册
31～江南館詞　第 1726 册
36～漫庵賸稿　第 1460 册

9004$_7$ 惇

38～裕堂文集　第 1510 册

9020$_0$ 少

21～師朱襄毅公督蜀疏草　第 491 册
23～傅野亭劉公遺藁　第 1330 册
30～室山人集　第 1340 册

9021$_1$ 光

24～緒重修天津府志　第 690—691 册
～緒重修安徽通志、補遺　第 651—655 册
～緒香山縣志　第 713 册
～緒順天府志　第 683—686 册
～緒畿輔通志　第 628—640 册
～緒山西通志　第 641—646 册
～緒永嘉縣志　第 708—709 册
～緒江西通志　第 656—660 册
～緒湘潭縣志　第 712 册
～緒湖南通志　第 661—668 册
～緒吉林通志、圖　第 647—648 册
～緒撫寧縣志　第 691 册
～緒鎮海縣志　第 707 册
38～啓堂文集　第 1405 册

9021$_4$ 雀

16～硯齋文録　第 1672 册

9022_7 肖

22～巖文鈔　第 1464 册
～巖詩鈔　第 1464 册

尚

08～論持平、析疑待正、事文標異　第 1136 册
27～絅堂集　第 1485 册
50～書序録　第 48 册
～書商誼　第 53 册
～書辨解、讀書　第 43 册
～書音釋　第 43 册
～書證義　第 48 册
～書誼詁　第 53 册
～書誼略　第 53 册
～書講義　第 50 册
～書譜(宋翔鳳)　第 48 册
～書譜(梅　鷟)　第 43 册
～書正義　第 41 册
～書引義　第 43 册
～書孔傳參正　第 51 册
～書集解　第 48 册
～書集注音疏、外編　第 44 册
～書集注述疏(附讀書堂答問)　第 52 册
～書後案、尚書後辨附　第 45 册
～書傳授同異考　第 50 册
～書釋天　第 44 册
～書微　第 51 册
～書注疏考證　第 44 册
～書補疏　第 48 册
～書逸湯誓考、書後　第 55 册
～書啓幪　第 48 册
～書大傳疏證　第 55 册
～書大傳補注　第 55 册
～書古文疏證辨正　第 51 册
～書協異　第 45 册
～書考　第 45 册
～書考辨　第 44 册
～書舊疏考正　第 50 册
～書蔡傳正訛　第 43 册
～書隸古定釋文　第 48 册
～書故　第 50 册
～書中候疏證　第 55 册
～書略說　第 48 册
～書曆譜　第 50 册
～書既見　第 44 册
～書質疑　第 45 册
～書駢枝　第 51 册
～書今古文集解　第 48 册
～書今古文注疏　第 46 册
～書今古文考證　第 46 册
～書義考　第 45 册
～書箋　第 51 册
～書餘論　第 48 册
～書小疏　第 43 册

常

17～郡八邑藝文志　第 917 册
22～山貞石志　第 906 册
28～稅則例　第 834 册

9043_0 尖

76～陽叢筆、續筆　第 1139 册

9050_0 半

00～夜雷轟薦福碑雜劇　第 1761 册
21～行庵詩存稾　第 1537 册
22～巖廬遺集　第 1536 册
40～塘定稾、賸稾　第 1727 册
70～臂寒　第 1765 册
90～半山莊農言著實　第 976 册

9050_2 拳

71～匪聞見録　第 446 冊

掌

50～中宇宙　第 1125 冊

9071_2 卷

08～施閣集　第 1467 冊

9080_0 火

01～龍神器陣法　第 959 冊
18～攻挈要、圖　第 966 冊
25(新著)～牛陣　第 1782 冊
66～器真訣　第 1047 冊

9080_6 賞

10～雨茅屋詩集、外集　第 1484 冊
33～心樂事　第 885 冊

9084_8 焠

90～掌録　第 1152 冊

9101_6 恒

00～言録　第 194 冊

9148_6 類

00～音　第 258 冊
02～證治裁　第 1026 冊
　～證普濟本事方續集　第 999 冊
20～雋　第 1236—1237 冊
23～編曆法通書大全　第 1062 冊
　～編長安志　第 732 冊
37～選箋釋草堂詩餘、類編箋釋續選草堂詩餘、類編箋釋國朝詩餘　第 1728 冊
50～書纂要　第 1250—1251 冊
70～腋、補遺　第 1248—1249 冊

9181_4 煙

10～霞萬古樓文集　第 1483 冊
　～霞萬古樓詩殘藁　第 1483 冊
　～霞萬古樓詩選、仲瞿詩録　第 1483 冊
34～波漁唱　第 1517 冊

9182_7 炳

96～燭齋隨筆　第 1133 冊
　～燭編　第 1155 冊

9280_0 剡

31～源逸稿　第 1322 冊
32～溪漫筆　第 1132 冊

9281_8 燈

77～月閒情十七種　第 1766—1767 冊

9306_0 怡

40～志堂文初編　第 1530 冊
　～志堂詩初編　第 1530 冊

9406_1 惜

57～抱軒文集、後集、詩集、後集　第1453 冊
　～抱軒先生文選　第 1670 冊
　～抱軒九經説　第 172 冊
　～抱軒筆記　第 1152 冊

9408_1 慎

00～疾芻言　第 1028 冊
　～言　第 938 冊
12～刑録　第 974 冊
17～子(附逸文)　第 971 冊

9481_1 燒

46(新著)～棉山全曲　第 1782 册

9501_0 性

16～理大中　第 949—950 册
～理指歸　第 942 册
(新刊鳳洲先生簽題)～理精纂約義　第 940 册

9503_0 快

60～園詩話　第 1705 册

9592_7 精

37～選名儒草堂詩餘　第 1728 册
50～忠記　第 1769 册

9601_3 愧

00～瘖集　第 1338—1339 册

9602_7 愓

00～齋經説　第 176 册
60～園初藁文　第 1670 册

9603_4 悞

80～入桃源　第 1763 册

9680_0 烟

08～譜　第 1117 册
27～嶼樓文集　第 1542 册
～嶼樓詩集　第 1542 册
～嶼樓讀書志、筆記　第 1162 册
44～草譜、題詞　第 1117 册

9682_7 煬

10～王江上録　第 423 册

9683_2 熌

42～柮閒談　第 1181 册

9706_1 憺

60～園文集　第 1412 册
～園文録　第 1671 册

9782_0 灼

44～艾集、續集、别集、餘集、新集　第 1188 册

爛

67～喉痧輯要　第 1018 册

9801_6 悦

00～齋文鈔、補　第 1318 册
06～親樓詩集、外集　第 1462—1463 册

9805_7 悔

20～稿後編、補遺　第 1319 册
80～翁詩鈔、補遺　第 1532 册
～翁筆記　第 1162 册

9860_4 瞥

07～記、庭立記聞　第 1157 册

9913_6 螢

30～窗異草　第 1789 册

9960_6 營

34(新編魯般)～造正式　第 879 册
60～田輯要内篇、外篇　第 976 册

9990_4 榮

95～性堂集　第 1464 册

續修四庫全書著者索引

0010_4 童

17～承叙 第 432 册
～翼駒 第 1068 册
46～槐 第 1498 册

0021_1 鹿

80～善繼 第 162 册,第 1373 册

龐

10～元濟 第 1090—1091 册
40～大堃 第 28 册,第 247 册,第 249 册
90～尚鵬 第 852 册

0022_2 廖

00～文英 第 234—235 册
～文炳 第 1611 册
10～平 第 40 册,第 93 册,第 106 册,第 107 册,第 128 册,第 131 册,第 133 册,第 148 册,第 179 册,第 228 册,第 953 册
12～廷相 第 1041 册
27～名春 第 1 册
30～宗澤 第 133 册
38～道南 第 939 册
40～希顔 第 738 册
44～攀龍 第 461 册
77～閬 第 1095 册

0022_3 齊

17～召南 第 44 册,第 1428 册
25～仲甫 第 1007 册
77～學裘 第 1181 册,第 1531 册

0022_7 方

00～文 第 1400 册
～文沂 第 939 册
10～玉潤 第 73 册
～于魯 第 1114 册
12～弘静 第 1126 册
～孔炤 第 15 册,第 738 册
21～虚名 第 956 册
22～嶽 第 1694 册
27～勺 第 423 册
28～以智 第 957 册,第 1091 册,第 1134 册,第 1398 册
30～宗誠 第 73 册,第 451 册,第 540 册
31～江自 第 1040 册
～濬師 第 1141 册(2)
～濬頤 第 1086 册,第 1555—1557 册
37～祖範 第 170 册
40～大湜 第 978 册
44～薰 第 1068 册
～孝標 第 1405 册(2)
～苞 第 62 册,第 79 册(2),第 140 册,第 1420—1421 册
～世舉 第 1310 册
46～旭 第 1120 册
～觀承 第 851 册
～觀旭 第 155 册
50～中履 第 1145 册

～申　第 30 册
～東樹　第 951 册,第 1497 册,第 1705 册
53～輔　第 239 册
～成珪　第 28 册,第 253 册,第 1310 册
～成培　第 1776 册
60～回　第 1322 册
71～頤孫　第 1717 册
77～鳳　第 1338 册
～鵬　第 1188 册
～履籛　第 891 册,第 1516 册
～賢　第 1001—1002 册

席

26～吴鏊　第 751 册
44～世昌　第 223 册

商

34～汝頤　第 551 册

高

00～文秀　第 1761 册
10～元濬　第 1115 册
13～武　第 996 册
20～秉　第 1067 册
～秉鈞　第 1016 册
21～儒　第 919 册
22～崶　第 721 册
23～岱　第 389 册
25～積厚　第 1091 册(2)
28～似孫　第 1582 册
30～濂　第 1769 册,第 1775 册
～守元　第 958 册
～寶銓　第 312 册(2)
～宗弘曆　第 1107 册
32～兆　第 516 册
34～汝栻　第 357 册(2)
40～士奇　第 121 册,第 1119 册
44～世栻　第 982 册
62～則誠　第 1774 册
67～明　第 1769 册
～鶚　第 1793—1794 册
87～翔麟　第 222 册(2)
88～銓　第 974 册,第 978 册

0023_0 卞

03～斌　第 28 册,第 48 册
30～寶第　第 661—668 册

0023_1 應

14～劭　第 746 册
37～祖錫　第 1297 册
41～櫃　第 863 册
52～撝謙　第 949—950 册

0023_2 康

30～進之　第 1762 册,第 1764 册
31～濬　第 158 册
38～海　第 1335 册,第 1738 册,第 1764 册(2)
40～有爲　第 179 册,第 511 册,第 558 册,第 953 册,第 1089 册
58～敷鎔　第 649 册

0023_7 庾

20～信　第 1304 册

0024_7 慶

26～保　第 860 册
31～源　第 856 册(2)
44～桂　第 391—400 册,第 824—825 册

0026_7 唐

00～庚　第 1713 册

11～甄　第 945 册
20～千頃　第 1008 册
～秉鈞　第 1113 册
21～順之　第 459—460 册
23～岱　第 1067 册
25～仲友　第 56 册，第 1318 册
～仲冕　第 1478 册(2)
26～伯元　第 749 册
27～紹祖　第 867 册(2)
30～寅　第 1334—1335 册
～宗海　第 982 册，第 987 册，第 1006 册
34～汝詢　第 1612 册
40～大烈　第 1028 册
～才常　第 1568 册
41～樞　第 78 册，第 880 册
42～壎　第 241 册
43～求　第 1313 册
44～英　第 1766—1767 册
47～鶴徵　第 524 册，第 941 册
50～肅　第 1326 册
60～景崧　第 577 册
77～隆　第 1770 册
78～臨　第 1264 册
86～錦　第 1122 册，第 1334 册
88～鑑　第 539 册

0040_0 文

00～康　第 1796—1797 册
～慶　第 414—421 册，第 751—752 册
10～震孟　第 541 册
12～廷式　第 748 册，第 1165 册，第 1568 册，第 1727 册
20～秉　第 437 册，第 439 册，第 443 册
29～黨　第 1309—1310 册

0040_1 辛

00～棄疾　第 1723 册(2)
27～紹業　第 26 册，第 85 册

0040_6 章

21～衡　第 336 册
33～黼　第 231 册
34～潢　第 9 册
40～士純　第 1031 册
44～芝楣　第 1105 册
～楠　第 987—988 册，第 1029 册
47～楹　第 1137 册
66～嚴　第 879 册
77～學誠　第 448 册，第 660 册，第 692 册，第 930 册
81～鈺　第 342 册
91～炳文　第 1264 册
～炳麟　第 128 册，第 195 册，第 953 册，第 1577 册

0043_0 奕

00～賡　第 1181 册(5)
02～訢　第 403—412 册

0073_2 玄

94～燁　第 975 册

0121_1 龍

00～文彬　第 793 册
10～正　第 959 册
38～啓瑞　第 188 册，第 248 册，第 1541—1542 册

0128_6 顔

10～元　第 166 册，第.946 册(2)，第 947 册

(2)
21～師古　第1783册
30～之推　第1121册
44～世清　第874—876册
78～愍楚　第236册

0164_6 譚

10～元春　第1385册,第1589—1590册(2)
20～秀　第24册
21～處端　第1322册
23～獻　第1727册,第1732—1733册
30～宗浚　第1564册(3)
40～希思　第353—354册
～吉璁　第859册
67～嗣同　第953册,第977册,第1568册
99～瑩　第1528册(2)

0180_1 龔

00～慶宣　第1012册
02～端禮　第95册
10～正我　第1778册
～元玠　第22册,第44册,第79册
12～廷賢　第997册,第1021册
22～鼎孳　第1402—1403册(2)
26～自珍　第129册,第1520册,第1726册
42～橙　第73册
44～黄　第721册
60～景瀚　第1474册
71～原　第1册
77～居中　第1005册,第1013册
～賢　第1065册
94～煒　第1177册(2)

0212_7 端

00～方　第904册(2),第905册,第1089—1090册

0344_0 斌

30～良　第1508册
45～椿　第1532册

0460_0 計

00～六奇　第440册,第443册
40～大受　第451册
44～楠　第1029册
50～東　第1408册
53～成　第879册

謝

00～堃　第1117册,第1507册
～章鋌　第1545册,第1727册,第1735册
09～讜　第1771册
10～玉瓊　第1012册
～靈運　第1304册
～元淮　第1511—1512册,第1737册
～天瑞　第1695册,第1735册
20～秀嵐　第260册
22～崧岱　第1115册
25～純　第836册
37～深甫　第861册
38～肇淛　第1130册(3),第1366—1367册(2)
～啓昆　第304册,第677—680册,第922册,第1458册
40～杰　第742册
～枋得　第57册
45～榛　第1695册
47～起巖　第550册
67～鳴篁　第834册
80～介鶴　第446册

0462_7 訥

00～齋道人　第 1106 册

0466_0 諸

10～可寶　第 236 册,第 516 册
44～葛亮　第 959 册,第 1303 册
～葛元聲　第 434 册
71～匡鼎　第 1116 册
86～錦　第 108 册

0722_7 鄘

12～璠　第 975 册

0742_7 郭

00～雍　第 984 册
～應聘　第 1349 册
～慶藩　第 228 册,第 957—958 册
～麐　第 1179 册,第 1705 册,第 1725 册,第 1733 册
10～正域　第 824 册
～元鴻　第 1106 册
～雲陞　第 976 册
12～璞　第 185 册,第 1264 册
～孔延　第 447 册
17～子章　第 512 册,第 1119 册
22～嵩燾　第 106 册,第 159 册(2),第 552 册,第 577 册,第 661—668 册,第 1547 册
～崑燾　第 1552 册
27～象　第 955 册
37～瀶　第 1052 册
40～志邃　第 1003 册
44～夢星　第 1165 册
46～柏蔚　第 547 册
～柏蒼　第 1120 册
60～畀　第 558 册
64～勛　第 1740—1741 册
67～明如　第 457 册
71～階　第 39 册
90～尚先　第 1510 册(2)
～尚友　第 878 册

0821_2 施

00～彦士　第 147 册(2)
～襄夏　第 1101—1102 册(2)
02～端教　第 834 册
10～晉　第 710—711 册
12～發　第 998 册
13～琅　第 390 册
14～耐庵　第 1791—1792 册
27～紹莘　第 1739 册
33～補華　第 1560 册(3)
35～清臣　第 1122 册
44～世杰　第 312 册
50～惠　第 1769 册,第 1774 册
60～國祁　第 293 册,第 1322 册
～男　第 1176 册

0864_0 許

00～應元　第 1342 册
08～謙　第 153 册,第 159 册
15～璉　第 972 册
17～瑤光　第 1546 册
19～琰　第 723 册
20～重熙　第 353 册,第 441 册
24～纘曾　第 1409—1410 册
26～自昌　第 1133 册,第 1273 册,第 1772 册
27～負　第 1059 册
～叔微　第 984 册(3),第 999 册
30～進　第 433 册
～宏　第 985 册

～容　第 1091 册
～宗彦　第 1492 册
32～兆熊　第 1116 册
～兆椿　第 1472 册
33～治　第 696 册
34～浩　第 1170 册
37～潮　第 1765 册(7)
～渾　第 1311 册
38～瀚　第 193 册,第 1160 册
40～培榮　第 1311 册
～克昌　第 1016 册
44～桂林　第 1035 册
45～槤　第 865 册,第 866 册,第 1611 册
46～相卿　第 938 册
47～起　第 1263 册
～楣　第 838 册
48～翰　第 1048 册
～敬宗　第 1582 册
50～惠　第 258 册
～奉恩　第 1270 册
60～國禎　第 1001 册
～景澄　第 1564 册
77～月卿　第 1320 册
～鵬翊　第 978 册
～學夷　第 1696 册
94～慎　第 1121 册

0968_9 談

31～遷　第 358—363 册,第 737 册,第 1134—1135 册(2)
88～鑰　第 704 册

1000_0 一

27～壑居士　第 1052 册

1010_4 王

00～亮　第 972 册
～彦威　第 446 册
～育　第 15 册
～應麟　第 1 册
～應遴　第 1765 册
～應奎　第 1147 册
～慶雲　第 815 册
～慶勳　第 1544 册
～文誥　第 1260 册,第 1315—1316 册
～文源　第 124 册
～文治　第 1450 册
～文禄　第 1125 册
～文鬱　第 250 册
～言　第 891 册
～褒　第 1326 册
02～端履　第 1262 册
04～謨　第 1199—1200 册
07～毅　第 1324 册
10～一槐　第 1143 册
～三聘　第 1232 册
～正功　第 746 册
～正祥　第 1753 册
～玉樹　第 24 册,第 1156 册
～元綎　第 978 册
～元啓　第 1310 册,第 1430 册
～元恭　第 705 册
～元善　第 160 册
～雲鳳　第 1331 册
12～引之　第 174—175 册,第 191 册,第 195 册,第 1490 册
～弘撰　第 1136 册,第 1404 册
～廷紹　第 1744 册
～廷相　第 938 册(2),第 1335 册(2)
14～珪　第 1029 册

～琦　第1311册
15～聘珍　第81册,第89册,第107册
～建常　第43册
17～瓊　第475—476册,第835册
～弼　第1册(2)
～豫　第1682册
～子一　第1760册,第1762册,第1763册
～翬　第1066册
18～致遠　第423册
19～棨之　第1627册
20～重民　第930册
～季烈　第294册
～禹聲　第1167册
～維德　第1013册
～維楨　第1344册(2)
21～仁俊　第971册,第1206册(2),第1211册
～仁煦　第249册,第250册(2)
～甗　第28册
～衡　第1764册(2)
～肯堂　第753册,第1007册,第1130册
22～鼎　第423册
～巖叟　第550册
～畿　第943册
～崇慶　第6册
～崇炳　第547册
24～先謙　第51册,第77册,第190册,第268—270册,第272—273册,第350册,第369—375册,第376—378册,第379—382册,第932册,第958册,第1570册(2),第1610册
～先慎　第972册
～佐　第1185册
～德信　見王實甫
～德暉　第1759册
～儔　第1309—1310册
～佑賢　第998册
25～仲文　第1761册
～績　第1304册
27～象晉　第1260册
～象之　第584—585册
～伋　第1052册
～僎　第1329册
～鵕　第1747册
～磐　第1738册
～叔和　第997册
～穉登　第1098册,第1119册,第1611册
～紹蘭　第173册(2),第213册,第970册
28～復　第913册
～綸　第990册
30～鎏　第170册,第838册
～家弼　第1035册
～家相　第1178册
～之績　第1714册
～之春　第445册,第553册
～守仁　第159册,第937册(2)
～安石　第1313—1314册
～宏翰　第999册,第1030册
～定安　第413册,第551册,第842—845册,第932册
～實甫　第1761册,第1764册,第1765册,第1770册
～宗涑　第85册
～宗敬　第1179册
～寂　第731册(2)
31～涇　第821册
～源　第1418册
32～兆雲　第532册
～沂孫　第1723册
～漸逵　第6册

～漸鴻　第157册
～冰　第1049册
33～心敬　第515册
34～澍　第159册(2),第1067册
～汝璧　第1461—1462册
～祐　第1327册
35～清任　第1026册
～清賢　第715册
～洙　第1306册
36～昶　第697—698册,第886—891册(2),第1437—1438册,第1625—1626册,第1668—1669册,第1730册,第1731册
37～鴻　第551册
～鴻緒　第1416—1417册
～澹翁　第1765册
～初桐　第1119册,第1251—1252册
38～祚禎　第257册
～道純　第990—991册
～肇晉　第156册
～啓原　第559册
40～九思　第983册,第1334册,第1723册,第1738册,第1764册,第1765册
～士讓　第88册
～士琦　第739册
～士禛(禎)　第742册,第1414—1415册,第1698—1699册,第1729册,第1733册
～士雄　第1003册,第1005册(2),第1027册
～士翹　第974册
～士駿　第110册
～士騏　第428册
～士性　第737册
～培荀　第1159册,第1180册(2),第1526册
～堯臣　第916册
～在晉　第437册,第739—740册
～在鎬　第239册
～有忠　第1026册
～有光　第1272册
～㐭　第1055册
～存善　第1103—1104册
～志堅　第449册
～杰　第1069—1074册,第1107—1109册(2)
～嘉曾　第1447册
～真　第954册
～樵　第120册,第940册
～梓材　第518—519册
42～圻　第761—767册,第826—827册,第1232—1236册
43～棫　第1269册
44～芷　第977册
～芮　第1218册
～茂蔭　第500册
～懋竑　第1146册
～孝通　第1041册
～勃　第1305册
～世睿　第737册
～世貞　第749册,第940册,第1267册,第1695册,第1771册,第1774册
～世懋　第734册,第737册
～芑孫　第1480—1481册
～英　第1327册
～樹枏　第40册(2),第53册,第107册,第108册,第189册,第649—650册
～棻　第545—546册,第708—709册
46～恕　第5册,第171册
～柏　第42册,第57册
～柏心　第1527—1528册
～相　第1627册

47～懿榮 第1565册
～朝佐 第547册
～朝梧 第239册
～好古 第985册
48～松年 第1293册
50～夫之 第18册(2),第43册,第61册,第98册,第139册,第164册(3),第444册,第449—450册(2),第945册(4),第1302册,第1403册(2),第1698册,第1724册
～素 第550册
51～軒 第641—646册
52～韜 第148册(3),第576册,第1036册,第1263册,第1558册(2)
55～耕心 第933册
57～拯 第1545册(2)
58～鏊 第1167册
60～昱 第1067册
～國維 第423册,第1577册,第1735册
～思任 第1368册
～思義 第1232—1236册
～曇 第1483册(4)
61～晫 第1175册
62～懸河 第1293册
64～時翔 第1725册
～時敏 第1065册
67～鳴鶴 第960—961册
～鳴盛 第45册,第80册,第452—453册,第1150—1151册,第1434册
～路 第1117册
～嗣奭 第1307册
～嗣槐 第933—934册
～煦 第189册,第212册
～照圓 第515册
71～厚之 第901册
～原祁 第1066册(2)
～驤德 第1758册,第1763册,第1766册
～檠 第974册
77～闓運 第40册,第51册,第55册,第131册,第133册,第413册,第712册,第1302册,第1304册,第1568—1569册,第1593册
～隆 第746册
～同軌 第1268册
～朋壽 第1219册
～鵬運 第827册,第1727册
～履泰 第848—849册
～聞遠 第945册
～學曾 第649—650册
～艮 第938册
～與 第972册
80～益之 第746册
～介 第990册
～念孫 第188册,第191册(2),第193册,第212册,第245册,第515册,第1152—1153册,第1466册
～善 第1095册
～曾翼 第1453册
81～頌蔚 第294册
84～錡 第1170册
86～錫爵 第461册
～錫純 第1757—1758册
88～筠 第69册(2),第215—216册(2),第216—219册,第220册,第240册,第976册,第1159册
90～惟一 第995册
～惟儉 第447册
～光魯 第746册
～棠 第1146—1147册
97～灼 第1317册
99～犖 第1224册

1010_4 亟

00～齋居士　第 1008 册

1014_1 聶

24～先　第 1721—1722 册
27～豹　第 939 册
90～尚恒　第 1011 册

1020_0 丁

06～謂　第 1166 册
08～謙　第 387 册
10～元吉　第 550 册
～元薦　第 1172 册
～丙　第 921 册,第 927 册,第 1559 册
17～子復　第 285—289 册
20～孚　第 746 册
21～仁　第 921 册
24～特起　第 423 册
27～佩　第 1115 册
～紹儀　第 1732 册,第 1734 册
30～宜曾　第 976 册
～宿章　第 1707 册
～寶楨　第 842 册,第 509 册
～寶銓　第 1395—1396 册
32～澎　第 1724 册
36～澤安　第 38 册
40～杰後　第 1 册
～壽徵　第 128 册
44～芮樸　第 1054 册
48～敬　第 910 册
60～曰健　第 882 册
～日昌　第 755 册,第 969 册
～國鈞　第 914 册
～晏　第 31 册(3),第 48 册,第 55 册,第 71 册(3),第 81 册,第 93 册,第 106 册,第 110 册,第 128 册,第 152 册,第 156 册,第 184 册,第 1055 册,第 1106 册,第 1121 册,第 1303 册(2),第 1523 册
61～顯　第 848 册
64～鞮良　第 1299 册(2)
71～辰　第 914 册
～巨　第 1042 册
77～履恒　第 247 册
86～錦　第 984 册
97～耀亢　第 1176 册

1021_1 元

47～好問　第 1266 册,第 1611 册,第 1723 册
67～明善　第 1323 册

1021_4 霍

12～孔昭　第 1016 册
17～翼　第 852 册

1023_2 震

87～鈞(唐元素)　第 730 册,第 1089 册

1024_7 夏

00～庭芝　第 1758 册
～言　第 1339 册
10～一駒　第 1091 册
～雲　第 1018 册
17～子陽　第 742 册
22～鼎　第 1010 册
～鸞翔　第 1047 册
23～允彝　第 55 册,第 440 册
27～侯陽　第 1041 册
30～完淳　第 440 册,第 1389 册
65～味堂　第 64 册,第 192 册
92～炘　第 70 册,第 93 册,第 107 册,第

248 册,第 952 册
99～燮(江上蹇叟) 第 95 册,第 249 册,第 364—366 册,第 402 册,第 553 册

1040_0 于

00～奕正 第 886 册
22～邕 第 85 册,第 93 册,第 106 册
44～萬川 第 707 册
88～鎰 第 937 册
94～慎行 第 1128 册

1040_9 平

21～步青 第 1163 册
48～翰 第 715—716 册

1060_0 石

10～玉崑 第 1797 册
17～子章 第 1762 册,第 1763 册(2)
～君實 第 1761 册
～君寶 第 1760 册,第 1763 册
34～濤 第 1065 册
44～茂良 第 423 册
46～韞玉 第 155 册,第 1466—1467 册

百

10～一居士 第 1271 册
28～齡 第 1474 册

西

34～湖老人 第 733 册
35～清 第 731 册

1060_1 吾

21～衍 第 237 册
72～丘端 第 1770 册
77～邱衍 第 1091 册(2)

1060_3 雷

22～豐 第 997 册,第 1005 册
33～浚 第 227 册(2)
35～禮 第 353—354 册,第 522—524 册,第 1342 册
77～學淇 第 176 册

1080_6 賈

00～亨 第 1043 册
～應壁 第 943 册
10～三近 第 465 册
22～嵩 第 1294 册
25～仲名 第 1762 册(3),第 1763 册(4)
28～似道 第 1120 册(2)
40～存仁 第 258 册
41～楨 第 414—421 册
72～所學 第 990 册

1111_7 甄

22～鸞 第 1031 册,第 1041 册
40～克思 第 1300 册

1118_6 項

10～元汴 第 1185 册
12～廷紀 第 1726 册
27～名達 第 1047 册(2)
30～安世 第 1318—1319 册
88～篤壽 第 478 册

1123_2 張

00～雍敬 第 1040 册
～商英 第 718 册
～應昌 第 145—146 册,第 1517 册,第 1627—1628 册
～庚 第 1067 册(2)

～庭詩　第157册
～文龍　第1292册
～文虎　第1164册(3),第1535册(2)
～文伯　第171册
～文巖　第159册
～文藝　第978册
01～龍文　第1765册
08～鶖　第1783册
～敦仁　第1045册
～謙德　第1116册
～謙宜　第1699册,第1714册
10～五典　第1457册
～玉穀　第1591—1592册
～元諭　第1126册
～元蒙　第8册
～元素　第1019册
～雨　第738册,第1723册
～爾岐　第17册,第1052册,第1136册
～夏　第536册
～可久　第1738册
～雲龍　第1186册
～雲璈　第1471册
～天復　第1348册
12～聯元　第723册
～廷濟　第1491册
14～琦　第1486册
16～聰咸　第125册,第1158册
17～璐　第994册,第1022—1023册
18～敔　第113册
19～琰　第1012册
20～位　第238册
～爲　第1694册
～喬棟　第1105—1106册
～爵　第729册
～維新　第722册
～維屏　第1496册,第1712—1713册(2)
21～上龢　第691册
～能鱗　第944册
～行孚　第227册,第978册
～行成　第1048册
～衍恩　第997册
～鹵　第466—467册,第788册
～師正　第1264册
～師載　第554册
～師栻　第554册
～縉彥　第731册
22～鼎　第39册
～崇懿　第1113册
～綖　第1735册
23～我觀　第974册
～岱　第318—320册(2),第729册,第1135册,第1260册
24～先　第1722册
～德彝　第576册
～德堅　第445册
25～仲壽　第1324册
～紳　第1065册
26～自烈　第234—235册
～伯行　第948—949册
～穆　第553册,第554册,第731册,第732册,第1532册
27～佩綸　第1566册
～彝宣　第1750册(2)
～魯　第1290册
～綱孫　第1119册
～紹修　第1018册
30～之洞　第510—511册,第683—686册,第921册,第953册,第1561册
～永祚　第1034册
～守節　第261—262册
～騫　第1575册

～寶琳　第708—709册
～宗良　第1018册
～宗法　第975册
～宗柟　第1698—1699册
～宗泰　第187册
31～源　第1765册
33～溥　第389册,第1387册
～浚　第1317册
34～澍　第66册,第301册,第540册,第732册,第735册(2),第1506—1507册(2)
～汝霖　第71册,第676册
～汝璧　第1031册
～濤　第553册
～沐　第19册,第159册(2)
～祜　第1311册
35～津　第704册
36～澤　第1385册
～昶　第541册
37～洞玄　第1053册
～潮　第1783册
～禄　第1740册
38～瀚　第463册,第478册,第1171册
～洽　第133册
～祥雲　第709—710册
～祥河　第1513册
～裕釗　第1544册
～遂辰　第985册
40～九鉞　第1443—1444册
～大純　第733册
～大復　第541册,第1131册,第1380册
～大昌　第859册
～大命　第1093册
～培仁　第1181—1182册
～志聰　第980—981册(2),第983册,第985册,第1028册
～嘉和　第229—230册
～壽卿　第1762册,第1763册(2)
～壽鏞　第56册,第1316册,第1318册
42～機　第983册,第984册
44～萱　第917册,第1168—1170册
～蔭桓　第577册
～燕昌　第1111册,第1115册
～萬鍾　第1119册
～世賢　第983册,第998册
～楚叔　第1743册
46～旭初　第1743册
～塤　第1449册
47～鶴騰　第1003册
～朝瑞　第537册,第828册
50～泰來　第1698册
～惠言　第1册,第26册(8),第40册,第90—91册(2),第247册,第1488册(2),第1611册,第1725册,第1732册
～貴勝　第1273册
51～振淵　第12册
～振鋆　第997册,第1018册
53～蠙　第1313册
～成孫　第247册
57～邦奇　第1336—1337册
～擬　第1097册(2)
60～國賓　第1760册(2)
～國寶　第1762册
～四維　第973册,第1351册,第1772册
～果　第1290册
～景祁　第1727册
64～時徹　第1123册
65～昞　第247册
67～鳴珂　第227册,第1088册,第1668册,第1727册
～野　第1723册

～嗣昌　第 881 册
～煦　第 641—646 册
70～雅博　第 1102 册
77～鳳翼　第 1064 册,第 1127 册,第 1353 册,第 1769 册,第 1772 册
～隆孫　第 1248—1249 册
～鵬翮　第 847 册,第 949 册
～履祥　第 975 册,第 1399 册
～居正　第 1345—1346 册
～際亮　第 1526—1527 册
～學顏　第 831—833 册
～問陶　第 1486 册
～卿雲　第 1248—1249 册
78～鑒　第 885 册
80～金吾　第 179 册,第 190 册,第 925 册,第 1654 册
～鏡心　第 14 册
～養浩　第 1738 册
86～錫恭　第 96 册
～錫駒　第 987 册
88～鋭　第 1000 册
～鑑　第 387 册,第 557 册,第 1492 册
～敘　第 152 册
90～光大　第 846 册
～炎　第 1723 册,第 1733 册
96～煌言　第 1388 册
98～熷　第 455 册
99～燮　第 1583—1588 册

1168_6 碩

60～園　第 1771 册

1173_2 裴

10～一中　第 1028 册
76～駰　第 261—262 册

1223_0 弘

64～曉　第 1444—1445 册
71～曆　第 1107 册

1240_0 刑

60～昺　第 185 册

1240_1 延

22～豐　第 840—841 册

1241_0 孔

00～齊　第 1166 册
～廣森　第 107 册,第 110 册,第 129 册,第 173 册,第 246 册,第 1476 册
～廣林　第 80 册,第 89 册
～廣陶　第 1085 册
10～平仲　第 1166 册
21～貞瑄　第 114 册
～貞運　第 457—458 册
～穎達　第 1 册(2),第 41 册,第 117 册
22～繼浩　第 1091 册
～繼涵　第 1045 册,第 1460 册
～繼汾　第 95 册,第 512 册
24～鮒　第 932 册
30～安國　第 41 册,第 151 册
60～晁　第 826 册
80～毓禮　第 1004 册
～毓埏　第 1177 册
90～尚任　第 1776 册

1249_3 孫

00～應科　第 170 册
～應鰲　第 160 册
～應時　第 698 册
～衣言　第 1544 册(2)

03～詒讓　第 51 册,第 82—84 册,第 85 册,第 107 册,第 243 册(2),第 301 册,第 708—709 册,第 904 册(2),第 906 册,第 911 册,第 918 册,第 1121 册,第 1164 册(2),第 1567 册
10～一奎　第 1026 册
～丕顯　第 1186 册
～爾準　第 1495 册
17～承宗　第 962 册,第 1370 册
～承澤　第 367 册,第 540 册,第 728 册,第 729—730 册,第 944 册
21～能傳　第 917 册,第 1132 册
～經世　第 176 册
22～鼎　第 58 册
～繼芳　第 1170 册
23～峻　第 976 册
25～仲章　第 1761 册
26～和相　第 692 册
27～旬　第 463—464 册
28～從龍　第 10 册
30～之騄　第 1120 册,第 1311 册(2)
～宅揆　第 975 册
～竇瑄　第 579—582 册
31～馮翼　第 1212 册
～源文　第 1765 册
37～逢吉　第 1031 册
～運錦　第 1394 册
38～道易　第 1166 册
～肈興　第 164 册
40～奭　第 861 册
～士毅　第 1433 册
～希旦　第 103—104 册
～志祖　第 931 册,第 1152 册,第 1581 册(2)
～奇逢　第 514 册,第 558—559 册,第 945 册,第 1391—1392 册
～雄　第 1628 册
44～枝蔚　第 1407 册
45～柚　第 1770 册
48～梅　第 1715 册
60～星衍　第 25 册,第 46 册,第 110 册,第 243 册(2),第 687—689 册,第 693 册,第 709—710 册,第 746 册,第 904 册,第 906 册,第 923 册,第 931 册,第 1054 册(3),第 1092 册,第 1260 册,第 1477 册,第 1609 册
～國敉　第 886 册
71～原湘　第 1487—1488 册
72～彤　第 826 册
73～臏　第 959 册
77～鳳　第 1065 册
80～鑛　第 958 册
82～鍾齡　第 1775 册
88～銳　第 1320 册
90～光憲　第 336 册
～光祖　第 1091 册(3)
91～愐　第 249 册
97～耀　第 259 册
99～榮　第 761 册

1314_0 武

20～億　第 110 册,第 173 册(2),第 892 册,第 913 册(2),第 1466 册
34～漢臣　第 1760 册,第 1761 册,第 1762 册,第 1764 册
67～曌　第 113 册,第 753 册

1420_0 耐

27～修子　第 1018 册

1464_7 破

97～慳道人　第 1764 册

1623_6 强

10～至　第 550 册
21～行父　第 1713 册
34～汝謌　第 39 册
～汝詢　第 746 册,第 1553 册

1660_1 碧

44～蕉軒主人　第 1765 册

1710_7 孟

14～珙　第 423 册
22～稱舜　第 1763 册(5),第 1764 册(5),第 1765 册(2)
24～德斯鳩　第 1298—1299 册
30～安排　第 1293 册
34～漢卿　第 1762 册,第 1764 册

1712_0 刁

27～包　第 945 册

1712_7 耶

25～律楚材　第 736 册

鄧

00～慶寀　第 1116 册
～文原　第 550 册
10～元錫　第 315—316 册
12～廷楨　第 1499 册
13～球　第 1127 册
40～志謨　第 1247 册
42～析　第 971 册(2)
44～夢文　第 5 册
～苑　第 1018 册
61～顯鶴　第 1501 册,第 1690—1693 册(2)

1721_4 翟

10～云升　第 241—242 册(2),第 1055 册
31～灝　第 167 册,第 185 册,第 194 册,第 1441 册

1723_2 承

40～培元　第 221 册,第 222 册

1732_7 鄢

44～懋卿　第 8 册

1742_7 邢

30～準　第 229 册
34～澍　第 239—240 册,第 904 册

1750_6 鞏

18～珍　第 742 册

1750_7 尹

00～文子　第 1121 册
22～繼美　第 74 册(2)
～繼善　第 1426 册
30～守衡　第 316—317 册
42～彭壽　第 243 册
44～樹民　第 1092 册
80～會一　第 515 册,第 1424 册

1752_7 那

00～彦成　第 495—497 册,第 554—555 册

1760_2 習

37～鑿齒　第 548 册

1762_0 司

55～農司　第 975 册

71～馬貞　第261—262册
～馬遷　第261—262册
～馬光　第1048册

1762_7 邵

00～亨貞　第1324册,第1723册
～雍　第1061册,第1063—1064册
10～平軒　第1055册
～晉涵　第187册,第290册,第701—703册,第1152册,第1463册
12～廷采　第332册(2)
14～瑛　第211册
17～璨　第1773册
21～經濟　第1339—1340册
～經邦　第304—308册
34～遠平　第313册
47～懿辰　第50册,第1536册
48～松年　第1088册
60～思　第1213册

1874_0 改

14～琦　第1725册

1918_0 耿

44～蔭樓　第976册

2022_7 爲

90～光　第1096册

喬

17～孟符　第1760册,第1761册
20～億　第1701册
40～吉　第1738册,第1763册(3)
44～夢符　第1760册(2),第1761册,第1763册(3)
48～松年　第184册,第1159册
50～中和　第16册,第256册

2033_1 焦

04～竑　第11册,第162册,第525—531册,第532册,第916册,第943册,第1129册,第1172册,第1189册,第1364—1365册(2),第1590册
10～玉　第959册
12～廷琥　第109册,第1035册,第1140册
20～秉貞　第975册
22～循　第27册(6),第48册,第55册,第65—66册(3),第105册,第124册,第155册,第158册,第173册,第951册,第1045册(2),第1489册,第1758—1759册(2)
26～和生　1482册
28～以恕　第89册
40～袁熹　第1136册
60～勖　第966册
77～周　第1174册

2040_7 季

44～芝昌　第1517册
50～本　第6册(2),第113册,第134册,第938—939册
51～振宜　第920册

2043_0 奚

03～誠　第976册

2071_4 毛

10～一豐　第29册
～一公　第517册
～晉　第1719—1720册,第1768—1773册
22～利貞齋　第195册

24～德琦　第720册
27～紀　第476册
30～宸　第920册
～憲　第541册
40～奇齡　第40册,第61册,第78册,第95册(2),第108册,第139册,第159册,第165册,第194册,第432册,第551册,第735册,第1302册
44～萇　第184册
77～鳳枝　第908册,第909册
80～曾　第259册

2110_0 上

30～官融　第1260册

2121_7 伍

40～袁萃　第1172册

盧

00～文弨　第88册,第180册,第452册,第917册,第923册,第1121册,第1149册(3),第1432—1433册
10～元昌　第1308册
20～重元　第958册
21～上銘　第828册
28～以緯　第195册
～復　第1027册
30～憲　第698册
44～世漼　第1392册
48～翰　第1125册
60～見曾　第20册,第1423册
80～仝　第1311册
84～鎮　第698册
99～燮宸　第978册

2122_0 何

10～震　第1091册
20～喬遠　第425—427册
24～侁　第1055册
27～紹基　第651—655册,第1528—1529册(2)
29～秋濤　第34册,第55册,第301册,第423册,第731册,第740—742册,第1554册
30～良俊　第1125册
35～溱　第1068册
40～大成　第1334—1335册
～士晉　第878册
～士信　第1728册
～士泰　第1062册
～希之　第1320册
～志高　第33册
44～基　第1320册
～夢瑤　第1025册
～若瑤　第129册
～其傑　第38册
45～棟如　第1063—1064册
60～國宗　第1035册
～異　第748册
72～剛德　第977册
89～鏜　第736册
91～焯　第1420册

2122_1 衛

30～宏　第746册
52～哲治　第699—700册

2123_4 虞

44～世南　第1212—1213册
55～摶　第1019册

2133_1 熊

00～應雄　第 997 册
12～廷弼　第 491 册
20～禾　第 2 册(2)
23～儐　第 1126 册
30～宗立　第 1062 册
40～太古　第 1166 册
～士伯　第 258 册
44～莪　第 865 册
47～均　第 983 册
66～賜履　第 513—514 册,第 947 册
80～會貞　第 726—727 册
88～篘　第 1006 册
90～尚文　第 833 册

2140_6 卓

28～從之　第 1739 册
80～人月　第 1728—1729 册

2155_0 拜

40～柱　第 787 册

2190_4 柴

27～紹炳　第 244 册

2191_1 經

10～元善　第 1564 册

2210_8 豐

00～慶　第 550 册

2220_7 岑

15～建功　第 285 册
23～參　第 1309 册

2221_4 任

00～廣　第 1214 册
02～端書　第 1441 册
10～雲倬　第 31 册(2)
21～仁發　第 851 册
32～兆麟　第 108 册,第 548 册
37～洛　第 646 册
38～啓運　第 99 册,第 1424 册
40～大椿　第 107 册,第 109 册,第 201 册,第 236 册,第 243 册
44～基振　第 186 册
86～錫庚　第 1030 册

崔

08～敦詩　第 1318 册
17～子璲　第 550 册
20～維雅　第 847 册
30～適　第 131 册,第 264 册
33～述　第 24 册,第 46 册,第 64 册,第 95 册,第 109 册,第 455 册,第 1461 册
60～國因　第 578 册
64～曉　第 550 册
77～與之　第 550 册,第 1319 册
84～銑　第 933 册,第 938 册

2224_4 倭

21～仁　第 755 册

2271_1 崑

77～岡　第 794 册,第 795—797 册,第 798—814 册

2290_0 利

11～瑪竇　第 1296 册,第 1300 册

2290_1 崇

71～厚　第882册

2290_4 巢

67～鳴盛　第976册

樂

10～天大笑生　第1272册
50～史　第585册,第1783册
87～鈞　第1490册

2320_0 外

50～史氏　第438册

2321_2 允

35～禮　第559册,第682册,第879—880册

2324_2 傅

00～應奎　第693册
10～霖　第972册(2)
21～仁宇　第1017册
22～山　第932册,第1007册,第1395—1396册
32～遜　第119册
40～壽彤　第248册
44～蘭雅　第1297册,第1300册
48～梅　第725册
56～暢　第747册(2)

2325_0 臧

00～庸　第1册,第515册,第919册,第1158册,第1491册
14～琳　第172册
40～壽恭　第125册
44～懋循　第389册,第1361册,第1760—1762册
80～鏞堂　第172册

2350_0 牟

00～應震　第65册(2),第247册(4)
～庭　第47册
～庭相　第1156册

2360_4 昝

27～殷　第1006册

2397_2 嵇

80～曾筠　第494册

2421_7 仇

34～遠　第1322册,第1723册

2423_1 德

35～沛　第19册

2425_6 偉

12～烈亞力　第1300册(2)

2454_1 特

37～通保　第857册

2472_7 帥

00～方蔚　第559册

2492_7 納

44～蘭性德　第1419册,第1729册
～蘇泰　第853—855册

2500_0 牛

00～衷　第1271册

10～天宿　第 755 册
37～運震　第 21 册,第 140 册,第 451 册

2520_6 仲

77～學輅　第 978 册

2520_7 律

22～例館　第 972 册

2523_0 佚

27～名　第 254 册,第 264 册,第 265 册(2),第 390 册,第 432 册,第 445 册,第 456 册,第 586 册,第 683 册,第 732 册,第 834 册,第 861 册,第 1018 册,第 1142 册,第 1184 册,第 1212 册,第 1272 册,第 1293 册,第 1312 册,第 1589 册,第 1652—1654 册,第 1700 册,第 1728 册,第 1739 册,第 1760 册(7),第 1761 册(10),第 1762 册(14),第 1763 册,第 1764 册(3)

2590_0 朱

00～方增　第 1501 册(2)
～庭珍　第 1708 册
～慶餘　第 1311 册
～亦棟　第 1155 册
02～端章　第 1007 册
04～謀垏　第 12 册,第 192 册
05～諫　第 1305—1306 册
07～翊清　第 1271 册
08～敦儒　第 1722 册
10～一新　第 1164 册,第 1565 册
～一是　第 1724 册
～玉振　第 1113 册
～元璋　第 862 册(4),第 935 册
～震亨　第 998 册,第 1007 册
～吾弼　第 467 册
～晉楨　第 1105 册
～雲　第 238 册
12～廷立　第 839 册
～延模　第 693 册
14～珪　第 1451—1452 册
～琦　第 1530 册(2)
～琇　第 214—215 册
17～孟震　第 1128 册(2)
19～琰　第 1111 册
21～衡　第 515 册
22～鼎　第 1770 册
23～弁　第 958 册
24～皚　第 1775 册
～德潤　第 1324 册(2)
～休度　第 1452 册
～升　第 4 册
～緒曾　第 1303 册
25～仲福　第 1039 册
～健　第 756—757 册
～純嘏　第 1012 册
26～得之　第 955—956 册
27～彝尊　第 1698 册,第 1724 册,第 1730 册
28～從延　第 1120 册
30～寯瀛　第 1564 册
～之瑜　第 1384—1385 册
～之錫　第 493 册
～宗文　第 259 册
36～澤澐　第 946 册
37～鴻　第 151 册
～淑真　第 1316 册
～次琦　第 1535 册
～祖謀　第 1727 册
～祖榮　第 977 册(2)
38～海　第 1270 册

40～大韶　第 128 册,第 176 册
～士端　第 214 册,第 1160 册
～希祖　第 444 册
～有燉　第 1328 册
～熹　第 56 册,第 157 册
～嘉徵　第 1590 册
～右　第 1326 册
～右曾　第 72 册,第 301 册,第 336 册
～壽朋　第 383—385 册
41～檑　第 471—472 册
42～彬　第 105 册
43～載堉　第 114 册,第 1031 册,第 1044 册
44～荃宰　第 1713—1714 册
～勤美　第 824 册
～世傑　第 1042 册,第 1043 册
～權　第 1092 册,第 1747 册
45～棣　第 935 册,第 1285 册
47～鶴齡　第 120 册(2)
～楓　第 908 册,第 1109 册,第 1111 册
48～梅臣　第 873—874 册
50～素臣　第 1747 册
60～國楨(禎)　第 428—431 册,第 1172—1173 册,第 1366 册(2)
～國盛　第 728 册,第 729 册
～思本　第 586 册,第 1323 册
～昆田　第 1247—1248 册
64～睦㮮　第 432 册,第 919 册
67～瞻基　第 935—936 册
～鷺　第 433 册
71～長文　第 1 册
～長春　第 970 册,第 1292 册,第 1361—1362 册
73～駿聲　第 29 册,第 93 册,第 125 册,第 148 册(3),第 189 册,第 220—221 册,第 1159 册,第 1514 册
74～肱　第 984 册(2)
80～并　第 718 册
83～鋐　第 838 册
86～智　第 751 册
87～銘盤　第 767—769 册,第 770—771 册,第 772—773 册,第 774 册
88～筠　第 1121 册,第 1439 册,第 1440 册(2)
～簡　第 1091 册(2)
90～光家　第 238 册
～常澇　第 1099—1100 册
99～燮元　第 491 册

2600_0 白

10～玉蟾　第 1319 册
21～仁甫　第 1760 册(3),第 1763 册(3)

2610_4 皇

53～甫謐　第 301 册
～甫涍　第 1304 册
～甫枚　第 1260 册
～甫録　第 1167 册

2620_0 伯

09～麟　第 856 册

2629_4 保

80～八　第 934 册

2641_3 魏

00～裔介　第 946 册
～應嘉　第 537 册
～文魁　第 1039 册
10～一鰲　第 515 册
17～了翁　第 56 册,第 96 册
23～允恭　第 860 册

24～皓 第 1096 册
25～仲舉 第 552 册
26～峴 第 1000 册
27～象樞 第 946 册
28～徵 第 1187 册
30～憲 第 1624—1625 册
31～源 第 48 册,第 55 册,第 77 册,第 314—315 册,第 402 册,第 743—744 册,第 954 册,第 1522 册(2)
34～禧 第 120 册,第 1408—1409 册
38～道明 第 1723 册
40～大中 第 1374—1375 册
～校 第 202 册,第 938 册
44～茂林 第 192 册,第 1178 册
～荔彤 第 989 册
65～畊 第 1385 册,第 1393 册
99～燮均 第 1539 册

2643_0 吴

00～堃安 第 999 册
～亮 第 468—469 册,第 541 册,第 1188 册
～高增 第 718 册
～應逵 第 1116 册
～應箕 第 438 册(2),第 1388—1389 册
～慶坻 第 1264 册
～廣成 第 334 册
～亦鼎 第 997 册
～文鎔 第 1520 册
04～訥 第 1602 册
07～翊寅 第 39 册(3)
10～玉綸 第 1451 册
～玉搢 第 203 册
～琉 第 1225—1231 册
～瑭 第 1004 册,第 1028 册
～元音 第 1054 册
～元滿 第 203 册,第 238 册
～雲蒸 第 220 册
12～瑞登 第 352 册
～廷華 第 99—100 册
17～翌鳳 第 1139 册,第 1463 册
～承恩 第 1792—1793 册
20～重憙 第 1570 册
～喬 第 1697 册
21～熊光 第 1177 册
～衡照 第 1734 册
～師道 第 1694 册
～師機 第 997 册
～貞吉 第 1100 册
～穎芳 第 204 册(2)
22～任臣 第 233 册
～嵩梁 第 1489—1490 册
～崑 第 980 册,第 996 册
～繼仕 第 254 册
～繼安 第 826 册
23～允嘉 第 1115 册
～俊 第 1464 册
～峻 第 1101 册
24～先聲 第 1091 册
～德旋 第 1714 册
～偉業 第 390 册,第 1396—1397 册(2),第 1697 册,第 1765 册,第 1775 册
～升 第 1066 册
～勉學 第 1052 册
25～仲 第 850 册
26～伯宗 第 1063 册
27～仰賢 第 1548 册,第 1707 册
～修 第 517 册
～鵠 第 976 册
～繩年 第 1113 册
28～儀洛 第 994 册,第 1002—1003 册
30～寧 第 1737 册

～寬　第432册
～之俊　第1778册
～之英　第93册(2),第94册
～騫　第24册,第64册,第153册,第184册,第918册,第1111册,第1139册(2),第1454册(2),第1704册
～守一　第144册
～守忠　第848册
31～潛　第475册
32～兆宜　第1588册
～兆騫　第1412册
～澄　第885册
34～汝綸　第38册,第50册,第505—508册,第1563册
35～清鵬　第1514册
38～道源　第1004册
～道長　第231册
40～大震　第1267册
～大澂　第243册,第903册,第953册,第1107册
～大揚　第939册
～士鑑　第275—277册
～鼐　第1487册
～志忠　第1303册(2)
～嘉紀　第1403册
～嘉賓　第95册
～壽暘　第129册,第930册
41～楨　第357册
43～式芬　第895册,第902册,第1109—1110册
44～藻　第1768册
～蘭庭　第292册,第1447册
～蘭修　第334册
～孝銘　第751册
～其貞　第1066册
～其濬　第880册,第1117—1118册
～楚材　第1232册
～樹梅　第794册
～桂森　第1132册
～林　第1117册
45～坤修　第651—655册
48～敬　第1043册
～敬梓　第1428册,第1795册
50～中情奴　第1765册
～肅公　第1032册,第1175册
51～振棫　第1158册,第1521册
～振臣　第731册
60～曰慎　第17册
～國仕　第1059—1060册
～國倫　第462册,第1350—1351册
～易　第1133册
～思孝　第1045册
～昌碩　第1570册
～昌綬　第557册
～昌齡　第1760册,第1762册,第1763册
～昌宗　第168册
～昌祺　第1612册
61～跰人　第1798—1799册
67～鳴球　第966册
71～歷　第1066册
～辰燦　第1016册
～長元　第57册,第730册
72～氏　第1018册
75～陳琰　第139册
77～熙載　第342册
～殳　第441—442册
80～會　第1325册
86～錦章　第242册
～錫麒　第1468—1469册,第1725册
88～篪　第712册
～敏樹　第1534册

90～惟順　第 966 册
～光酉　第 554 册
～光耀　第 292 册
～省欽　第 1447—1448 册(3)
91～烜　第 978 册
93～烺　第 258 册,第 1737 册
～熾昌　第 1263 册
99～榮光　第 815 册,第 902 册,第 1082 册,第 1497—1498 册

2690_0 和

14～瑛　第 730 册,第 1460 册
15～珅　第 857 册

2691_4 程

00～應旄　第 986 册
10～晉芳　第 63 册,第 1433 册(2)
12～廷祚　第 20 册(2),第 44 册,第 153 册
17～瑶田　第 55 册,第 80 册,第 85 册(2),第 95 册,第 108 册,第 115 册,第 191 册(3),第 951 册,第 1068 册
～君房　第 1114 册
21～卓　第 423 册
22～任卿　第 835 册
23～岱葊　第 978 册,第 1180 册
24～先甲　第 194 册
28～復心　第 160 册
30～宗舜　第 1060 册
34～汝繼　第 14 册(2)
～遠　第 1091 册
37～洵　第 1318 册
～迥　第 1028 册
38～道存　第 254 册
40～大位　第 1044 册
～大昌　第 737 册
～大鏞　第 72 册
～嘉燧　第 1385 册,第 1386 册
44～萬里　第 1778 册
～林　第 988 册
52～哲　第 1111 册,第 1137 册
60～國彭　第 1016 册,第 1024 册
～恩澤　第 422—423 册,第 1511 册
67～明善　第 1736 册
77～際盛　第 81 册,第 192 册,第 194 册,第 212 册(2),第 1588 册
81～頌萬　第 1577 册(2)
88～敏政　第 936 册
90～光裋　第 554 册
99～榮秀　第 517 册

2692_2 穆

02～彰阿　第 613—624 册,第 1507 册
40～希文　第 1237 册
44～勒　第 1297 册,第 1298 册

2694_1 釋

00～彦悰　第 1286 册
～慶吉祥　第 1289 册
～文儒　第 229 册
～玄應　第 198 册
04～讀徹　第 1393 册
10～一行　第 1280 册
～函可　第 1398 册
12～延一　第 718 册
～延壽　第 1283—1285 册
24～德誠　第 1722 册
～德清　第 1377—1378 册
～德煇　第 1281 册
～贊寧　第 1286 册
28～僧祐　第 1288 册
～僧肇　第 1274 册
30～窺基　第 1274—1275 册

～寶曇　第 1318 册
～寶唱　第 1285 册
～宗密　第 1279 册(2)
32～淨源　第 1274 册
～淨覺　第 1281 册
～淨善　第 1281 册
33～遍照金剛(日)　第 1694 册
34～灌頂　第 1285 册
～法藏　第 1276—1278 册,第 1279 册
35～清珙　第 1324 册
38～祥邁　第 1289 册
～道宣　第 1281—1282 册,第 1289 册
～道原　第 1282 册
40～大壑　第 719 册
～大汕　第 744 册
～大聞　第 1288 册
～希麟　第 197 册
～志磐　第 1287 册
～支遁　第 1304 册
～吉藏　第 1274 册(2)
～來復　第 1622 册
42～斯植　第 1320 册
46～如惺　第 1285 册
48～敬安　第 1575 册
50～惠能　第 1281 册
52～靜　第 1285 册
55～慧立　第 1286 册
～慧琳　第 196—197 册
～慧皎　第 1281 册
～慧祥　第 718 册
60～景淨　第 1296 册(2)
67～明佺　第 1289 册
～明河　第 1283 册
71～阿摩利諦　第 257 册(2)
72～隱元　第 719 册
80～義淨　第 1286 册
～普光　第 1274 册
86～智顗　第 1279 册(2)
～智旭　第 15 册,第 1290 册
～智昇　第 1289 册
88～篘　第 1285 册
95～性涵　第 957 册

2712_7 歸

40～有光　第 1353 册
44～莊　第 1401 册(2)

2713_2 黎

00～庶昌　第 128 册,第 557 册,第 1561 册
21～經誥　第 1611 册
30～淳　第 1330 册
34～汝謙　第 1567 册(2)
36～温　第 936—937 册
38～遂球　第 16 册
88～簡　第 1473—1474 册

2720_7 多

77～隆阿　第 72 册

2721_2 危

67～昭德　第 1321 册

2721_7 倪

00～文蔚　第 55 册
08～謙　第 744 册
14～瓚　第 1115 册
25～朱謨　第 992 册
35～涑　第 878 册
40～士毅　第 160 册
60～思　第 1122 册
～思寬　第 1156 册
97～燦　第 916 册(2)

2722_0 向

26～程　第 940 册

2723_3 佟

63～賦偉　第 1176 册

2723_4 侯

00～方域　第 1405—1406 册
　～康　第 132 册,第 148 册
25～失勒　第 1300 册
27～甸　第 1266 册

2724_7 殷

10～元勳　第 1611 册

2725_7 伊

20～秉綬　第 1475 册

2726_1 詹

00～應甲　第 1484 册
99～榮　第 718 册

2731_2 鮑

00～康　第 827 册,第 1113 册
　～廉　第 698 册
12～廷博　第 1322 册(2)
22～鼎　第 1156 册
28～作雨　第 28 册
97～恂　第 3 册

2733_2 忽

60～思慧　第 1115 册

2733_6 魚

00～玄機　第 1313 册

2742_7 鄒

10～元標　第 481 册,第 942 册
12～弢　第 1263 册
20～季友　第 43 册
26～伯奇　第 148 册,第 1547 册
30～守益　第 938 册
32～祗謨　第 1729 册
34～澍　第 993 册
　～漪　第 442 册
　～漢勛　第 176 册,第 248 册,第 1036 册,第 1534 册
40～存淦　第 976 册
43～式金　第 1765 册(2)
46～柏森　第 911—912 册
80～金生　第 1753—1756 册
　～兑金　第 1765 册
91～炳泰　第 1462 册

2760_3 魯

00～應龍　第 1264 册
10～一同　第 1532 册
22～旹　第 1307 册
26～伯嗣　第 1009 册
40～九皋　第 1452 册
88～銓　第 710—711 册

2762_0 句

55～曲山農　第 1120 册

2771_2 包

40～希魯　第 202 册
44～世臣　第 1082 册,第 1500 册
　～世榮　第 69 册
94～慎言　第 131 册

2791_7 紀

08～許國　第 944 册
10～磊　第 34 册(2),第 35 册(4)
17～君祥　第 1762 册,第 1764 册
40～大奎　第 1470 册
67～昀　第 448 册,第 1269 册,第 1435 册

2792_2 繆

30～之晉　第 1040 册
40～存濟　第 998 册
41～楷　第 189 册
44～荃孫　第 550 册,第 683—686 册,第 1260 册,第 1574 册(2)
60～昌期　第 1373 册
77～闐　第 116 册

2823_7 伶

00～玄　第 1783 册

2826_6 僧

47～格林沁　第 508 册

2829_4 徐

00～康　第 1186 册
～慶卿　第 1748—1750 册(2)
～文弼　第 1030 册
～文昭　第 1776—1777 册
07～毅　第 1113 册
10～三重　第 943 册
～靈府　第 958 册
～元　第 1771 册
～元文　第 1413 册
～元瑞　第 973 册
～霆　第 423 册
～石麒　第 1119 册,第 1739 册
～石麟　第 749 册
～霖　第 1772 册
12～發　第 1032 册
15～建寅　第 969 册,第 1300 册
17～乃昌　第 194 册
～承慶　第 214 册
～承禮　第 332—333 册
～子默　第 1005 册
18～璥　第 69 册
21～卓　第 885 册
～師曾　第 9 册,第 1351 册
～貞明　第 851 册
22～鼎　第 62 册
～繼畬　第 743 册,第 1523 册
～崧　第 733 册
27～翻　第 1764 册,第 1765 册
～象梅　第 542—544 册
～奝　第 1313 册
28～復祚　第 1175 册,第 1742—1743 册,第 1771 册(2)
30～之鏌　第 1054 册
～官　第 202 册,第 1091 册
～寶善　第 1516 册(3)
～宗亮　第 690—691 册,第 731 册
31～沅澂　第 1759 册
～汧　第 1385 册
～灝　第 177 册,第 225—227 册
33～沁　第 1065 册,第 1355 册
～浦　第 135 册
34～祺　第 1094—1095 册
36～渭　第 1354—1355 册(3),第 1363 册,第 1758 册,第 1764 册(6),第 1766 册
～渭仁　第 1483 册
～邈　第 56 册
37～潤　第 558 册
38～肇台　第 438 册

40～大椿　第 983 册,第 1027 册,第 1028 册(2),第 1758 册
～士俊　第 1728—1729 册
～有壬　第 1047 册
～肅　第 332—333 册,第 367—368 册,第 1161 册
～嘉　第 1402 册
～壽基　第 1272 册
～枋　第 1404 册
41～標　第 728 册,第 729 册
43～樾　第 225—227 册
44～葆光　第 745 册
～芝　第 1105 册
～世昌　第 1629—1633 册
45～棟　第 755 册,第 859 册
48～增　第 1698 册
～乾學　第 920 册,第 1412 册
～敬儀　第 1031 册
～松　第 270 册,第 350 册,第 728 册,第 732 册,第 775—786 册,第 822—823 册(2),第 829 册
50～中行　第 1349 册
～本　第 867 册(2)
～本立　第 1736 册
～東　第 550 册
53～咸　第 520 册
60～星友　第 1100 册
～昂發　第 1145 册
61～晅　第 1773 册
64～時棟　第 55 册,第 1162 册,第 1542 册(2)
72～岳　第 1041 册,第 1268 册
74～陵　第 1588 册
75～體乾　第 7 册
76～陽輝　第 1765 册(2)
77～堅　第 1091 册
～同柏　第 902 册
～學謨　第 433 册
～開任　第 520—521 册
80～益之　第 444 册
～金生　第 880 册
～養原　第 81 册,第 90 册,第 115 册(3),第 155 册,第 173 册,第 1096 册
84～釚　第 1415 册,第 1699 册
～鉷　第 1094 册(2)
87～鈞　第 1321 册
88～鑑　第 258 册
90～懷祖　第 734 册
～堂　第 33 册
～光溥　第 1218 册
～光啓　第 1300 册
～常遇　第 1094 册
～爌　第 1048 册
91～炬　第 1237—1238 册
94～燉　第 547 册,第 919 册,第 923 册,第 1381 册
99～榮　第 1518 册

2891_6 税

30～安禮　第 585 册

3010_6 宣

21～穎　第 957 册
22～鼎　第 1789 册

3021_4 寇

10～平　第 1010 册
30～宗奭　第 990 册

3022_7 房

10～正　第 1053 册

3023_2 永

16～珵 第 1487 册

3040_1 宇

00～文邕 第 1292—1293 册

3040_4 安

10～正齋 第 1042 册
24～歧 第 1067 册
35～清翹 第 115 册
40～吉 第 245 册
71～頤 第 883—884 册

3042_7 寓

22～山居士 第 1765 册

3060_6 宮

10～天挺 第 1763 册
40～大用 第 1761 册

3071_7 宦

44～懋庸 第 157 册

3077_7 官

23～獻瑤 第 79 册

3080_1 蹇

77～駒 第 423 册

3080_6 寶

12～廷 第 1562—1563 册
28～儀 第 862 册
47～鋆 第 414—421 册,第 1536 册(2)

賨

17～子偁 第 974 册
44～夢麟 第 1012 册
63～默 第 1012 册

3090_1 宗

80～人府 第 866—867 册

3090_4 宋

00～應星 第 1115 册
～廣業 第 725 册
～衷 第 301 册
02～端儀 第 517 册,第 1167 册
13～琬 第 1404—1405 册(2)
17～孟清 第 1695 册
26～保 第 247 册
～綿初 第 75 册,第 108 册
27～魯珍 第 1062 册
30～濂 第 229—230 册
32～兆祺 第 1005 册
40～大勺 第 159 册
～大樽 第 185 册
44～世犖 第 81 册,第 91 册
～楙澄 第 1373—1374 册(2)
46～恕 第 953 册
～如林 第 687—689 册
50～書升 第 108 册
53～咸 第 932 册
～咸熙 第 2 册
55～曹 第 1065 册
57～邦綏 第 1611 册
60～景昌 第 1042 册(2)
71～長白 第 1700 册
72～岳 第 1124 册
78～鑒 第 44 册
80～慈 第 972 册
87～翔鳳 第 28 册,第 48 册(2),第 155 册,第 159 册(2),第 170 册,第 189 册,第

301 册,第 1157 册,第 1504 册(2)
99～犖 第 554 册,第 559 册,第 1699 册

3111_0 江

21～順詒 第 1735 册
～上蹇叟 見夏燮
30～永 第 88 册,第 114 册,第 166 册(2),第 253 册(2),第 1032 册
31～沅 第 247 册
～濬源 第 1453 册
～源 第 1330 册(2)
34～淹 第 1304 册
～湛若 第 1052 册
37～涵暾 第 1025 册
40～有誥 第 248 册
41～標 第 557 册
44～藩 第 27 册,第 173 册,第 179 册,第 188 册,第 713—714 册
47～聲 第 44 册,第 203 册(2)
60～昉 第 1737 册
～昱 第 1138 册,第 1723 册(2)

3111_4 汪

00～應蛟 第 480 册,第 941 册
～文臺 第 183 册
10～三益 第 1051—1052 册
11～砢玉 第 839 册
12～瑗 第 1301 册
～廷訥 第 1738 册,第 1764 册,第 1772 册(2)
16～瑔 第 1557—1558 册
20～舜民 第 1331 册
21～師韓 第 22 册,第 1106 册,第 1147 册,第 1430 册,第 1581 册
～縉 第 1437 册(3)
22～循 第 937 册
～繼培 第 293 册,第 933 册,第 1121 册
23～紱 第 21 册,第 100 册,第 114 册,第 115 册,第 140 册,第 947 册,第 1425 册
24～綺石 第 1006 册
25～仲洋 第 1502 册
26～繹 第 1421 册
～稷 第 1324 册
30～宏 第 999 册
～宗沂 第 1052 册
32～近聖 第 1114 册
34～遠孫 第 1084 册,第 1519 册
38～啓淑 第 1092 册,第 1113 册,第 1138 册,第 1152 册,第 1446 册
～道昆 第 1346—1348 册,第 1764 册(4)
40～士鐸 第 1162 册,第 1531 册,第 1532 册
～有光 第 157 册
～志伊 第 1463 册
41～梧鳳 第 63 册,第 1302 册
42～機 第 981 册,第 983 册
44～芝 第 1094 册
～懋麟 第 1725 册
～孝嬰 第 958 册
～萊 第 1045 册
46～如洋 第 1476 册
47～鋆 第 1087 册
48～敬 第 5 册
50～中 第 107 册,第 144 册,第 1465 册(2)
60～曰楨 第 717 册,第 978 册,第 1041 册,第 1046 册,第 1543 册
～昂 第 993 册,第 1002 册,第 1030 册
～景祺 第 1177 册
67～照 第 107 册
77～學金 第 1472 册(2)

80～鎬京　第1092册

～曾保　第977册

84～鋑　第1770册

90～尚賡　第1052册

～炎昶　第1321册

91～烜　第258册

97～輝祖　第293册,第555册,第755册(2)

99～榮寶　第933册

3112_7 馮

00～京第　第1116册

07～詢　第1526册

10～雲濠　第518—519册

～雲鵷　第894册,第931册

～雲鵬　第894册,第1491册

12～登府　第76册,第155册,第184册,第912册

～延巳　第1722册

17～承輝　第1092册

20～集梧　第1312册

21～經　第25册

28～從吾　第515册

34～浩　第1312册(2)

38～澂　第148册

40～士驊　第136册,第828册

～志沂　第1553册(2)

44～夢龍　第1195册,第1744册(2),第1773册,第1784—1785册(2),第1785—1786册

～桂芬　第223—225册,第952册,第1535—1536册

60～景　第1418册

71～辰　第554册

72～氏　第1765册

80～金伯　第1081册,第1733册

90～惟敏　第1345册,第1738册,第1764册

3126_6 福

00～康安　第494册

61～趾　第836—838册

3128_6 顧

00～堃　第1154册

～應祥　第1044册,第1122册

～廣圻　第215册,第1491册

～廣譽　第72册

～文彬　第1085册

03～詒禄　第696册

10～元慶　第1115册

～震福　第201册

～雲　第647—648册

20～維岳　第1322册

21～貞觀　第553册,第1725册,第1729册

28～復　第1065册

～從敬　第1728册

30～憲成　第162册,第943册

～宗泰　第1459册

36～湘　第1091—1092册

37～祖禹　第598—612册

～禄　第1262册

40～大韶　第1133册

～大典　第1772册

～櫰三　第916册

41～頡剛　第56册

～樞　第553册

44～夢麟　第60册

～世澄　第1013—1016册

45～棟高　第552册,第699—700册

46～觀光　第422册,第1031册

47～起元　第1260册
48～翰　第1726册
50～春　第1529册,第1726册
60～景星　第977册
67～野王　第228册
75～陳塝　第107册
77～與沐　第553册
80～八代　第1418册
～養謙　第478册
90～光旭　第1451册
～炎武　第443册,第586—595册,第595—597册,第721册,第732册,第1144册,第1402册(2)
91～炳章　第860册
96～煜　第1106册

3213_4 濮

76～陽夏　第1049册

3216_9 潘

00～文舫　第872册
～奕雋　第211册,第1460—1461册
10～平格　第950册
17～承弼　第926册
20～爲緡　第1006册
～維城　第154册
21～衍桐　第157册,第188册,第1685—1687册
22～任　第81册
24～德輿　第1510—1511册,第1706册
30～之恒　第1106册
37～祖蔭　第903册,第926册
40～存　第241册
44～世恩　第951册
～植　第934册
46～相　第80册,第103册,第244册
～檉章　第452册,第541册
～楫　第998册
50～耒　第258册,第1417—1418册
77～鳳梧　第852册
～眉　第274册
80～曾瑋　第951册
82～鍾瑞　第446册
86～錫恩　第613—624册
99～榮陛　第885册

3311_1 浣

44～花逸士　第1119册

3312_7 浦

84～銑　第1716册

3330_2 遍

67～照金剛(日釋)　第1694册

3390_4 梁

00～章鉅　第155册,第274册,第751册,第976册,第1179册(4),第1197册,第1253册,第1254册(3),第1499册,第1581册,第1705册,第1718册
10～玉瑜　第999册
～玉繩　第262—263册,第1157册
12～廷枏　第334册,第445册,第834—835册,第1111册
20～維樞　第1175册
21～上國　第46册
23～巘　第1068册
27～紹壬　第1263册
28～份　第740册
～僧寶　第253册(2)
34～汝元　第1355册
35～清遠　第1135册

38～啓超　第446册
40～希曾　第1016册
～有譽　第1348册
71～辰魚　第1739册,第1764册(2),第1769册
77～同書　第194册,第1115册,第1445册
～履繩　第123册
～學昌　第1157册
86～錫璵　第23册
97～焕奎　第1576册

3411_1 湛

44～若水　第938册

3411_2 池

21～上餐華生　第1273册

沈

00～麐　第1747—1748册
10～一貫　第10册,第479—480册,第956册,第1357—1358册
～可培　第1164册
～雲　第390册
12～聯芳　第851册
16～璟　第1772册,第1774册
20～受先　第1771册
～乘麐　第1747册
～采　第1773册
～秉成　第978册
21～貞　第1325册
24～德潛　第696册,第1424册(2),第1701册
～德符　第1174册,第1377册
25～傳桂　第1726册
～練　第978册
26～自晉　第1739册,第1747—1748册
～自徵　第1764册(4)
27～叔埏　第1458册(2)
～紹勳　第38册
28～齡　第194册
30～家本　第451册,第690—691册,第864—865册,第877册,第1563册
～之奇　第863册
～之問　第1016册
～守正　第163册
～宗騫　第1068册
32～兆澐　第1197—1198册,第1492册
33～心　第1092册
34～沈　第1115册
～濤　第222册,第906册,第1139册,第1158册(2)
35～清佐　第1092册
37～淑　第172册
38～啓原　第1304册
～啓　第878册
40～大成　第1428册
～垚　第390册,第1525册
～赤然　第1465册
～壽榕　第1557册
～雄　第1733册
44～夢蘭　第81册
～葆楨　第651—655册
～萬鈳　第59册
～世良　第552册
47～起　第553册
50～泰　第1764册,第1765册
60～□　第975册
～國元　第355册,第356册
67～明宗　第988册
71～長卿　第1131册(2)
72～彤　第43册

77～周　第 1167 册,第 1333 册
～又彭　第 1007 册
～學詩　第 838 册
～學淵　第 1516 册
80～金鰲　第 1005 册,第 1008 册,第 1024 册
～鎬　第 73 册
～善登　第 35 册
～善寶　第 1706 册
87～欽韓　第 125 册(2),第 266—267 册,第 271 册,第 891 册,第 1313—1314 册,第 1318 册,第 1498—1499 册
89～鑅彪　第 719 册
90～粹芬　第 1672—1676 册
91～炳震　第 285—289 册(2)
97～焕　第 1318 册

3411_4 灌

72～隱主人　第 1765 册

3413_1 法

24～偉堂　第 910 册
43～式善　第 553 册,第 1177 册,第 1178 册(2),第 1476 册(2),第 1705 册
45～坤宏　第 140 册

3414_7 凌

00～堃　第 148 册
10～霄　第 1705 册
12～廷堪　第 90 册,第 115 册(2),第 1480 册(2)
34～濛初　第 1744 册,第 1765 册,第 1786 册,第 1787 册
44～萬頃　第 696 册
46～旭　第 999 册
56～揚藻　第 1155 册
66～曙　第 110 册,第 129 册(2),第 150 册,第 169 册
80～義渠　第 493 册
94～燽　第 882 册

3416_1 浩

17～歌子　第 1789 册

3418_1 洪

00～亮吉　第 65 册,第 124 册,第 192 册,第 245 册,第 625—627 册,第 710—711 册,第 1155 册,第 1467 册,第 1468 册,第 1705 册,第 1725 册
10～震煊　第 108 册
12～弘緒　第 863 册
17～鼐　第 6 册
21～仁玕　第 445 册
26～自誠　第 1133 册
30～守美　第 16 册
～良品　第 50 册
34～邁　第 1264—1266 册
38～遵　第 1000 册,第 1112 册,第 1317 册
40～榜　第 258 册
41～垣　第 1124 册
～樋　第 1784 册
44～基　第 1002 册
～蕙　第 693 册
60～思　第 553 册
～昇　第 1775 册
71～頤煊　第 108 册,第 110 册,第 455 册,第 734 册,第 905 册,第 970 册,第 1157 册,第 1200 册,第 1489 册
83～飴孫　第 747 册
87～鈞　第 293 册
94～煒　第 1006 册

3419_0 沐

60～昂　第1329册

3426_0 褚

30～寅亮　第88册
40～克明　第1097册
44～華　第977册,第1116册
80～人穫　第1260—1262册

3510_6 冲

26～和居士　第1779册

3521_8 禮

07～部太常寺　第822—823册

3611_0 況

77～周頤　第1727册,第1735册

3611_7 温

00～庭筠　第1728册
21～睿臨　第332册
44～革　第975册

3612_7 湯

03～斌　第515册
17～瑤卿　第1486册
27～彝　第445册
34～漢　第1304册(2)
37～漱玉　第1084册
44～若望　第966册,第1040册,第1296册
61～顯祖　第1267册,第1362—1363册(2),第1769册(2),第1770册,第1771册,第1772册,第1774册
63～貽汾　第1083册,第1502册
77～鵬　第952册,第1529册

3621_0 祝

00～慶祺　第867—872册
03～誠　第1694册
23～允明　第1122册,第1266册
24～德麟　第1462—1463册
77～鳳喈　第1095册

3630_2 邊

30～實　第696册(2)
38～浴禮　第1727册

3712_7 滑

40～壽　第981册,第995册

3717_2 涵

57～蟾子　第1295册

3721_0 祖

12～斑　第1212册

3722_7 祁

06～韻士　第740册
10～元孺　第1765册
17～承㸁　第423册,第754册,第919册
22～彪佳　第492册,第718册,第1385册(2),第1758册
30～寯藻　第976册,第1521—1522册
90～光宗　第720册

3730_2 過

00～庭訓　第533—536册
～文年　第1102册

3730_3 退

00～庵居士　第1106册

3772_7 郎

14～瑛　第 1123 册(2)
38～遂　第 717 册
64～曄　第 474 册,第 1314—1315 册
86～知本　第 236 册

3814_7 游

43～朴　第 742 册

3815_7 海

12～瑞　第 517 册
34～達兒　第 1063 册

3819_4 涂

00～慶瀾　第 1561 册(2)
31～湝生　第 4 册

3826_8 裕

60～恩　第 258 册

3830_1 迮

37～朗　第 1068 册
47～鶴壽　第 75 册,第 1150—1151 册

3912_0 沙

17～琛　第 1483 册

4001_1 左

30～宗棠　第 502—504 册,第 1541 册
77～眉　第 43 册
90～光斗　第 959 册,第 1370 册

4003_0 太

77(清)～醫院　第 994 册

4010_0 士

30～室道民　第 1765 册

4010_6 查

08～詳　第 851 册
20～爲仁　第 1701 册
22～繼佐　第 172 册,第 321—323 册,第 1765 册
35～禮　第 1431 册
40～志隆　第 722 册
47～穀　第 553 册
52～揆　第 1494 册
94～慎行　第 1177 册

4020_7 麥

25～仲華　第 511 册

4022_7 希

10～元　第 859 册

南

22～山逸史　第 1765 册(5)
90～懷仁　第 1031—1032 册,第 1040 册,第 1296 册

4024_7 皮

86～錫瑞　第 51 册(2),第 55 册(2),第 107 册,第 112 册,第 148 册,第 171 册(3),第 179 册,第 180 册,第 1165 册,第 1567 册(2)

存

30～之堂　第 254 册

4040_1 幸

10～元龍 第1320册

4040_7 李

～彦章 第977册
～方膺 第851册
～商隱 第1312册(3)
～庭 第1322册
～賡芸 第1155册,第1477册
～文利 第113册
～文察 第114册
～文藻 第694册,第1449册(2)
～文蔚 第1760册,第1764册
～文田 第294册,第312册,第736册,第742册
～文炤 第19册
～言恭 第744册
01～龔 第1321册
02～彣 第989册
07～詡 第1173册
～調元 第80册,第89册,第103册,第123册(2),第144册,第158册,第191册,第829册,第1456册,第1715册
10～玉 第1748册,第1775册(2)
～元 第113册,第246册,第728册
～元度 第538—539册(2),第1549册
～元弼 第753册
～元綱 第1266册
～元吉 第1143册
～雲鵠 第467册
～霖 第954册
12～登 第232册,第251册
～廷機 第1189册
～延罡 第390册
～延是 第990册,第999册
15～翀 第1063册
～建勳 第1313册
16～璟 第1722册
17～承勛 第1119册
～豫亨 第1128册
18～致遠 第1762册
20～重華 第1701册
～秀雲 第1757—1758册
～秀成 第445册
～舜臣 第959册
～季 第1050—1051册
～季可 第1122册
21～行道 第1762册
22～鼎元 第1475册
～嶠 第1305册
～樂 第1171册
23～獻民 第1264册
～俊甫 第734册
～紱 第950册,第1421—1422册
24～化龍 第434册
～佐賢 第1085—1086册,第1112册,第1113册,第1534册(2)
25～純仁 第932册
26～白 第1305—1306册
27～綱 第474—475册
～紹文 第1173册
28～似之 第1214—1216册
30～濂 第1030册
～淳風 第1031册,第1041册(3),第1049册(2),第1052册
～之芳 第493册
～之素 第152册
～安仁 第720册
～富孫 第27册(2),第75册,第144册,第716册,第1489册,第1724册
～實 第433册

～寶嘉 第1800冊
32～兆元 第1702冊
～兆洛 第294冊,第710冊,第712冊,第826冊,第1495冊,第1610冊
～遜之 第438冊
33～心傳 第517冊
～冶 第1042冊(2)
～黼平 第68冊
～述來 第342冊
34～斗 第733冊
～汝珍 第260冊,第1795—1796冊
～潢 第1041冊(3)
35～清 第278—282冊,第440冊,第443冊,第972冊
～清照 第1722冊
36～遇孫 第48冊,第894冊,第911—912冊,第1188冊
37～鴻章 第505—508冊,第628—640冊,第969冊,第1553—1554冊
～漁 第1186冊,第1775冊
～冗 第1264冊
～祖棻 第1096冊
～祖陶 第1669—1670冊,第1671—1672冊
～逸民 第1097冊
～鄴 第258冊
38～瀚章 第661—668冊
～滋然 第188冊
～祥 第1402冊
～遂 第852冊
～道平 第30冊
40～士宣 第718冊
～士鉁 第39冊
～圭 第445冊,第737冊
～垕 第347冊
～直夫 第1761冊
～克家 第1051冊
～希聖 第446冊
～有棠 第388—389冊(2)
～志常 第736冊
～嘉樂 第1559—1560冊
～壽卿 第1761冊
41～楨 第550冊
43～朴 第550冊
～栻 第1188冊
44～塨 第108冊,第139冊,第159冊(3),第450冊,第554冊,第947冊(3),第1420冊
～攀龍 第1345冊,第1611冊
～苞 第1475冊
～世忠 第1782冊
～贄 第9冊,第161冊,第301—302冊,第303冊,第943冊,第1127冊,第1188—1189冊,第1272冊(2),第1352冊(2),第1791—1793冊(2)
～材 第941冊,第959冊
～桂林 第647—648冊
～林松 第26冊
～林甫 第885冊
46～恕 第5冊
～賀 第1311冊(3)
47～好古 第1762冊,第1763冊
～超孫 第66冊
～根 第238冊
48～增階 第860冊
～翰 第1213冊
50～中 第1313冊
～中立 第992—993冊
～中正 第2冊
～中梓 第990冊,第993冊,第999冊,第1022冊,第1030冊
～聿求 第444冊,第978冊

～泰 第885册
～本固 第12册
～書雲 第1747册
～春熙 第1132册
～東陽 第433册
56～提摩太 第1297册(2)
60～昉 第718册
～日華 第558册,第1769册
～星沅 第1523—1525册
～昌齡 第1266册
～昌祺 第1787册
～杲 第1005册
61～顒 第165册,第1410册
63～默 第1170册
～貽德 第125册
67～昭玘 第1214—1216册
～昭祥 第878册
71～長茂 第1044册
75～陳玉 第1302册
76～陽冰 第1091册
77～開先 第1065册,第1340—1341册,第1738册,第1760册,第1774册
～賢 第433册
80～仝 第1059册
～介 第1175册
～慈銘 第23册,第1559册(2)
～善蘭 第1047册,第1300册
～曾白 第188册
～公凱 第57册
～公煥 第1304册
82～鍾麟 第493册
～鎧 第1135册
84～鋏 第1702册
87～鈞 第559册
～鈞簡 第25册
88～鋭 第28册,第55册,第1045—1046册
～籍 第1031册
90～惇 第123册,第173册
～光庭 第1272册
～光廷 第552册
～光地 第239册
94～慎儒 第55册
96～煜 第1722册
99～榮陛 第24册(2),第45册

4050_6 韋

08～謙恒 第1444册
14～珪 第1325册
24～續 第1091册
33～述 第732册
44～協夢 第89册
47～縠 第1611册
77～居安 第1694册

4064_1 壽

17～碌堂主人 第1115册

4073_2 袁

10～三俊 第1091册
～于令 第1771册
14～瑛 第1391册
17～子讓 第255册,第1132册
～翼 第1515册
21～仁林 第195册,第1292册
30～甯珍 第1694册
～宏道 第1116册,第1131册,第1354—1355册,第1363册,第1367册(4)
34～達 第1120册
36～袒 第1565册(3)
37～淑真 第1290册

38～啓　第 1031 册
40～大化　第 649—650 册
～士元　第 1324 册
42～彬　第 433 册
44～黄　第 975 册，第 1718 册(2)
45～楝　第 1137 册
48～枚　第 1115 册，第 1148 册，第 1431—1432 册，第 1701 册，第 1788 册
50～中道　第 1375—1376 册(2)
77～學淵　第 1018 册
87～鈞　第 117 册

4090_0 木

48～增　第 1192 册

4090_3 索

30～寧安　第 824 册

4090_8 來

20～集之　第 17 册(3)，第 1195—1196 册
86～知德　第 1128 册

4091_6 檀

44～萃　第 1445 册

4091_7 杭

44～世駿　第 101—102 册，第 263 册，第 704 册，第 1148 册，第 1426—1427 册，第 1701 册

4192_0 柯

11～琴　第 986 册
20～維騏　第 308—311 册，第 939 册
31～潛　第 1329 册
40～九思　第 1324 册

4212_2 彭

02～端淑　第 1700 册
10～元瑞　第 290—292 册，第 846 册，第 917 册，第 1447 册，第 1715 册
12～孫貽　第 390 册，第 442 册，第 450 册，第 1175 册
20～乘　第 1166 册
22～崧毓　第 1527—1528 册
27～紹升　第 1286 册，第 1461 册
30～家屏　第 120 册
32～兆蓀　第 1492 册
38～遵泗　第 442 册
40～大雅　第 423 册
～希涑　第 1286 册
44～蘊章　第 1518 册
～蘊璨　第 1083—1084 册
47～期生　第 1003 册
64～時　第 1166 册

4220_0 蒯

24～德模　第 1545 册

4241_3 姚

00～廣孝　第 1326 册
～文蔚　第 460—461 册
～文田　第 213 册，第 246 册(2)，第 699 册，第 1482 册(2)
08～旅　第 1132 册
10～元之　第 1139 册
～可成　第 977 册
13～球　第 995 册
17～鼐　第 172 册，第 695 册，第 954 册，第 1152 册，第 1453 册，第 1609—1610 册
～配中　第 30 册(2)，第 31 册
20～舜牧　第 135 册，第 942 册

28～佺　第1311册
30～永樸　第53册
31～福　第1167册
34～汝能　第550册
37～祖恩　第1698册
40～培謙　第121册,第1248—1249册
～志仁　第1016册
44～茂良　第1769册
46～覲元　第921册
51～振宗　第914册(4),第915—916册(2)
60～國禎　第997册
77～際隆　第1059册
～際恒　第62册,第86—87册,第139册
86～錫光　第446册
88～範　第1148—1149册
90～堂　第541册
99～瑩　第1512—1513册
～燮　第1532—1533册(2),第1726册(2),第1759册

4252_1 靳

99～榮藩　第1396—1397册

4282_1 斯

30～密亞丹　第1297册
～賓塞爾　第1298册

4293_4 樸

52～靜子　第1116册
72～隱子　第253册

4301_0 尤

20～乘　第1018册,第1030册
27～侗　第1136册,第1406—1407册,第1724册,第1765册(2),第1775册
93～怡　第987册,第989册,第1006册,第1027册

4355_0 載

13～武　第116册(4)
28～齡　第836—838册
51～振　第583册

4373_2 裘

17～君弘　第1136册,第1699册
60～曰修　第1441册

4385_0 戴

07～望　第157册,第952册,第970册,第1561册
10～震　第45册,第63册,第86册,第107册,第158册,第159册,第172册,第193册(2),第244册,第692册,第728册,第951册,第1045册(2),第1302册,第1434册
～天章　第1003册
14～銑　第550册
17～璐　第751册,第1177册,第1705册
～君恩　第58册,第1132册
27～名世　第1418册,第1419册
35～清　第169册
37～祖啓　第45册
～冠　第1170册
40～大昌　第169册(2)
50～表元　第1322册
53～咸弼　第911册
67～煦　第116册,第1047册(2)
71～長庚　第115册
77～殿泗　第1471册
～熙　第1084册,第1530册

80～善夫　第 1761 册
87～鈞衡　第 50 册,第 1545 册(2)
88～笠　第 441—442 册
90～棠　第 33 册
99～鋈　第 186 册

4410_4 董

00～文渙　第 254 册,第 1559 册
04～誥　第 857 册,第 977 册,第 1634—1650 册,第 1663—1667 册
07～穀　第 1732 册
08～説　第 1403—1404 册
10～正功　第 1122 册
～元亮　第 978 册
～元愷　第 1725 册
～平章　第 1537 册
～天工　第 724 册
～醇　第 716 册
12～瑞椿　第 188 册
27～解元　第 1738 册
34～祐誠　第 1047 册,第 1518 册
35～沛　第 1558 册(2)
38～棨　第 1068 册
40～士錫　第 1507 册,第 1726 册
～壽民　第 1323 册
42～斯張　第 1134 册,第 1381 册(2),第 1678—1680 册
44～其昌　第 470—471 册
48～增齡　第 422 册
50～中行　第 4 册
80～金鑑　第 1694 册(2)
～養性　第 3 册

4410_7 藍

33～浦　第 1111 册

4411_2 范

00～應元　第 954 册
10～爾梅　第 158 册,第 159 册
17～子安　第 1761 册
25～仲淹　第 1313 册
30～家相　第 931 册
～守己　第 353—354 册
34～淶　第 739 册,第 941 册
40～士齡　第 125 册
44～懋敏　第 920 册
～世勳　第 1101 册
53～成大　第 1318 册
57～邦甸　第 920 册
60～景文　第 389 册,第 962 册
67～照藜　第 124 册
70～驤　第 136 册
80～善溱　第 1747 册
87～欽　第 920 册(2),第 1341 册
90～當世　第 1568 册

4412_7 蒲

48～松齡　第 1416 册,第 1787—1788 册

4412_9 莎

27～彝尊　第 258 册

4416_0 堵

12～廷棻　第 1765 册
22～胤錫　第 834 册

4420_7 夢

09～麟　第 1438 册

4421_4 花

39～沙納　第 556 册

44～村看行侍者　第442册

莊

07～翊昆　第917册
12～廷鑨　第323册
15～臻鳳　第1094册
33～述祖　第46册,第173册,第243册,第1475册
40～有可　第64册,第81册,第144册(2)
～存與　第22册(3),第23册,第44册,第80册(2),第141册
43～棫　第1727册
50～肅　第1065册
～忠棫　第38册,第40册(2)

薩

01～龍光　第1324册
44～英額　第731册
47～都拉　第1324册

4422_1 蘅

44～蕪室　第1764册

4422_2 茅

10～元儀　第963—966册,第1133册(3),第1386—1387册
12～瑞徵　第54册,第436册
28～僧曇　第1765册(6)
45～坤　第1344—1345册

4422_7 蘭

12～廷秀　第259册

蕭

00～立之　第1321册
～應植　第676册
10～雲從　第257册
12～延平　第979册
22～崇業　第742册
26～穆　第1560—1561册
40～吉　第1060册
42～壎　第1007册
53～盛遠　第446册
88～鎰　第159册
90～光遠　第32册

4424_7 蔣

00～文勳　第115册
08～敦復　第1535册,第1726册,第1735册
10～一葵　第1194—1195册,第1714册
21～衡　第1068册
26～和　第1068册(4)
27～伊　第949册
28～以化　第1172册
30～良騏　第368册
35～清翊　第184册,第1305册
36～湘南　第32册,第1541册(2)
40～友仁　第1035册
～士銓　第1436—1437册(2),第1776册
～在雝　第1120册
～克謙　第1092—1093册
43～載康　第80册
47～超　第726册
～超伯　第1161册
50～春霖　第1727册(2)
60～易　第1622册
～景祁　第1730册
64～時雨　第1727册
67～鳴玉　第1134册
71～驥　第1068册(4)

80～毓英　第 712 册
90～光煦　第 1084 册,第 1162 册

4429_4 葆

90～光道人　第 1017 册

4430_3 蘧

23～然子　第 1765 册

4430_4 蓮

27～歸居士　第 1286 册

4433_1 赫

17～胥黎　第 1297 册
40～士　第 1300 册

4439_4 蘇

00～應龍　第 1221—1222 册
10～天木　第 1048 册
12～廷魁　第 1530 册(2)
30～之軾　第 1098 册
31～濬　第 10 册
37～過　第 1317 册
44～芳阿　第 751 册
48～敬　第 989 册
53～軾　第 1314—1315 册
58～轍　第 56 册
60～昌臣　第 839 册
77～輿　第 150 册
90～惇元　第 1421 册

4442_7 萬

40～壽祺　第 1394 册
42～斯大　第 78 册,第 98 册,第 108 册,第 139 册
～斯同　第 324—331 册,第 746 册,第 826 册,第 1145 册,第 1415 册
50～青黎　第 683—686 册
～表　第 1188 册
57～邦寧　第 1115 册
64～時華　第 61 册
80～全　第 1007 册,第 1010 册(3),第 1011 册,第 1030 册
90～光煒　第 1109 册

4443_0 樊

12～廷枚　第 170 册
30～良樞　第 1132 册
～宗師　第 1311 册
48～增祥　第 1574—1575 册(2)
79～騰鳳　第 260 册

莫

00～文泉　第 1029 册
10～震　第 729 册
～晉　第 687—689 册
40～友芝　第 227 册,第 715—716 册,第 926 册,第 978 册,第 1537 册(2)
53～拭　第 189 册
60～旦　第 729 册

4445_6 韓

00～康伯　第 1 册
～文綺　第 498 册
～奕　第 1115 册,第 1325 册
27～偓　第 1313 册
38～道昭　第 229 册
44～孝彥　第 229 册
50～泰華　第 1181 册
63～貽豐　第 996 册
67～鄂　第 975 册
80～愈　第 1309—1310 册

4446_0 茹

08～敦和 第23册(4)
28～綸常 第1457册

4450_4 華

00～廣生 第1745册
～文彬 第1096册
～文桂 第1096册
23～佗 第1018册
24～幼武 第1325册
25～岫雲 第1027册
40～希閔 第1248册
71～長忠 第258册
～長卿 第1533册
72～岳 第959册
77～學瀾 第583册
93～悰韡 第1122册

4453_0 英

26～和 第1075—1081册,第1178册
71～匯 第829—830册

4460_0 苗

80～夔 第69册

4462_7 荀

21～綽 第747册

4472_7 葛

00～立方 第1317册
10～元煦 第972册
24～德新 第693册
30～寅亮 第163册,第718—719册
44～其仁 第189册
50～中選 第114册
67～嗣浵 第1088册
80～金烺 第1088册
87～銘 第116册

茆

39～泮林 第885册(3),第1264册

4474_1 薛

00～應旂 第352册,第517册,第940册,第1343册
08～論道 第1739册
10～雪 第982册,第1005册,第1027册,第1423册,第1701册
～丙 第1105册
13～瑄 第935册
17～己 第1012册
20～季宣 第42册
25～傳均 第204册
26～侃 第939册
31～福成 第578—579册(2),第1182册,第1562册
44～蕙 第954册
60～旦 第1765册
～甲 第1124册,第1340册
77～鳳翔 第1116册

4477_0 甘

46～楊聲 第240册
66～暘 第1091册

4480_1 楚

47～桐隱 第1105册

4480_6 黄

00～應麒 第31册
～康弼 第1682册

～庭鏡　第1018册
～度　第78册
～文華　第1777册
～文暘　第1459册
～文焕　第1301册
08～謙　第260册
10～正憲　第11册,第135册
～丕烈　第923册(2)
～元御　第982册,第983册,第988册,第1025册
～雲鵠　第1115册
14～瓚　第31册
17～承昊　第1028册
～子雲　第1701册
18～瑜　第1166册
20～位清　第71册,第75册
～爵滋　第1521册
～維天　第1325册
22～巖孫　第660册
～山　第272—273册
～崇蘭　第830—831册
23～俊　第5册
24～佐　第113册,第432册,第549册,第749册,第939册
27～叔琳　第447册
～叔璥　第746册,第751册,第912册
28～以周　第35册(2),第36—37册,第50册,第111—112册,第112册,第178册,第349册,第932册
30～家舒　第1765册
～守平　第35册
～宫繡　第995册
～宗漢　第740—742册
～宗堅　第977册
～宗羲　第367册,第442册,第518—519册,第723册,第727册,第945册(2),第1040册(2),第1397册(4)
31～潛　第1323册
32～淵耀　第1134册
34～汝亨　第461册,第515册,第1368—1369册
～汝成　第1143—1144册
37～鴻壽　第390册
38～淦　第90册
～遵憲　第745册,第1047册,第1566册
～道時　第1031册
～道周　第151册,第1246册,第1384册(2)
40～奭　第747册,第1206—1211册
～培芳　第1706册
～志述　第1474册
41～樞　第1325册
～標　第432册
42～彭年　第628—640册,第1552—1553册
43～式三　第30册,第48册,第148册,第155册,第347册
47～均宰　第1183册
～鶴　第1307册
～超然　第2册
50～本驥　第1511册
～本騏　第1507册
53～輔辰　第976册
～成　第1115册
60～易　第1466册
～景仁　第1474册
～景昉　第432册
64～暐　第1271册
71～厚裕　第977册
77～鳳翔　第433册,第1356册
～居中　第1363册

～學海　第 1127 册
80～人　第 1672—1676 册
82～釗　第 1516 册(3)
～鍾駿　第 516 册
83～鉞　第 1068 册,第 1475 册
84～鎮成　第 1323 册
86～錫蕃　第 1068 册
90～光昇　第 351 册
～掌綸　第 840 册
～省曾　第 733 册,第 742 册,第 1117 册
91～炳垕　第 553 册
99～燮清　第 1726 册,第 1731 册,第 1768 册

4490_1 蔡

00～方炳　第 859 册
～文子　第 1602 册
10～元定　第 113 册,第 1053 册
～爾康　第 1297 册
12～璲　第 939 册
21～上翔　第 552 册
22～邕　第 1092 册,第 1303 册(2)
24～幼學　第 1319 册
27～條　第 423 册
34～汝楠　第 1031 册
35～清　第 936 册
38～啓盛　第 690—691 册
44～夢弼　第 1307 册(3)
48～松年　第 1723 册
72～質　第 746 册
77～殿齊　第 1626 册
87～鈞　第 1702 册

4490_4 葉

00～方靄　第 1410 册
～奕苞　第 901 册
10～天培　第 1116 册
～采　第 934 册
12～廷琯　第 1163 册(2),第 1519 册,第 1654 册
～廷秀　第 1696 册
20～秉敬　第 255 册
21～衍蘭　第 1727 册
24～德輝　第 157 册,第 1121 册
27～佩蓀　第 24 册(2)
～向高　第 481—482 册(2)
～名澧　第 1181 册,第 1536 册
～紹本　第 1483 册
30～憲祖　第 1764 册(2),第 1765 册(5),第 1770 册
～良佩　第 7 册
～宗魯　第 823 册
31～灝　第 1008 册
36～渭清　第 775—786 册
40～圭綬　第 733 册
～大莊　第 95 册
44～夢珠　第 390 册
～夢得　第 474 册
～葆　第 1718 册
～蕙心　第 188 册
～蕡　第 1213—1214 册
～桂　第 1027 册
46～觀國　第 1444 册
53～盛　第 475 册,第 1329 册
60～昌熾　第 576 册,第 905 册,第 909 册,第 926 册,第 1575 册(2)
64～時用　第 748 册
71～長揚　第 699—700 册
77～鳳毛　第 751 册
～留　第 753 册
90～堂　第 1756—1757 册
99～燮　第 1698 册

4491_0 杜

00～應芳　第1677册
～文瀾　第413册,第1601—1602册,第1727册,第1734册
11～預　第184册
20～受田　第829—830册
28～從古　第236册
～牧　第959册,第1312册(2)
31～濬　第1394册
38～道堅　第954册,第958册(2)
40～臺卿　第885册
46～堮　第1498册
50～本　第998册
53～甫　第1306册,第1307册,第1308册
90～光庭　第1264册,第1290—1291册

4491_4 桂

00～文燦　第73册,第152册,第159册,第179册
28～馥　第183册,第209—210册,第1091册,第1156册,第1458册
47～超萬　第1510册

權

21～衡　第423册
24～德輿　第1309册

4499_0 林

00～應龍　第1097册
～慶炳　第39册
～章　第1358册
16～聰彝　第557册
17～君陞　第967册
20～喬蔭　第109册
～億　第984册
～維松　第1063册
22～樂知　第1299册
24～佶　第1111册
26～伯桐　第68册,第826册
27～佩琴　第1026册
～紹周　第1063册
30～之翰　第999册
31～禎　第1221册
37～鴻　第1096册
40～大輅　第1338—1339册
～直　第1557册(2)
～堯叟　第118册
～希逸　第954册,第958册
～有麟　第1112册
～壽圖　第1548册
44～華皖　第880册
46～旭　第1568册
50～春溥　第147册,第336册(2),第347册
～表民　第1321册
60～昌彝　第1530册(2),第1706册
62～則徐　第500册,第851册,第1101册,第1512册
71～頤山　第179册
90～尚葵　第238册

4550_2 摯

21～虞　第540册

4594_4 樓

23～卜瀍　第1325册
44～英　第1020—1021册
88～鑰　第552册

4622_7 獨

37～逸窩退士　第1273册

4624_7 幔

00～亭僊史　第 1765 册

4680_6 賀

25～仲軾　第 136 册
34～濤　第 1567 册
63～貽孫　第 18 册,第 61 册
71～長齡　第 1511 册
84～鑄　第 1722 册(2)

4690_0 柏

44～葰　第 1521 册

4691_3 槐

22～鼎　第 1778 册

4692_7 楊

00～方達　第 21 册,第 951 册
～廉　第 1332—1333 册
～文言　第 1040 册
～文奎　第 1761 册
04～訥　第 1766 册
05～諫　第 696 册
08～謙　第 716 册
10～爾曾　第 721 册
～天民　第 482 册
11～瓚　第 1004 册
12～珽　第 1773 册
～廷瑞　第 228 册(2)
13～瑄　第 433 册
17～柔勝　第 1773 册
20～秀沅　第 976 册
～秉初　第 1684 册
～維德　第 1060 册
～維楨　第 1325 册(2)
21～上善　第 979 册
～岫　第 978 册
22～繼洲　第 996 册
25～仲良　第 386—387 册
26～伯嵒　第 934 册
27～向春　第 1059 册
～紹和　第 926—927 册(2)
28～以貞　第 451 册
～復吉　第 292 册
30～守禮　第 649 册
～守敬　第 55 册,第 241 册,第 283 册,第 726—727 册,第 885 册,第 913 册,第 930 册(2),第 1570 册
～賓　第 731 册
31～潛　第 687 册
32～沂孫　第 651—655 册
33～溥　第 1326 册
35～漣　第 1371 册
37～潮觀　第 1768 册
～深秀　第 1567 册
40～大堉　第 91—92 册
～士聰　第 1175 册
41～桓　第 202 册
～樞　第 730 册
43～博　第 477 册
44～芳燦　第 1477 册
～萬樹　第 1115 册
～英　第 444 册
45～椿　第 1423 册
47～朝英　第 1739 册(2)
～起元　第 1129 册
50～本仁　第 1340 册
～表正　第 1092 册
60～昱　第 753 册
～國楨　第 557 册
～困道　第 1714 册

～晨　第 767 册
～景仁　第 974 册
～景賢　第 1762 册
61～顯之　第 1760 册，第 1761 册，第 1763 册(2)
64～時喬　第 834 册
～時寧　第 739 册
～曄　第 1115 册
67～明　第 1115 册
～嗣昌　第 1372—1373 册
74～陸榮　第 21 册
77～鳳苞　第 332 册，第 1476 册
～履泰　第 34 册
～學可　第 350 册
80～夔生　第 1726 册
82～鍾羲　第 1567 册
87～鉤　第 237 册
～銘　第 433 册
88～鋭　第 1568 册
～篤　第 641—646 册
90～惟德　第 1050 册
～惟明　第 1106 册
～光先　第 1033 册
94～慎　第 971 册，第 1143 册，第 1232 册，第 1590 册，第 1723 册，第 1733 册，第 1765 册
97～輝　第 1042 册(2)
99～榮　第 433 册

4722_7 郁

30～永河　第 559 册

4732_7 郝

10～天挺　第 1611 册
40～杰　第 744 册
47～懿行　第 26 册，第 65 册，第 104 册，第 144 册，第 187 册，第 192 册，第 976 册，第 1120 册，第 1264 册，第 1481 册
48～敬　第 11 册，第 43 册，第 58 册(2)，第 78 册，第 85 册，第 97 册，第 136 册，第 153 册，第 171 册
86～錦　第 16 册

4742_7 郄

60～□　第 972 册

4762_0 胡

00～方　第 19 册
～應麟　第 1696 册
～廣　第 746 册
～文英　第 195 册，第 1302 册
～文炳　第 973 册
～文焕　第 1777—1778 册
10～一桂　第 57 册，第 1322 册
～一中　第 55 册
～正言　第 1091 册(2)
～元慶　第 1012 册
～元玉　第 128 册，第 189 册
～元儀　第 549 册，第 1733 册
～元質　第 118 册
～震亨　第 1132 册，第 1612—1620 册
～天游　第 1425 册
11～璩　第 1260 册
12～珽　第 984 册，第 1694 册(2)
～廷光　第 1017 册
15～聘之　第 907—908 册
17～承諾　第 945 册
～承詔　第 1677 册
～承珙　第 67 册，第 91 册，第 188 册，第 189 册，第 1500 册(2)
20～舜陟　第 1317 册
～季堂　第 1447 册

～秉虔　第28册,第48册
～統虞　第944册
21～虔　第677—680册,第1158册
～襲參　第1040册
～經　第7册
24～德琳　第694册
～纘宗　第938册
27～穉　第1317册
～紹煐　第1582册
30～之驥　第1304册
～寅　第448—449册
38～祥麟　第28册
40～直　第939册
～培翬　第91—92册,第110册(2),第1507册
～古愚　第977册
44～世安　第17册
～林翼　第505册,第967—968册,第968-969册,第1539—1540册
48～敬　第835册,第1082册,第1494册
～松　第586册
60～思敬　第446册
64～時化　第151册
71～匡衷　第81册,第89册
77～鳳丹　第1552册(2)
81～渠　第705册
86～錫燕　第249册
87～翔瀛　第19册
94～慎柔　第1005册

4762_7 都

26～穆　第922册,第1266册

4791_7 杞

00～廬主人　第1254—1259册

4792_0 柳

30～寶詒　第1005册,第1028册
～宗元　第1264册
～永　第1722册
60～是　第1391册
77～興恩　第132册
90～堂　第884册
99～榮宗　第223册

4816_6 增

46～韞　第978册

4893_2 松

80～年　第1088册
88～筠　第732册

4894_0 枚

20～乘　第1303册

4895_7 梅

00～膺祚　第232—233册
～應發　第705册
～文鼎　第1413册
08～鷟　第43册
22～鼎祚　第1271册,第1378—1379册,第1764册,第1770册
80～曾亮　第1513—1514册

4928_0 狄

17～子奇　第32册,第422—423册

4980_2 趙

00～彦復　第1680册
～文楷　第1485册
～文哲　第1436册

02～新　第 34 册(2)
10～一清　第 274 册
～元一　第 423 册
～元益　第 1300 册
～爾巽　第 295—300 册
～天麟　第 475 册
～天祐　第 1055 册
12～烈文　第 560—564 册
17～弼　第 1266 册
～子櫟　第 1307 册
～君卿　第 1031 册(2)
～翼　第 453 册,第 1138 册,第 1151—1152 册,第 1446—1447 册,第 1704 册
21～偕　第 1321 册
22～彪詔　第 1120 册
～鼎　第 423 册(2)
23～獻可　第 1019 册
～台鼎　第 1128 册
24～歧　第 540 册
～德懋　第 1485 册
～佑　第 45 册,第 64 册,第 141 册,第 166 册
27～僎　第 97 册
～紹祖　第 342 册,第 912 册,第 1161 册(2)
～紹箕　第 257 册
30～濂　第 1017 册
～寧　第 720 册
～之謙　第 242 册,第 656—660 册,第 904 册,第 1141 册
～宧光　第 203 册,第 1091 册
～良仁　第 989 册
～良霨　第 1464 册(2)
31～禎　第 1060 册
37～次公　第 1306 册
38～道一　第 1294—1295 册
40～希璜　第 913 册,第 1471 册,第 1472 册
～志皋　第 479 册
～悳　第 159 册
～吉士　第 1196—1197 册,第 1724 册
44～藩　第 558 册,第 1575 册
～蕘　第 1 册
～執信　第 1725 册
～世延　第 835 册
～世顯　第 547 册
～世卿　第 480 册
46～坦　第 144 册,第 184 册
47～起蛟　第 152 册
48～敬如　第 978 册
50～申喬　第 880—881 册
～抃　第 558 册
～本學　第 959 册
52～撝謙　第 254 册
56～輯寧　第 746 册
64～時遠　第 1320 册
～時春　第 1123 册
68～曦明　第 1121 册
77～用賢　第 789—792 册
～聞禮　第 1728 册
～學曾　第 830—831 册
～學敏　第 994—995 册,第 1003 册
～與泌　第 660 册
～與袞　第 423 册
83～鉞　第 747 册,第 748 册
86～知希　第 1701 册
87～舒翹　第 867 册
90～懷玉　第 1469—1470 册
～堂　第 852 册

5000_6 史

00～玄　第 1304 册

10～可法　第 1387 册
21～能之　第 699 册
44～堪　第 999 册
～夢蘭　第 193 册,第 691 册,第 1141 册,第 1541 册(2)
99～榮　第 62 册

申

64～時行　第 434 册,第 789—792 册

車

22～鼎豐　第 948 册

5033_3 惠

40～士奇　第 159 册
44～麓酒民　第 967 册
45～棟　第 21 册,第 44 册,第 79 册,第 108 册(2),第 159 册,第 203 册,第 270 册,第 554 册,第 932 册,第 1427 册
51～頓　第 1299 册
77～周惕　第 1421 册

5040_4 婁

10～元禮　第 975 册
38～啓衍　第 1095 册
95～性　第 424 册

5044_7 冉

46～覲祖　第 152 册

5090_3 素

10～爾訥　第 828 册

5090_4 秦

26～偶僧　第 1120 册(2)
～緗業　第 349 册
30～淮墨客　第 1778 册
～瀛　第 537 册,第 1464—1465 册
34～漢外史　第 1764 册
37～祖永　第 1085 册(3)
40～嘉謨　第 885 册
48～松齡　第 61 册
60～恩復　第 1121 册(2)
80～金　第 433 册
～夔　第 1330 册
88～簡夫　第 1760 册,第 1761 册,第 1764 册
～篤輝　第 33 册

5090_6 東

00～方明　第 1059 册

5201_0 扎

50～拉芬　第 1474 册

5201_4 托

35～津　第 401—402 册
37～渾布　第 1513 册

5203_4 撰

87～叙　第 1146 册

5300_0 戈

30～守智　第 1067 册
32～汕　第 1111 册
43～載　第 1737 册

5310_7 盛

10～百二　第 44 册,第 1154 册
30～宣懷　第 1571—1573 册
40～大士　第1082 册,第 1493 册(3),第 1494 册

46～如梓　第 736 册
47～楓　第 544 册
60～昱　第 1567 册(2)

5320_0 成

00～玄英　第 955 册
27～僎　第 71 册
44～蓉鏡　第 34 册,第 50 册,第 55 册,第 148 册(2),第 253 册,第 885 册(2),第 1036 册
50～書　第 1483 册

戚

38～祚國　第 553 册
77～學標　第 64 册,第 168 册,第 169 册,第 195 册,第 245 册,第 1462 册(3)

5523_2 農

10(清)～工商部　第 977 册

5560_6 曹

00～亮武　第 1725 册
～庭棟　第 1095 册
10～雪芹　第 1793—1794 册
～元弼　第 53—54 册,第 94 册(2),第 152 册
～元忠　第 423 册
12～廷杰　第 646 册
21～仁虎　第 204 册,第 885 册,第 1449 册
30～寅　第 1419 册
33～溶　第 537 册,第 550 册,第 749 册,第 1119 册
44～基　第 121 册
～植　第 1303 册(2)
～楙堅　第 1514 册
50～本　第 237 册
56～操　第 959 册
67～昭　第 1185 册
77～學佺　第 13 册,第 60 册,第 735 册,第 1367 册
90～尚絅　第 1095 册
～粹中　第 56 册

5580_6 費

20～信　第 742 册
21～經虞　第 1697 册
26～伯雄　第 1003 册,第 1006 册
30～瀛　第 1065 册
～宏　第 1331 册
～密　第 946 册,第 1697 册
38～啓泰　第 1011 册
71～長房　第 1288 册

5602_7 揭

22～傒斯　第 835 册,第 1694 册(2)
63～暄　第 1033 册

揚

41～桓　第 250—251 册

5798_6 賴

28～從謙　第 1054 册

5824_0 敖

00～文禎　第 1359 册

6011_3 晁

11～瑮　第 919 册
35～冲之　第 1317 册
80～公邁　第 826 册

6022_7 易

10～震吉　第 1723 册

21～順鼎　第 1576 册(2)
50～本烺　第 240 册

6040_0 田

26～吴炤　第 228 册
30～寶臣　第 193 册
34～汝成　第 885 册
44～藝衡　第 1129 册
～藝蘅　第 1354 册
67～明曜　第 713 册
77～同之　第 1714 册

6040_4 晏

70～璧　第 449 册

6050_4 畢

26～自嚴　第 483—490 册
31～沅　第 108 册,第 189 册,第 239 册,第 277 册,第 343—346 册,第 908 册,第 909—910 册,第 912 册,第 1450 册
34～法　第 1016 册
44～恭　第 646 册
～華珍　第 116 册

6060_0 吕

00～彦貞　第 1324 册
07～調陽　第 85 册
10～天成　第 1758 册
～不用　第 1325 册
12～飛鵬　第 81 册
14～璜　第 1714 册
20～維祜　第 151 册,第 252 册
～維祺　第 151 册,第 252 册,第 749 册
37～祖謙　第 2 册(2),第 1216 册,第 1602 册
38～海寰　第 446 册
40～大防　第 1306 册
～大鈞　第 934 册
～士雄　第 1751—1753 册
44～燕昭　第 695 册
～世宜　第 236 册
～桂孫　第 713 册
～楠　第 1337—1338 册
45～坤　第 108 册,第 251 册,第 753 册
～柟　第 5 册,第 43 册,第 108 册,第 133 册
57～邦燿　第 748 册
77～留良　第 165 册,第 948 册(2),第 1019 册,第 1411 册(2)
78～臨　第 1052 册
80～午　第 1320 册

冒

00～襄　第 1272 册,第 1399 册

6080_0 貝

14～琳　第 1036 册
50～青喬　第 1536 册,第 1537 册

6090_6 景

60～星杓　第 1268 册
80～善　第 857 册

6091_4 羅

10～正鈞　第 540 册,第 557 册
～天益　第 1019 册
12～登選　第 113 册
15～聘　第 1453 册
22～僑　第 938 册
24～勉道　第 956 册
28～復　第 57 册
31～濬　第 705 册

34～汝芳　第 1126 册,第 1127 册
～汝懷　第 1530—1531 册
～洪先　第 586 册,第 939 册
36～澤南　第 952 册
40～士琳　第 147—148 册,第 283—284 册,第 516 册,第 1043 册(2),第 1111 册
～有高　第 1453 册
44～椅　第 1320 册
51～振玉　第 1394 册
～振鋆　第 243 册
55～典　第 141 册
60～曰褧　第 736 册
72～隱　第 1122 册
77～貫中　第 1763 册,第 1764 册,第 1789—1791 册,第 1791—1792 册
80～公升　第 1321 册
～美　第 982 册,第 1002 册
90～惇衍　第 1542—1543 册
94～烨　第 1266 册
95～愫　第 704 册

6148_6 顚

19～琰　第 977 册

6401_1 曉

22～山老人　第 1061 册

6404_1 時

00～庸勱　第 249 册(2)

6621_4 瞿

24～佑　第 1694 册,第 1723 册,第 1787 册
40～九思　第 436 册,第 824 册
43～式耜　第 1375 册
44～共美　第 444 册
50～中溶　第 1107 册,第 1109 册
60～昂來　第 1299 册
80～鏞　第 926 册

6624_8 嚴

00～章福　第 214 册
07～毅　第 1222—1224 册
10～元照　第 175 册,第 188 册,第 1158 册(2),第 1507 册,第 1725 册
～天麟　第 171 册
～可均　第 184 册,第 188 册,第 213 册(2),第 247 册,第 893 册,第 1188 册,第 1488—1489 册,第 1603—1608 册
21～衍　第 336—341 册
22～嵩　第 476 册,第 1336 册
27～修　第 582—583 册
28～復　第 1297 册(3),第 1298—1299 册(3),第 1300 册
～從簡　第 735—736 册
38～遵　第 954 册
～啓隆　第 137—138 册
43～式誨　第 1121 册
44～蔚　第 122 册
～萬里　第 971 册
46～觀　第 910 册
～如熤　第 732 册
71～長明　第 1450 册
99～榮　第 1437—1438 册

6650_6 單

28～作哲　第 62 册
30～宇　第 1695 册
50～本　第 1772 册
77～學傅　第 1706 册

6702_0 明

00～亮　第 853—855 册

30～安圖　第1045册

6706_2 昭

45～槤　第1179册

6716_4 路

24～德　第1509册
51～振　第333册

6722_7 鄂

10～爾泰　第494册
30～容安　第554册

6802_1 喻

21～仁　第1030册
25～傑　第1030册

7121_1 阮

00～亨　第1682册
10～元　第76册,第85册,第174册,第180—183册,第198—201册,第516册,第537册,第669—675册,第901册,第909—911册(2),第921册,第932册,第1035册,第1081册,第1138册,第1478—1479册,第1682册,第1683—1684册(2)
31～福　第152册,第910—911册,第921册
40～大鋮　第1374册,第1775册
44～孝緒　第919册
～葵生　第1138册,第1445—1446册
60～旻錫　第445册

7122_0 阿

12～發滿　第1300册
40～克敦　第1423册
44～桂　第857册

7122_7 厲

44～荃　第1252—1253册
67～鶚　第719册,第1084册,第1725册

7132_7 馬

00～文昇　第433册(3)
10～玉麟　第1324册
12～瑞辰　第68册
15～融　第933册
～建忠　第196册,第1565册
16～理　第5册
18～致遠　第1760册(3),第1761册(5),第1762册,第1763册(6)
26～自援　第257册
～總　第336册,第1188册
27～翺西　第1297册
30～宗璉　第124册
44～蒔　第979—980册,第983册
～其昶　第40册,第53册,第74册,第547册,第1302册,第1575册
47～歡　第742册
60～國翰　第1200—1205册

7171_6 區

24～仕衡　第1320册

7173_2 長

12～孫訥言　第250册
21～順　第647—648册
28～齡　第557册,第856册,第857册
80～善　第859—860册

7210_0 劉

00～彥明　第859—860册

～應李 第1219—1221册
～應棠 第976册
～文龍 第22册
～文徽 第541册
～文徵 第681—682册
～文富 第704册
～文淇 第126—127册,第283—284册,第1517册
～文泰 第990—991册
07～歆 第916册
08～效祖 第1739册
10～玉 第1334册
～玉麐 第185册
～元卿 第512册
～夏 第1326册
12～瑗 第1067册
～璣 第937册
～廷璣 第1137册
13～球 第236册
16～璟 第1326册
17～承寬 第1501册
～承幹 第275—277册,第862册
20～秉忠 第1054册
～秉恬 第1457册(2),第1458册
～統勳 第494册
～維坊 第260册
21～衡 第1046册
～師培 第953册
22～胤昌 第1237册
23～允中 第1053册
～獻廷 第1176册
～台拱 第154册,第173册
24～儓 第934册
～佶 第424册
25～仲達 第1238—1239册
～仲甫 第1097册
～傳瑩 第157册,第184册
～績 第119册
27～向 第515册,第916册
～侗 第729册
～紹攽 第22册
28～徽 第1041册
30～濂 第113册
～永之 第1326册
～良臣 第938册
～定之 第5册
～實 第1218册
～寶楠 第30册,第156册,第193册,第1156册
～宗周 第13册,第931册
31～沅 第26册,第81册,第91册,第105册
～源長 第1115册
33～心源 第903册
34～淇 第195册
～達可 第1217—1218册
35～清藜 第978册
36～湘客 第444册
37～祖憲 第978册
～逢禄 第26册,第48册(2),第125册,第129册,第132册,第1501册
38～啓端 第795—797册,第798—814册
40～奎 第1004册
～墉 第494册,第1433册
～克 第57册
～克莊 第1723册
～喜海 第906册
～壽眉 第1177册
～壽曾 第126—127册
～大紳 第1473册
～大彬 第723册
～大櫆 第1427册

42 ～斯樞　第 834 册
～彬華　第 1693 册
43 ～始興　第 63 册
44 ～基　第 585—586 册，第 1054 册，第 1185 册
～茂實　第 1218 册
～恭冕　第 156 册
～若愚　第 437 册
45 ～坤一　第 656—660 册
～堉　第 1137 册
50 ～中藻　第 724 册
～青蓮　第 108 册
～青芝　第 79 册，第 108 册
～忠　第 1330 册
～春　第 1332 册
～東星　第 1127 册
60 ～昉　第 1008—1009 册
～曰寧　第 459—460 册
67 ～嗣綰　第 1485 册
～鶚　第 906 册，第 1800 册
71 ～長華　第 827 册
75 ～體仁　第 1733 册
76 ～隅　第 847 册，第 1339 册
77 ～堅　第 1144 册
～鳳誥　第 290—292 册，第 1485—1486 册
～熙　第 826 册
～熙載　第 1543 册，第 1714 册
～開　第 1510 册
80 ～毓崧　第 34 册，第 50 册，第 126—127 册，第 177 册，第 283—284 册，第 1546 册
～喜海　第 894—895 册
86 ～錫　第 705 册
～錫信　第 828 册
～錦藻　第 815—821 册
～鐶之　第 494 册
～鐸　第 656—660 册
～智　第 1295 册，第 1296 册(2)
88 ～斺　第 932 册，第 1106 册
90 ～惟謙　第 862 册
～光蕡　第 51 册，第 159 册，第 831 册
～光第　第 1568 册
97 ～燦　第 191 册，第 193 册

7210_1 丘

21～處機　第 1322 册
27～象升　第 1311 册
～象隨　第 1311 册
31～濬　第 936 册
37～逢甲　第 1576 册
67～明　第 1092 册

7220_0 剛

07～毅　第 883—884 册

7277_2 岳

10～元聲　第 193 册
26～伯川　第 1761 册，第 1764 册
77～熙載　第 1031 册

7421_4 陸

00～應穀　第 1532 册
～玄宇　第 1098—1099 册
10～元鋐　第 1475 册
～西星　第 1291 册
～雲龍　第 1371 册，第 1389 册
12～廷燦　第 1116 册，第 1137 册
20～位　第 1036—1037 册
～秀夫　第 1321 册
～釆　第 1266 册，第 1354 册，第 1769 册，第 1770 册
22～嵩　第 1517 册

～崑曾 第1701册
～繼輅 第1157册，第1496—1497册(3)
～繼煇 第899—901册
24～化熙 第61册
～德明 第1册，第41册，第185册
26～佃 第185册，第1271册
27～粲 第119册
～紹曾 第1111册
28～以湉 第1029册，第1140册
33～心源 第38册，第311册，第517册(2)，第901册，第911册，第928—929册，第930册，第1087册，第1111册，第1560册，第1651—1652册，第1708—1709册
34～法言 第249册
37～次雲 第1136册
～深 第433册，第735册，第828册
40～九韶 第935册
～奎勳 第19册，第62册，第139册
～希聲 第954册
42～機 第1304册
44～懋修 第983册
～世廉 第1765册
～世儀 第438册，第946册，第1398册
～贄 第474册
46～楫 第1354册
48～增祥 第896—899册
53～輔之 第1733册
55～費墀 第239册
64～時雍 第1301册
•～時化 第1068册
71～隴其 第559册
83～釴 第1170册
86～錫熊 第1451册
97～耀遹 第893册
～燿 第1117册

7529_6 陳

00～立 第130册，第176册，第248册，第283—284册，第1142册
～應行 第1694册
～康伯 第1317册
～康祺 第1182册
～慶鏞 第1522—1523册
～文 第681册
～文述 第1504—1506册
01～龍正 第1133册
～龍昌 第969册
～訏 第1621册
02～端生 第1745—1747册
05～講 第859册
08～許廷 第119册
10～三立 第1576册
～正學 第1119册
～玉璂 第976册
～玉澍 第188册
～玉樹 第74册
～元龍 第1722册
～元靚 第885册，第1218册
～于廷 第838册
～霆 第333册，第1143册
12～璞 第1547册
～弘謀 第951册
～弘緒 第1134册
～廷焯 第1735册
13～琮 第850册，第1117册
14～瓘 第448册
～確 第159册，第1394—1395册
15～建 第355册，第357册，第939册
17～瑚 第975册，第1697册
～瑑 第227册，第422册

～子龍　第1387—1388冊,第1388冊,第1655—1662冊
20～喬樅　第49冊,第72冊,第75冊(2),第76冊,第77冊,第106冊
～鱣　第151冊,第154冊,第169冊,第923冊,第1157冊,第1487冊
～維崧　第1724冊
21～仁子　第1320冊
～仁錫　第1240—1246冊,第1381—1383冊(2),第1728冊
～衍　第1576冊,第1687冊,第1710冊
22～鼎　第1117冊
～循　第1327—1328冊
～繼儒　第1380冊
～繼揆　第58冊
23～獻章　第936冊
24～僅　第70冊
～偉　第1165冊
26～侃　第742冊
～繹曾　第1713冊(2)
27～奐　第70冊(5),第129冊
～絳　第1124冊
28～作霖　第1569冊
～徽言　第446冊
～復正　第1010—1011冊
30～沆　第934—935冊,第1512冊
～淳　第715冊
～宓　第1319冊
～良謨　第1266冊
～良弼　第860冊
～實功　第1013冊
～宗起　第85冊,第1161冊
34～漢章　第53冊
～汝元　第1771冊
～洪謨　第433冊(2)
～潢　第847冊
～達叟　第1115冊
35～澧　第116冊,第248冊,第253冊,第713冊,第952冊,第1041冊,第1095冊,第1121冊,第1160冊,第1537冊,第1726冊
36～淏子　第1117冊
37～鴻墀　第1716—1717冊
～逢衡　第335冊
38～祚明　第1590—1591冊
40～大庚　第81冊
～大震　第713冊
～大聲　第1723冊
～大猷　第42冊
～太乙　第1765冊
～士元　第8冊,第238冊,第1063—1064冊,第1064冊
～士鐸　第1013冊,第1023—1024冊,第1025冊
～堯　第1124冊
～堯道　第985冊
～克恕　第1091冊
～有年　第1352—1353冊
～嘉謨　第991冊
～嘉榆　第712冊
～壽熊　第34冊(2)
～壽祺　第76冊,第106冊,第171冊,第175冊,第227冊,第1496冊
～去病　第1733冊
44～藎謨　第1044冊
～夢雷　第1415—1416冊
～芳生　第974冊
～葆善　第1018冊
～葆光　第1294冊
～燕翼　第444冊
～恭尹　第1413冊
～懋侯　第38冊(2)

～懋齡　第115册
～世元　第977册
～世隆　第1621册(2)
～其元　第1142册
～其晟　第1330册
～樹華　第142—143册
～樹鏞　第746册
46～相　第753册
47～均　第1120册
～起　第1318册,第1621册
50～本禮　第1048册,第1302册,第1311册
～惠疇　第996册
～東　第423册
52～虬　第952册
55～摶　第1061册
～耕道　第1018册
57～邦瞻　第389册,第1368册
60～田　第1710—1712册
～田夫　第725册
～昌齊　第669—675册
～景元　第1291册
～景雲　第1311册
～景墳　第676册
61～顯微　第1292册
67～鳴鶴　第547册
71～頎　第1122册
72～所聞　第1741册
77～用光　第1493册(2)
～際新　第1045册
～熙晉　第1305册
～開沚　第978册
～與郊　第1764册(3)
～與義　第1317册
80～全之　第1125册(2)
～金鑑　第78册
～介祺　第1109—1110册
～夔龍　第1577册
～念祖　第987册,第995册,第1026册
～普　第1321册
～善　第1122册
～公亮　第704册
81～榘　第110册
85～鍊　第1092册(2)
86～錦　第1548册(2)
～錫　第10册
～錫路　第1138册
～鐸　第1738册
87～銘珪　第1295册
88～鑑　第1120册
～第　第919册
95～性定　第723册

7712_7 邱

44～葵　第1321册
90～惟毅　第977册
94～煒萲　第1708册
～熺　第1012册

7714_8 闞

86～鐸　第1115册

7721_0 鳳

44～林書院　第1728册

7722_0 陶

00～方琦　第38册,第236册,第243册,第1121册,第1567册(2)
07～望齡　第1354—1355册,第1365册
10～元珍　第274册
～元藻　第1441—1442册,第1703册
12～珽　第1189—1192册

～弘景　第1121册,第1292册
17～承學　第259册
26～保廉　第737册
30～永慶　第748册
31～潛　第1304册(4)
34～澍　第498—499册,第1304册(2),第1502—1504册
40～奭齡　第1365册
43～式玉　第1101册
～樑　第1082册,第1681册,第1730册
44～夢桂　第1320册
～華　第985册
67～煦　第717册
71～原良　第933册

周

00～亮工　第734册,第1065册,第1092册,第1134册,第1400册
～廉　第1416册
～廣業　第158册,第747册,第827册,第1138册,第1154册,第1188册,第1449册
～文玘　第1272册
～文源　第1300册
～文華　第1119册
～玄暐　第1124册
10～震榮　第692册
～于漆　第1033册
～雲　第1031册
11～碩勳　第718册
12～廷祚　第492册
～孔教　第481册
14～瓘　第462册
～瑛　第1735册
16～聖楷　第548—549册
17～邵蓮　第75册
20～統　第134册
22～鼎　第1102册
～繼　第1052册
27～魯　第1250—1251册
28～復俊　第1124册
30～濟　第451册,第1726册,第1732册(2)
～永年　第719册,第1449册
～家祿　第274册
～家楣　第683—686册
～之琦　第1726册
～守忠　第1029册,第1030册
～密　第1188册,第1723册
～宗建　第492册
33～述學　第1036册,第1043册
34～汝登　第513册,第942册
～洪謨　第171册,第1143册
38～祥鈺　第1753—1756册
40～在浚　第333册
～南　第1052册
～嘉冑　第1115册
～嘉猷　第283册
～嘉錫　第1103册
～壽昌　第267册,第272册,第292册,第1161册,第1540—1541册
41～柄中　第167册(2)
43～城　第734册
44～藩憲王　第1763册(3),第1764册,第1765册(2)
～夢齡　第134册
～世澄　第413册
46～如璧　第1765册(2)
～賀　第1311册
47～朝俊　第1774册
50～中孚　第924—925册,第1158册
～春　第45册,第185册,第334册,第

1700 册,第 1710 册
54～拱辰 第 128 册,第 1302 册
56～揚俊 第 989 册,第 1004 册
57～邦彦 第 1722 册
60～星 第 1399 册
～星譽 第 1727 册
～昌晉 第 839 册
～昂 第 520 册
77～用錫 第 48 册
～履靖 第 1116 册,第 1185 册,第 1772 册
～學海 第 1029 册
80～念祖 第 435 册
～毓齡 第 134 册
86～錫溥 第 1467 册
87～銘 第 1729 册
88～篆 第 1416 册
96～煌 第 745 册
97～耀藻 第 149 册

7722_7 骨

44～勒 第 229 册

7724_7 服

21～虔 第 117 册

7726_4 屠

17～承爔 第 1116 册
21～倬 第 1517 册(2)
30～寄 第 1693 册
44～英 第 713—714 册
77～隆 第 229—230 册,第 1185 册,第 1359 册,第 1360 册(2),第 1773 册

7727_2 屈

28～復 第 1302 册,第 1423—1424 册
40～大均 第 734 册,第 1411 册,第1412 册

7736_4 駱

10～天驤 第 732 册
30～賓王 第 1305 册
77～問禮 第 1127 册

7740_0 閔

09～麟嗣 第 723—724 册
10～一得 第 1290 册
67～明我 第 1032 册

7740_1 聞

80～人規 第 1011 册

7744_7 段

10～玉裁 第 46 册,第 64 册(2),第 80 册,第 123 册,第 204—208 册(2),第 244 册,第 450 册,第 1434—1435 册(2)
28～復昌 第 39 册

7760_2 留

10～正 第 348 册

7772_0 印

90～光任 第 676 册

7777_2 關

34～漢卿 第 1760 册(3),第 1761 册(2),第 1762 册(3),第 1763 册(6),第 1764 册,第 1765 册
37～朗 第 1 册
46～槐 第 1252—1253 册

7777_7 閻

10～爾梅 第 1394 册

20～禹錫　第959册
25～純璽　第1008册
84～鎮珩　第758—761册

7778_2 歐

22～幾里得　第1300册
32～瀫登　第1299册
76～陽修　第821册,第1722册

7790_4 桑

27～紹良　第255册
50～春榮　第873—874册

8010_4 全

10～正煒　第422册
37～祖望　第518—519册,第1147册,第1397册,第1428—1430册(3),第1682—1683册
40～士潮　第873—874册

8010_9 金

13～武祥　第1183—1184册
17～盈之　第1166册
～瑤　第1342册
22～鑾　第1738册
24～德瑛　第1440册
～德鑑　第1018册
～幼孜　第433册
25～甡　第1440册
26～和　第1554册
27～象豫　第390册
30～之俊　第1392—1393册
～守正　第1325册
～實　第1327册
32～洲　第97册
～兆燕　第1442册(2)
40～士升　第18册
～賁亨　第6册,第515册
～榜　第109册
44～埴　第1262册
55～農　第1424册(2),第1739册
60～日升　第439册
～曰追　第89册
67～鶚　第110册
77～尼閣　第259册
～履祥　第42册
80～鐘　第444册

8012_7 翁

00～方綱　第103册,第184册,第236册,第886册,第892册,第913册,第1068册,第1454—1455册(2),第1704册(2)
10～元圻　第1142—1143册
32～洲老民　第444册
33～心存　第1519册
77～同爵　第858册
～同龢　第565—575册,第1559册

8022_1 俞

10～正燮　第1159—1160册(3)
19～琰　第1290册,第1321册
23～允文　第1354册
～弁　第1695册
34～汝爲　第846册
40～大猷　第959册
～希魯　第698册
～檀　第29册
43～樾　第34册(4),第50册,第73册,第106册,第116册,第128册,第148册,第170册,第177册,第178册,第227册,第707册,第1141册,第1161—1162册(3),第1198—1199册,第1270册,第1550—

1551 册
50～蛟　第 1269 册

8033_1 無

27～名氏　第 1764 册

8040_0 午

99～榮　第 879 册

8040_4 姜

26～皋　第 976 册
27～紹書　第 1065 册
30～寶　第 8 册
32～兆翀　第 158 册
～兆錫　第 43 册,第 78 册,第 87 册,第 98 册,第 185 册
35～清　第 432 册
40～希轍　第 1040 册
～南　第 1695—1696 册
91～炳璋　第 122 册

8050_0 年

40～希堯　第 1067 册
80～羹堯　第 967 册

8060_6 曾

00～廉　第 55 册
10～王孫　第 1721—1722 册
12～瑞卿　第 1762 册
20～季貍　第 1694 册
～集　第 1304 册
27～紀澤　第 510 册,第 577 册,第 1562 册
42～樸　第 1800 册
44～世榮　第 1009 册
47～朝節　第 11 册
60～國荃　第 641—646 册,第 661—668 册,第 1554—1555 册
～國藩　第 157 册,第 500—501 册,第 559 册,第 656—660 册,第 952 册,第 1161 册,第 1537 册,第 1538 册,第 1592—1593 册
82～釗　第 32 册,第 50 册,第 73 册,第 81 册,第 1521 册
94～慥　第 1293 册
97～燠　第 1484 册,第 1668 册,第 1688—1690 册

8060_8 谷

00～應泰　第 390 册
17～子敬　第 1762 册,第 1763 册
50～中虛　第 935 册
～泰　第 1186 册

8090_1 佘

26～自强　第 753 册

8090_4 余

10～霖　第 1004 册
12～廷燦　第 1456 册
20～集　第 1460 册
22～繼登　第 428 册
24～德壎　第 1005 册
40～有丁　第 1352 册
44～懋學　第 973 册
～楙　第 716 册
50～本　第 1048 册
60～景和　第 1016 册
77～鵬年　第 1116 册
80～金　第 1178 册
90～懷　第 733 册,第 1115 册,第 1272 册,第 1724 册

8211_4 鍾

00～文烝 第 132 册
～裒 第 1156 册
20～秀實 第 698 册
44～英 第 710—711 册
67～嗣成 第 1759 册
96～惺 第 1371 册,第 1589 册,第 1589—1590 册

8315_0 鐵

26～保 第 1476 册

8315_3 錢

00～應溥 第 1519 册
～慶曾 第 241 册
07～諷 第 1216 册
08～謙益 第 920 册,第 1308 册,第 1386 册,第 1389—1390 册,第 1391 册(2),第 1622—1624 册
10～一本 第 1048 册
20～秀昌 第 1017 册
～維喬 第 706 册,第 1460 册
～維福 第 1178 册
～維城 第 1442—1443 册
22～綎 第 749 册
23～允治 第 990 册,第 1728 册
24～德洪 第 433 册
～德蒼 第 1779—1780 册
～綺 第 128 册
26～佃 第 932 册
～保塘 第 301 册
～繹 第 193 册
27～侗 第 916 册
28～儀吉 第 775 册,第 1508—1509 册
32～澄之 第 444 册,第 1400—1401 册(2)
33～泳 第 1139 册
34～潢 第 986—987 册
35～澧 第 1461 册
40～大昕 第 184 册,第 194 册,第 204 册,第 239 册,第 293 册,第 342 册,第 454 册(2),第 455 册,第 517 册,第 553 册,第 706 册,第 891 册,第 892 册,第 916 册,第 1035 册,第 1151 册,第 1438—1439 册
～大昭 第 190 册,第 195 册,第 267 册,第 272 册(2),第 274 册
～士升 第 13 册
～塘 第 115 册,第 1121 册
～希言 第 1110 册,第 1143 册,第 1267 册
41～坫 第 85 册,第 154 册,第 187 册(2),第 211 册,第 245 册,第 693 册,第 901 册
～楷 第 1483 册
43～載 第 1443 册
44～芳標 第 1725 册
～若水 第 348 册
～杜 第 1068 册
～林 第 540 册
47～椒 第 517 册
50～泰吉 第 926 册,第 1519 册
～東垣 第 916 册
51～振倫 第 1312 册
～振常 第 1312 册
56～馹 第 440 册
60～杲之 第 1301 册
71～長澤 第 1101—1102 册
77～熙祚 第 333 册,第 971 册
80～曾 第 920 册,第 923 册,第 1391 册

8612_7 錫

18～珍 第 750 册
24～縝 第 1554 册

8711_4 鈕

12～琇　第 1177 册
44～樹玉　第 212 册,第 213 册(2)
90～少雅　第 1748—1750 册

8742_7 鄭

00～方坤　第 1702 册
～庭玉　第 1761 册
～文同　第 978 册
～文焯　第 1030 册,第 1727 册
～玄　第 151 册,第 184 册,第 933 册
02～端　第 755 册
10～三極　第 939 册
～元佐　第 1316 册
～震　第 1320 册
12～廷玉　第 1760 册,第 1761 册
～廷桂　第 1111 册
13～瑄　第 1193 册
18～珍　第 85 册(2),第 93 册,第 110 册,第 176 册,第 223 册(2),第 240 册,第 515 册,第 715—716 册,第 978 册,第 1534 册
～瑜　第 1765 册(4)
24～德輝　第 1761 册(2),第 1762 册,第 1763 册(3)
25～仲夔　第 1268 册
～績　第 1086 册
28～復光　第 1047 册,第 1140 册
30～之珍　第 1774 册
～之僑　第 975 册
～官應　第 1570 册
31～澐　第 701—703 册
32～業斅　第 901 册
34～澍若　第 1783 册
～汝璧　第 1356—1357 册
～濤　第 935 册
40～友賢　第 959 册
～杰　第 1687 册
～樵　第 56 册
44～若庸　第 1236—1237 册,第 1772 册
～林祥　第 16 册
46～觀應　第 953 册
47～起潛　第 1717 册
48～梅澗　第 1018 册
60～思肖　第 1320 册
64～曉　第 54 册(2),第 424—425 册(3),第 476—477 册,第 1123 册,第 1171 册
72～氏　第 236 册
～岳　第 548 册
80～全望　第 1003 册
～奠一　第 1003 册
84～鎮孫　第 1218 册
86～知同　第 223 册,第 227 册
90～光祖　第 1139—1140 册,第 1763 册(2)
99～燮　第 1425 册

8762_2 舒

00～亶　第 1316 册
20～位　第 1486—1487 册,第 1705 册
57～邦佐　第 1318 册
60～日敬　第 1318 册
88～敏　第 1185 册

8810_6 笪

20～重光　第 1066 册

8822_0 竹

00～癡居士　第 1764 册
44～林寺僧　第 1008 册

8822_7 簡

47～朝亮 第 52 册,第 932 册

8877_7 管

00～庭芬 第 1140 册
25～律 第 649 册
47～鶴 第 446 册
57～輅 第 1052 册
77～同 第 1504 册

9002_7 慵

04～訥居士 第 1270 册

9022_7 尚

25～仲賢 第 1762 册(2),第 1763 册(2)

常

44～茂徠 第 148 册(2)
48～增 第 170 册

9080_0 火

71～原潔 第 230 册

9101_6 恒

21～仁 第 1702 册

9383_3 燃

77～犀道人 第 1006 册

9408_1 慎

12～到 第 971 册
44～懋官 第 1185 册

9705_6 惲

47～格 第 1066 册
48～敬 第 1482 册
80～毓鼎 第 446 册

9942_7 勞

10～平甫 第 1738 册
21～經原 第 748 册
44～孝輿 第 1702 册
47～格 第 747 册,第 748 册(2),第 1163 册,第 1317 册

9990_4 榮

88～銓 第 690—691 册